EUROPA LEHRMITTEL

EUROPA-FACHBUCHREIHE
für holzverarbeitende Berufe

Prüfungsbuch für Schreiner

Fragen · Antworten · Erklärungen · Testaufgaben · Lösungen

Bearbeiter:

Nutsch, Wolfgang	Dipl.-Ing. (FH), Studiendirektor	Stuttgart
Schulz, Peter	Dipl.-Gewerbelehrer, Studiendirektor	Stuttgart

Europa-Nr. 40915

VERLAG EUROPA-LEHRMITTEL · Nourney, Vollmer GmbH & Co.
Düsselberger Straße 23 · Postfach 2160 · 5657 Haan-Gruiten

Vorwort

Das vorliegende Prüfungsbuch ist sachlich und inhaltlich der „Fachkunde für Schreiner" angepaßt und ergänzt diese als wertvolle Hilfe, insbesondere zum systematischen Lernen, Üben und Wiederholen der wichtigsten Stoffgebiete. Es gibt einem Prüfling die Möglichkeit, sich rationell auf eine Prüfung, wie z. B. auf die Zwischen-, Gesellen- bzw. Facharbeiterprüfung oder auf die Meisterprüfung, vorzubereiten.

Der gesamte Stoff der Hauptabschnitte

Chemische Grundlagen
Werkstoffe und Werkstoffverarbeitung
Physikalische Grundlagen
Grundlagen der Elektrotechnik
Fertigungsmittel
Betriebsanlage
Holzverbindungen
Möbelbau
Ausbau und Innenausbau

ist in einem ausführlichen Inhaltsverzeichnis übersichtlich gegliedert, so daß gewünschte Sachgebiete leicht aufzufinden sind.

Der Stoff ist in Fragen und die dazugehörenden Antworten zerlegt. Die Antworten sind durch blauen Farbdruck hervorgehoben und deshalb besonders einprägsam.

Um die Gefahr des mechanischen Auswendiglernens zu vermeiden, wird zu jeder Antwort, zur Erweiterung und Vertiefung des gelernten Stoffes, eine zusätzliche Erklärung gegeben. Sie ermöglicht es dem Lernenden, sich über die Zusammenhänge Gedanken zu machen, um so aus dem in Frage und Antwort Gesagten zu einer tieferen Erkenntnis zu gelangen und den Lernerfolg zu steigern. Diese Brücke der zusätzlichen Erklärung fügt alles wieder zu einem Ganzen zusammen.

Wo Formeln und Rechenverfahren auftreten, wird anhand eines Rechenbeispiels der gesamte Lösungsweg vom Formelzeichen über die Grundformel und erforderlichenfalls von der umgestellten Formel bis zum errechneten Ergebnis angegeben.

Aus einzelnen Themen sind etwa 120 Testaufgaben aus allen Hauptabschnitten des Buches zusammengestellt. Diese programmierten Aufgaben sollen den Lernenden mit der Prüfungssituation bekanntmachen, wie sie heute in vielen Prüfungen zu finden ist. Eine eingefügte Punkte-Notetabelle und ein Umrechnungsschlüssel gibt dem Lernenden die Möglichkeit, seine Lernleistung sofort selbst zu kontrollieren und zu bewerten.

Stuttgart, im Herbst 1985 — Die Autoren

1. Auflage 1985

Druck 5

Alle Drucke derselben Auflage sind parallel einsetzbar.

ISBN 3-8085-4091-5

Umschlaggestaltung unter Verwendung eines Fotos der Zeitschrift "dds", Stuttgart

Satz: Fotosatz Berger, Köln

Druck: IMO-Großdruckerei, 5600 Wuppertal 2

Inhaltsverzeichnis

1 Chemische Grundlagen

1.1 Grundstoffe

Was ist ein chemischer Vorgang?

Ein Vorgang, bei dem sich der Ausgangsstoff ändert und ein neuer Stoff mit anderen Eigenschaften entsteht.

Bei der Verbrennung von Kohle z.B. entstehen mehrere neue, zum Teil gasförmige Stoffe; Verbrennung ist also ein chemischer Vorgang.

Was versteht man unter einem Grundstoff oder Element?

Einen Stoff, der sich chemisch nicht mehr in andere Stoffe zerlegen läßt.

Man kennt heute ungefähr 100 Elemente. Sie werden in Metalle und Nichtmetalle eingeteilt.

Welches sind einige wichtige Elemente und deren Kurzzeichen?

Metalle: Eisen (Fe), Kupfer (Cu), Aluminium (Al), Zink (Zn), Blei (Pb).
Nichtmetalle: Sauerstoff (O), Wasserstoff (H), Kohlenstoff (C), Stickstoff (N), Schwefel (S), Phosphor (P), Silicium (Si).

Messing z.B. ist kein Element, sondern eine Legierung aus Kupfer und Zink.

Wie nennt man die kleinsten Teilchen eines Elements?

Atome.

Atome sind chemisch nicht mehr teilbar.

Wie ist ein Atom aufgebaut?

Es besteht aus dem Atomkern und der Atomhülle.

Im Atomkern befinden sich positiv geladene Protonen und ungeladene Neutronen, die Hülle besteht aus negativ geladenen Elektronen.

Was versteht man unter Radioaktivität?

Radioaktivität ist eine Strahlung, die von bestimmten Elementen ausgesandt wird wobei deren Atomkerne zerfallen.

Man unterscheidet α-Strahlen, β-Strahlen und γ-Strahlen, die z.B. von den Elementen Uran oder Plutonium ausgesandt werden.

Was sind Elektronen?

Elektronen sind kleinste Teilchen mit negativer Ladung, die sich mit sehr großer Geschwindigkeit in verschiedenen Abständen um den Atomkern bewegen und die Elektronenschale oder die Atomhülle bilden.

Elektronen in den äußeren Elektronenschalen sind energiereicher als solche in kernnahen Schalen.

1.2 Chemische Verbindungen

Was versteht man unter einer chemischen Verbindung?

Eine Verbindung verschiedener Atome in einem bestimmten Mengenverhältnis.

Wasser (H_2O) z.B. ist eine chemische Verbindung von 2 Teilen Wasserstoff (H_2) und 1 Teil Sauerstoff (O).

Wie heißen die kleinsten Teile einer chemischen Verbindung?

Moleküle.

Sie setzen sich aus mindestens zwei Atomen der Grundstoffe zusammen.

Auf welche Weise kann die Zusammensetzung eines Moleküls dargestellt werden?

Durch die Summenformel oder durch die Strukturformel.

Bei der Summenformel werden die Kurzzeichen der im Molekül enthaltenen Grundstoffe aneinandergereiht, wobei die hinter dem Kurzzeichen tiefgestellte Zahl die Anzahl der Atome angibt, die in dem Molekül enthalten sind. Beispiel: Fe_2O_3
Bei der Strukturformel wird jedes einzelne Atom des Moleküls durch sein Kurzzeichen dargestellt und durch Striche entsprechend seiner Wertigkeit verbunden.
Beispiel: $O = Fe - O - Fe = O$

Wie kommt bei chemischen Verbindungen der Zusammenhalt der Atome durch Elektronenpaarbindung zustande?

Eine Elektronenpaarbindung kommt zustande, wenn einzelne überschüssige Elektronen auf der Außenschale eines Elements in die Außenschale eines anderen Elements mit zu wenig Außenelektronen eintreten und damit die Außenschalen beider Elemente ergänzt werden.

Elemente, deren Außenschalen einige wenige Elektronen zu viel oder zu wenig besitzen, sind sehr reaktionsfreudig. Sind die Außenschalen voll besetzt, befindet sich das Element oder die chemische Verbindung in stabilem Zustand.

Was versteht man unter einer Ionenbindung?

Von einer Ionenbindung spricht man, wenn sich in einer chemischen Verbindung negativ und positiv geladene Teilchen, Ionen genannt, anziehen.

Positiv geladene Ionen entstehen, wenn von einem Atom Elektronen von der Außenschale abgetrennt werden, negativ geladene Ionen entstehen, wenn ein Atom Elektronen in seine Außenschale aufgenommen hat. Die Anziehungskräfte wirken nicht nur zwischen zwei Ionen, sondern nach allen Richtungen hin, wodurch sich Kristalle bilden.

Wann spricht man von einer Metallbindung?

Eine Metallbindung liegt vor, wenn sich bei einer Zusammenlagerung von Metallatomen zu einem festen Körper einige Außenelektronen von ihrem Atom lösen und sich frei zwischen den bei diesem Vorgang entstandenen Metallionen bewegen.

Die Metallionen lagern sich aufgrund der elektrischen Kräfte dicht aneinander und werden von den Elektronen wie mit einem Kitt zusammengehalten.

Was versteht man unter der Wertigkeit eines Stoffes?

Zahl der Bindungsmöglichkeiten mit anderen Grundstoffen.

Die Wertigkeit eines Stoffes hängt vom Bau der Elektronenhülle ab. Sie wird schematisch als Bindestrich dargestellt, z.B. H – O – H bei Wasser (H_2O).

Was versteht man unter Synthese?

Synthese ist die chemische Verbindung bestimmter Grundstoffe zu einem gewünschten neuen Stoff.

Durch Synthese ist es möglich, wichtige Stoffe künstlich herzustellen, z.B. Buna, Kunstharze usw.

Was versteht man unter Analyse?

Die Zerlegung einer chemischen Verbindung in ihre Grundstoffe.

Durch Analyse kann z.B. die chemische Zusammensetzung eines Werkstoffes ermittelt werden.

Was versteht man unter Elektrolyse?

Die Zerlegung einer chemischen Verbindung mit Hilfe des elektrischen Stromes.

Wasser kann durch Elektrolyse in seine Grundstoffe Wasserstoff und Sauerstoff zerlegt werden. Aus Rohkupfer kann durch Elektrolyse reines Kupfer (Elektrolytkupfer) gewonnen werden.

1.3 Gemenge

Was ist ein Gemenge?

Eine Mischung verschiedener Stoffe in beliebigen Mengenverhältnissen.

Es entsteht dabei kein neuer Stoff.
Beispiele: Mörtel ist ein Gemenge aus Sand, Zement und Wasser; Luft ist ein Gemenge aus verschiedenen Gasen.

Was ist eine Lösung?

Ein Gemenge, bei dem die festen, flüssigen und gasförmigen Stoffe so fein verteilt sind, daß nur noch Einzelmoleküle vorhanden sind.

Lösungen sind z.B. Salmiakgeist (Ammoniak in Wasser), Beizlösungen (Beizpulver in Wasser oder Spiritus) oder Nitrozelluloselack (Nitrozellulose in Lösungsmittel).

Was versteht man unter einer Destillation?

Trennung von zwei ineinander gelösten Flüssigkeiten durch Erhitzung bis zum Siedepunkt.

Die leichter siedende Flüssigkeit verdampft dabei und wird durch Abkühlung wieder verflüssigt.

Was ist eine Legierung?

Eine in einem Schmelzprozeß gewonnene Mischung zweier oder mehrerer Metalle.

Man schmilzt im allgemeinen zuerst das Grundmetall und gibt dann die anderen Metalle zu.

Was ist eine Dispersion?

Gemenge, bei dem die Stoffe im Lösungsmittel fein verteilt, jedoch nicht gelöst sind.

Dispersionen sind vor Gebrauch zu schütteln oder aufzurühren, da sie sich bei längerem Lagern entmischen.

Wie unterscheidet sich eine Suspension von einer Emulsion?

Suspension und Emulsion sind beides Dispersionen, wobei bei der Suspension feste Stoffe, bei der Emulsion Flüssigkeiten im Dispersionsmittel fein verteilt sind.

Beispiele: Bohremulsion als Gemenge aus Öl und Wasser, Dispersionsfarben als Suspension aus Farbpigmenten in der Lackflüssigkeit.

1.4 Diffusion, Osmose

Was versteht man unter Diffusion?

Vorgang, bei dem sich verschiedene Gase oder Flüssigkeiten beim Zusammenbringen durchdringen und ausgleichen.

Eine Diffusion findet z.B. beim Ausgleich des unterschiedlichen Wasserdampfgehalts der Luft zwischen der Raumluft und der Außenluft statt.

Was versteht man unter Osmose?

Vorgang, bei dem Gase oder Flüssigkeiten durch eine poröse Membrane (z.B. Zellhaut) diffundieren.

Die Osmose spielt beim Transport der Nährstoffe und Nährsalzlösungen in Pflanzen eine große Rolle.

1.5 Wichtige Grundstoffe und ihre Verbindungen

Was ist Sauerstoff?

Ein farb-, geruch- und geschmackloses Gas, welches in großen Mengen in der Natur vorkommt.

Luft, Wasser, Gesteinsarten, Pflanzen usw. enthalten Sauerstoff. Ohne Sauerstoff gibt es kein Leben, aber auch keine Verbrennung.

Was versteht man unter Oxidation?

Die Vereinigung eines Stoffes mit Sauerstoff.

Die dabei entstehende Sauerstoffverbindung heißt Oxid. Eisen und Sauerstoff ergeben Eisenoxid.

Was ist Reduktion?

Das Entziehen des Sauerstoffs aus einer Sauerstoffverbindung.

Im Hochofen z.B. wird dem Erz der Sauerstoff durch Verbrennung von Kohlenstoff entzogen.

Was ist Wasserstoff?

Ein brennbares, farb-, geruch- und geschmackloses Gas, das leichter als Luft ist.

Ein Gemisch von Wasserstoff mit Sauerstoff oder Luft ergibt das sehr explosible Knallgas.

Was ist Kohlenmonoxid?

Ein farb- und geruchloses Gas, welches bei der Verbrennung von Kohlenstoff und Kohlenstoffverbindungen bei *ungenügendem* Luftzutritt entsteht.

Eingeatmet wirkt es sehr giftig, weil es die roten Blutkörperchen zersetzt. Kohlenmonoxid ist auch im Leuchtgas und in den Auspuffgasen der Verbrennungsmotoren enthalten.

Was ist Kohlendioxid?

Ein Gas, das bei der Verbrennung von Kohlenstoff und Kohlenstoffverbindungen bei *genügendem* Luftzutritt entsteht.

Es ist nicht giftig, doch macht es die Atmung unmöglich. Da es jede Flamme erstickt, findet es Anwendung bei Feuerlöschapparaten.

Was sind Kohlenwasserstoffverbindungen?

Chemische Verbindungen, die vorwiegend aus Kohlenstoff und Wasserstoff bestehen und in vielfältiger Weise miteinander verkettet sein können.

Sie können kettenförmig (z.B. Propan) oder ringförmig (z.B. Benzol) zu einfachen Molekülen oder auch zu Makromolekülen (z.B. Polyurethan) verbunden sein; sie können dabei gesättigt oder ungesättigt sein.

Was versteht man unter einer ungesättigten Kohlenwasserstoffverbindung?

Verbindung, die Kohlenwasserstoffe mit Mehrfachbindungen enthält.

Kohlenwasserstoffe mit Mehrfachbindungen haben das Bestreben, diese aufzulösen und mit anderen Atomen oder Atomgruppen neue Verbindungen zu bilden.

Was sind gesättigte Kohlenwasserstoffe?

Gesättigte Kohlenwasserstoffe sind solche mit Einfachbindungen.

Zu den gesättigten Kohlenwasserstoffen gehören z.B. Methan, Äthan und Propan.

Durch welche Verfahren können makromolekulare Stoffe entstehen?

Durch Polymerisation, Polykondensation und Polyaddition.

Bei der Polymerisation werden meist gleichartige ungesättigte Kohlenstoffverbindungen angebrochen und diese Grundmoleküle aneinandergereiht.

Bei der Polykondensation verbinden sich verschiedenartige Grundmoleküle unter gleichzeitiger Abspaltung (Kondensation) von einfachen Stoffen wie z.B. Wasser.

Bei der Polyaddition verbinden sich ebenfalls verschiedenartige Grundmoleküle ohne Abspaltung von Nebenprodukten.

Was sind Säuren?

Säuren sind, von einigen Ausnahmen abgesehen, Verbindungen von Nichtmetalloxiden mit Wasser.

Säuren färben Lackmusfarbstoff rot, greifen Metalle an und leiten den elektrischen Strom.

Welches sind für den Tischler technisch wichtige Säuren?

Salzsäure, Schwefelsäure, Essigsäure, Oxalsäure, Gerbsäuren.

Sie werden z.B. als Bleichmittel für gerbstoffhaltige Hölzer, als Vorbeizen und als Fleckenentfernungsmittel verwendet.

Was sind Basen (Laugen)?

Verbindungen von Metalloxiden mit Wasser.

Laugen wirken ätzend und greifen die Haut an. Sie färben roten Lackmusfarbstoff blau.

Was versteht man unter dem pH-Wert?

Der pH-Wert ist ein Maß für die Stärke einer sauren oder basischen Lösung.

Er wird in einer Zahlenskala von 0 bis 14 dargestellt. pH-Werte von 0 bis 6 sind sauer, der pH-Wert 7 ist neutral (z.B. destilliertes Wasser), pH-Werte von 8 bis 14 sind basisch.

Auf welche Arten können Salze entstehen?

Durch Einwirken von Säuren auf Metalle oder Metalloxide sowie durch Neutralisation zwischen einer Säure und einer Lauge.

Eine Neutralisation kommt zustande, wenn eine Lauge und eine Säure im richtigen Verhältnis zusammengebracht werden.

Wie ist die Luft zusammengesetzt?

Luft ist ein Gemenge aus 21 % Sauerstoff, 78 % Stickstoff, 0,9 % Edelgasen und 0,03 % Kohlendioxid.

Die Luft ist in dicht besiedelten Gebieten und in Industriegebieten meist durch Abgase wie z. B. Kohlenmonoxid und Schwefeldioxid stark verschmutzt.

Warum ist unser Brauchwasser kein chemisch reines Wasser?

Das aus Flüssen, Seen und Meeren verdunstete Wasser nimmt in der Luft Kohlensäure, im Boden größere Mengen gelöster Salze und in Bächen, Flüssen und Seen häufig aggressive Schmutz- und Abwässer auf.

Chemisch reines Wasser wird durch Destillation oder durch Ionenaustauscher erreicht.

Welche dringenden Maßnahmen zur Luftverbesserung sind notwendig?

Fahrzeuge sollten mit Geräten (z. B. Katalisatoren) ausgerüstet sein, die den Ausstoß von schädlichen Abgasen auf ein Minimum reduzieren. Es sollten umweltfreundliche Energiearten für Heizzwecke verwendet werden. Die Reinigung der Industrieabgase sollte durch schärfere Vorschriften verbessert werden.

Die durch Abgase verschmutzte Luft hat einerseits das weitverbreitete Waldsterben verursacht, indem durch den sogenannten sauren Regen ein hoher Prozentsatz der Bäume geschädigt und die Waldböden übersäuert wurden.

Wodurch kann einer zunehmenden Verschmutzung unserer Gewässer entgegengewirkt werden?

Durch den Bau von zusätzlichen Kläranlagen zur Reinigung der Abwässer von Haushalt und Industrie, durch vermehrte Verwendung solcher Stoffe (z. B. Waschmittel), die sich leichter aus dem Abwasser entfernen lassen, durch verstärkte Kontrollen bei Ablagerungen auf Mülldeponien zum Schutz des Grundwassers und durch umweltbewußteres Verhalten der Menschen.

Der Bedarf an sauberem Wasser für Mensch, Tier und Natur kann künftig nur gedeckt werden, wenn einer weiteren Verschmutzung unserer Flüsse und Seen sowie des Grundwassers entgegengewirkt wird.

2 Werkstoffe und Werkstoffverarbeitung

2.1 Holz

2.1.1 Wald und Baum

Welche Bedeutung kommt dem Wald im allgemeinen zu?

Der Wald hat eine wichtige Erholungs- und Schutzfunktion zu erfüllen. Durch die Abgabe von Sauerstoff und die Bindung der in der Luft enthaltenen Staubteilchen sorgt er für eine stetige Erneuerung der Luft. Durch die Fähigkeit des Waldes, Wasser zu speichern, wirkt er regulierend auf den Grundwasserspiegel ein, verhindert durch den Bestand ein Fortschwemmen der Humusschicht und dadurch ein Verkarsten der Landschaft. Das durch das Blattwerk ständig verdunstende Wasser wirkt entscheidend auf das Klima des Landes ein. Er bietet Schutz für viele Tiere und Pflanzen. Darüber hinaus hat der Wald in den meisten Ländern auch eine große wirtschaftliche Bedeutung.

Ein Raubbau am Wald wird sich für die Menschheit immer bitter rächen.

Warum wird der Wald auch als grüne Lunge bezeichnet?

Der Baum nimmt durch die zahllosen Spaltöffnungen der Blätter Kohlendioxid aus der Luft auf und gibt nach Umwandlung der vom Baum aufgenommenen Stoffe in körpereigene Stoffe durch die Spaltöffnungen Sauerstoff wieder ab, der für die Atmung von Mensch und Tier so wichtig ist.

Somit steht die „Atmung des Waldes" im ergänzenden Gegensatz zur Atmung der tierischen Lebewesen und somit auch der Menschen.

Welche Teile des Baumes werden als Holz bezeichnet?

Es sind die Teile des Baumes, die wirtschaftlich genutzt werden können, wie der Stamm und im geringen Maße auch die Äste und Wurzeln.

Den weitaus größten Teil des Holzes liefern die Wälder und nur in geringerem Maße einzeln stehende Bäume.

Welche für den Baum wichtigen Mineralsalze sind im Grundwasser gelöst?

Stickstoff, Phosphor, Silicium, Magnesium, Schwefel, Kalium, Calcium, Natrium und Eisen.

Der Baum nimmt diese im Wasser gelösten Mineralsalze durch seine Wurzeln auf.

Aus welchen wesentlichen Teilen besteht der Baum?

Aus Wurzeln, Stamm und Krone.

Die Wurzeln oder das Wurzelwerk liegen in der Erde, der Stamm trägt die Krone des Baumes.

Welche Aufgabe hat das Wurzelwerk zu erfüllen?

Das Wurzelwerk nimmt mit Hilfe der Wurzelhaare das zum Leben und Wachstum des Baumes notwendige Wasser mit den darin gelösten Nährsalzen aus dem Boden auf. Zum anderen wird der Baum durch die Haupt- und Nebenwurzeln fest im Boden verankert.

Je nach Baumart und Bodenbeschaffenheit wie Nährstoffraum des Bodens unterscheidet man Flachwurzler mit stark an der Oberfläche verzweigtem Wurzelwerk und Tiefwurzler mit tief in den Bodenraum reichendem Wurzelwerk.

Wodurch kann man an der Baumkrone einen Bestandsbaum, einen Freistandbaum oder einen Traufbaum erkennen?

Die Baumkronen sind unterschiedlich ausgebildet. Bei Bestandsbäumen ist die Krone aus Mangel an Licht mehr oder weniger schwach entwikkelt und der Stamm schlank und lang. Bei Freistandbäumen ist die Krone sehr voll und dicht ausgebildet. Bei Traufbäumen, die am Waldrand gewachsen sind, findet man eine einseitig entwickelte Baumkrone, die an der freistehenden Seite wesentlich dichter und voller ist.

Die Krone eines Baumes besteht aus den Ästen und Zweigen mit den Knospen, Blättern und Blüten bzw. Früchten.

Worin liegt der Unterschied zwischen einer wipfelschäftigen und einer besenkronigen Baumform?

Der Stammteil des Baumes vom Boden bis zum Kronenansatz wird als Schaft bezeichnet. Geht dieser Stamm bis zum Wipfel eines Baumes durch wie z.B. bei Nadelbäumen und auch einigen Laubbäumen, spricht man von wipfelschäftig. Teilt sich der Stamm in der Krone so stark, daß dieser als solcher in der Krone nicht mehr zu erkennen ist, spricht man von besenkronig.

Je länger und astfreier der Stamm, desto besser ist die Holzausbeute.

Wie gelangen die Mineralsalze aus dem Boden in die Blätter?

Durch die Wurzelsaugkraft und den Wurzeldruck (Kapillarkräfte) gelangen die im Wasser gelösten Mineralsalze in die Leitzellen des Baumes. Durch die Verdunstung des Wassers in den auftreibenden Blättern im Frühjahr entsteht ein Sog, so daß das Bodenwasser bis in die Blätter gezogen wird. Der Wassertransport wird außerdem noch durch den osmotischen Druck von Zelle zu Zelle unterstützt.

Die wasserführenden Leitzellen befinden sich in der Regel im Splintholz des Baumes.

Was versteht man unter Assimilation?

Assimilation nennt man die Umwandlung der vom Baum aufgenommenen mineralischen Stoffe wie Stickstoff, Phosphor, Silicium, Natrium, Schwefel, Magnesium, Kalium, Calcium und Eisen in körpereigene organische Stoffe wie Stärke und Traubenzucker.

Dieser Vorgang findet in den Blättern des Baumes mit Hilfe des Sonnenlichtes und des Blattgrüns (Chlorophyll) statt.

Warum bezeichnet man die Umwandlung der anorganischen Stoffe in organische Stoffe in den Blättern des Baumes auch als Photosynthese?

Der Umwandlungsvorgang kann in den Blättern nur mit Hilfe des Sonnenlichtes stattfinden.

Ohne Sonnenlicht findet keine Assimilation statt.

Wohin gelangen die in den Blättern assimilierten körpereigenen Aufbaustoffe?

Diese organischen Aufbaustoffe werden durch die Bastzellen vorwiegend den Wachstumszonen des Baumes in Stamm, Wurzeln und Ästen zugeleitet. Ein Teil wird auch als Reserve in den sogenannten Speicherzellen eingelagert.

Die Wachstumszone liegt unter der Rinde und Bastschicht des Baumes. Sie wird auch als Cambiumschicht bezeichnet.

Warum wird bei vielen Tropenhölzern kein eindeutiger Jahresringverlauf erkennbar?

Die Wachstumsphasen der Tropenhölzer werden weniger vom Jahresrhythmus als vom Wechsel der Trocken- und Regenzeiten bestimmt. Darum haben Tropenhölzer einen kaum sichtbaren oder einen sehr unregelmäßigen Verlauf der Wachstumszonen.

Aber auch bei europäischen Holzarten sind am Bild der Jahresringe die fetten und die mageren Jahre (nassen und trockenen Jahre) abzulesen.

Wie nennt man den helleren äußeren Teil und wie den dunkleren inneren Teil des Baumstammes?

Den äußeren helleren Holzteil nennt man Splintholz, den dunkleren inneren Teil Kernholz.

Das Splintholz ist das jüngere saftreichere Holz, das zur Wasserführung von den Wurzeln in die Blätter dient. Bei älteren Bäumen verkernen bei manchen Baumarten die inneren Holzschichten, d.h. die Leitzellen stellen die Wasserführung ein und lagern hier Gerb- und Farbstoffe, Harz, Wachs und Fett ab. Bei vielen Bäumen wird dieser Teil dadurch dunkler.

Warum ist nicht bei allen Baumarten ein dunkler Kern sichtbar?

Nicht alle Baumarten verkernen den älteren inneren Teil des Stammes, bei anderen wiederum wird die Verkernung in Folge fehlender Farb- oder Gerbstoffe nicht sichtbar.

Bäume ohne Verkernung nennt man Splintholzbäume, die Bäume ohne sichtbare Verkernung nennt man Reifholzbäume.

Welchen Aufbau zeigt der Querschnitt eines Eichenstammes?

Markröhre, Jahresring mit Frühholzzone und Spätholzzone, Splintholz und Kernholz, Markstrahlen, Cambiumschicht, Bast, Rinde und Borke.

Die Markröhre liegt in der Regel im Zentrum der Baumscheibe, um die sich die Jahresringe aufbauen. Der dunkle Stammteil wird als Kernholz, der hellere als Splintholz bezeichnet. Die Markstrahlen, die sogenannten Speicherzellen, verlaufen radial vom Stammäußeren zum Stamminneren. Die Cambiumschicht als Wachstumszone des Baumes wird von der Bastschicht ernährt und liegt geschützt unter der Rinde bzw. Borke. (Die Cambiumschicht ist meistens mit dem bloßen Auge nicht sichtbar).

Warum bestehen die Jahresringe bei den meisten europäischen Holzarten aus dunklen und hellen Holzzonen?

Die im Frühjahr und Sommer gebildeten Holzzellen sind großvolumiger, dünnwandiger und erscheinen dadurch heller als die im Spätsommer und Herbst entstehenden engräumigen dickwandigen Zellen.

Weil der hellere Teil des Jahresringes im Frühjahr bzw. im Sommer gebildet wird, nennt man ihn auch Frühholz und den im Spätsommer und Herbst entstehenden dunklen Teil des Jahresringes Spätholz.

Wie geht das Wachstum des Baumes vor sich?

Das Wachsen des Baumes geschieht durch Zellteilung. Es ist zwischen dem Längenwachstum (primäres Wachstum) und Dickenwachstum (sekundäres Wachstum) des Baumes zu unterscheiden. Beim Längenwachstum teilen sich die Zellen in den End- und Triebknospen an den Zweigen fortlaufend und strecken sich. Die frischen Triebe sind anfangs noch grün und verholzen erst nach einiger Zeit. Das Dickenwachstum geschieht in der Cambiumschicht, einer sehr dünnen Zellschicht unter der Bastschicht und Rinde. Hier werden die einzelnen Holzzellen schon gleich ihrer späteren Aufgabe entsprechend festgelegt.

Die beim Dickenwachstum im Laufe eines Jahres entstandenen Holzzellen werden als Jahresring sichtbar.

Worin liegt der Unterschied zwischen Splintholzbäumen, Kernholzbäumen, Reifholzbäumen und Kernreifholzbäumen?

Splintholzbäume haben keine oder nur eine sehr schwache Verkernung der inneren älteren Holzschichten. Bei Kernholzbäumen wird die Verkernung durch dunkle Holzzonen im inneren Stammteil sichtbar, bei Reifholzbäumen bleibt sie unsichtbar. Bei Kernreifholzbäumen ist die innere alte Holzschicht sichtbar, die mittlere Holzzone nicht sichtbar verkernt, die äußere Schicht ist die wasserführende Splintholzschicht.

Durch die Verkernung wird das Holz in der Regel schwerer, fester und dauerhafter, es arbeitet weniger.

Welche Baumarten gehören zu den Kernholzbäumen?

Akazie, Eibe, Eiche, Kiefer, Lärche, Nußbaum sowie fast alle Obstbäume mit Ausnahme des Birnbaums.

Das Verhältnis des Kernholzes zum Splintholz ist je nach Holzart sehr unterschiedlich.

Welche Baumarten gehören zu den Splintholzbäumen, welche zu den Reifholzbäumen?

Splintholzbäume sind Bergahorn, Spitzahorn, Birke, Erle, Weißbuche. Reifholzbäume sind Birnbaum, Feldahorn, Fichte, Linde, Rotbuche, Tanne.

Ein Kernreifholzbaum ist z.B. die Ulme (Rüster).

2.1.2 Aufbau des Holzes

Wie nennt man den kleinsten Baustein des Holzes?

Holzzelle.

Holz ist wie die meisten Pflanzen aus einer Vielzahl von Zellen aufgebaut.

Aus welchen Teilen bestehen junge, noch nicht verholzte Pflanzenzellen?

Junge Holzzellen bestehen aus einer weichen Zellwand, dem Protoplasma und dem Zellkern, der im Protoplasma schwimmt.

Im Protoplasma sind viele lebenswichtige Stoffe gelöst wie Salze, Eiweiß, Fette, Säuren, Zucker und auch Blattgrünkörper (Chlorophyll). Der wichtigste Bestandteil im Protoplasma ist der Zellkern mit den Chromosomen, den Trägern der Erbanlagen einer Zelle.

Wie geht das Wachstum in den Wachstumszonen des Holzes vor sich?

Durch Zellteilung.

Der Zellkern nimmt zunächst eine spindelförmige längliche Form an. Zugleich spalten sich die Chromosomen in der Länge auf und streben auseinander, so daß je zwei neue Zellkerne entstehen. Zwischen diesen neuen Zellkernen bildet sich eine Zellhaut, die größer wird, bis sie sich mit der Zellwand der Mutterzelle verbindet. Damit ist die Zellteilung abgeschlossen.
Nur junge Zellen teilen sich. Alte Zellen entwickeln sich entsprechend ihrer Erbanlagen zu den ihnen zugedachten Aufgaben im Baum.

Wie verändern sich die älteren, nicht mehr teilungsfähigen Zellen?

Die Zellen, die sich nicht mehr teilen, scheiden aus der Wachstumszone aus. Sie beginnen sich um ein Vielfaches zu strecken, so daß durch diese Vergrößerung ein großer Zellhohlraum entsteht. Das Protoplasma liegt noch als dünne Schicht an der Zellwand an und schließt den Zellkern und die Farbstoffkörper ein.

Der Hohlraum der Zelle füllt sich nun mit Zellsaft. Die noch weiter alternde Zelle weist kein Protoplasma mehr auf, sondern verholzt im zunehmenden Maße.

Wodurch entsteht im Zellverband das Holz?

Die Zellwände bestehen aus einem fadenförmigen Zellulosegerüst, in das sich mehr und mehr Lignin, ein spezieller Verholzungsstoff, einlagert. Durch dieses Einlagern des Lignins in das Zellgerüst entsteht Holz.

Die fertige Holzzelle ist fest, steif und von endgültiger Form.

Welche Aufgaben haben die Holzzellen zu übernehmen?

Im wesentlichen haben sie die Aufgabe, Wasser und Nährstoffe zu leiten, Nähr- und Aufbaustoffe zu speichern und das Zellgerüst zu stützen.

Darum sind bei Bäumen Leitzellen, Speicherzellen und Stützzellen zu unterscheiden.

Worin unterscheidet sich im wesentlichen der Zellaufbau bei Laubbäumen und bei Nadelbäumen?

Laubbäume haben getrennte röhrenförmige Leitzellen (Tracheen), Speicherzellen, (Parenchymzellen) und Stützzellen (Sklerenchymfasern). Nadelbäume weisen ebenfalls Speicherzellen auf. Die Funktion der Leitzellen und Stützzellen ist aber in einer Zelle, den Tracheiden, zusammengefaßt.

Die Leitzellen in Laubhölzern werden bei vielen Holzarten als runde Poren im Hirnholz sichtbar. Die Tracheiden bei Nadelbäumen haben eine nahezu rechteckige Querschnittsform.

Welche Aufgaben haben die Leitzellen (Tracheen) in Laubbäumen zu erfüllen?

Die Tracheen sind röhrenartige Zellen, deren Zwischenböden ganz oder teilweise fehlen. Dadurch entsteht ein durchgehendes Leitungssystem, um das Wasser von den Wurzeln bis zu den Blättern transportieren zu können. Dies geschieht vorwiegend in der saftreichen Splintholzzone. In der Bastschicht weisen die Leitzellen siebartige Böden auf. Diese Siebröhren haben die Aufgabe, die Aufbaustoffe von der Krone bis zu den Wurzeln zu fördern.

Die Leitzellen werden in den meisten Holzarten im Hirnholz als runde Poren, im Langholz als nadelfeine längliche Vertiefungen sichtbar.

Wie sind die Stützzellen im Laubholz aufgebaut?

Stützzellen (Sklerenchymfasern) sind lange, spitz zulaufende, ineinander verzahnte dickwandige Holzzellen. Sie bilden die Hauptmasse der Laubhölzer.

Durch die lange Verzahnung geben sie dem Laubholz die erforderliche Festigkeit.

Welche Aufgabe ist den Speicherzellen zugedacht?

Die Speicherzellen (Parenchymzellen) dienen zur Speicherung von Aufbaustoffen in allen Holzteilen des Baumes, die dieser vor allem zum Austrieb der Knospen und Blüten im Frühjahr benötigt.

Speicherzellen sind sowohl beim Nadelholz als auch beim Laubholz vorhanden. Sie laufen vorwiegend radial zum Mark hin und werden im Holz deshalb auch als Markstrahlen bezeichnet.

Wie ist der Aufbau der Hoftüpfel in den Zellwänden?

Hoftüpfel sind kleine Öffnungen (Porus) in den Zellwänden, die durch eine durchlässige Schließhaut (Membran) mit undurchlässiger Scheibe (Torus) verschlossen werden können. Dadurch ist ein Austausch des Wassers und der Aufbaustoffe von Zelle zu Zelle sowie ein völliger Verschluß der Zellen bei Verletzungen des Baumes möglich.

Hoftüpfel sind besonders zahlreich in den Frühholzzellen und Speicherzellen des Nadelholzes anzutreffen.

Welche drei Schnittrichtungen sind beim Holz zu unterscheiden?

Der Quer- oder Hirnholzschnitt, der Radial- oder Spiegelschnitt und der Sehnen- oder Faderschnitt.

Der Quer- oder Hirnholzschnitt wird quer zur Stammachse, der Radial- oder Spiegelschnitt durch die Stammachse und der Sehnen- oder Fladerschnitt in Richtung der Stammachse, aber nicht durch die Mitte des Stammes geführt.

Wie ist der Stammquerschnitt von innen nach außen bei den Hölzern aufgebaut?

Innen die Markröhre mit nach außen radial verlaufenden Markstrahlen; Jahresringe, bestehend aus Früh- und Spätholz; Kern- und Splintholzschicht; Kambium- oder Wachstumsschicht, Bast und Rinde bzw. Borke.

Kernholz sind die in der Mitte des Stammes bereits verkernten Holzzonen, die bei vielen Hölzern dunkler sind als das Splintholz, die noch nicht verkernte Randzone des Holzes.

Was versteht der Tischler beim Holz unter Mark?

Die in der Mitte des Stammes verlaufende Markröhre.

Die Markröhre ist in Form und Größe bei den Holzarten verschieden ausgebildet. Sie ist unbrauchbar und muß beim Schnittholz herausgetrennt werden.

In welcher Holzzone findet das Dickenwachstum des Holzes statt?

Im Kambium

Das Kambium ist die sogenannte Wachstumsschicht des Baumes, die zwischen den Holzzonen und dem Bast liegt. Sie ist mit dem bloßen Auge nicht sichtbar.

Was versteht man unter „Frühholz" und „Spätholz"?

Die im Frühjahr, etwa von April bis Juni, entstandene Holzschicht wird als Frühholz und die im Sommer, etwa von Juli bis September, gewachsene Holzschicht wird als Spätholz bezeichnet.

Das Frühholz ist durch den schnelleren Wuchs meistens grobporiger und heller als das Spätholz. Frühholz und Spätholz bilden zusammen den Jahresring.

Welche wesentlichen Wachstumsbereiche sind beim Baum zu unterscheiden?

Das Dickenwachstum und das Längenwachstum.

Das Längenwachstum, auch primäres Wachstum genannt, findet an den Zweigenden, das Dickenwachstum, auch sekundäres Wachstum genannt, am Umfang der Zweige, Äste und Stämme durch Zellteilung statt.

Worin unterscheidet sich das Holzbild des Radialschnittes von dem des Sehnenschnittes?

Beim Radialschnitt liegen die Jahresringe nahezu parallel nebeneinander; das Holzbild ist schlicht streifig. Bei einigen Holzarten werden die bei dieser Schnittführung längs aufgeschnittenen Markstrahlen besonders gut sichtbar. Sie werden als Spiegel bezeichnet, wie z. B. bei Eichenholz. Beim Sehnenschnitt wird nicht durch die Stammitte geschnitten. Dadurch ergeben sich gefladerte Holzmaserungen, die mit den Kegelanschnitten (Parabeln) vergleichbar sind.

Beide Schnitte, der Radial- und der Sehnenschnitt, werden parallel zur Stammachse geführt.

Wann spricht man von grobjährigem, wann von feinjährigem Holz?

Bei feinjährigem Holz liegen die Jahresringe sehr dicht beieinander, bei grobjährigem Holz sehr weit auseinander.

Je üppiger das Wachstum des Baumes, desto weiter die Jahresringe. Bei Nadelhölzern wird das feinjährige Holz besonders geschätzt.

Was versteht man unter den Begriffen feinporig, grobporig, ringporig und zerstreutporig?

Feinporig sind Hölzer, deren Leitzellen im Hirnholz mit bloßem Auge nicht sichtbar sind, wie z. B. bei Kirschbaum, Birnbaum, Ahorn. Grobporig sind Hölzer, deren Leitzellen im Hirnholz mit bloßem Auge sichtbar sind, wie z. B. bei Eiche, Esche, Rüster. Ringporig sind Hölzer, deren Leitzellen vorwiegend ringförmig angeordnet sind, wie z. B. bei Eiche, Esche, Rüster. Zerstreutporig sind Hölzer, deren Leitzellen nahezu gleichmäßig im Hirnholz verteilt angeordnet sind, wie z. B. bei Ahorn, Birnbaum, Buche.

Da die Anordnung und Verteilung der Leitzellen die Holzstruktur bestimmen, sind sie ein wichtiges Erkennungsmerkmal der verschiedenen Holzarten.

Welches sind die wichtigsten Bestandteile des Holzes?

Holz besteht vorwiegend aus Zellulose (ca. 40 %), aus zelluloseähnlichen Stoffen (ca. 24 % bis 32 %), aus Lignin als Verholzungsstoff (ca. 22 % bis 30 %) und aus weiteren Nebenbestandteilen (ca. 6 %) wie Harz, Terpentin, Fett, Wachs, Farbstoffe sowie Kalium, Natrium, Calcium, Magnesium, Eisenoxid, Phosphorsäure und anderes.

Die Zellulose ist geschmacks- und geruchsneutral, farblos, aber auch leicht brennbar und nicht säurefest. Die Zusammensetzung des Lignins ist chemisch noch nicht endgültig geklärt.

Welches sind die wichtigsten chemischen Grundstoffe der reinen Holzsubstanz?

Kohlenstoff (50 %), Sauerstoff (43 %), Wasserstoff (6 %), Stickstoff und geringe Mengen Aschebestandteile (1 %).

Bei frisch gefälltem Holz macht der Zellsaft (Wasser) oft mehr als die Hälfte des Gewichtes aus.

2.1.3 Wuchsfehler

Welche Wuchsfehler sind an der Schaftform der Bäume zu erkennen?

Abholzigkeit, Krummschäftigkeit, Zwieselung, Gabelung und Drehwüchsigkeit

Am idealsten sind nahezu zylindrische, gerade und lange Baumstämme für die Ausnutzung des Holzes. Stämme mit Wuchsfehlern lassen sich meistens nur zu kurzem Schnittholz einschneiden.

Was versteht man unter Abholzigkeit?

Als abholzig werden Nutzholzstämme bezeichnet, deren Durchmesser auf 1 m Stammlänge mehr als 1 cm abnimmt.

Abholzige Bäume sind meistens freistehend gewachsen und deshalb auch noch stark astig.

Wie entstehen Gabelungen und Zwieselungen?

Gabelungen und Zwieselungen entstehen, wenn der Hauptwipfeltrieb des Baumes in jungen Jahren durch Wildverbiß, Wildbruch, Frost oder Hagel beschädigt wird.

Bei Zwieselungen teilt sich der Stamm nahe über dem Boden, bei Gabelungen mehrere Meter über dem Boden.

Welche Wuchsstörungen des Baumes werden im Querschnitt des Stammes sichtbar?

Der exzentrische Wuchs, die Spannrückigkeit, der Mondring, die Frostleiste, die Überwallung, die Ringschäle, die Stern- oder Kernrisse.

Beim exzentrischen Wuchs liegt die Markröhre nicht in der Stammitte, sondern die Jahresringe drängen sich einseitig eng zusammen. Bei der Spannrückigkeit weist der Stammquerschnitt tiefe Einschnitte auf. Der Mondring entsteht durch eine fehlerhafte Verkernung des Holzes, hier sind helle Splintholzteile eingeschlossen. Durch Frost reißt der Stamm in der Regel radial ein; diesen Riß versucht der Baum meistens vergebens zu überwallen. Dadurch entsteht die Frostleiste. Überwallungen sind überwachsene Verletzungen. Bei der Ringschäle reißt das Holz im Jahresringverlauf ein, bei Stern- und Kernrissen in Richtung der Markstrahlen.
Alle Wuchsfehler beeinträchtigen in der Regel die Qualität und Nutzbarkeit des Holzes.

Warum ist Schnittholz aus drehwüchsigen Stämmen meistens nicht zu gebrauchen?

Schnittholz aus drehwüchsigen Stämmen wird in der Regel stark windschief, wirft und verzieht sich.

Verläuft die Drehung bei einer Stammlänge von 6 m bis 7 m einmal um den Stamm, ist das Holz als Schnittholz nicht zu gebrauchen.

Warum stellen Maserknollen nicht unbedingt eine Wertminderung des Holzes dar?

Maserknollen ergeben durch den besonderen Faserverlauf im Anschnitt eine schöne Zeichnung. Damit sind sie ein gesuchtes Holz für Drechslerarbeiten oder für die Herstellung von Maserfurnieren.

Maserknollen entstehen durch Wucherungen von Seitenknospen, die sich gegenseitig in der Entwicklung hemmen.

Wie entsteht Druck- oder Rotholz?

Druck- oder Rotholz bildet sich häufig bei Fichten und Tannen an der der Wind abgekehrten Stammseite. Der Baum wird durch den Wind herübergebogen, das Holz dadurch auf der windabgekehrten Seite gestaucht. Bei Fichten und Tannen hat das Druckholz eine rötliche Farbe.

Häufig weisen diese Bäume auch noch einen exzentrischen Wuchs auf.

Warum läßt sich Druck- oder Rotholz schlecht verarbeiten?

Druck- oder Rotholz ist sehr fest und spröde, daher schwer und schlecht nagelbar (es springt). Außerdem wird sich das Holz immer verziehen.

Da es sich durch die Spannungen schon beim Einschneiden verzieht, kann es an der Kreissäge stark klemmen und Unfälle verursachen.

Warum ist rissiges Holz nur bedingt verwendbar?

Für den Nutzungswert des Holzes sind der Rißverlauf und die Einschnittrichtung entscheidend. Bei Ringschäle oder Kernschäle lösen sich durch Wuchsstörungen die Jahresringe voneinander. Da dies mehrere Meter in der Stammlänge betragen kann, ist der Nutzungswert stark gemindert, weil das Holz ja an diesen Stellen nicht mehr zusammenhält. Ähnlich sieht es bei Kern- und Sternrissen aus, die in der Regel radial verlaufen und somit den gesamten inneren Stammteil unbrauchbar machen. Bei Frostleisten hat man die Möglichkeit, in Richtung der Frostleiste einzuschneiden, so daß noch ein großer Teil des Holzes genutzt werden kann.

Da die Neigung zur Rißbildung meistens eine Folge von Wuchsstörungen ist, weist das Holz durch den unterschiedlichen Jahresringaufbau auch innere Spannungen auf, die zum Verziehen und weiteren Reißen führen.

2.1.4 Eigenschaften des Holzes

Woran kann man die Holzarten am ehesten erkennen?

An der Textur (Zeichnung), der Farbe, dem Glanz und dem Geruch des Holzes.

Die Zeichnung des Holzes ist abhängig vom Verlauf der Jahresringe, die Farbe des Holzes von den in den Zellen eingelagerten Farbstoffen und dem Grad der Verkernung, der Glanz von der Anzahl der „Spiegel" im Holz und der Geruch vom Gehalt und von der Art der Inhaltsstoffe wie ätherische Öle und Gerbstoffe.

Welche Arten der Zeichnung des Holzes kann man unterscheiden?

Im allgemeinen wird eine schlicht streifige und eine gefladerte Zeichnung des Holzes unterschieden. Bei besonderen Holzarten kann die Zeichnung noch lebhafter sein, so daß man von einer geriegelten, wimmerigen, pyramidenförmigen, gemaserten, blumigen und geflammten Textur spricht.

Für die Art der Maserung ist neben dem Wuchs des Holzes die Art des Holzeinschnitts bzw. der Furnierherstellung entscheidend.

Wodurch wird der Geruch des Holzes hervorgerufen?

Der Geruch entsteht durch die eingelagerten Inhaltsstoffe wie ätherische Öle, Harze, Kampfer, Gerbstoffe usw.

Besonders bei außereuropäischen Hölzern können die verdunstenden Öle zu Kopfschmerzen, Schwächegefühlen, Benommenheit oder Schläfrigkeit führen.

Welche Hölzer weisen eine feine Struktur auf?

Ahorn, Birnbaum, Linde, Elsbeere u. a.

Bei diesen Holzarten wird kaum eine Zeichnung sichtbar.

Welche Hölzer weisen eine grobe Struktur auf?

Esche, Eiche, Kiefer, Lärche, Rüster.

Esche, Eiche und Rüster sind zudem auch noch verhältnismäßig grobporig.

Wovon ist die Rohdichte des Holzes im wesentlichen abhängig?

Die Rohdichte des Holzes ist das Verhältnis von Masse zu Volumen. Sie ist abhängig von der Anzahl der Poren und dem Wassergehalt des Holzes.

Die Rohdichte für Fichte liegt z. B. bei einem Wassergehalt von 0 % bei 0,42 kg/dm^3, bei einem Wassergehalt von 12 % bei 0,46 kg/dm^3; die Rohdichte für Rotbuche liegt bei gleichen Wassergehalten bei 0,68 und 0,75 kg/dm^3.

Wie groß ist die Dichte der reinen Holzsubstanz?

1,56 kg/dm^3. Diese Dichte ist bei allen Holzarten gleich.

Im Vergleich hierzu hat Aluminium eine Dichte von 2,65 kg/dm^3, Stahl 7,85 kg/dm^3.

Was versteht man unter Festigkeit des Holzes?

Die Festigkeit ist der innere Widerstand des Holzes gegen von außen einwirkende Kräfte.

Um den Werkstoff Holz für Konstruktionen richtig einzusetzen, muß der Tischler die Festigkeit des Holzes beurteilen können.

Von welchen Faktoren hängt die Festigkeit des Holzes ab?

Von der Holzfeuchte, dem Zellaufbau und Zellgefüge, dem Härtegrad und der Faserrichtung.

Trockenes Holz, Holz mit dichtem Zellgefüge und härteres Holz hat in der Regel eine höhere Festigkeit als feuchtes Holz, Holz mit weitem Zellgefüge und weicheres Holz.
Außerdem ist z. B. die Druck- und Zugfestigkeit des Holzes quer zur Faser geringer als parallel zur Holzfaser.

Welche Festigkeiten sind je nach Beanspruchungsart beim Holz zu unterscheiden?

Zug-, Druck-, Biege-, Schub-, Scher-, Torsions-, Knick- und Spaltfestigkeit.

Die Festigkeiten sind im wesentlichen abhängig von der Holzart, der Holzbeschaffenheit wie Astigkeit, Rissigkeit und vom Wassergehalt des Holzes.

Welche Bedeutung hat Druckfestigkeit von Holz bei Tischlerarbeiten?

Wird das Holz quer zur Faser auf Druck stärker beanspruch als es die Festigkeit zuläßt, kommt es zu Druckstellen. Dies kann vorwiegend beim Einsatz von Zwingen und Preßzylindern vorkommen.

Die Druckfestigkeit, parallel zur Faserrichtung, hat bei Tischlerarbeiten nur geringe Bedeutung, weil das Holz hier den auftretenden Belastungen in der Regel standhält.

Warum unterscheidet man bei der Zugfestigkeit und der Druckfestigkeit die Faserrichtung?

Holz hat parallel zur Faser etwa die zehnfache Zugfestigkeit als quer zur Faser und parallel zur Faser etwa die 5 bis 8fache Druckfestigkeit als quer zur Faser.

Bei Tischlerarbeiten hält das Holz bei Belastungen parallel zur Faser praktisch immer stand. Quer zur Faser allerdings kann das Holz bei starker Beanspruchung zerstört werden.

Welchen Einfluß hat die Biegefestigkeit des Holzes auf die Konstruktionen im Möbelbau?

Dünne flache Werkstücke, die seitlich aufgelagert sind, können unter Belastung durchbiegen. Die Durchbiegung nimmt in dem Maße zu, wie der Abstand der Auflager (Spannweite) vergrößert und die Dicke des Werkstücks verringert wird.

Bei Werkstücken, die auf Biegung beansprucht werden, wie z.B. Fachböden, Banksitze, Fußbodendielen, Kleiderstangen oder Zargen, müssen die Spannweite und Materialdicke auf die Belastung abgestimmt werden. Da Werkstücke mit rechteckigen Querschnitten stehend wesentlich höher belastet werden können als liegend, wird man die Zargen in den meisten Fällen hochkant einbauen.

Bei welchen Holzkonstruktionen kommt eine Schubbeanspruchung vor?

Bei Verkeilungen, Verstrebungen, Hakenblättern, Zinkungen, Gratverbindungen usw.

Bei einer Schubbeanspruchung fallen Kraft und Gegenkraft nicht in eine Ebene. Besonders anfällig ist das Holz bei der Schubbeanspruchung parallel zur Faserrichtung. Hier werden die Holzfasern in einer Ebene gegeneinander verschoben. Deshalb muß bei Schubbeanspruchung die Scherfläche so groß sein, daß diese ausreichend den Schubkräften entgegenwirken kann, z.B. Vorholz bei Verstrebungen, genügend großer Randabstand bei Gratungen usw.

Wann muß auf die Knickfestigkeit des Holzes geachtet werden?

Wenn es sich um schlanke, hohe Konstruktionen handelt, die von oben belastet werden wie eingespannte Trennwände, Möbelbeine oder Stützen. Die Werkstücke knicken immer in Richtung der kleineren Abmessung des Querschnitts aus.

Die Knickfestigkeit ist abhängig von dem Schlankheitsgrad des Werkstückes, von der Querschnittsform und von der Einspannungsart des Werkstückes an den Enden.

Warum lassen sich für die Festigkeit bei Holz keine allgemeingültigen Werte angeben?

Die Festigkeiten des Holzes sind abhängig von der Holzart, dem Wuchs des Holzes, der Astigkeit und dem Feuchtigkeitsgehalt.

So ist Hartholz druckfester als Weichholz; so spaltet Nadelholz leichter als die meisten Laubholzarten; so ist Holz mit stark wechselndem Faserverlauf nicht so biegefest wie mit gleichmäßigem Faserverlauf, auch können große Äste die Biegefestigkeiten stark beeinträchtigen und feuchte Hölzer werden schlechter gespalten als trockene.

Warum unterscheidet man zwischen Weichhölzern und Harthölzern?

Je nach Holzart ist der Widerstand unterschiedlich groß, der dem Eindringen fremder Körper in seine Oberfläche oder einem Abrieb entgegengesetzt wird. Die Härte des Holzes und sein Widerstand gegen Abrieb ist umso größer, je größer die Rohdichte und je kleiner sein Wassergehalt ist.

Zu den harten bis sehr harten Hölzern gehören: Ahorn, Rotbuche, die meisten Obsthölzer, Eibe, Buchsbaum, Weißbuche, Palisander und Pockholz. Zu den Weichhölzern gehören die meisten Nadelhölzer, Balsa, Pappelholz, Linde und Birke.

Wann ist Holz besonders gut biegsam?

In der Regel ist nasses Holz besser zu biegen als trockenes. Es gibt aber auch besonders gut biegsame (plastisch verformbare) Holzarten. Hierzu gehören Nußbaum, Birke und Buche. Gerade die Buche läßt sich im gedämpften Zustand sehr gut biegen und verformen.

Die Grenze der Biegsamkeit bzw. der Plastizität ist dann erreicht, wenn das Holz zu brechen beginnt.

Bei welchen Erzeugnissen kommt es besonders auf eine hohe Elastitzität des Holzes an?

Bei Sportgeräten wie Barrenholmen, Sprossenwänden, Skiern sowie bei Sitzmöbeln und im Fahrzeugbau.

Ein Holz ist dann besonders elastisch, wenn es nach Beseitigung der Biegekraft wieder in seine ursprüngliche Lage zurückfedert. Besonders elastische Hölzer sind Esche, Hickory, Nußbaum und Lärche.

Was läßt sich über die elektrische und Wärmeleitfähigkeit des Holzes aussagen?

Im allgemeinen hat trockenes Holz eine geringe elektrische Leitfähigkeit und durch die große Porigkeit auch nur eine geringe Wärmeleitfähigkeit. Die Leitfähigkeit nimmt aber mit dem Wassergehalt des Holzes zu.

Auf der Abhängigkeit der elektrischen Leitfähigkeit zum Wassergehalt des Holzes beruht die Wirkungsweise der elektrischen Holzfeuchtemeßgeräte.

Warum ist Holz für schalldämmende Konstruktionen nicht vorteilhaft?

Das Holz selbst ist wegen seines relativ geringen Gewichtes und der hohen Biegesteifigkeit für schalldämmende Konstruktionen sowie wegen der relativ geschlossenen, reflektierenden Oberfläche für schallschluckende Konstruktionen nicht gut geeignet.

Als dünne Platten und als schmale Vollholzriemen wird es dennoch für schallabsorbierende Konstruktionen eingesetzt.

Warum wird Holz gern für den Bau von Musikinstrumenten benutzt?

Holz läßt sich sehr leicht zu Schwingungen anregen, vor allem das Ahorn-, Tannen- und Fichtenholz, so daß eine Klangverstärkung erreicht wird.

Diese Eigenschaft wird besonders bei Resonanzböden, bei Saiteninstrumenten und auch beim Klavier genutzt.

Was versteht man unter „Arbeiten" des Holzes?

Das Quellen oder Schwinden sowie Reißen und Verformen des Holzes bezeichnet der Tischler als Arbeiten des Holzes.

Holz ist hygroskopisch, d.h. trockenes Holz nimmt in feuchter Luft Feuchtigkeit auf und feuchtes Holz gibt wiederum Feuchtigkeit an trokkene Luft ab. Unterhalb des Fasersättigungsbereiches quillt das Holz bei Feuchtigkeitsaufnahme oder schwindet bei Feuchtigkeitsabgabe, es kann sich zudem verziehen, werfen oder reißen.

Welche Bedeutung haben das freie und das gebundene Wasser in den Holzzellen für die Holztrocknung?

Das freie Wasser befindet sich in den Hohlräumen der Zellen, das gebundene Wasser in den Zellwänden. Bei der Trocknung wird zunächst das freie Wasser abgegeben, dann das in den Zellwänden gebundene Wasser. Die Abgabe des ungebundenen Wassers geht verhältnismäßig schnell, die des gebundenen Wassers langsam vor sich. Deshalb muß die Trocknung unterhalb des Fasersättigungsbereiches behutsam erfolgen.

Mit der Abgabe des gebundenen Wassers beginnt das Holz zu schwinden.

Was versteht man unter dem Begriff „Fasersättigungsbereich"?

Der Fasersättigungsbereich ist der Zustand, in dem das freie Wasser aus den Zellhohlräumen bereits ausgeschieden ist und die Abgabe des gebundenen Wassers aus den Zellwänden gerade beginnt.

Da dieser Zustand nicht exakt zu fixieren ist, weil einerseits schon eine Abgabe des gebundenen Wassers erfolgt, andererseits aber noch geringe Mengen freien Wassers in einigen Zellhohlräumen vorhanden sind, spricht man hier nicht vom Fasersättigungspunkt, sondern vom Fasersättigungsbereich. Er liegt je nach Holzart zwischen 23 % und 35 % Holzfeuchte.

Welche Bedeutung hat der Fasersättigungsbereich auf das Arbeiten des Holzes?

Bei einer Abgabe des freien Wassers bis zum Fasersättigungsbereich ist keine Form- und Maßveränderung des Holzes festzustellen. Nach dem Unterschreiten des Fasersättigungsbereiches wird das Volumen des Holzes kleiner, das Holz schwindet. Das Schwinden des Holzes hält so lange an, bis die Holzfeuchte 0 % beträgt, d.h. der darrtrockene Zustand erreicht ist. Bei Feuchtigkeitsaufnahme quillt das Holz wieder so lange, bis der Fasersättigungsbereich erreicht ist.

Das Schwundmaß, d.h. die Maßveränderung pro Prozent abgegebene Feuchtigkeit, ist je nach Holzart und Verlauf der Faserrichtung des Holzes verschieden.

Wie groß sind die Schwundmaße des Holzes?

Das kommt auf die Holzart und die Richtung des Faserverlaufs an. In Richtung des Faserverlaufs also in axialer Richtung, beträgt der Schwund etwa 0,1 % bis 0,3 %, in Richtung der Jahresringe, also in tangentialer Richtung, beträgt der Schwund etwa 10 % und in Richtung der Markstrahlen, also in radialer Richtung, etwa 5 %.

Diese unterschiedlichen Schwundmaße liegen in dem besonderen Zellaufbau des Holzes begründet. Die angegebenen Durchschnittswerte beziehen sich bei einer Trocknung vom Fasersättigungsbereich bis zum darrtrockenen Zustand.

Welche Schwundformen ergeben sich für Schnittholz aus der Tatsache, daß die Schwundmaße je nach Richtung des Faserverlaufs verschieden sind?

Das Schnittholz verformt sich beim Trocknen. Herzbretter arbeiten in der Breite nur gering und bleiben gut stehen, Seitenbretter schüsseln d.h. sie werden hohl und schwinden stark in der Breite, Kanthölzer z.B. mit diagonalem Faserverlauf verlieren ihren rechten Winkel und werden im Querschnitt zum Romboid.

Dies muß jeder Tischler wissen, der in Vollholz fachgerecht konstruieren will.

Wie groß ist der maximale Schwund eines 150 cm breiten Seitenbrettes in mm, wenn man von dem Mittelwert von 8 % Schwund ausgeht?

Berechnungsformel:

$$\text{maximaler Schwund} = \frac{\text{Breite in mm} \cdot \text{tatsächlicher Schwund in \%}}{100\ \%}$$

Lösung:

$$\text{maximaler Schwund} = \frac{150\ \text{mm} \cdot 8\ \%}{100} = \mathbf{12\ mm}$$

Wieviel % beträgt der tatsächliche Schwund in %, wenn ein 40 mm × 40 mm großes Holzstück nach dem Trocknen mit der Schieblehre gemessen in Richtung der Jahresringe 36,7 mm und in Richtung der Markstrahlen noch 38,4 mm beträgt?

Berechnungsformel:

$$\text{Schwund in \%} = \frac{\text{Schwundmaß in mm} \cdot 100\ \%}{\text{Feuchtemaß}}$$

Lösung:

1. In Richtung der Jahresringe.

$$\text{Schwund in \%} = \frac{(40\ \text{mm} - 36{,}7\ \text{mm}) \cdot 100\ \%}{40\ \text{mm}} = \frac{3{,}3\ \text{mm} \cdot 100\ \%}{40\ \text{mm}} = \mathbf{8{,}25\ \%}$$

2. In Richtung der Markstrahlen.

$$\text{Schwund in \%} = \frac{(40\ \text{mm} - 38{,}4\ \text{mm}) \cdot 100\ \%}{40\ \text{mm}} = \frac{1{,}6\ \text{mm} \cdot 100\ \%}{40\ \text{mm}} = \mathbf{4\ \%}$$

Welche Schwundformen nehmen Seitenbretter an?

Seitenbretter wölben sich beim Trocknen. Dabei wird die zur Stammitte liegende Seite des Brettes immer rund.

Die runde Seite wird auch als rechte Seite und die hohle Seite des Brettes als linke Seite bezeichnet.

Durch welche konstruktiven Maßnahmen lassen sich die Folgen des Arbeitens des Holzes einschränken?

Es ist die richtige Holzauswahl zu treffen, die Holzfeuchtigkeit ist der relativen Luftfeuchte am Verwendungsort anzupassen, die Teile sind sachgemäß zu verleimen, geeignete Konstruktionen sind anzuwenden und das Holz ist gegebenenfalls abzusperren.

Bei Rahmen sind möglichst Hölzer mit stehenden Jahresringen zu verwenden. Bei Dickenverleimungen sind die linken Seiten der Bretter zusammenzuleimen. Bei Aufdoppelungen, Fußleisten und Verkleidungen liegt am besten die rechte Seite außen. Vollholzfüllungen sind tief einzunuten und müssen vor dem Einbau oberflächenbehandelt werden.

Warum ist es unbedingt erforderlich, das Arbeiten des Holzes bei Vollholzkonstruktionen zu berücksichtigen?

Vollholz läßt sich am Arbeiten nicht hindern. Würde man z.B. Langholz auf Querholz verleimen oder Vollholzfüllungen in einen Rahmen einleimen, würden die Konstruktionen beim Schwinden zerreißen oder diese beim Quellen sprengen.

Die Kräfte, die beim Arbeiten des Holzes auftreten, sind enorm hoch. Der Quelldruck bei Rotbuche z.B. liegt bei etwa 4,5 N/mm^2.

Bei welchen Konstruktionen ist ein Verleimen des Holzes im kreuzweisen Faserverlauf möglich?

Beim Aufbau der Holzwerkstoffe, wie Tischlerplatten und Furnierplatten sowie beim Furnieren dieser Holzwerkstoffplatten ist kreuzweise zu verleimen.

Die Furniere sind zu dünn und können nicht die Kräfte entwickeln, um die Trägerplatte bzw. die Furnierschichten zu zerstören. Sie sperren sich gegenseitig ab. Durch das Absperren wird jede Schicht erfolgreich am Arbeiten gehindert.

2.1.5 Holzschädlinge

In welche Gruppen lassen sich die Holzschädlinge einteilen?

In Forst- und Baumschädlinge, die den noch stehenden Baum befallen und in Schädlinge am gelagerten und verarbeiteten Holz.

Die Schädlinge können sowohl Pilze als auch Insekten sein.

Warum ist der Borkenkäfer für den Baumbestand so gefährlich?

Die Larven des Borkenkäfers greifen die Wachstumsschicht der Bäume an. Außerdem haben die Borkenkäfer nur eine kurze Generationsdauer, so daß im Jahr 3 Generationen auftreten können. Somit sind sie in der Lage, einen ganzen Wald in kurzer Zeit zu zerstören.

Ein so vermehrt auftretender Borkenkäferbefall geht an keinem Wald spurlos vorüber; man nennt diese Erscheinung auch „Borkenkäferkalität".

Warum werden die Nonne und der Kiefernspinner als sehr gefährliche Holzschädlinge bezeichnet?

Die Raupen der Nonne fressen vorwiegend die Nadeln der Fichte, die Raupen des Kiefernspinners die Nadeln der Kiefer an, so daß die Bäume eingehen.

Bei Massenvermehrung werden ganze Wälder kahl gefressen.

Wie wirkt sich ein Befall durch den Feuerschwamm im Holz aus?

Durch diesen Pilzbefall erscheint zwischen der gesunden und befallenen Holzschicht eine schwarze Grenzlinie. Der Feuerschwamm baut das braune Lignin ab, so daß die weiße Zellulose übrig bleibt (Weißfäule).

Der Feuerschwamm befällt vorwiegend alte Laubbäume wie Buchen, Rüster und auch Obstbäume.

Welche Schäden verursacht der Kiefernbaumschwamm?

Der Kiefernbaumschwamm dringt durch abgestorbene Aststummel tief in das Kernholz ein. Das Holz verfärbt sich erst rötlich, dann gelbbraun. Der Baum wird von innen her zerstört.

Der Kiefernbaumschwamm befällt auch andere Nadelbäume wie Lärche, Duglasie und Fichte.

Warum ist der echte Hausschwamm so gefährlich?

Der echte Hausschwamm zersetzt die Zellulose und damit das tragende Gerüst des Holzes. Das Holz wird braun und zerfällt würfelbrüchig. Er hat die Fähigkeit, bei mangelnder Feuchtigkeit über mehrere Meter lange Stränge diese zum trockenen Holz zu transportieren oder die nötige Feuchtigkeit aus der Luft zu entnehmen. Durch die weite Mycelverbreitung, auch in Mauerwerksfugen hinein, ist er sehr schlecht zu bekämpfen.

Der Hausschwammbefall an tragenden Bauteilen ist der Bauaufsichtsbehörde zu melden.

Welche anderen Schwammarten kommen am verbauten Holz vor?

Der braune Warzenschwamm und der weiße Porenschwamm.

Beide zerstören das Holz und erzeugen Braun-, bzw. Destruktionsfäule, d.h. das Zellulosegerüst wird zerstört. Das Holz wird dabei würfelbrüchig. Während der weiße Porenschwamm noch nach Jahren der Trockenstarre wieder aufleben kann, stirbt der braune Warzenschwamm bei Trockenheit ab. Beide Schwammarten sind leichter als der Hausschwamm zu bekämpfen.

Wie wirken sich Bläuepilze im Holz aus?

Die Bläuepilze ernähren sich von den in den Speicherzellen eingelagerten Inhaltsstoffen und färben feuchtes Holz blau bis schwarz. Das Holz verliert zwar nicht an Festigkeit, jedoch stören die blauen bzw. schwarzen Flecken bei Klarlackanstrichen. Der Bläuepilz kann bei nicht geschütztem und feuchtem Holz auch deckende Anstriche abheben.

Der Bläuepilz tritt vorwiegend bei Kiefernholz und hier hauptsächlich im Splint auf.

Warum können schon einige Fluglöcher des Hausbockkäfers alarmierend sein?

Der Hausbockkäfer benötigt 3 bis 6 Jahre, manchmal sogar 10 Jahre, bis zur völligen Entwicklung. Während dieser Entwicklungszeit zerfressen die 20 mm bis 30 mm langen Larven das Holzinnere. Wenn die Käfer schlüpfen, ist meistens das Gebälk unter der Oberfläche durch zahlreiche Fraßgänge zerstört.

Vom Hausbock befallenes Gebälk kann so stark zerstört sein, daß seine Tragfähigkeit nicht mehr ausreicht.

Wie nennt man den Schädling, der besonders in alten Möbeln und hölzernen Kunstgegenständen die kleinen Fraßlöcher erzeugt?

Er wird gewöhnlicher Nagekäfer, Klopfkäfer oder Pochkäfer sowie Anobie genannt

Das Zerstörungswerk vollbringen die bis zu 5 mm langen Larven, die oft so zahlreich auftreten, daß Holzteile restlos zerstört werden und eines Tages zu Staub zerfallen.

Welche Entwicklungsstadien durchläuft ein Insekt?

Ein Insekt durchläuft die Stadien vom Ei über die Larve, Puppe bis zum Käfer.

Der Käfer legt die Eier meist dort am Holz ab, wo gute Lebensbedingungen zu erwarten sind. Aus den Eiern schlüpfen kleine Larven, die sich teils mehrere Jahre im Holz aufhalten und das Holz durch ihre Fraßgänge zerstören. Nach ausreichender Nährstoffaufnahme verpuppen sich die Larven. Hieraus schlüpfen meistens im warmen Frühjahr oder Frühsommer Käfer. Der Kreis beginnt von neuem.

2.1.6 Holzschutzmaßnahmen

Wie kann man der Zerstörung des Holzes durch Holzschädlinge entgegenwirken?

Mit geeignetem Holzschutz.

Hier sind vorbeugender und bekämpfender Holzschutz zu unterscheiden.

Welche Maßnahmen kann man beim vorbeugenden Holzschutz ergreifen?

Das Holz kann durch richtige Trocknung, Verarbeitung und Konstruktion sowie durch Behandlung mit chemischen Holzschutzmitteln geschützt werden.

Als Grundregel gilt: Wasser so schnell wie möglich vom Holz wieder ableiten, Holzteile so einbauen, daß Luft das Holz umspülen kann, ein der Witterung ausgesetztes Holz mit chemischen Holzschutzmitteln schützen.

Welche zwei großen Gruppen von chemischen Holzschutzmitteln sind für den vorbeugenden Holzschutz geeignet?

Wasserlösliche und ölige Holzschutzmittel.

Die wasserlöslichen Holzschutzmittel sind meistens Salze, die besonders für den vorbeugenden Schutz feuchter Hölzer geeignet sind. Ölige Holzschutzmittel sind meistens Teerpräparate, die nur bei trockenen Hölzern angewendet werden dürfen.

Welche Verfahren sind für den vorbeugenden chemischen Holzschutz geeignet?

Die Holzschutzmittel können durch Streichen, Sprühen oder Tauchen auf das Holz gebracht oder durch eine Kesseldrucktränkung in das Holz eingebracht werden

Während Sprühen, Streichen, auch zum Teil das Tauchen nur einen Randschutz mit einer Eindringtiefe von weniger als 10 mm bringen kann, erreicht man durch die Kesseldrucktränkung einen Tiefenschutz oder sogar einen Vollschutz.

Was bedeuten die Kurzzeichen P, Iv, Ib, S, W, F, M auf den Holzschutzmittelgebinden?

P = wirksam gegen Pilze; Iv = vorbeugend wirksam gegen Insekten; Ib = wirksam gegen Insekten zur Bekämpfung; S = zum Streichen, Spritzen und Tauchen von Bauhölzern geeignet; W = geeignet auch für Holz, das der Witterung ausgesetzt wird; F = wirksam zum Schwerentflammbarmachen; M = geeignet zur Bekämpfung des Schwammes im Mauerwerk.

Durch diese Bezeichnungen wird die Auswahl des geeigneten Holzschutzmittels erleichtert. In der Regel sind hiervon mehrere Abkürzungen auf dem Etikett angegeben.

Wie wirken die chemischen Holzschutzmittel auf die Holzschädlinge?

Sie wirken als Fraß-, Berührungs- und Atmungsgift.

Beim Umgang mit Holzschutzmitteln sind Gebrauchsanweisung und die genannten Schutzmaßnahmen der Hersteller genau zu beachten.

Welche wichtigen Schutzmaßnahmen sind bei der Verarbeitung von Holzschutzmitteln unbedingt zu beachten?

Das Berühren der Holzschutzmittel mit den Händen ist möglichst zu vermeiden: Schutzhandschuhe tragen! Beim Arbeiten in Innenräumen ist für gute Durchlüftung zu sorgen. Während der Arbeit ist Essen, Trinken und Rauchen zu unterlassen, Verarbeitungsregeln der Hersteller beachten.

Treten Übelkeit, Kopfschmerz oder Schwindelgefühl auf, ist unbedingt für ausgiebige Frischluftzufuhr zu sorgen und gegebenenfalls ein Arzt zu Rate zu ziehen.

Mit welchen Mitteln bzw. Verfahren läßt sich der Holzschutz durchführen?

Zur Bekämpfung können Holzschutzmittel, Durchgasungsmittel oder das Heißluftverfahren angewendet werden. Ist Holz befallen, muß das bereits befallene, besonders das statisch tragende Holz, erneuert werden.

Befallene Teile können mit Holzschutzmitteln angestrichen, eingesprüht oder wie bei Anobien- und Hausbockbefall mittels Bohrlochtränkung behandelt werden. Der Einsatz von Durchgasungsmitteln ist nur Spezialfirmen gestattet. Das Heißluftverfahren ist für die Sanierung vom Schwamm befallener angrenzender Mauerwerksteile geeignet.

Welche Möglichkeiten gibt es, Holz gegen Feuereinwirkung zu schützen?

Holz kann durch Feuerschutzsalze, durch schaumschichtbildende Feuerschutzmittel, durch Ummantelung mit unbrennbaren Stoffen oder durch den Einbau von Brandschutzplatten gegen Feuereinwirkung geschützt werden.

Feuerschutzsalze werden durch Kesseldruckverfahren tief in das Holz eingebracht, schaumschichtbildende Feuerschutzmitel werden durch Anstrich aufgebracht, bei Ummantelung durch unbrennbare Stoffe wird das Holz verdeckt. Die eingebauten Brandschutzplatten schäumen im Brandfalle ebenfalls auf.

Wie wirken die schaumschichtbildenden Feuerschutzmittel?

Schaumschichtbildende Feuerschutzmittel können pigmentiert oder transparent sein und werden als Anstriche auf die Holzoberfläche aufgebracht. Bei einer Beflammung und Wärmeeinwirkung von ca. 200 °C schäumt die Anstrichschicht 10 bis 30 mm dick auf und schützt das Holz gegen Entflammung durch die geringe Leitfähigkeit des Schaumes, durch Verminderung des Sauerstoffzutritts und durch Entwicklung unbrennbarer Gase.

Die Anwendung des Schaumschichtbildners ist nur in trockenen Räumen möglich.

Wodurch vermindern die Feuerschutzsalze die Entflammbarkeit des Holzes?

Feuerschutzsalze wirken im wesentlichen durch den Entzug von Wärme beim Schmelzvorgang, der durch Bildung einer Schmelzschicht an der Holzoberfläche entsteht, durch Abspaltung unbrennbarer Gase sowie durch Förderung der Holzkohlebildung.

Damit die Feuerschutzsalze auch in der Tiefe wirken können, müssen diese durch Kesseldrucktränkung tief ins Holz eingebracht werden.

Worin liegt die Feuerschutzwirkung der Brandschutzplatten?

Brandschutzplatten schäumen im Brandfalle von 3 mm auf 15 bis 20 mm Dicke auf. Sie binden Wärme durch Wasserverdampfung.

Brandschutzplatten können unter Furnierschwarten geklebt und auch in Türfälze unter Anleimern eingebaut werden.

2.1.7 Die wichtigsten Holzarten

Wie heißen die wichtigsten europäischen Nadelholzarten (NH)?

Fichtenholz (FI), Tannenholz (TA), Kiefernholz (KI) und Lärchenholz (LA) sowie Zirbelkiefernholz (KIZ) und das Weymouthskiefernholz (KIW).

Neben diesen europäischen Nadelhölzern wird in den letzten Jahren vermehrt die schnell wachsende, aus Kanada stammende Douglasie (Oregon pine), angepflanzt.

Welche Eigenschaften hat das Fichtenholz?

Fichte hat eine weiße bis hellrötliche Farbe. Gehobelte Flächen wirken seidig glänzend, es läßt sich gut trocknen, schwindet mäßig und hat ein gutes Stehvermögen. Es ist leicht elastisch und fest, gut zu bearbeiten, leicht zu beizen und zu imprägnieren. Nachteilig sind die stellenweise auftretenden Harzgallen.

Fichtenholz wird sehr gern für Bautischlerarbeiten und als Konstruktionsholz im Bauwesen verwendet.

Welche Vor- und Nachteile hat das Kiefernholz?

Vorteile: Es läßt sich gut bearbeiten, hat ein gutes Stehvermögen, ist mäßig hart, elastisch, weist eine große Festigkeit auf und sieht durch die frische Farbe und den dunklen Kern gut aus.
Nachteile: Es ist sehr harzhaltig, wodurch häufig die Maschinenwerkzeuge verschmiert werden. Es muß vor dem Beizen entharzt werden und ist nur mäßig witterungsbeständig. Besonders der helle Splint wird gern von Bläuepilzen befallen.

Wegen der frischen Farbe wird aus Kiefernholz auch Furnier zur Möbelfertigung hergestellt.

Welche Eigenschaft wird bei der Zirbelkiefer besonders geschätzt?

Es sind die vielen kastanienbraunen Äste, die dem Holz die schmückende Wirkung verleihen.

Die Äste sind weich, so daß sich das Holz insgesamt gut bearbeiten läßt.

Für welche Erzeugnisse ist das Lärchenholz besonders geeignet?

Das Lärchenholz hat eine sehr lebhafte Zeichnung und warme rötliche Farbe. Durch den gleichmäßig verteilten Harzgehalt im Holz ist es auch recht witterungsbeständig und wird von Insekten und Pilzen nur wenig befallen. Lärchenholz wird deshalb gern für die Herstellung von Möbeln, für Innenausbauten und für Bautischlerarbeiten verwendet.

Das feinjährige Gebirgsholz wird besonders geschätzt.

Welche europäischen Laubhölzer (LH) werden vom Tischler verarbeitet?

Eichenholz (EI), Rotbuchenholz (BU), Ahornholz (AH), Rüster (RU), Eschenholz (ES), Nußbaumholz (NB), Birkenholz (BI), Birnbaumholz (BB) und Kirschbaumholz (KB).

In geringeren Mengen wird auch das sehr harte Weißbuchenholz (HB) für besonders stark beanspruchte Erzeugnisse, sowie das weiche Pappelholz (PA), Erlenholz (ER) und Lindenholz (LI) für Blindholz und Reißbretter verwendet. Ansonsten wird Erlenholz im Modellbau und Lindenholz gern zum Schnitzen eingesetzt.

Welche Eigenschaften hat das Rotbuchenholz?

Rotbuchenholz hat frisch eingeschnitten eine gelbweiße Farbe und dunkelt später braun nach, gedämpftes Buchenholz wird rötlichbraun. Rotbuchenholz hat eine feine gleichmäßige Zeichnung, Splint- und Reifholzzonen sind farblich kaum zu unterscheiden. Im Radialschnitt erscheinen die Markstrahlen als kleine Spiegel. Buchenholz ist hart, nicht witterungsbeständig und wird gern von Pilzen und Insekten befallen. Es arbeitet stark, vor allem dann, wenn es nicht gedämpft wurde. Buchenholz läßt sich gut biegen.

Rotbuchenholz wird wegen der hohen Festigkeit und Härte im Gestellbau, für Treppenstufen, Werkzeuge und als Schälfurnier für Furnierplatten und Sperrholzformteile verwendet. Außerdem ist es ein vorzügliches Biegeholz.

Für welche Erzeugnisse wird Eichenholz verwendet?

Besonders das feinjährige, „milde" Eichenholz ist für die Furnierherstellung sowie für den Möbel- und Innenausbau begehrt. Wegen der Witterungsbeständigkeit war es früher das beste einheimische Bauholz. Ein großer Teil des weniger wertvollen Eichenholzes wird zu Parkettböden verarbeitet. Auch werden Särge aus Eichenholz hergestellt.

Beim Eichenholz ist nur das Kernholz zu verwenden; das Splintholz ist unbrauchbar.

Welche Eigenschaften werden beim Ahornholz geschätzt?

Das Ahornholz hat eine weiße bis gelblichweiße Farbe und wird deshalb gern als Kontrast zu einer anderen dunkleren Holzart verwendet, meistens für die Innenausstattung von Möbeln wie Schubkasten oder Innenfurnierung, und zur Herstellung von Haushaltsgeräten. Geregelter Ahorn ergibt ein sehr lebhaftes Bild und wird als Furnier in Möbelfronten, aber auch zu Musikinstrumenten verarbeitet. Außerdem läßt sich Ahorn sehr gut beizen oder färben und polieren.

Ahornholz ist nicht witterungsbeständig.

Warum wird Eschenholz häufig zu Sportgeräten verarbeitet?

Das Eschenholz steht gut und schwindet wenig, ist sehr hart und fest, zäh und sehr elastisch. Gerade diese Eigenschaften werden bei Sportgeräten wie Sparrenholme, Sprossen in Klettergeräten, Schwebebalken usw. sehr geschätzt.

Eschenholz wird aber auch wegen der schönen Fladerung zu Furnieren gemessert oder exzentrisch geschält und somit im Möbel- und Innenausbau verwendet.

Welche europäischen Laubhölzer werden vorwiegend zu wertvollen Möbeln verarbeitet?

Dies sind inbesondere das Nußbaumholz, Kirschbaumholz und Birnbaumholz. Sie lassen sich durch die feinporige geschlossene Oberfläche besonders gut oberflächenbehandeln. Außerdem wird auch Eichenholz, Eschenholz und Rüster häufig im Möbel- und Innenausbau verwendet. Letztere haben auffallend große Poren, die das Furnierbild wesentlich beeinflussen.

Im Innenausbau und Möbelbau bestimmt oft auch die Mode, welche Holzart bevorzugt verwendet wird.

Welche außereuropäischen Laubholzarten werden für wertvolle Innenausbauarbeiten und Möbel verwendet?

Makassar-Ebenholz (EBM), Mahagoni (MAE), Mutenye (MUT), Rio-Palisander (PRO), ostindischer Palisander (POS), Padouk (PAF), Rosenholz (RSB), Sapeli (MAS), Teak (TEK), Wenge (WEN), Zebrano (ZIN).

Einige Holzarten dunkeln bei Sonneneinstrahlung nach, wie Mutenye, Teak und Mahagoni – andere wiederum bleichen stark aus, wie Palisander, Wenge und Rosenholz.

Für welche Erzeugnisse wird Okoume bzw. Gabun (OKU) in der Hauptsache verwendet?

Aus Gabun werden in der Regel Absperrfurniere für die Sperrholzindustrie hergestellt.

Gabun ist ein sehr mildes Holz, schwindet wenig und hat ein sehr gutes Stehvermögen. Es ist deshalb besonders gut für die Sperrholzherstellung geeignet.

Welche außereuropäischen Laubholzarten werden zur Herstellung von Sperrhölzern verwendet?

Gabun (OKU), Abachi (ABA), Limba (LMB), gelegentlich auch Ramin (RAM) und Makore (MAC).

Gabun ist hellrosa und relativ weich, Abachi ist weißgrau bis blaßgelb und ebenfalls weich, Limba ist dunkelbraun bis olivgrün, Ramin ist gelblich bis hellbraun und Makore ist hellrot bis graurosa. Limba, Ramin und Makore sind mäßig hart und werden nicht nur zu Absperrfurnieren, sondern teils auch zu Deckfurnieren verarbeitet.

Warum wird in Europa das Holz meistens im Winter gefällt?

Im Winter gefälltes Holz wird nicht so leicht von Pilzen und Insekten befallen. Es trocknet nicht so schnell aus, reißt darum weniger und kann auf dem gefrorenen Boden besser gerückt werden.

Im Winter stehen für die Fäll- und Rückarbeiten auch mehr Arbeitskräfte zur Verfügung.

2.1.8 Holz als Schnittware

Warum wird zum Fällen eines Baumes in den Stamm eine Fallkerbe eingeschnitten?

Die Fallkerbe soll die Fallrichtung des Baumes vorgeben und das Einreißen bzw. das Spalten des Stammes verhindern.

Damit der Stamm beim Fällen nicht einreißen kann, ist der Fällschnitt höher anzusetzen als die Fallkerbe. Bei dünneren Bäumen wird meistens auf die Fallkerbe verzichtet.

Weshalb wird bei Nuß- und Kirschbäumen sowie bei gut gewachsenen Eichenbäumen der Wurzelstock manchmal mit ausgekesselt?

Diese Hölzer sind besonders wertvoll und sollen möglichst weit ausgenutzt werden. Zum anderen ergibt sich gerade beim Nußbaum und beim Kirschbaum am Wurzelstock eine sehr lebendige reizvolle Maserung.

Als Auskesseln wird das Roden des Wurzelstocks bezeichnet.

Was versteht man unter Ausformen des Holzes?

Unter Ausformen des Holzes versteht man das Entasten der gefällten Bäume und das Abtrennen des oberen Teiles der Krone. Der Stamm wird in wirtschaftlich nutzbare Längen eingeteilt und eventuell entrindet.

In der Regel wird nur das Nadelholz entrindet, um einem Befall von Holzschädlingen vorzubeugen. Laubholz wird in der Rinde belassen, damit dies nicht zu schnell austrocknen und rissig werden kann.

Warum werden die Bäume vorwiegend im Winter gefällt?

Im Winter ist die Gefahr des Pilz- und Insektenbefalls für das gefällte Holz geringer als im Sommer, auf dem gefrorenen Boden kann es besser gerückt werden und es stehen im Winter mehr Arbeitskräfte zur Verfügung.

Im Sommer gefälltes Holz ist nicht minderwertiger, jedoch kann es in der Sommerhitze leichter reißen oder von Schädlingen befallen werden.

Welcher Teil eines Baumstammes liefert das wertvollste Holz?

Der Erdstamm.

Der Erdstamm ist fast astrein und der dickste Teil des Baumstammes. Der zu Brettern oder Bohlen eingeschnittene Erdstamm wird im Holzhandel auch oft als Blockware bezeichnet.

Was ist eine Kluppe?

Eine Kluppe ist eine große Schieblehre, mit der man die Stammdurchmesser messen kann.

Bei Stämmen ab 20 cm Durchmesser wird durch zwei senkrecht zueinander stehende Messungen der Mittendurchmesser ermittelt. Haben die Stämme eine dicke Borke, wird in der Mitte des Stammes ein Meßring angelegt, d.h. die Borke ringsförmig entfernt.

In welche Teile läßt sich der Stamm nach seiner Nutzung einteilen?

Erdstamm, Mittelstamm, Zopfstück, Industrieholz und Brennholz.

Der Erdstamm ergibt fast astfreie Bretter und Bohlen (Blockware), der Mittelstamm ist astig und wird zu Kanthölzern sowie zu Bohlen und Brettern geringerer Qualität eingeschnitten. Das Zopfstück ist sehr astig und ergibt nur Bauholz. Das sogenannte Industrieholz wird in der Hauptsache für die Papierherstellung bzw. Zelluloseherstellung genutzt.

Womit wird die Dicke eines Stammes gemessen?

Mit einer Meßkluppe.

Das Kluppen erfolgt bei dünnrindigen Hölzern mit der Rinde, bei dickrindigen Hölzern ohne Rinde. Hier wird durch Entrinden ein Meßring in der Mitte des Stammes angelegt. Die Dicke wird bei bis 19 cm dicken Stämmen durch einmaliges Kluppen, bei dickeren Stämmen durch zwei senkrecht zueinander stehenden Messungen ermittelt.

Wie wird das Volumen des Stammholzes ermittelt?

Das Volumen (m^3) errechnet sich aus der mittleren Querschnittsfläche (m^2) mal der Länge (m).

Die Länge des Stammes geht, wenn eine Fallkerbe vorhanden ist, von der Mitte der Fallkerbe bis zum Endschnitt. Das Längenmaß wird nach unten auf ganze Zentimeter, bei schwachen Stämmen von weniger als 20cm Mittendurchmesser auf ganze Meter abgerundet.

Wie mißt man Langholz nach der Mittenstärkensortierung, nach der Heilbronner Sortierung oder nach der Stangensortierung?

Bei der Mittensortierung werden die Länge und der Mittendurchmesser des Langholzes, bei der Heilbronner Sortierung der Mindestdurchmesser und bei der Stangensortierung der Durchmesser 1 m über dem dickeren Stammende gemessen.

Die Heilbronner Sortierung wird nur bei Fichte, Tanne und Douglasie angewendet und hat nur in einigen Bundesländern Gültigkeit.

Mit welchen Maschinen können die Stämme eingeschnitten werden?

Mit Blockbandsägen und Gattersägen.

Hier ist zwischen Vertikal- und Horizontalgattern, bzw. Vertikal- und Horizontalblockbandsägen zu unterscheiden.

Was versteht man unter einem Vollgatter?

Bei einem Vollgatter können mehrere Sägeblätter eingehängt werden, deren Abstände der Brett- bzw. Bohlendicke entsprechen.

Mit dem Vollgatter kann der Stamm während eines Gatterdurchgangs in Bretter oder Bohlen aufgeschnitten werden.

Wann wird die Horizontalgattersäge oder die Blockbandsäge zu Schnittholzherstellung benutzt?

Wenn es sich um wertvolle Stämme handelt und mit möglichst wenig Schnittverlust geschnitten werden soll, oder wenn nur wenige Schnitte, wie bei der Herstellung von Balken, erforderlich sind.

Durch die hohe Schnittgeschwindigkeit der Blockbandsäge kann die Vorschubgeschwindigkeit der Stämme größer als bei Gattersägen sein.

Wann bezeichnet man Holz als Schnittholz?

Schnittholz ist nach DIN 68252 ein Holzerzeugnis, das durch Sägen vom Rundholz parallel zur Stammachse hergestellt wurde. Schnittholz wird eingeteilt in Balken, Kreuzhölzer, Kanthölzer, Bohlen, Bretter und Latten.

Schnittholz kann scharfkantig sein oder Baumkante haben.

Durch welche Einschnittform erhält man besäumte Bretter?

Beim Prismenschnitt.

Beim Prismenschnitt sind zwei Gatterdurchgänge erforderlich. Beim ersten Durchgang wird beidseitig abgeschwartet und beim zweiten Durchgang erhält man besäumte Bretter.

Wann kann Holz als lufttrocken bezeichnet werden?

Bei einem Feuchtegehalt von nicht mehr als 20%.

Die angegebenen Schnittmaße gelten in der Regel für lufttrockenes Holz.

Warum muß der Säger frisches Holz dicker als das Handelsmaß einschneiden?

Fällfrisches Holz kann einen Feuchtegehalt von 30% aufweisen, das bis zum lufttrockenen Zustand noch schwindet.

In der Regel ist das Holz im Handel lufttrocken und muß dann die angegebenen Einschnittmaße aufweisen.

In welche Güteklassen wird das Stammholz eingeteilt?

Es gibt die Güteklassen A, B, C und D.

Fehlerfreies Holz oder Holz mit nur sehr unbedeutenden Fehlern wird in die Güteklasse A eingereiht. Güteklasse B kommt am häufigsten vor und wird deshalb auf den Baumstämmen nicht besonders angegeben. Hier sind einer oder mehrere Fehler, wie schwache Krümmung, einige gesunde Äste usw. zulässig; Güteklasse C ist das Holz, das wegen seiner Fehler nicht in Güteklasse A oder B aufgenommen werden konnte; Güteklasse D ist mindestens noch zu 40% nutzbar, aber rechtfertigt keine Aufname in die Güteklasse C.

Woran kann man am Stammholz Güteklasse und Abmessungen ablesen?

Am dickeren Stammende sind die Stammnummer, die Länge in Metern die mittlere Dicke in Zentimetern und die Güteklasse sichtbar angeschrieben oder eingeschlagen.

Trägt der Stamm keine Gütebezeichnung, handelt es sich um die Güteklasse B, die normalerweiser nicht angeschrieben wird.

Wie mißt man Langholz nach der Mittenstärkensortierung, nach der Heilbronner Sortierung oder nach der Stangensortierung?

Bei der Mittensortierung wird die Länge und der Mittendurchmesser des Langholzes, bei der Heilbronner Sortierung der Mindestdurchmesser und bei der Stangensortierung der Durchmesser 1 m über dem dickeren Stammende gemessen.

Die Heilbronner Sortierung wird nur bei Fichte, Tanne und Douglasie angewendet und hat nur in einigen Bundesländern Gültigkeit.

Wann bezeichnet man Schnittholz als Balken, Kanthölzer oder Latten?

Alle Hölzer dieser Art weisen einen rechteckigen oder einen quadratischen Querschnitt auf. Bei Balken muß die größte Querschnittseite mindestens 200 mm betragen. Bei Kanthölzern muß die Kantenbreite mindestens 60 mm und die größte Querschnittseite darf höchstens das Dreifache der kleineren betragen, wobei die Querschnittsfläche größer als 32 cm² sein muß. Latten dürfen höchstens 80 mm breit sein und eine Gesamtquerschnittsfläche bis zu 32 cm² haben.

Kanthölzer, die durch kreuzweisen Schnitt im Kern des Rundholzes aufgetrennt wurden, nennt man Kreuzhölzer.

Was versteht man unter Kreuzhölzer?

Kreuzhölzer sind Kanthölzer, die durch kreuzweises Einschneiden des Rundholzes enstehen.

Die Schnittführung verläuft hierbei annähernd durch die Markröhre des Stammes.

Worin liegt der Unterschied zwischen einem Scharfschnitt und einem Prismenschnitt?

Beim Scharfschnitt wird der Stamm in einem Gatterdurchgang zu Bohlen bzw. zu Brettern aufgeschnitten. Sie sind unbesäumt (Blockware). Beim Prismenschnitt werden im ersten Gatterdurchgang beidseitig vom Stamm zwei bis drei Seitenbretter abgeschwartet. Das entstandene Prisma wird um 90° um die Längsachse gedreht und dann im zweiten Gatterdurchgang (Vollgatter) zu besäumten Brettern aufgetrennt.

Der Scharfschnitt wird als Einfachschnitt, der Prismenschnitt auch als Modelschnitt bezeichnet.

Welche Schnittart bezeichnet man als Riftschnitt?

Bei Riftschnitten wird der Stamm so eingeschnitten, daß möglichst viele Bretter mit stehenden Jahresringen anfallen.

Diese Einschnittart ist aufwendig und deshalb auch teuer.

Wie bezeichnet man die einzelnen Brettarten, die beim Scharfschnitt anfallen?

In der Mitte fällt das Kern- oder Herzbrett an, die nächsten ein bis zwei Bretter bezeichnet man als Mittelbretter, die übrigen Bretter sind die Seitenbretter und den äußeren Anschnitt mit der nahezu vollständigen Baumkante nennt man Schwarte.

Schwarten sind als Bau- und Möbelholz wertlos.

Welche wesentlichen Unterschiede weisen Kernbretter, Mittelbretter und Seitenbretter auf?

Kernbretter haben vorwiegend stehende Jahresringe, eine schlicht streifige Struktur und die Äste erscheinen als Flügeläste. Das Herz bzw. die Markröhre ist bei Kernbrettern herauszuschneiden. Mittelbretter haben nur wenig geschlossene Jahresringe, die Äste erscheinen als Ovaläste und die Textur ist in der Mitte schwach gefladert und außen streifig. Seitenbretter haben vorwiegend flachliegende Jahresringe, die Äste erscheinen meistens als Punktäste und die Textur ist ausdrucksvoll gefladert.

Je mehr durchgehende Jahresringe im Brettquerschnitt vorhanden sind, (wie z.B. bei Seitenbrettern) desto stärker verzieht sich das Brett.

Wann bezeichnet man Schnittholz als Bohlen und wann als Bretter?

Bohlen müssen eine Dicke von mindestens 40 mm aufweisen und die größte Querschnittseite muß mindestens doppelt so groß sein wie die Dicke. Bretter müssen mindestens 8 mm und weniger als 40 mm dick sein und eine Breite von mindestens 80 mm aufweisen.

Diese Unterscheidungsmerkmale sind in der DIN 68252 festgelegt.

Wie bezeichnet man Schnittholz mit folgenden Querschnitten?
140 mm × 240 mm; 80 mm × 180 mm; 60 mm × 80 mm; 40 mm × 60 mm; 35 mm × 50 mm; 50 mm × 120 mm; 38 mm × 100 mm?

Schnittholz mit dem Querschnitt 140 mm × 240 mm gehört zu den Balken; 80 mm × 180 mm und 60 mm × 80 mm zu den Kanthölzern; 40 mm × 60 mm und 24 mm × 40 mm zu den Latten; 50 mm × 120 mm zu den Bohlen und 38 mm × 100 mm zu den Brettern.

Bei diesen Querschnittsangaben sind Bohle und Brett besäumt.

Welche Seiten des Brettes bzw. der Bohle bezeichnet man als linke Seite und welche als rechte Seite?

Die dem Kern zugewandte Seite, d.h. die runde Seite, nennt man rechte Seite, die dem Kern abgewandte Seite, die hohle Seite, nennt man linke Seite.

Beim Kernbrett gibt es keine linke und keine rechte Seite.

In welcher Kantenbearbeitung können Bretter bzw. Bohlen im Handel vorkommen?

Unbesäumt, konisch besäumt oder parallel besäumt.

Die unbesäumten Bretter und Bohlen weisen noch Baumkanten auf. Bei besäumten Brettern wurde die Baumkante abgeschnitten.

Wie mißt man ein konisch besäumtes Brett, ein unbesäumtes Brett und eine unbesäumte Bohle auf?

Bei Brettern und Bohlen ergibt sich der Flächeninhalt aus der Länge mal der mittleren Breite ($A = b_m \cdot l$). Die Länge ist der kürzeste Abstand zwischen den beiden Hirnenden. Die mittlere Breite liegt in der halben Länge des Brettes. Die mittlere Breite wird bei unbesäumten Brettern auf der Schmalseite des Brettes gemessen und bei unbesäumten Bohlen auf halber Bohlendicke.

Rechnerisch läßt sich die mittlere Breite der Bohle ermitteln, indem man auf der halben Bohlenlänge auf der Schmalseite und auf der Breitseite mißt, beide Werte addiert und durch 2 dividiert.

Wie berechnet man das Volumen des Schnittholzes?

Das Volumen ergibt sich aus dem Flächeninhalt mal der Dicke.

Da für Schnittholz häufig die m^3-Preise angegeben werden, wird dieses in Kubikmetern errechnet. Hierbei ist stets die Rohdicke der Bretter oder Bohlen einzusetzen.

Wie groß ist das Volumen folgender drei Bretter in m^3?

Die mittlere Breite auf der Schmalseite beträgt 42 cm, 38 cm und 36 cm; die Dicke 30 mm und die Länge aller drei Bretter 4,50 m.

Berechnungsformel:

$V = b_m \cdot l \cdot d$

Gegeben:
$b_m = 0{,}42$ m, 0,38 m, 0,36 m
$d = 0{,}03$ m
$l = 4{,}50$ m

Gesucht: V = ?

Lösung:

$V = (0{,}42\ m + 0{,}38\ m + 0{,}36\ m) \cdot 4{,}50\ m \cdot 0{,}03\ m$

$V = 1{,}16\ m \cdot 4{,}50\ m \cdot 0{,}03\ m$

$\mathbf{V = 0{,}157\ m^3}$

Wie groß ist das Volumen folgender zwei Bohlen in m^3?

Mittlere obere Breite:	**Bohle 1 = 56 cm; 2 = 48 cm**
Mittlere untere Breite:	**Bohle 1 = 62 cm; 2 = 52 cm**
Länge:	**Bohle 1 = 4,20 m; 2 = 5,00 m**
Dicke:	**Bohle 1 = 70 mm; 2 = 100 mm**

Berechnungsformel:

$V = \frac{b_{m1} + b_{m2}}{2} \cdot l \cdot d$

Gegeben

Bohle 1:	Bohle 2
$b_{m1} = 0{,}56$ m	$b_{m1} = 0{,}48$ m
$b_{m2} = 0{,}62$ m	$b_{m2} = 0{,}52$ m
$l = 4{,}20$ m	$l = 5{,}00$ m
$d = 0{,}07$ m	$d = 0{,}10$ m

Gesucht: V = ?

Lösung

Bohle 1:

$V = \frac{0{,}56\ m + 0{,}62\ m}{2} \cdot 4{,}20\ m \cdot 0{,}07\ m$

$V = 0{,}59\ m \cdot 4{,}20\ m \cdot 0{,}07\ m$

$\mathbf{V = 0{,}173\ m^3}$

Bohle 2:

$V = \frac{0{,}48\ m + 0{,}52\ m}{2} \cdot 5{,}00\ m \cdot 0{,}10\ m$

$V = 0{,}50\ m \cdot 5{,}00\ m \cdot 0{,}10\ m$

$\mathbf{V = 0{,}250\ m^3}$

Volumen insgesamt:

$V_{insges.} = V_{Bohle\,1} + V_{Bohle\,2}$

$V_{insges.} = 0{,}173\ m^3 + 0{,}250\ m^3$

$\mathbf{V_{insges.} = 0{,}423\ m^3}$

Welche Fehler können die Güte des Schnittholzes beeinträchtigen?

Äste, Risse, Druck- oder Rotholz, Zug- oder Weißholz, Verformungen, Einschnittfehler, Verfärbungen, Fraßgänge von Insekten, Mistellöcher usw.

Schnittholz wird deshalb in Güteklassen mit den römischen Zahlen I, II und III eingeteilt, wobei der niedrigste Zahlenwert die bessere Güteklasse bedeutet.

Welche Halbfabrikate können aus Vollholz hergestellt werden?

Gespundete Bretter, Stülpschalungsbretter, Fasebretter, Fußleisten, Akustikbretter, Akustikprofilbretter, Glashalteleisten, Balkonbretter, Dübel usw.

Alle diese Halbfabrikate sind maschinell vorgefertigt.

Wie wirken sich Flügeläste im verarbeiteten Schnittholz aus?

Durch die querliegenden Flügeläste werden die sonst gerade verlaufenden Holzfasern um die Flügeläste herumgeführt, wodurch die statische Festigkeit des Brettes beeinträchtigt wird. Außerdem verziehen sich die Werkstücke im Bereich der Flügeläste.

In Rahmenhölzern dürfen deshalb keine Flügeläste enthalten sein.

Warum sollte man Rahmenhölzer nicht aus drehwüchsigem Holz zuschneiden?

Schnittware aus drehwüchsigem Holz wird windschief. Selbst nach dem Abrichten und Aushobeln neigt dieses Holz dazu, sich weiter zu verdrehen.

Türfriese aus drehwüchsigem Holz werden später die gesamte Tür windschief ziehen. Dieser Schaden macht sich ganz besonders unangenehm bemerkbar.

Welche Nachteile haben Harzgallen im Holz?

Das Harz verklebt die Werkzeuge. Es kann bei Erwärmung aus den Harzgallen nach dem Einbau des Holzes weiter ausfließen. Der Harzausfluß kann selbst durch Lack- oder Anstrichflächen dringen. Harzhaltige Stellen im Holz können nicht gebeizt werden und lassen sich nicht imprägnieren.

Harzgallen können ausgenutet und ausgeflickt oder ausgebrannt und ausgekittet werden.

Wodurch können im Holz Risse entstehen?

Die Ursache der Rißbildung sind Spannungen im Holz. Sie können bereits am stehenden Baum, beim Fällen oder Transportieren entstehen. Häufig reißt das Holz aber auch durch unsachgemäßes Trocknen wie zu rasches Trocknen, sowie durch Austrocknen der nicht geschützten Stamm- oder Brettenden.

Je nach Rißverlauf im Brett unterscheidet man Kernrisse, Kantenflächenrisse, Endrisse, Ringrisse, Oberflächenrisse und Schilferrisse.

2.1.9 Holztrocknung

Warum muß Holz vor dem Verarbeiten getrocknet werden?

Frisch gefälltes Holz ist für die Bearbeitung als Tischlerholz ungeeignet. Trockenes Holz ist leichter zu bearbeiten, seine Oberfläche ist besser zu behandeln, es ist fester, härter und dauerhafter gegen Holzschädlinge und Pilze und hat ein geringeres Transportgewicht. Außerdem werden die durch plötzliches Nachtrocknen des Holzes entstehenden Trocknungsschäden, wie Risse und Verformungen, vermieden.

Da Holz hygroskopisch ist, d.h. Feuchtigkeit an die Luft abgeben oder von der Luft aufnehmen kann, muß es durch Trocknung dem Feuchtegehalt seiner späteren Umgebung angepaßt werden.

Wie hoch sollte die Holzfeuchte für Bauteile wie Fenster und Außentüren, Möbel und Einbauten in zentralbeheizten Räumen sein?

Für Fenster und Außentüren etwa 12 % bis 15 %, für Möbel und Innenausbauarbeiten in zentralbeheizten Räumen etwa 8 %.

Diese Angaben der Holzfeuchte beziehen sich auf Bauteile, die im mitteleuropäischen Klima eingebaut werden.

Auf welche Größe bezieht sich die Angabe der Holzfeuchte?

Die Holzfeuchte ist der Wassergehalt des Holzes in Prozenten, bezogen auf die völlig trockene (darrtrockene) Holzsubstanz.

Beim Trockengewicht (Darrgewicht) ist der Feuchtegehalt des Holzes 0 %. Subtrahiert man das Trockengewicht vom Naßgewicht, erhält man das Wassergewicht des Holzes, das man prozentual auf das Darrgewicht bezieht.

$$\text{Holzfeuchte in \%} = \frac{\text{Wassergewicht} \cdot 100\,\%}{\text{Darrgewicht}}$$

Durch welche Verfahren läßt sich die Holzfeuchte bestimmen?

Die Holzfeuchte läßt sich durch die Darrprobe, mit elektrischen Feuchtemessern oder mit elektronischen Geräten ermitteln.

Bei der Darrprobe werden Probestücke im Naßgewicht und im Darrgewicht miteinander verglichen; elektrische und elektronische Feuchtemesser messen die elektrische Leitfähigkeit, die bei nassem Holz groß und bei trockenem Holz klein ist.

Welche Holzfeuchte hat das Holz, wenn die Probestücke vor der Darrprobe ein Naßgewicht von 38 g (42 g) und nach der Darrprobe ein Darrgewicht von 30 g (36 g) aufweisen?

Berechnungsformel:

$$\text{Holzfeuchte in \%} = \frac{(\text{Naßgewicht in g} - \text{Darrgewicht in g}) \cdot 100\,\%}{\text{Darrgewicht in g}}$$

Lösung:

1. Probestück

$$\text{Holzfeuchte in \%} = \frac{(38\text{ g} - 30\text{ g}) \cdot 100\,\%}{30\text{ g}} = \mathbf{26{,}7\,\%}$$

2. Probestück

$$\text{Holzfeuchte in \%} = \frac{(42\text{ g} - 36\text{ g}) \cdot 100\,\%}{36\text{ g}} = \mathbf{16{,}7\,\%}$$

Wie kann man die Holzfeuchte mittels Darrprobe ermitteln?

Man entnimmt mindestens 60 cm vom Hirnende des Holzes entfernt mehrere kleine Probestücke, wiegt jeweils ein Probestück und erhält dann das Naßgewicht. Man trocknet das Probestück im Darrofen auf das Darrgewicht herunter. Die Differenz des Naßgewichtes und Darrgewichtes ist das Wassergewicht des Holzes.

Aus den erhaltenen Angaben läßt sich die Holzfeuchte in Prozent errechnen.

Wie mißt man die Holzfeuchte mit einem elektrischen Feuchtemeßgerät?

Das elektrische Holzfeuchte-Meßgerät besteht aus dem Anzeigegerät und den Meßelektroden, die mit Kabeln an das Gerät angeschlossen sind. Die Meßelektroden müssen je nach Art entweder ins Holz eingeschlagen, mit Schraubzwingen auf die zu prüfenden Stücke aufgeschraubt oder nur auf die Fläche (Flächenelektroden) gedrückt werden.

Das Meßgerät zeigt die Holzfeuchte in % an, die sich aus der besseren elektrischen Leitfähigkeit bei nassem Holz bzw. der geringeren Leitfähigkeit bei trockenem Holz ergibt.

Wie läuft der Trocknungsvorgang des Holzes ab?

Im frischen Holz befindet sich in den Zellhohlräumen das „freie Wasser" und in den Zellwänden das „gebundene Wasser". Während das freie Wasser durch das röhrenartige Zellgefüge sehr rasch abgegeben wird, geht die Abgabe des gebundenen Wassers nur sehr langsam vor sich. Hier muß das Wasser durch Diffusion von Zellwand zu Zellwand vom Inneren des Holzes nach außen gelangen, um dann an der Umgebungsluft zu verdunsten.

Durch das Verdunsten entsteht im Holzgefüge ein Sog. Der Feuchtefluß vom Holzinneren nach außen kann nur bei Verdunstung des Wassers an der Holzoberfläche stattfinden.

Was versteht man unter dem Begriff Feuchtegleichgewicht?

Feuchtegleichgewicht ist der Zustand des Holzes, in dem sich die Holzfeuchte der relativen Luftfeuchte angepaßt hat.

Holz ist hygroskopisch, d.h. es gibt solange Feuchtigkeit an die Umgebungsluft ab oder nimmt solange Feuchtigkeit aus der Umgebungsluft auf, bis ein Ausgleich zwischen beiden hergestellt ist, also kein Feuchtigkeitsgefälle mehr zwischen Holz und Luft besteht. Diesen Zustand nennt man Feuchtegleichgewicht. Z.B. beträgt die Holzfeuchte bei einer Temperatur von 20 °C und einer relativen Luftfeuchte von 55 % etwa 10 %, bei 45 % relativer Luftfeuchte etwa 8 %

Wie läßt sich Holz auf natürlichem Wege trocknen?

Das eingeschnittene Holz muß im Freien auf Schnittholzlagerplätzen oder in Schuppen sachgemäß aufgestapelt werden.

Die Schnittholzstapel müssen gut durchgelüftet werden können.

Worauf ist bei der Anlage von Schnittholzstapeln auf dem Lagerplatz zu achten?

Das Schnittholz muß quer zur Hauptwindrichtung (Ost/West) aufgestapelt werden. Der Stapelunterbau muß fest, der Boden trocken frei von Mutterboden, am besten gepflastert oder mit Schotter bedeckt sein. Die Stapel sollen 400 bis 600 mm über dem Fußboden angelegt werden, damit kein Spritzwasser an das Schnittholz gelangt und eine gute Unterlüftung der Stapel möglich ist. Die Stapelleisten sind sehr genau übereinander zu legen, damit sich das Schnittholz nicht verzieht. Aus dem gleichen Grunde sind bei dünner Schnittware die Stapelhölzer enger zu legen als bei dicker Schnittware. Hirnenden sind gegen Reißen zu schützen.

Der Schutz der Hirnenden kann durch Farbanstriche, durch Beleimen mit Papier oder durch Aufnageln breiter Leisten bzw. Einschlagen von Wellenbändern aus Stahl erfolgen.

In welcher Form kann Holz aufgestapelt werden?

Bei den Holzstapeln sind Blockstapel und Kastenstapel zu unterscheiden.

Blockware wird meistens in Blockstapeln, besäumte Ware meistens in Kastenstapeln angelegt. Bei Blockstapeln sind die einzelnen Blöcke gegen Umkippen zu sichern. Dies kann durch durchlaufende Stapelleisten geschehen.

Was ist bei der Trocknung von Ahornholz zu beachten?

Ahorn behält nur dann seine schöne weiße Farbe, wenn es im Freien oder im Schuppen stehend getrocknet wird.

Bei der stehenden Stapelung sollte das Zopfende nach oben stehen, damit das Wasser aus den saftreicheren Holzzonen so rasch wie möglich verdunstet. Wenn die Bretter rund werden, kann man mit der liegenden Stapelung beginnen.

Warum sollte man Rotbuche, Erle, Birke, Linde und Weißbuche möglichst nicht im Freien lagern?

Diese Holzarten sind empfindlich und verstocken bei Feuchtigkeit sehr leicht.

Es ist deshalb zu empfehlen, daß diese Holzarten im Schuppen vorgetrocknet werden.

Warum kann man Eichenholz und Eschenholz leicht im Freien lagern?

Diese Hölzer sind gerbstoffhaltig und werden deshalb nicht so leicht von Pilzen und Insekten befallen.

Die Gerbsäure wird durch den Regen aus den Hölzern ausgewaschen. Dadurch wird das Holz milder. Bleibt Regenwasser auf den Brettern stehen, bilden sich braune Flecke, die sogenannten Lohflecken. Nach einem Jahr Freiluftlagerung sollten diese Hölzer auch in einem luftigen Schuppen untergebracht werden.

Weshalb reicht die Freilufttrocknung in den meisten Fällen für das Schnittholz nicht aus?

Bei natürlicher Trocknung kann das Holz in unserem Klima bestenfalls auf 15 % Holzfeuchte getrocknet werden. Das Holz ist dann lufttrocken und lediglich für Arbeiten geeignet, die später der freien Luft ausgesetzt sind. Für Innenausbauarbeiten und Möbel ist dieses Holz noch zu feucht.

Das luftgetrocknete Holz muß in Trockenkammern noch künstlich nachgetrocknet werden.

Welche zwei wesentlichen Verfahren sind bei der künstlichen Holztrocknung zu unterscheiden?

Die Frischlufttrocknung und die Kondensationstrocknung.

Bei beiden Verfahren erfolgt das Trocknen in sogenannten Trockenkammern. Das sind Kammern mit wärmegedämmten Wänden und Einrichtungen zum Regeln und Steuern des Holztrocknungsprozesses.

Welches sind die wichtigsten technischen Einrichtungen der Trockenkammer?

Zu den technischen Einrichtungen gehören die Heizungs- und Sprühanlage, der Motor mit dem Achsialventilator, die Frischluft- und Abluftklappe sowie die Meß-, Kontroll- und Steuergeräte.

Die Dauer des Trocknungsvorgangs ist von der zu trocknenden Holzart und der Holzdicke abhängig.

Wie funktioniert im Prinzip die Frischlufttrocknung?

Das Schnittholz (Trockengut) wird auf die Kammerwagen gestapelt und in die Trockenkammer eingefahren. In der Kammer können durch Wasserdampf und Heizung die für die Trocknung erforderliche relative Luftfeuchtigkeit und Temperatur erzeugt werden. Große Ventilatoren bewegen die Luft, die den Holzstapel umspült. Durch die Entlüftungseinrichtung wird die mit Wasserdampf gesättigte Luft abgeführt und durch die Belüftungseinrichtung ungesättigte, frische Luft zugeführt. Meß- und Kontrollgeräte überwachen die Lufttemperatur, die Luft- und Holzfeuchtigkeit und übertragen die Werte an die Steuergeräte, die die Trocknungsvorgänge automatisch regeln.

Eine einwandfreie Trocknung wird erreicht, wenn nach einem Trocknungsplan verfahren wird. Moderne Trockenkammern arbeiten heute halb- oder vollautomatisch und bringen sichere Trocknungsergebnisse.

Wie funktioniert im Prinzip die Kondensationstrocknung?

Bei einer Kondensationstrocknung ist der Kammer ein Holzentfeuchtungsgerät, der sogenannte Kondensationstrockner, angeschlossen. Dieser funktioniert ähnlich wie eine Kältemaschine. Die feuchte Kammerluft wird vom Kondensationstrockner angesaugt und durch einen Verdampfer geführt und hier unter den Kondensationspunkt (Taupunkt) abgekühlt. Die in der Luft enthaltene Feuchtigkeit schlägt sich als Kondenswasser am Verdampfer nieder und wird abgeleitet. Die so entfeuchtete Luft wird erneut erwärmt und wieder in die Kammer zur Holztrocknung eingeführt. Dieser Vorgang wird solange wiederholt, bis das Holz trocken ist.

Die Steuerung der Kondensationstrocknung geschieht meistens vollautomatisch.

Welche Grundregeln sind bei der Kammertrocknung unbedingt zu beachten?

Die Luft in der Trockenkammer muß auf die im Trockenplan festgelegte Betriebstemperatur gebracht werden. Das Trockengut muß zuerst vollständig durchgewärmt werden, bevor die Trocknung einsetzen kann. Dazu ist die Luftfeuchtigkeit bei Beginn der Trocknung auf volle Sättigung zu bringen. Die Luftfeuchtigkeit wird während des Trocknungsvorganges bei gleichbleibender Kammertemperatur so vermindert, daß eine gleichmäßige Trocknung erreicht wird.

Werden diese Grundregeln nicht beachtet, kann es zu schwerwiegenden Trocknungsfehlern kommen.

Welche Trocknungsfehler können bei unsachgemäßer Trocknung des Holzes auftreten?

Verschalung, Zellkollaps, Verfärbungen oder starker Harzaustritt.

Bei Verschalungen und Zellkollaps ist das Holz meistens unbrauchbar.

Wann tritt eine Verschalung des Holzes ein?

Wird das Holz zu schnell trockener und warmer Kammerluft ausgesetzt, werden die äußeren Holzschichten zu früh trocken und verschalen. Das Wasser der inneren feuchten Schichten kann nicht mehr nach außen abwandern, der Feuchtefluß ist unterbrochen. Durch den Druck der inneren feuchten Holzschichten reißen die äußeren Holzschichten meistens in Richtung der Markstrahlen auf.

Nur wenn das Verschalen rechtzeitig erkannt wird, kann man durch Sprühen diesen Fehler beheben. Verschaltes Holz ist für den Tischler wertlos.

Wann tritt ein Zellkollaps beim Trocknen ein?

Bei zu trockener Kammerluft und zu raschem Trocknen werden die Spannungen im Holz so groß, daß die Holzzellen regelrecht zusammenfallen. Das Holz reißt in Richtung der Markstrahlen so stark ein, daß es unbrauchbar wird.

Wie beim Verschalen kann auch hier nur durch rechtzeitiges Sprühen dieser Trocknungsfehler verhindert werden.

Warum dürfen einige Hölzer nicht stark gesprüht werden?

Einige Hölzer verfärben sich durch Sprühen. Ahorn und Buche werden rötlich, Kiefer und Esche werden braun.

Sollen Ahornhölzer ihre weiße Farbe nicht verlieren und Buche, Kiefer und Esche ihre natürliche Farbe behalten, darf nur mäßig oder möglichst gar nicht gesprüht werden. Sie sind sehr schonend zu trocknen.

Wann ist bei der Holztrocknung mit verstärktem Harzaustritt zu rechnen?

Wenn harzhaltige Hölzer bei zu hohen Temperaturen getrocknet werden.

Die technischen Eigenschaften des Holzes werden durch Harzaustritt zwar nicht gemindert, jedoch macht das Harz Maschinentische und Werkzeuge sehr leicht klebrig.

2.2 Kunststoffe

2.2.1 Aufbau, Bezeichnung, Eigenschaften

Welche Stoffe bezeichnet man als Kunststoffe?

Kunststoffe sind durch chemische Umwandlung (Synthese) oder Veränderung hergestellte organische, makromolekulare Stoffe.

Synthese nennt man das Vereinigen zweier oder mehrerer Stoffe zu einem neuen (synthetischen) Stoff.

Aus welchen Ausgangsstoffen werden Kunststoffe hauptsächlich gewonnen?

Aus Kalk, Kohle, Luft und Wasser oder aus Erdölerzeugnissen.

Durch Synthese oder durch andere chemische und physikalische Einwirkung entstehen aus diesen Stoffen neue, vollwertige Werkstoffe mit neuen Eigenschaften und Verwendungsmöglichkeiten.

2.2.2 Arten der Kunststoffe

In welche Hauptgruppen werden Kunststoffe unterteilt?

Thermoplaste (Plastomere), Duroplaste (Duromere), Elastomere und Silicone.

Innerhalb dieser Hauptgruppen unterscheidet man viele verschiedene Arten.

Was versteht man unter Thermoplasten (Plastomeren)?

Kunststoffe, die bei Erwärmung wieder weich werden und sich bei Abkühlung wieder verfestigen.

Diese thermoplastischen Kunststoffe lassen sich in erwärmtem Zustand durch Biegen, Ziehen, oder Blasen spanlos verformen, in weichem Zustand spritzen, pressen, walzen oder schäumen.

Welches sind die wichtigsten Eigenschaften von Hart-PVC?

Hart-PVC bleibt bis 80 °C hart, ist beständig gegen Säuren, Laugen, Alkohole und Öle, es läßt sich gut bearbeiten.

Hart-PVC wird als Folie für die Oberflächenbeschichtung von Holzwerkstoffen und im Bauwesen vor allem für säurefeste Rohre und Behälter verwendet.

Wozu wird Weich-PVC verwendet?

Weich-PVC wird als Folie zur Oberflächenbeschichtung, als Profil für Umleimer und Treppenkanten, Handläufe und Sockelleisten, als Bodenbelag und als Bezugsstoff verwendet.

Weich-PVC bleibt gummielastisch von etwa −20 °C bis 40 °C, ist abriebfest, jedoch nicht sehr chemikalienbeständig.

Welche thermoplastischen Kunststoffe eignen sich zur Herstellung von Beschlagteilen für den Möbel- und Innenausbau?

Schlagfestes Polystyrol z.B. für Schubkästen, Hartpolyäthylen z.B. für Gleitschienen bei Schiebetüren, Polyamide z.B. für Türschnäpper, Scharniere, Türbänder und Schrankbeschläge.

Diese Kunststoffe sind schlagfest und lassen sich spanend bearbeiten und schweißen.

Welche Thermoplaste werden von Säuren, Laugen und Lösungsmitteln angegriffen?

Polyamide sind empfindlich gegen Säuren und Laugen, nicht aber gegen Lösungsmittel. PVC, Polystyrol, Polyäthylen und Acrylglas sind säure- und laugenbeständig, aber meist nicht beständig gegen Lösungsmittel.

Die Beständigkeit gegen Alkohol, Benzin, Fett und Öl sowie gegen Witterungseinflüsse ist unterschiedlich.

Was versteht man unter Duroplasten (Duromeren)?

Duroplaste sind solche Kunststoffe, die nach dem Härten nicht mehr plastisch gemacht werden können. Sie sind dann unlöslich, unschmelzbar und nicht quellbar.

Zur Gruppe der härtenden Kunststoffe gehören Phenol-, Harnstoff-, Melamin-, Polyester-, Epoxid-, und Polyurethanharze.

Wie erfolgt das Härten der Phenol-, Harnstoff- und Melaminharze?

Die Vorprodukte Phenol, Harnstoff bzw. Melamin verbinden sich mit Formaldehyd unter Einwirkung von Druck und Wärme oder Härtern.

Phenolharz hat eine dunkelrotbraune Farbe, Harnstoff- und Melaminharze sind farblos und glasklar.

Aus welchen Vorprodukten werden Polyurethane hergestellt?

Polyurethanharze werden durch Mischen von Desmophene und Desmodur hergestellt.

Ein Lack aus Polyurethanen wird deshalb auch als DD-Lack bezeichnet.

Wie unterscheiden sich im Aufbau die gesättigten und ungesättigten Polyesterharze?

Gesättigte Polyesterharze (z.B. Polycarbonat) bestehen aus fadenförmigen Molekülen und gehören deshalb zu den Thermoplasten. Bei den ungesättigten Polyesterharzen (UP) sind die Moleküle räumlich vernetzt, weshalb sie zu den Duroplasten gehören.

Gesättigte und ungesättigte Polyesterharze können mit Glasfasern verstärkt werden und erhalten dadurch besonders gute Festigkeitseigenschaften.

Wozu werden Phenolharze vorwiegend verwendet?

Zur Herstellung von Phenolharzleim (flüssig) oder Leimfolien (Tegofilm), von Kunstharzpreßholz und Schichtpreßstoffplatten.

Mit Füllstoffen vermischt können aus diesen Preßmassen auch Beschlagteile und Gehäuse hergestellt werden.

Welche Duroplaste eignen sich zur Herstellung von Lacken für die Oberlfächenbehandlung?

Harnstoffharze, Melaminharze, ungesättigte Polyesterharze und Polyurethanharze.

Die Lacke aus diesen Harzen sind in der Regel abrieb- und kratzfest, UP-Lacke können auch poliert (geschwabbelt) werden.

Was sind Elastomere?

Kunststoffe mit elastischen Eigenschaften. Sie lassen sich leicht verformen und nehmen nach der Wegnahme der Spannung wieder die ursprüngliche Form an.

Wichtige Elastomere sind die verschiedenen Kautschukarten.

Welche Bau- und Rohstoffe können aus Kunstkautschuk hergestellt werden?

Fugendichtungs- und dauerelastische Fensterversiegelungsmassen, elastische Weichschaum-Fugendichtungsbänder, Fugenprofile, Dichtungsfolien.

Einige Kautschuke können auch vulkanisiert werden, d.h. mit Schwefel vermischt und unter Druck erhitzt werden, wodurch der Gummi härter wird und nicht mehr so klebrig ist.

Wodurch unterscheiden sich die Silicone von allen anderen Kunststoffen?

Sie enthalten als Hauptbestandteile Silicium und Sauerstoff.

Bei anderen Kunststoffen ist Kohlenstoff das Hauptelement.

In welcher Form werden Silicone verwendet?

Als Siliconöl, Siliconharz, Siliconkautschuk.

Schon geringe Mengen von Siliconöl machen z.B. Lacke, Lackpflegemittel, Wachspasten und Überzüge für Mauerwerk und Putze wasserabstoßend.

Welche Vorteile hat Acrylglas gegenüber Normalglas?

Es ist weniger spröde und nur halb so schwer, läßt sich spanend bearbeiten, polieren, kleben und bei etwa 130 °C in plastischem Zustand leicht verformen.

Nachteilig ist jedoch, daß der Kunststoff kratzempfindlich ist, die Staubteilchen leicht anzieht und nicht lösemittelbeständig ist.

2.2.3 Verarbeitung von Kunststoffen

Mit welchen Maschinen werden Formteile aus Kunststoff hergestellt?

Kleinere Teile, wie z.B. Kunststoffdübel, werden in Spritzgußmaschinen gefertigt, solche aus duroplastischen Kunststoffen in Formpressen. Große Formteile aus Thermoplasten werden in Tiefziehmaschinen hergestellt.

Kunststoff-Folien und -Platten können auf Kalandern mit Stahlwalzen in verschiedenen Dicken gewalzt werden.

Welche Arten von Schaumkunststoffen unterscheidet man nach dem Gefüge?

Geschlossenzellige, offenzellige und gemischtzellige Schaumkunststoffe.

Je nach Art des Kunststoffes und des Weichmachers sowie der Zellengröße gibt es harte, halbharte und weiche Schaumkunststoffe.

Welche besonderen Eigenschaften haben geschlossenzellige Schaumkunststoffe?

Geschlossenzellige Schaumkunststoffe verhindern den Luftaustausch und üben keine Kapillarwirkung auf Flüssigkeiten aus.

Sie werden deshalb als Wärmedämmstoffe verwendet vor allem auch dort, wo mit Feuchtigkeit zu rechnen ist (z.B. beim Umkehrdach).

Wo werden offenzellige Schaumkunststoffe verwendet?

Zur Schallabsorption (z.B. als Akustikplatten), zur Wärmedämmung sowie als Polstermaterial.

Offenporige Schaumkunststoffe nehmen die Schallwellen auf und absorbieren sie. Außerdem vermögen sie durch die Kapillarwirkung Feuchtigkeit aufzunehmen.

Was versteht man unter einem Integralschaum?

Integralschaum ist ein Polyurethanschaum, der eine dichte, fast zellenfreie Außenzone hat und nach innen ein zunehmend größeres Zellgefüge zeigt.

Wegen seiner steifen Außenschicht wird er besonders für selbsttragende Bauteile, wie z.B. für Möbeltüren, Sitzmöbel o.ä. verwendet.

Wie lassen sich Kunststoffe miteinander verbinden?

Kunststoffe lassen sich schweißen oder kleben

Schweißen lassen sich nur thermoplastische Kunststoffe, duroplastische Kunststoffe können nur geklebt werden.

Mit welchen Geräten können Thermoplaste geschweißt werden?

Mit dem Warmgasschweißgerät und mit dem Schweißkolben.

Der Kunststoff wird mit dem Warmgasschweißgerät durch Heißluft oder mit dem Schweißkolben direkt am Spiegel plastisch gemacht und durch Zusammendrücken verschweißt.

Wie verschweißt man Kunststoffprofile mit dem Schweißkolben?

Die beiden Stirnflächen des zu verschweißenden Profiles werden von beiden Seiten an die elektrisch beheizte Wärmeplatte, auch Spiegel genannt, angedrückt, bis der Kunststoff zu fließen beginnt. Die Schweißkolbenplatte wird entfernt und die beiden Stirnflächen zusammengedrückt.

Nach dem Abkühlen des Kunststoffes kann die Fuge gesäubert werden.

Welche Kunststoffe können geklebt werden?

Bis auf wenige Ausnahmen können alle Kunststoffe geklebt werden.

Der Klebstoff und das Klebeverfahren ist dabei auf die zu verklebenden Kunststoffe abzustimmen.

Was ist beim Kleben von thermoplastischen Kunststoffen zu beachten?

Klebeflächen mit dem Lösungsmittel anquellen, Kleber möglichst dünn auftragen und die Teile unter leichtem Druck so lange zusammenpressen, bis das Lösungsmittel aus der Fuge verdunstet ist.

Die Festigkeit der Verklebung ist einer Verschweißung ähnlich.

Welche Kleber können zum Verkleben duroplastischer Kunststoffe verwendet werden?

Phenolharz- und Harnstoffharzkleber (Kleber mit Härter) oder Epoxydharz- und Polyurethankleber (Zweikomponentenkleber).

Gründliches Mischen der beiden Bestandteile und die Einhaltung des vorgeschriebenen Mischungsverhältnisses ist wichtig.

Was ist bei der spanenden Bearbeitung von Kunststoffen mit Holzbearbeitungsmaschinen nachteilig?

Die Bearbeitungsflächen erwärmen sich durch Reibung sehr schnell. Bei Thermoplasten kann dies zum Schmieren oder Schmelzen führen. Auch eine schädliche Geruchs- und Staubbelästigung ist möglich.

Kunststoffe haben eine schlechte Wärmeleitfähigkeit und eine geringe Temperaturbeständigkeit.

Mit welchen Werkzeugen können Kunststoffe bearbeitet werden?

Mit Handritzer, Messer, Feilen, Handsägen, Band- und Kreissägemaschinen, Bohrern.

Beim Sägen ist je nach Kunststoffart und Dicke des Materials eine entsprechende Zahnteilung am Sägeblatt zu wählen.

Wie unterscheiden sich Kunststoffspiralbohrer von Metallspiralbohrern?

Kunststoffspiralbohrer haben einen Spitzenwinkel von 60° bis 90°, eine größere Spannut und einen steileren Drall.

Kunststoffspiralbohrer werden vor allem zum Bohren von weichen Kunststoffen verwendet. Bei harten und spröden Kunststoffen kann auch mit Metallspiralbohrern gebohrt werden.

2.3 Klebstoffe

Warum unterscheidet der Tischler zwischen Leimen und Klebern?

Leime weisen als Lösungs- bzw. als Verdünnungsmittel Wasser auf, Kleber meistens flüchtige Flüssigkeiten aus organischen Stoffen. Durch das Wasser wird das Holz besser benetzt und die Leimflotte kann dadurch tiefer ins Holz eindringen. Kleber haften hauptsächlich an den Oberflächen der zu verbindenden Teile.

Obwohl der Tischler Leime und Kleber unterscheidet, gehören beide in die Gruppe der Klebstoffe.

2.3.1 Leime

In welche zwei große Gruppen lassen sich Leime entsprechend der Herkunft ihrer Grundstoffe einteilen?

Man unterscheidet die natürlichen Leime wie Glutin- oder Kaseinleime und die synthetischen Leime wie Polyvinylacetat-Leime oder die Kondensationsharzleime.

Bei den natürlichen Leimen sind die Grundstoffe Naturprodukte, bei den synthetischen Leimen Kunstharze.

Aus welchen Tierprodukten werden Glutinleime hergestellt?

Glutinleime gewinnt man aus Rohhautabfällen und Sehnen, aus Rohleder und aus entfetteten Knochen.

Je nach Tierprodukt sind Hautleime, Lederleime, Knochenleime oder auch Mischleime zu unterscheiden.

Welche Vor- und Nachteile haben Glutinleime?

Vorteile: Der Glutinleim bindet nach dem Abkühlen schnell ab, die Leimfuge ist zähelastisch, Leimdurchschläge können ausgewaschsen werden. Nachteile: Die Verleimung ist nicht feuchtigkeits- und wärmebeständig. Der Leimfilm kann in feuchten Räumen von Schimmelpilzen und Bakterien angegriffen werden.

Glutinleime werden in der Regel warm verarbeitet. Sie werden heute nur noch selten verwendet.

Welche vier Arten synthetischer Leime unterscheidet man je nach verwendetem Kunststoff?

Polyvinylacetat-Leime (KPVAC), Phenol-Formaldehyd-Harz-Leime (KPF), Harnstoff-Formaldehyd-Harz-Leime (KFU) und Melamin-Formaldehyd-Harz-Leime (KMF).

Der Polyvinylacetat-Leim sieht weiß aus und wird deshalb als Weißleim bezeichnet. Die Phenol-, Harnstoff- und Melamin-Formaldehydharzleime härten in der Regel durch die Zugabe von Härtern aus. Sie werden wegen dieses chemischen Härtungsprozesses auch als Kondensationsleime bezeichnet.

Worin liegt bei der Aushärtung der wesentliche Unterschied zwischen den Polyvinylacetat-Leimen und den Kondensationsleimen?

Die Polyvinylacetat-Leime sind in der Regel gebrauchsfertig und werden ohne Härterzusatz verarbeitet. Diese Weißleime härten in Folge des verwendeten Kunststoffes Vinylacetat thermoplastisch aus. Die Kondensationsharzleime werden meistens mit Härterzusatz verarbeitet. Je nach Preßtemperatur und auch verwendetem Härter haben Kondensationsharzleime eine sehr kurze Preßzeit. Sie härten duroplastisch aus.

Polyvinylacetat-Leime verwendet man vorwiegend als Montageleim für Innenausbauarbeiten. Kondensationsharzleime verwendet man für Konstruktionsverleimungen, die feuchtefest oder wetterfest sein müssen oder wegen der kurzen Preßzeit auch zum Furnieren.

Was versteht man bei der Verwendung von PVAC-Leimen unter Weißpunkttemperatur?

PVAC-Leime binden bei zu niedriger Verarbeitungstemperatur kreideartig ab. Die Temperatur, bei der dieser Zustand eintritt, nennt man Weißpunkttemperatur. Sie liegt je nach Leim zwischen 2 °C und 8 °C.

Die Leimfugen besitzen bei Aushärtung bei der Weißpunkttemperatur und darunter nur geringe Bindekraft.

Welche Voraussetzungen müssen beim Verleimen von Holzverbindungen gegeben sein?

Die zu verleimenden Flächen müssen staubfrei und eben sein. Die Temperatur des zu verleimenden Werkstückes, des Leimes und der Raumluft sollte zwischen 18 °C bis 22 °C, die relative Luftfeuchtigkeit unter 65 % liegen. Die Holzfeuchtigkeit darf nicht mehr als 12 % betragen.

Die Werkstücke müssen zum Verleimen verpreßt werden. Der Preßdruck sollte bei Weichholz 0,3 N/mm² bis 0,4 N/mm² betragen, bei Hartholz bis zu 0,6 N/mm².

Welche offene Zeit, Preßzeit und Abbindezeit sind durchschnittlich bei PVAC-Leimen einzuhalten?

Die offene Zeit beträgt 5 bis 30 Min., die Preßzeit 30 Min. und die Abbindezeit bis zu 3 Stunden.

Die Zeiten hängen sehr wesentlich von der Art des Leimes, der Raum-, Leim- und Holztemperatur sowie von der Luft- und Holzfeuchtigkeit, aber auch von der Leimauftragsmenge ab.

Was versteht man unter Lackleimen?

Lackleime sind modifizierte PVAC-Leime, die zur Montage- und Korpusverleimung von Werkstükken verwendet werden, deren Oberfläche schon mit Nitrolack beschichtet ist.

Lackleime lösen die Nitrolackschicht an, so daß es zu einer haltbaren Verleimung kommt. Kunstharzlacke werden nicht angelöst, so daß hier nur eine Bindung durch Adhäsion zwischen Lack und Leim stattfinden kann.

2.3.2 Kondensationsleime

Wie heißen die drei wichtigsten Arten der Kondensationsleime?

Phenolharzleime, Harnstoffharzleime, Melaminharzleime.

Der Name gibt das bei der Herstellung verwendete Kunstharz an.

Wann verwendet man insbesondere den Phenolharzleim, den Harnstoffharzleim und den Melaminharzleim?

Der Phenolharzleim ergibt eine wasser-, koch-, tropen- und wetterbeständige Leimfuge und wird deshalb für Außenarbeiten sowie im Schiffs- und Bootsbau eingesetzt. Harnstoffharzleime sind nicht wasser- und wetterbeständig und werden vorwiegend zum Furnieren für Innenausbauarbeiten verwendet. Melaminharzleime sind wasserbeständig, aber nur bedingt wetterbeständig und werden als Montageleime und auch Furnierleime verwendet, wenn die Verleimung wasserfest sein muß.

Die Leimfugen sind bei der Verwendung von Phenolharzleimen dunkelbraun und elastisch, bei Melaminharzleimen glasklar, aber hart und spröde. Auch dies ist bei der Verwendung der Leime zu berücksichtigen.

Warum ist für Konstruktionsverleimungen ein zäh elastisch aushärtender Leim günstiger als ein hart und spröde aushärtender Leim?

Konstruktionsverleimungen werden häufig durch wechselnde Kräfte auf Abscheren belastet. Zäh elastische Leimfugen geben bis zu einem gewissen Grade nach und halten diesen Kräften wesentlich besser stand als spröde Leimfugen.

Deshalb sind für Konstruktionsverleimungen die PVAC-Leime und auch die Phenolharzleime besser geeignet als die Harnstoff- und Melaminharzleime.

2.3.3 Kleber

Für welche Arbeiten verwendet der Tischler vorwiegend Kleber anstelle von Leimen?

Für Verklebungen von Metall, Glas oder Keramik sowie Kunststoff und Leder mit Holz oder Holzwerkstoffen. Außerdem kommen in Kantenanleimmaschinen sogenannte Schmelzkleber zum Einsatz.

Kleber wird auch zum Furnieren von Rundungen und zum Aufkleben von Kanten verwendet

Welche besonderen Eigenschaften hat der Epoxidharz-Kleber?

Epoxidharzkleber ist ein Zweikomponentenkleber (Epoxidharz und Härter), mit dem man nahezu alle fettfreien Materialien miteinander oder mit Holz ohne Preßdruck verkleben kann. Die Klebstoffuge weist eine hohe Festigkeit und Elastizität auf. Die Aushärtezeit beträgt bei Raumtemperatur 24 Stunden, bei Temperaturen zwischen 200 °C und 120 °C eine Stunde bis vier Stunden.

Epoxidharzkleber sind relativ teuer und werden deshalb nur für Spezialverklebungen verwendet.

Was sind Polychloropren-Kleber?

Polychloropren-Kleber (PCP-Kleber) sind Kontaktkleber, auch als Neopren-Kleber bezeichnet, die nur in flüssiger Form geliefert werden und flüchtige organische Lösungsmittel aufweisen.

Diese Kleber müssen an beide Klebeflächen angegeben werden. Ein Verkleben der Flächen ist erst nach dem weitgehenden Verdunsten des Lösungsmittels möglich.

Wozu verwendet man Polyacrylsäureester-Kleber?

Der Polyacrylsäureester-Kleber ist besonders zum Aufkleben dünner Folien geeignet. Der Kleber muß gleichmäßig dick, blasen- und knotenfrei angegeben werden, da sich alle Unebenheiten von Kleber und auch vom Trägermaterial durch die dünne Folie abzeichnen.

Der Polyacrylsäureester-Kleber ähnelt dem Polyvinylacetat-Leim.

Für welche Arbeiten wird der Polyurethan-Kleber eingesetzt?

Polyurethan-Kleber trocknen sehr schnell, so daß sie besonders gut für die Ummantelung von Profilen mit PVC-Folien eingesetzt werden können.

Polyurethan-Kleber gibt es als Ein- oder Zweikomponentenkleber. Die Verklebung ist feuchtigkeitsfest und bis zu 70 °C wärmebeständig. Zur Erhöhung der Wärmestandfestigkeit bis auf etwa 100 °C kann dem Kleber Härter beigemischt werden.

Mit welchen Klebern lassen sich Kunststoffkanten, Furnierkanten oder Vollholzkanten mit Kantenanleimmaschinen anbringen?

Kanten lassen sich mit Schmelzklebern anbringen. Man unterscheidet Schmelzkleber aus Äthylen und modifiziertem Vinylacetat, sogenannte EVAC-Schmelzkleber, und den Schmelzkleber aus Polyamid. Verklebungen mit Polyamid-Schmelzkleber sind wesentlich temperaturempfindlicher sowie reiß- und dehnfester als die EVAC-Schmelzkleber.

Schmelzkleber enthalten keine Lösungsmittel. Sie werden bei 220 °C flüssig und binden bei Unterschreitung der Schmelztemperatur ab.

Welche Nachteile haben Verklebungen mit Polychloropren-Klebern?

Die Verklebungen mit Polychloropren-Klebern sind gegen Wärmeeinwirkung sehr empfindlich, so daß verklebte Teile sich durch Wärmeeinwirkung von mehr als 50 °C wieder lösen können.

Polychloropren-Kleber gehören zu den thermoplastischen Klebern.

Wodurch läßt sich die Wärmestandfestigkeit der Polychloropren-Kleber erhöhen?

Dem Polychloropren-Kleber kann Härter zugesetzt werden. Dadurch läßt sich die Wärmestandfestigkeit bis auf 120 °C erhöhen.

Neben der Erhöhung der Wärmestandfestigkeit wird durch die Härterzugabe auch die Widerstandsfestigkeit gegen Wassereinwirkung verbessert.

2.3.4 Vorgänge in der Klebstoffuge

Welche Vorgänge finden beim Verkleben mit lösungsmittelhaltigen Klebern in der Fuge statt?

Der lösungsmittelhaltige Kleber haftet durch Adhäsion an den beiden zu verklebenden Teilen. Durch das Verdunsten des Lösungsmittels lagern sich die Klebstoffmoleküle enger aneinander, dadurch ergeben sich größere Kohäsionskräfte. Beim Zusammenlegen der zu verklebenden Flächen haften die beiden Kleberflächen durch starke Adhäsions- und nur durch schwache Kohäsionskräfte aneinander.

Durch Preßdruck werden die Adhäsionskräfte zwischen Träger und Kleber sowie zwischen den beiden Kleberflächen erhöht.

Wodurch kann die Preßdauer bei der Verwendung von Kondensationsleimen wesentlich herabgesetzt werden?

Durch die Art des verwendeten Härters und die Höhe der Preßtemperatur.

Es gibt Schnellhärter mit höherer Säure- bzw. Salzkonzentration, durch die die Kondensation der Kunstharze wesentlich beschleunigt wird. Außerdem kann auch durch die Erhöhung der Preßtemperatur die Preßdauer stark herabgesetzt werden, denn warme Säuren haben eine stärkere Wirkung als kalte.

Welche Vorteile und welche Nachteile hat die Verwendung von Harnstoffharzleimen beim Furnieren?

Vorteile: Sehr kurze Preßzeit bei höherer Preßtemperatur und geringe Wasseraufnahme des Furniergutes.
Nachteile: Leimdurchschlag läßt sich nicht mehr beseitigen.

Kondensationsharzleime benötigen zur chemischen Aushärtung einen Teil des Wassers. Durch die hohe Preßtemperatur kann das Restwasser nach dem Herausnehmen des Furniergutes aus der Presse schnell verdunsten. Der duroplastisch aushärtende Leim ist nicht mehr löslich und somit auch nicht mehr auswaschbar.

Durch welche Vorgänge kommt eine Verleimung zustande?

Der Leim haftet an der Oberfläche des Holzes (Adhäsion) und kann sich in den Poren des Holzes mechanisch verankern. Die Festigkeit des Leimes in der Fuge wird durch die Zusammenhangskräfte (Kohäsion) der Leimmoleküle bestimmt.

Damit eine gute Oberflächenhaftung und auch ein gutes Eindringen des Leimes in die Poren stattfinden kann, muß die Holzfläche durch die Flüssigkeit der Leimflotte ausreichend benetzt und die Teile mit Druck verpreßt werden.

Wie läßt sich der Abbindevorgang eines Dispersionsleimes (PVAC-Leim) erklären?

Die im Dispersionswasser schwimmenden Polyvinylacetat-Teilchen rücken beim Verdunsten und Abwandern des Wassers ins Holz immer näher aneinander, bis sie fest miteinander verkleben.

Die Leimfuge hat erst dann die Endfestigkeit erreicht, wenn das Dispersionswasser restlos verdunstet und das Holz wieder trocken ist.

2.3.5 Begriffe

Was versteht man unter dem Begriff „Topfzeit"?

Die Topfzeit gibt an, wie lange der Leim nach dem Anrühren bzw. Eingeben ins Leimgefäß gebrauchsfähig bleibt.

Nach Ablauf der Topfzeit beginnt der Leim abzubinden und kann dann nicht mehr verwendet werden.

Warum muß die Topfzeit der Kondensationsharzleime unbedingt eingehalten werden?

Kondensationsharzleime härten in der Regel durch Zugabe von Härter chemisch aus. Nach Ablauf der Topfzeit beginnt bereits der chemische Aushärtungsprozeß, so daß der Leim unbrauchbar wird.

Auch eine Zugabe von Wasser macht den Kondensationsharzleim nicht mehr gebrauchsfähig.

Was gibt die „offene Zeit" beim Verleimen an?

Unter offener Zeit versteht man die Zeitspanne, die vom Auftragen des Leimes auf die Holzfläche bis zum Verpressen der Teile höchstens verstreichen darf

Nach Ablauf der offenen Zeit beginnt der Leim bereits abzubinden. Es kann keine ausreichende Benetzung, Adhäsion und auch mechanische Verankerung mit der zweiten Trägerschicht erfolgen. Werden die Teile erst danach verpreßt, kommt es zu Fehlverleimungen.

Was versteht man unter dem Begriff Reifezeit?

Einige Leime werden in Pulverform geliefert, die mit Wasser angerührt werden müssen. Nach dem Anrühren muß die Leimflotte noch eine gewisse Zeit „reifen", bis sie verwendet werden kann. Diese Zeit nennt man Reifezeit.

In der Regel werden Kondensationsharzleime, aber auch einige natürliche Leime, in Pulverform geliefert.

Was versteht man unter Abbindezeit und Abbindetemperatur?

Die Abbindezeit gibt die Zeit an, die der Klebstoff benötigt, um seine Porenfestigkeit zu erreichen. Nach der Abbindezeit kann der Preßdruck aufgehoben werden. Die Abbindetemperatur gibt die Temperatur an, bei der der Leim abbinden sollte. Häufig sind hier Temperaturbereiche für die Kaltverleimung (5 °C bis 25 °C), Warmverleimung (40 °C bis 70 °C) oder Heißverleimung (ab 90 °C) angegeben.

Abbindezeit und Abbindetemperatur stehen in einem unmittelbaren Zusammenhang. Hohe Abbindetemperaturen bewirken kurze Abbindezeiten.

Worin liegt der Unterschied zwischen einem Streckmittel und einem Füllmittel?

Streckmittel weisen eine eigene Klebekraft auf. Es sind feingemahlene, quellfähige organische Stoffe wie Getreidemehl, Stärke oder wasserlösliche Zellulose. Füllmittel dagegen haben keine eigene Bindekraft. Hierzu gehören Kreide und Gesteinsmehl.

Streckmittel und Füllmittel können Furnierleimen beigemischt werden.

Warum werden den Furnierleimen auch Streckmittel oder Füllmittel untergemischt?

Durch die Verdickung der Leimflotte mit Füll- oder Streckmitteln kann der Leimdurchschlag verhindert werden. Außerdem können die Leimkosten gesenkt werden.

Damit die Bindekraft des Leimes nicht zu stark vermindert wird, darf der Anteil des Streck- bzw. Füllmittels nicht mehr als 20 % betragen.

2.4 Furniere und Furnieren

Was sind Furniere?

Furniere sind dünne Holzblätter, die durch Sägen, Messern oder Schälen von einem Stamm oder Stammteil abgetrennt wurden.

Die Furnierarten und Furnierdicken sind in DIN 4079 beschrieben.

2.4.1 Furnierarten nach Herstellung und Verwendung

Welche Furnierarten unterscheidet man bezüglich ihrer Verwendung?

Deckfurniere, Unterfurniere und Absperrfurniere.

Bei den Deckfurnieren unterteilt man außerdem noch in Außen- und Innenfurniere bzw. nach dem Faserverlauf in Langfurniere und Maserfurniere.

Wozu werden Absperrfurniere verwendet?

Sie werden zum Absperren von Blindholz bei Tischlerplatten verwendet. Dazu werden sie quer und beidseitig auf das Blindholz aufgeleimt, um das Arbeiten des Holzes zu verhindern.

Absperrfurniere sind 1,5 mm bis 3,5 mm dick.

Welchen Zweck haben Unterfurniere?

Unterfurniere werden unter dem Deckfurnier im Winkel von ca. 30° aufgeleimt, um das Reißen des Deckfurniers zu verhindern und um die Oberflächengüte der Platte zu verbessern.

Es wird vor allem unterfurniert, wenn das Deckfurnier parallel zum Absperrfurnier verlaufen muß oder wenn Maserfurnier als Deckfurnier verwendet wird.

Welche Furnierarten unterscheidet man aufgrund ihrer Herstellung?

Sägefurniere, Messerfurniere und Schälfurniere.

Die Furnierblätter werden mit großen Furniermaschinen einzeln vom Stamm abgetrennt.

Wie stellt man Sägefurniere her?

Die 1 mm bis 3 mm dicken Furnierblätter werden entweder mit einer Furniergattersäge oder mit einer Furnierkreissäge von einem zugerichteten Furnierblock abgetrennt.

Sägefurniere sind teuer und werden deshalb nur für hochwertige Arbeiten und für stark beanspruchte Oberflächen, wie z.B. Tischplatten, verwendet.

Welche Vor- und Nachteile haben Sägefurniere?

Vorteilhaft ist, daß Sägefurniere ihre natürliche Farbe behalten und bei astigem oder wimmerigem Holz rissefrei bleiben.
Nachteilig ist, daß die Furniere wegen des großen Verschnitts und wegen der zeitraubenden Herstellung teuer sind.

Sägefurniere werden für hochwertige Arbeiten verwendet.

Wie werden die Furnierstämme zum Messern oder Schälen vorbereitet?

Sie werden entrindet, gesäubert, abgelängt und ggf. halbiert. Wenn das Holz hart und spröde ist, muß es noch gedämpft werden.

Helle Hölzer wie Ahorn oder Birke verfärben sich durch das Dämpfen. Sie müssen deshalb gewässert oder in frischem Zustand gemessert oder geschält werden.

Wie werden Furniere gemessert?

Der vorbereitete Furnierblock wird auf den Maschinentisch gespannt. Das schräg zum Furnierblock geführte Messer hebt ein Furnierblatt nach dem anderen ab.

Bei Maschinen mit feststehendem Furniermesser wird der Furnierblock zum Messer bewegt.

Welche Möglichkeiten gibt es für die Herstellung von Schälfurnieren?

Rundschälen, exzentrisches Schälen und Radialschälen.

Die Art des Schälens ist abhängig von der Einspannung des Stammes oder Furnierblocks in der Schälmaschine.

Welche Vorteile haben Messer- und Schälfurniere?

Messerfurniere haben je nach Schnittrichtung eine schöne gefladerte oder gestreifte Maserung. Schälfurniere haben meist eine uneinheitliche, großblumige Zeichnung. Einige Schälfurniere, wie z.B. Ungarische Esche, erhalten eine außergewöhnlich markante Maserung.

Bei der Herstellung von Messer- und Schälfurnieren ist der Verschnitt sehr gering.

Was ist bei Messer- und Schälfurnieren nachteilig?

Der Farbton des Holzes wird durch das Dämpfen oder Wässern häufig verändert. Außerdem entstehen durch den Messer- oder Schälvorgang an der Unterseite (linke Seite) des Furniers feine Risse.

Eine Farbtonänderung ist allerdings bei wenigen Holzarten auch erwünscht, wie z.B. bei Buche.

Wozu werden Schälfurniere verwendet?

Sie werden als Unterfurniere, als Absperrfurniere, als Mittellagen von Stäbchenplatten und als Furniere für Furnierplatten verwendet. Schön gefladerte Schälfurniere, z.B. Birke oder Vogelaugenahorn, und Maserfurniere werden als Deckfurniere hergestellt.

Maserfurniere entstehen durch Schälen von Wurzelknollen oder Stammstücken mit sehr unregelmäßigem Wuchs

Wofür werden radialgeschälte Furniere verwendet?

Da beim Schälen runde Furnierblätter mit sternförmiger Zeichnung entstehen, werden sie als Furnier für runde Tischplatten verwendet.

Beim Radialschälen können auch Stämme mit geringen Durchmessern verarbeitet werden.

2.4.2 Trocknen und Lagern der Furniere

Wie müssen Furniere nach ihrer Herstellung weiterbehandelt werden?

Sie müssen sofort nach der Herstellung getrocknet und sorgfältig gelagert werden.

Feuchte Furniere werden sonst wellig, reißen, verfärben sich oder verstocken.

Wie werden die Furniere getrocknet?

Die Furniere werden vorwiegend künstlich in Bandtrocknern getrocknet. Sie wandern auf endlosen Förderbändern durch den Trockenkanal und durchlaufen verschiedene Trocknungsstufen.

Die Furniere werden in der Regel bis auf 10 % Holzfeuchte heruntergetrocknet.

Worauf ist bei der Lagerung der Furniere zu achten?

Die Lagerräume müssen eine gleichmäßig gehaltene Luftfeuchte und Temperatur haben. Außerdem ist direktes Sonnenlicht zu vermeiden, da die Furniere sonst verfärben oder ausbleichen.

Die Furniere werden zu Paketen gebündelt, numeriert und taxiert.

2.4.3 Furnieren

Was versteht man unter Furnieren?

Furnieren nennt man das Aufleimen von Edelfurnieren auf Blindholz

Blindholz können Furnier-, Stab- oder Stäbchensperrholz, Span- oder Faserplatten sowie Vollholz, z.B. bei Rahmen, sein.

Worauf ist bei der Auswahl des Furniers für ein Möbelstück besonders zu achten?

Es ist auf ein schönes Furnierbild zu achten, wobei abzuwägen ist, ob die Oberflächenstruktur schlicht, gefladert oder dekorativ sein soll.

Um dies zu erreichen, werden die Furnierblätter gestürzt, d.h. aufeinanderliegende Furnierblattflächen auseinandergeklappt.

Was ist zu beachten, damit sich furnierte Teile wie z.B. Türen nicht verziehen?

Es ist doppelseitig in gleicher Furnierfaserrichtung sowie mit Furnieren gleicher Dicke und möglichst gleicher Holzart zu furnieren.

Bei einseitig furnierten Flächen entstehen Spannungen, die Flächen verziehen sich.

Wie kann man Herstellungsfehler im Furnier erkennen?

Herstellungsfehler sind zu erkennen, indem man das Furnierblatt gegen das Licht hält.

Herstellungsfehler sind meistens vermesserte dünne Stellen im Furnierblatt.

Wie werden Furniere zugeschnitten und gefügt?

Der Zuschnitt und das Fügen erfolgen entweder paketweise oder an Einzelblättern mit der Furnierfügemaschine, bei Längsschnitten auch mit der Furnierschere. Außerdem können Furniere auch von Hand mit dem Furnierschneider zugeschnitten und mit der Rauhbank gefügt werden.

Wellige Furniere müssen vor dem Fügen angefeuchtet und in der Heizplattenpresse ebengepreßt werden.

Worauf ist beim Zusammensetzen der Furniere zu achten?

Die Fugen müssen dicht sein. Die einzelnen Furnierblätter können mit Fugenpapier oder mit einem Polyamidfaden zusammengehalten werden. Das Fugenpapier soll dünn, zäh und säurefrei sein.

Das Zusammensetzen kann von Hand oder mit Furnierzusammensetzmaschinen, Furnierfugenverklebemaschinen oder Furnierverleimmaschinen erfolgen.

Wie sind die Flächen des Blindholzes zum Furnieren vorzubereiten?

Wellige Oberflächen müssen mit der Schleifmaschine geebnet werden, kleine Löcher in der Fläche sind auszukitten, Fettflecken sind zu entfernen.

Unebenheiten in der Fläche sind um so besser sichtbar, je glänzender die spätere Oberfläche ist.

Welche Möglichkeiten bestehen zur Abdeckung der Kanten am Blindholz?

An den Kanten können Umleimer aus Vollholz, aus Furnieren oder aus Kunststoffen angebracht werden.

Vollholzumleimer, die auf der Fläche nicht sichtbar sein sollen, müssen vor dem Furnieren angeleimt werden.

Wie werden Furnier- und Kunststoffkanten aufgeleimt?

Sie können mit Spannwerkzeugen aufgepreßt oder, vor allem bei Rundungen, mit dem Aufreibhammer aufgerieben werden. Häufig werden sie maschinell auf der Kantenanleimmaschine aufgeleimt.

Als Klebstoffe sind Leime oder Kleber möglich. Umleimer, schon mit Schmelzkleber beschichtet, werden mit dem Bügeleisen aufgebügelt.

Wie werden Umleimer auf der Kantenanleimmaschine angeleimt?

Das Zuführen der Umleimer, das Beleimen mit Schmelzkleber, das Anpressen, Kappen und Ebenfräsen sowie das Schleifen der Kanten erfolgt automatisch im Durchlaufverfahren.

Maschinell können Vollholz-, Furnier- und Kunststoffkanten angeleimt werden.

Welche Verleimungsfehler können beim Furnieren auftreten?

Kürschner, Leimdurchschlag, Leimwülste, überschobene und offene Fugen oder verrutschte Furniere.

Verleimungsfehler sind in der Regel sofort auf der furnierten Fläche zu erkennen, sie können jedoch auch erst nach dem Wässern oder nach dem Lackieren sichtbar werden.

Wodurch entstehen Kürschner?

Kürschner entstehen, wenn zu wenig und zu dünnflüssiger Leim aufgetragen und deshalb das Furnier an verschiedenen Stellen nicht angeleimt wird.

Kürschner erkennt man, wenn man mit der Hand über die Fläche streicht oder mit dem Finger auf diese Stellen klopft. Beim Wässern werden die Kürschner durch kleine Erhebungen sichtbar.

Welche Ursachen führen zu Leimdurchschlägen oder zu Leimwülsten?

Wird zu flüssiger und zu viel Leim aufgetragen, entsteht besonders bei grobporigem Furnier ein Leimdurchschlag; wird eine zu dickflüssige Leimflotte in großer Menge aufgebracht, können bei nicht ausreichendem Druck Leimwülste entstehen.

Bei grobporigen und dunklen Hölzern empfiehlt es sich, die Leimflotte entsprechend einzufärben, damit durchgeschlagener Leim in den Poren nicht hell erscheint.

Wie können Furniere beim Aufleimen vor dem Verrutschen gesichert werden?

Am überstehenden Furnier können Anschlagklammern angebracht oder kleine Holzklötzchen als Anschlag angeleimt werden.

Wichtig ist diese Maßnahme vor allem bei Kreuzfugen und bei Einlegearbeiten.

Wie sind die Preßbleche zum Furnieren vorzubereiten?

Die Heizplatten und Zulagen müssen sauber sein und vor dem Furnieren mit säurefreiem Trennmittel eingerieben werden. Das Aufpressen sollte sofort nach dem Auflegen der Furniere erfolgen.

Zum Aufpressen der Furniere stehen Heizplattenpressen oder Furnierspindelpressen zur Verfügung.

Mit welchen Geräten können Rundungen furniert werden?

Runde Kanten werden mit dem Furnierapparat, wellige Flächen mit besonderen Preßformen oder mit Gummischläuchen oder Gummisäcken furniert.

Als Zulagen können Linoleum oder Gummibahnen dienen.

Bei welchem Arbeitsgang können Furnieradern eingelegt werden?

Sie werden in der Regel beim Zusammensetzen des Furniers eingelegt. In besonderen Fällen können sie auch nach dem Furnieren eingelegt werden, solange der Leim noch zäh ist.

Dazu gibt es spezielle Furnieradernschneider, mit denen auch die Nuten ausgeräumt werden können.

Wie müssen furnierte Stücke nach Herausnahme aus der Presse behandelt werden?

Die vorstehenden Furniere sind bündig zu schneiden, damit sie nicht abgerissen werden. Die Platten müssen sorgfältig gestapelt und getrocknet werden, weil sie sich sonst verziehen.

Eine Weiterverarbeitung der furnierten Platten ist erst möglich, wenn der Leim vollständig abgebunden hat.

2.5. Holzwerkstoffe

Welche Werkstoffgruppen bezeichnet man als Holzwerkstoffe?

Lagenholz, Verbundplatten, Holzspanwerkstoffe und Holzfaserwerkstoffe.

Holzwerkstoffe sind aus Holzlagen gleicher oder unterschiedlicher Dicke, aus Holzspänen oder Holzfasern mit Bindemitteln verleimte und verpreßte Platten oder Formteile.

2.5.1 Lagenholz

Wie ist das Lagenholz aufgebaut?

Lagenholz besteht aus einzelnen Furnierschichten, die zu Platten oder Formteilen verleimt sind.

Die Furnierschichten können dabei im Verlauf der Faserrichtung entweder kreuzweise oder gleichgerichtet miteinander verleimt werden.

Worin unterscheiden sich Furniersperrholz (Furnierplatten) und Schichtholz?

Furniersperrholz besteht aus kreuzweise aufeinandergeleimten Schälfurnieren. Bei Schichtholz dagegen ist der Faserverlauf der Furnierlagen vorwiegend gleichgerichtet.

Durch die kreuzweise Verleimung der Furnierlagen wird das Holz abgesperrt. Somit zählen Furnierplatten zum Sperrholz, Schichtholz aber nicht.

Warum ist Furniersperrholz aus einer ungeraden Zahl von Furnierlagen aufgebaut?

Furniersperrholz, das aus einer ungeraden Zahl von Furnierlagen aufgebaut ist, bleibt gut stehen, wirft sich nicht und wird nicht windschief.

Furniersperrholz wird aus mindestens 3 oder 5, 7, 9 und mehr Furnierlagen verleimt. Dabei muß der Aufbau, von der mittleren Furnierlage her betrachtet, in bezug auf die Dicke und die Faserrichtung der Furniere symmetrisch sein.

Welche Bedeutung haben die Angaben DIN 68705 FU AW-1/3-6 im Stempelaufdruck einer Furniersperrholzplatte?

Es handelt sich um eine 6 mm dicke Furniersperrholzplatte nach DIN 68 705, deren Deckfurniere die Güteklasse 1 bzw. 3 aufweisen und die mit einem heißwasserfesten und wetterbeständigen Leim verleimt sind.

Die Güteklasse 1 ist die bessere Qualität. Der Stempelaufdruck befindet sich meistens auf der schlechteren Seite, also hier auf der Seite mit der Güteklasse 3.

Welche Verleimungsarten sind bei der Sperrholzherstellung zu unterscheiden?

IF 20 und AW 100.

Für Innensperrholz genügen die Verleimungsarten IF 20. Die Verleimung verträgt eine nur kurzzeitige Einwirkung von 20 °C warmem Wasser.
Die Verleimung bei Außensperrholz mit der Verleimungsart AW 100 (100°C) ist heißwasserfest und wetterbeständig.

Warum kann AW 100 verleimtes Sperrholz nicht bedenkenlos für Bautischlerarbeiten verwendet werden, die der Witterung ausgesetzt sind?

Die Bezeichnung AW 100 bezieht sich nur auf die Verleimung, nicht aber auf die gesamte Furniersperrholzplatte.

Das Außensperrholz ist zwar heißwasserfest und wetterbeständig verleimt. Das Holz bleibt aber ein organischer Stoff, kann also durch starke Sonneneinstrahlung rissig oder von holzzerstörenden Pilzen befallen werden

Wozu wird man Furniersperrholz hauptsächlich verwenden?

Furniersperrholz wird wegen der geringen Schwindmaße in jeder Richtung der Plattenebene vorwiegend für großflächige, wegen der geringen Dicke meist für nicht selbsttragende Werkstücke im Möbel- und Innenausbau verwendet.

Besondere Erzeugnisteile sind Rückwände, Schubkastenböden, Füllungen, Beplankungen usw.

Welche besonderen Eigenschaften weist das Schichtholz auf?

Schichtholz hat eine hohe Biegefestigkeit und Elastizität in Richtung des Faserverlaufs.

Aus Schichtholz werden deshalb stark auf Biegung beanspruchte Teile wie Federleisten oder auch einfach gekrümmte Teile wie Ringe, Stuhlzargen und -gestelle hergestellt.

Was versteht man unter dem Begriff Kunstharzpreßholz?

Kunstharzpreßholz ist ein verdichtetes Lagenholz.

Die Furnierlagen werden mit Leimharz getränkt und unter hohem Druck und bei hoher Temperatur so gepreßt, daß dabei das Holzgefüge verdichtet wird. Kunstharzpreßholz wird meistens für technische Zwecke, z.B. im Vorrichtungsbau, für Frässchablonen usw. verwendet.

2.5.2 Verbundplatten

Was sind Verbundplatten?

Verbundplatten bestehen in der Regel aus einer Mittellage und den beidseitigen Decklagen.

Zu den Verbundplatten gehört das Stab- und Stäbchensperrholz sowie die Parkettverbundplatten und die Sperrtüren.

Warum gehören Tischlerplatten zum Sperrholz?

Die Vollholzmittellage aus Leisten oder Stäbchen wird durch die quer in der Faserrichtung hierzu verlaufenden Furniere (Absperrfurniere) abgesperrt.

Sperrholz weist nur noch ein sehr geringes Schwindmaß auf, das in jeder Richtung nur etwa dem Längenschwindmaß der Hölzer entspricht.

Warum muß man beim Zuschnitt von Stab- und Stäbchensperrholz auf den Faserverlauf der Mittellage bzw. des Absperrfurniers achten?

Stab- und Stäbchensperrholz weist in Richtung des Faserverlaufs der Mittellage die größte Biegefestigkeit auf. Außerdem muß der Deckfurnier quer zum Faserverlauf des Absperrfurniers gerichtet sein, um Rißbildungen des Deckfurniers zu vermeiden.

Besonders bei Böden, die quer zum Faserverlauf auf Biegung beansprucht werden, ist auf die Richtung der Mittellage zu achten.

Wie können Sperrholztürblätter aufgebaut sein?

Sperrholztürblätter bestehen aus einem 55 mm bis 75 mm breiten umlaufenden Rahmen mit zusätzlicher Schloß- und Bandverstärkung, den Füllmassen und den beidseitigen Decklagen.

Die Füllmassen können Hohlraummittellagen aus Papier oder Pappewaben, Wellen oder Streifen aus Furnier oder Hartfaserplatten sein oder aus Füllstoffen wie Schaumstoff, Korkplatten, Spanholzröhrenplatte, Vollholzmittellage usw. bestehen.
Als Decklagen eignen sich entweder Furnierplatten, Hartfaserplatten oder dünne Spanplatten.

2.5.3 Holzspanwerkstoffe

Welche drei großen Gruppen sind bei den Holzspanwerkstoffen zu unterscheiden?

Flachpreßplatten, Strangpreßplatten und Spanholzformteile.

Flachpreßplatten (FPY) sind Holzspanplatten, bei denen die Späne vorwiegend parallel zur Plattenebene liegen sie werden rechtwinklig zur Plattenebene verpreßt. Flachpreßplatten (FPO) weisen eine feine Oberflächenschicht auf.
Strangpreßplatten sind Holzspanplatten, bei denen die Späne rechtwinklig zur Plattenebene liegen; sie werden parallel zur Plattenebene verpreßt.
Spanholzformteile sind zwei- oder dreidimensional verformte Erzeugnisse aus Holzspänen.

Welche Arten sind bei den Flachpreßplatten in Bezug auf den Schichtaufbau zu unterscheiden?

Einschichtplatten, Dreischichtplatten, Vielschichtplatten und Platten mit allmählichem Übergang in der Spanstruktur.

Einschichtplatten bestehen im Querschnitt aus einer gleichmäßigen Späneschicht, Dreischicht- und Vielschichtplatten aus festeren und dichteren Außenschichten mit loseren und groberen Mittelschichten.

Wie entstehen aus Rundholz Flachpreßplatten?

Das Rundholz wird entrindet und zerspant. Die Späne werden getrocknet, nach Deckschichtspänen und Mittelschichtspänen sortiert und beleimt. In Formmaschinen wird der Spankuchen gestreut, auf Zulagemaße abgelängt, vorverdichtet und in Mehretagenpressen gepreßt. Frisch verpreßte Platten müssen in einem Klimakanal rückgekühlt werden. Danach werden sie auf Format geschnitten und können nach einer mehrtägigen Reifezeit geschliffen werden.

Besonders wichtig ist die vollkommene Beleimung und die richtige Dosierung der Späne bei der Fließstreuung.

Welche Verleimungsarten sind bei Flachpreßplatten zu unterscheiden?

Verleimungsart V 20, V 100 und V 100 G.

Flachpreßplatten mit der Verleimungsart V 20 sind beständig gegen niedrige Luftfeuchtigkeit, die Verleimungsart V 100 ist begrenzt wetterbeständig und Platten mit der Verleimungsart V 100 G weisen neben der wetterbeständigen Verleimung zusätzlich einen Schutz gegen holzzerstörende Pilze auf.

Welche Vorteile und welche Nachteile haben Flachpreßplatten gegenüber Stab- und Stäbchensperrholz?

Flachpreßplatten lassen sich mit geringem Verschnitt zuschneiden und sind preiswerter als die Sperrholzplatten.

Flachpreßplatten haben aber eine geringere Biegefestigkeit und sind schwerer als Tischler-Stab- oder Stäbchensperrholz.

Beim Zuschnitt von Flachpreßplatten spielt die Schnittrichtung in der Plattenebene im Gegensatz zum Zuschnitt der Sperrholzplatten keine Rolle. Für Fachböden mit großer Spannweite und schwerer Belastung sind Flachpreßplatten wegen der geringen Biegefestigkeit nicht geeignet.

Weshalb müssen Strangpreßplatten überfurniert bzw. mit Platten beplankt verarbeitet werden?

Die Beplankung steift die Platten in der Zugzone und in der Druckzone aus, so daß beplankte Strangpreßplatten ein gutes Stehvermögen aufweisen.

Strangpreßplatten weisen durch das besondere Preßverfahren nur eine sehr geringe Biegefestigkeit auf und würden bei Bearbeitung leicht abbrechen.

Welche Eckverbindungen sind bei einer Plattenbauweise aus Spanplatten besonders geeignet?

Dübeln, Federn mit Lamello und bei weniger anspruchsvollen Arbeiten die ausgefälzte Nagelung.

Durchlaufende Federn würden die Deckschicht der Spanplatte zertrennen und deren Festigkeit beeinträchtigen, stellenweise angeordnete Verbindungselemente nicht.

Warum sind beim Furnieren der Spanplatten möglichst wasserarme schnelltrocknende Leime zu verwenden?

Durch die Verwendung wasserarmer, schnelltrocknender Leime kann ein zu starkes Aufquellen der Spänestruktur vermieden werden.

Stark aufgequollene Späne an der Spanplattenoberfläche können sich später durch die dünne Deckfurnierschicht abzeichnen.

Wie können die empfindlichen Spanplattenkanten gegen Beschädigungen oder gegen Eindringen von Feuchtigkeit geschützt werden?

Durch Anleimer bzw. Einleimer oder durch besondere Spachtelmassen.

Das lose Gefüge der Mittelschicht der Spanplatten nimmt sehr leicht Feuchtigkeit auf, so daß die Spanplattenkanten stark aufquellen können. Aufgequollene Spanplatten haben nur noch geringe Festigkeit.

Wie sind die kunststoffbeschichteten dekorativen Flachpreßplatten (KF-Platten) aufgebaut?

Die Mittelschicht besteht aus einer hoch verdichteten, mehrschichtigen Flachpreßplatte. Die Deckschichten werden aus 3 bis 6 melamin- oder phenolharzgetränkten Natronkraftpapieren, einer Melaminharzdekorschicht und der abschließenden Overlayschicht aufgebaut.

Die Overlayschicht schützt die Dekorschicht. Von der Oberfläche der Preßbleche ist auch die Oberflächenbeschaffenheit der KF-Platten abhängig. Sie kann poliert, matt, geritzt oder strukturiert sein.

Welche besonderen Eigenschaften weisen die Oberflächen der kunststoffbeschichteten dekorativen Flachpreßplatten auf?

Die Oberflächen sind porenfrei, hart, weitgehend abriebfest und beständig gegen kochendes Wasser, heiße Topfböden und gegen die im Haushalt üblichen Säuren, Laugen und Alkohole.

Die Strapazierfähigkeit der Oberfläche wächst mit der Dicke der Dekorschicht, die 0,11 mm (KF 1 + 2), 0,11 bis 0,27 mm (KF 3), 0,27 bis 0,47 mm (KF 4) und mehr als 0,47 mm (KF 5) dick sein kann.

Was ist bei der Verarbeitung von KF-Platten besonders zu berücksichtigen?

Die Maschinentische müssen sauber sein, damit die Oberflächen der KF-Platten nicht verkratzt werden. Zur Bearbeitung sind hartmetallbestückte Werkzeuge zu verwenden.

Für den Zuschnitt sind große Kreissägeblätter mit Wechselzahn oder Duplovitzahn mit besonders kleinem Spanwinkel geeignet. Um ausrißfreie Schnitte zu bekommen, muß die Höhe des Sägeblattes richtig eingestellt werden. Für einen ausrißfreien Schnitt auch an der Plattenunterseite sind Kreissägen mit zusätzlichem Vorritzsägeblatt einzusetzen.

2.5.4 Holzfaserplatten

Welche Arten von Holzfaserplatten unterscheidet man?

Poröse Holzfaserplatten (HFD), harte Holzfaserplatten (HFH), mittelharte Holzfaserplatten (HFM), extraharte Holzfaserplatten (HFE) und kunststoffbeschichtete dekorative Holzfaserplatten (KH).

Poröse Holzfaserplatten werden auch als Holzfaserdämmplatten bezeichnet. Harte Holzfaserplatten werden wie Furnierplatten verwendet. Kunststoffbeschichtete dekorative Holzfaserplatten haben eine strapazierfähige, auch gegen viele Säuren und Laugen unempfindliche Oberfläche.

Was bedeuten die in der DIN genormten Abkürzungen folgender Werkstoffe: FPY, FPO, STA, STAE, HFH, HFD, KH, KF, FU?

FPY = Flachpreßplatten (übliche Holzspanplatte), FPO = Flachpreßplatte mit feiner Oberfläche, STA = Stabsperrholz, STAE = Stäbchensperrholz, HFH = harte Holzfaserplatten, HFD = poröse Holzfaserplatten (Holzfaserdämmplatten), KH = kunststoffbeschichtete dekorative Holzfaserplatten, KF = kunststoffbeschichtete dekorative Flachpreßplatten, FU = Furniersperrholz.

Diese Abkürzungen können auch in Detailzeichnungen zum Beschriften der Werkstoffe verwendet werden; dann wird jeweils noch das Rohdickenmaß, z.B. FPY 19, hinzugefügt.

2.6. Schleifmittel

Warum kann man das Schleifen zu den spanenden Arbeitsverfahren zählen?

Durch die scharfen Kanten und Spitzen werden durch einen mehr schabenden als schneidenden Vorgang feinste Späne von der zu schleifenden Oberfläche abgetrennt.

Die schleifenden Körner werden als Schleifmittel bezeichnet.

Aus welchen Stoffen können künstliche Schleifmittel hergestellt werden?

Aus Elektrokorund (Aluminiumoxid), Siliciumkarbid (Carborundum), Bornitride und künstlich erzeugten Diamanten.

Korunde eignen sich besonders zum Schleifen von Metallen, von Hart- oder Weichhölzern und von Kunststoffen oder Lacken. Siliciumkarbide werden zum Schleifen von furnierten oder lackbeschichteten Flächen, von Nichteisenmetallen und Gußeisen eingesetzt. Bornitride sind ähnlich hart wie Diamanten und werden wie diese zum Schleifen von hochlegierten Stählen und Hartmetallen eingesetzt.

Wie werden Schleifpapiere oder Schleifgewebe hergestellt?

Der Kornträger (Papier oder Gewebe) wird vorgeleimt, mit eisenfreien Schleifmittelkörnern gleichmäßig bestreut und durch eine zweite Leimung nachgeleimt.

Bei der Streuung ist zwischen der offenen und geschlossenen Streuung zu unterscheiden. Während bei der geschlossenen Streuung die Schleifmittelkörner dicht nebeneinander liegen, sind die Kornträger bei der offenen Streuung nur bis zu 50 % bestreut.

Wann werden Schleifpapiere, Schleifbänder bzw. Schleifgewebe mit offener Streuung eingesetzt?

Sie werden zum Schleifen von harzhaltigen Hölzern und von Lackflächen, also immer dann, wenn klebriger Schleifstaub entsteht, eingesetzt.

Durch die offene Streuung der Schleifmittelkörner setzen sich beim Schleifen die Schleifmittel nicht so schnell zu und das lästige Schmieren kann auf der Fläche vermieden werden.

Welche Bedeutung haben die Zahlen 60, 80, 100, 120, 150, 240 usw. auf den Schleifpapieren?

Sie geben die Nummer der Körnung des Schleifmittels an. 60er Schleifpapiere sind grob, 240er sind sehr fein.

Die Zahlen geben die Maschenzahl je 25,4 mm Kantenlänge einer Siebseite an. Damit haben grobe Körnungen niedrige Zahlen und feine Körnungen hohe Zahlen.

Aus welchen Stoffen werden künstliche Schleifscheiben hergestellt?

Künstliche Schleifscheiben werden aus Schleifkörnern wie Korund, Siliciumkarbid oder Diamanten hergestellt, die durch verschiedene Bindemittel zusammengehalten werden.

Je nach Verwendungszweck können die Scheiben in der Bindung hart oder weich und im Schleifmittelgefüge offen oder dicht sein.

Womit werden in der Regel die frisch angeschliffenen Werkzeugschneiden abgezogen?

Mit natürlichen Abziehsteinen wie Belgischer Brocken, Arkansasstein oder mit künstlichen Abziehsteinen können Werkzeugschneiden abgezogen werden.

Zum Abziehen mit dem belgischen Brocken wird Wasser benötigt, zum Abziehen mit Arkansassteinen ein Öl-Petroleum-Gemisch. Bei der Verwendung künstlicher Abziehsteine kann je nach Art Wasser oder auch ein Öl-Petroleum-Gemisch richtig sein.

Worauf beruht die schleifende Wirkung der Stahlwolle?

Stahlwollefasern haben einen rechteckigen scharfkantigen Querschnitt, deren Kanten wie Ziehklingen wirken.

Stahlwolle muß trocken aufbewahrt werden, damit sie nicht rostet.

2.7 Oberflächenmittel und Oberflächenbehandlung

2.7.1 Putzen, Schleifen und Wässern

Wie müssen Holzflächen vorbereitet werden, die oberflächenbehandelt werden sollen?

Holzoberflächen müssen sauber geputzt und geschliffen werden.

Das Putzen kann mit einem fein eingestellten scharfen Putzhobel oder mit einer Ziehklinge geschehen. Danach wird mit feinkörnigem Schleifpapier in Richtung der Holzfasern geschliffen.
In den meisten Fällen wird statt des Putzens mit grobem Schleifpapier vorgeschliffen.

Warum lassen sich weiche Holzarten mit der Ziehklinge schlecht putzen?

Bei weichen Holzarten werden die Holzfasern, besonders die der weichen Jahresringe, vom Grat der Ziehklinge nicht abgeschnitten, sondern abgerissen oder auf die Oberfläche niedergedrückt.

Ziehklingen haben eine vorwiegend schabende Wirkung.

Warum sollte man Flächen vor dem Beizen wässern?

Durch das Wässern quellen Porenränder, Druckstellen und eingedrückte Holzfasern auf, die nach dem vollständigen Trocknen abgeschliffen werden können.

Durch das nochmalige Benetzen der Fläche mit Beize können nun keine Holzfasern mehr aufquellen und die Fläche bleibt somit glatt.

Wodurch läßt sich die Wirkung des Wässerns noch verstärken?

Indem man sauberem warmem Wasser Kochsalz, Salmiakgeist oder Essigsäure beigibt und damit die Holzoberfläche benetzt.

Dieses Wasser dringt besser in das Holz ein und die Holzfasern quellen stärker auf. Bei Nadelhölzern verwendet man als Zusatz Salmiakgeist, bei gerbstoffhaltigen Hölzern Essigsäure.

Warum sollte man beim Wässern auch die Rückseite benetzen, obwohl diese nicht gebeizt werden soll?

Einseitig gewässerte Flächen verziehen sich.

Dies ist besonders bei freistehenden Flächen wie Türen zu beachten.

Warum muß vor dem Beizen der Schleifstaub gründlich aus den Poren ausgebürstet werden?

Die mit Schleifstaub gefüllten Poren können mit Oberflächenmitteln wie Beizen und Lacken nicht vollständig benetzt werden. Die Holzflächen erscheinen unsauber.

Zum Ausbürsten darf keine Stahlbürste verwendet werden, damit durch verbleibende Metallspuren keine Verfärbung des Holzes eintreten kann.

2.7.2 Entharzungsmittel und Entharzen

Wie kann man erreichen, daß auch stark harzhaltige Hölzer Beizen oder Überzugsmittel gut annehmen?

Das Holz muß nach dem Schleifen durch Laugen oder Lösungsmittel entharzt werden.

Zum Entharzen eignen sich Laugen aus Kern- oder Schmierseife sowie Soda oder Pottasche. Es können aber auch Lösungsmittel wie leicht flüchtiges Benzin, Terpentinöl, Alkohol und Essigsäureäthylester verwendet werden. Die Tiefenwirkung der Entharzungsmittel ist nur sehr gering, deshalb darf nur wenig nachgeschliffen werden.

2.7.3 Behandeln von Klebstoffdurchschlag

Wie kann Glutinleimdurchschlag bei furnierten Flächen beseitigt werden?

Mit Oxalsäure-, Kleesalz- oder Seifenlösung.

Die Lösungen werden warm und satt auf die ganze Fläche aufgetragen. Nach kurzer Einwirkzeit können die Poren mit einer Messingbürste ausgebürstet werden.
Achtung: Oxalsäure ist sehr giftig. Oxalsäure und Kleesalz haben zudem noch eine geringe Bleichwirkung.

Welche Leimdurchschläge lassen sich nicht entfernen?

Leimdurchschläge von Kondensationsharzleimen.

Kondensationsharzleime härten duroplastisch aus und sind dann nicht mehr lösbar.

Wie lassen sich Leimdurchschläge bei mit PVAC-Leim furnierten Flächen beseitigen?

Bei frisch furnierten Flächen genügt Ausbürsten mit warmem Wasser. Sonst läßt sich PVAC-Leimdurchschlag nur mit Aceton oder anderen geeigneten Lösungsmitteln beseitigen.

Die Lösungsmittel lösen das Polyvinylacetat an. Wenn diese zu lange auf die Fläche einwirken, kann es zur Kürschnerbildung auf der Furnierfläche kommen.

Wie läßt sich Leimdurchschlag beim Furnieren weitgehend vermeiden?

Indem man der Leimflotte Füll- oder Streckmittel beimengt.

Die Leimflotte kann auch im gewünschten Holzfarbton eingefärbt werden, damit eventueller Leimdurchschlag weniger auffällt.

2.7.4 Fleckenentfernung

Wie lassen sich Öl- und sonstige Fettflecke von der Oberfläche entfernen?

In den meisten Fällen durch Entharzungsmittel wie Laugen oder leicht flüchtige Lösungsmittel.

Entharzungsmittel verseifen die organischen Fette und Öle, nicht dagegen die mineralischen. Diese müssen durch besondere Lösungsmittel angelöst und dann durch einen Brei aus Magnesia oder Schlemmkreide aufgesogen werden.

Wie lassen sich Paraffinrückstände aus Trennmitteln, mit denen die Zulagen behandelt wurden, von der furnierten Oberfläche entfernen?

Die Flächen müssen mit Nitroverdünnung, Essigsäureäthylester oder Aceton abgewaschen werden.

Diese Flüssigkeiten sind farblos, wasserunlöslich und leicht flüchtig.

Wie kann man Kalk-, Gips- oder Zementflecken von einer Holzfläche entfernen?

Mit verdünnter Essigsäure oder verdünnter eisenfreier Salzsäure.

Die Flächen müssen danach mehrmals sehr sorgfältig mit Wasser nachgewaschen werden, damit sich verbleibende Säurereste nicht nachteilig auf die Überzugsmittel auswirken.

2.7.5 Kitte und Auskitten

Womit lassen sich Risse oder kleine Wurmlöcher vor der Oberflächenbehandlung auskitten?

Mit sogenanntem flüssigem Holz oder mit Hirnholzkitt.

Flüssiges Holz besteht aus feinem Holzstaub und schnelltrocknendem Nitrozelluloselack. Hirnholzkitt wird meist selbst aus abgeschabtem Hirnholz oder Schleifstaub mit Leim hergestellt. Achtung! Ausgekittete Stellen nehmen beim Beizen weniger Farbe an als die übrigen Holzflächen.

Womit können kleine Beschädigungen bzw. Nagellöcher in oberflächenbehandelten Flächen ausgebessert werden?

Mit Wachskitt.

Wachskitt besteht aus Hartwachs und wird in fast allen Farben hergestellt.

2.7.6 Bleichmittel und Bleichen

Womit kann man Ahornholz bleichen?

Mit Wasserstoffperoxid.

Ein Zusatz von Salmiakgeist erhöht die Bleichwirkung. Da Wasserstoffperoxid die Haut ätzt, müssen beim Bleichen Gummihandschuhe und Schutzbrille getragen werden.

Worauf beruht die bleichende Wirkung des Wasserstoffperoxids?

Die Bleichwirkung wird durch das Abspalten des Sauerstoffs erzielt.

Wasserstoffperoxid zerfällt bei Einwirkung von Licht, Wärme oder Salmiak in Wasser und Sauerstoff. Der Zusatz von Salmiak beschleunigt den Zerfall des Wasserstoffperoxids und erhöht somit die Bleichwirkung.

Welche Bleichmittel sind zum Aufhellen von gerbstoffhaltigen Hölzern wie Eiche zu empfehlen?

Oxalsäure oder Zitronensäure, die möglichst heiß aufgetragen werden sollen.

Oxalsäure ist giftig, Zitronensäure nicht. Die mit Oxalsäure oder Zitronensäure behandelten Flächen müssen noch im feuchten Zustand gründlich mit sauberem Wasser nachgewaschen werden, damit Säurereste die Überzugsmittel nicht zerstören können.

Warum muß Wasserstoffperoxid kühl und lichtgeschützt aufbewahrt werden?

Wasserstoffperoxid zerfällt sehr rasch unter Einwirkung von Licht und Wärme und verliert dann seine Bleichwirkung.

Geeignet sind dunkle braune Flaschen. Wasserstoffperoxid muß kühl aufbewahrt werden.

2.7.7. Porenfüllstoffe

Aus welchen Stoffen werden Porenfüller hergestellt?

Aus mineralischen oder organischen Füllkörpern und Bindemitteln.

Mineralische Füllkörper sind Bimssteinmehl (Bimsmehl), organische Füllkörper sind Reismehl oder Dextrin. Als Bindemittel werden Nitrolacke, Schellacklösungen oder spezielle Lösungen verwendet. Daraus wird eine Porenfüllpaste hergestellt, der auch noch Farbstoffe beigemengt werden können.

Wie können die Poren von Holzoberflächen gefüllt werden?

Eine Porenfüllpaste wird mit einem Ballen aus Leinenlappen durch kreisende Bewegung unter Druck in die Poren eingerieben. Überschüssiger Porenfüller muß unmittelbar danach mit sauberem Lappen schleierfrei von der Fläche abgenommen werden.

Bei zu beizenden Flächen können die Poren vor oder nach dem Beizen gefüllt werden. Dabei muß der Porenfüller gut beizbar oder im Holzton eingefärbt sein.

2.7.8 Beizmittel und Beizen

Wodurch kann der Farbton der Holzoberfläche verändert werden?

Durch chemische Beizen, Farbstoffbeizen oder durch Räuchern.

Beim chemischen Beizen erfolgt die Farbtonbildung durch chemische Reaktion zwischen der Vorbeize und der Nachbeize in der Holzfaser. Bei Farbstoffbeizen wird die oberste Holzschicht eingefärbt. Beim Räuchern verändert sich der Farbton durch chemische Reaktion der im Holz eingelagerten Gerbstoffe mit den Ammoniakdämpfen.

Worauf beruht die Farbtonbildung bei chemischen Beizen?

Mit den Vorbeizen werden gerbsäurehaltige Mittel in das Holz eingebracht, die beim Auftragen der Nachbeize mit den im Holz nun eingelagerten Gerbstoffen chemisch reagieren.

Chemische Beizen werden daher auch Doppelbeizen genannt. Solche Beizungen sind weitgehend wasserfest und lichtecht. Sie werden besonders bei Nadelhölzern und auch anderen gerbstoffreien Hölzern angewendet.

Worin liegt der Unterschied zwischen einer Farbstoffbeize und einer chemischen Beize?

Farbstoffbeizen bestehen aus Teerfarbstoffen, die das Farbbild bestimmen und aus Zusatzstoffen, die ein gutes Eindringen und Verteilen der Beize auf der Holzoberfläche ermöglichen. Chemische Beizen dagegen bestehen aus Vor- und Nachbeizen, die keine bzw. nur sehr geringe Mengen Farbstoff enthalten. Die Entstehung des Farbtons erfolgt durch chemische Reaktion zwischen der Vor- und der Nachbeize.

Auf Nadelhölzern ergeben Farbstoffbeizen ein negatives Beizbild, chemische Beizen ein positives Beizbild.

Wie heißen die gerbsäurehaltigen Mittel der Vorbeize?

Tannin, Brenzkatechin, Pyrogallol und Katechu.

Nach dem Ansetzen müssen die Vorbeizen sehr schnell verarbeitet werden, weil sie in der Wirkung nachlassen. Sie dürfen auch nicht mit Metallen in Berührung kommen. Die Vorbeizen sind miteinander mischbar.

Wie heißen die wichtigsten Nachbeizen?

Kaliumkarbonat, Natriumkarbonat, Kupfersulfat, Kaliumchromat, Kaliumbichromat.

Nachbeizen sind in der Hauptsache Metallsalze, die mit den Gerbstoffen der Vorbeize reagieren. Ein gleichmäßiger Auftrag der Vor- und der Nachbeize ist für die einheitliche Farbtonbildung wichtig.

Wie wirken die Kombinationsbeizen?

Kombinationsbeizen wirken zum Teil durch Farbstoffe und zum Teil durch chemische Reaktion.

Kombinationsbeizen werden vorwiegend für das Beizen gerbstoffhaltiger Hölzer wie Eiche, Nußbaum oder Mahagoni verwendet. Zu ihnen gehören die sogenannten Räucherbeizen, Nußbaum- und Mahagonibeizen sowie die Wachs-Metallbeizen und Dispersionsbeizen.

Wann verwendet man Substratbeizen?

Wenn eine gut deckende Beizschicht erreicht werden soll, verwendet man Substratbeizen.

Substratbeizen enthalten neben den üblichen Farbstoffen und Chemikalien ein farbloses Substrat. Substrat ist ein sehr feines Pulver aus Kunststoff, das sich beim Ansetzen der Beize einfärbt. Dieses Substrat lagert sich im Holz ab.

Wodurch wird die Farbtonbildung beim Beizen mit Farbstoffbeizen erreicht?

Durch Tränken der Holzfasern an der Holzoberfläche mit Farbstoffen.

Farbstoffbeizen enthalten in der Regel Teerfarbstoffe und Zusatzstoffe wie Salmiak, die ein gutes Verteilen und Eindringen der Beize ins Holz gewährleisten. Zu den Farbstoffbeizen gehören die Wasser-, Hartholz-, Rustikal- und Lösungsmittelbeizen.

Worin liegt der Unterschied zwischen einem positiven und einem negativen Beizbild?

Beim positiven Beizbild kommen durch das Beizen die dunkleren Spätholzteile noch dunkler heraus als das hellere Frühholz. Beim negativen Beizbild ist es umgekehrt. Hier nimmt das hellere Frühholz mehr Farbstoff auf und wird dunkler als das Spätholz.

Ein positives Beizbild entsteht duch chemische Beizen und durch Räuchern, da die reagierenden Inhaltsstoffe in den härteren Jahresringen (Spätholz) konzentrierter sind. Ein negatives Beizbild entsteht durch die Farbstoffbeizung, weil die härteren Spätholzschichten weniger Farbstoff aufnehmen können als die weicheren Frühholzschichten.

Warum soll man beim Beizen stehender Flächen immer von unten beginnen?

Tropfende oder herablaufende Beizen wirken auf der trockenen Holzoberfläche stellenweise intensiver ein. Diese Flecken können durch nachträgliches Überbeizen nicht mehr beseitigt werden.

Sind die Flächen bereits mit Beize benetzt verlaufen Tropfen und Trieler. Sie ergeben keine Flecken, wenn man die Beize abschließend auf der Fläche gut vertreibt.

Wie stellt man eine Farbstoffbeizlösung her?

Zur Herstellung einer Farbstoffbeize wird ca. 30 bis 50 g Beizpulver in einem Liter heißem Wasser gelöst; Spiritusbeizen löst man in Spiritus. Den Farbstoffbeizen gibt man noch einen Schuß Salmiakgeist zu, damit die Beize besser in das Holz eindringt und der Farbton verstärkt wird.

Beizlösungen sind nur in Glasgefäßen oder Keramikgefäßen anzusetzen. Sie dürfen nicht mit Metallen in Berührung kommen.

Wodurch läßt sich der gewünschte Beizton ermitteln?

Durch Probebeizungen.

Das Probestück muß das gleiche Furnier oder das gleiche Vollholz sein wie das zu beizende Originalstück. Es muß auch genau so vorbehandelt sein, d.h. geschliffen und gewässert sein. Außerdem muß man die Beize genau so lange auf dem Probestück vertreiben und einwirken lassen, wie es am Originalstück der Fall sein wird. Nur so können Farbton der Probebeizung und der Farbton der Beizung des Originalerzeugnisses übereinstimmen.

Welche verschiedenen Beizverfahren gibt es?

Das Handauftragverfahren, das Spritzverfahren, das Tauchverfahren und das Walzverfahren.

In den Industriebetrieben wird bei größeren Stückzahlen das Spritz-, Tauch- oder Walzverfahren angewendet.

Wie wird das Vor- und Nachbeizen im Handauftragsverfahren durchgeführt?

Die zu beizenden, bereits gewässerten, geschliffenen und gut entstaubten Flächen werden am besten waagerecht liegend gebeizt. Die Beize kann so gut verfließen. Die Vorbeize muß satt mit dem Schwamm aufgetragen werden, damit sie ausreichend ins Holz einwirken kann. Der Auftrag erfolgt in Faserrichtung. Nach ausreichender Einwirkzeit wird die überschüssige Beize mit dem Schwamm wieder abgenommen, der Rest mit einem breiten Pinsel gleichmäßig verteilt. Erst nach völligem Trocknen der vorgebeizten Flächen wird die Nachbeize in gleicher Weise wie die Vorbeize aufgetragen. Nach dem Vor- und Nachbeizen dürfen die Flächen nicht geschliffen werden

Die Pinsel dürfen keine Metallzwingen aufweisen und es dürfen keine Metallgefäße verwendet werden, damit es keine Flecken auf der Holzoberfläche gibt. Das Beizbild und der Farbton stellen sich erst nach einiger Trocknungszeit ein.

Warum können Farbtonbeizen künstlich getrocknet werden, chemische Beizen aber nicht?

Farbtonbeizen färben die Fläche durch Farbtonauftrag, hier genügt eine allgemeine Trocknung durch Wasserentzug. Chemische Beizen dagegen wirken durch chemische Reaktion, die sich durch künstliche Trocknung zeitlich nicht wesentlich abkürzen läßt.

Chemische Beizen benötigen mehr als 5 Stunden zur Entwicklung des Farbtons.

Wie können gebeizte Flächen getrocknet werden?

Gebeizte Flächen werden am besten im Raumklima getrocknet. Chemische Beizen und Kombinationsbeizen dürfen nicht künstlich getrocknet werden. Sie benötigen bis zur völligen Farbtonbildung mehr als 5 Stunden. In der Serienfertigung werden Spezialbeizen oder reine Farbstoffbeizen verwendet, damit man die Flächen in Trockenkanälen künstlich trocknen kann.

Die gebeizten Flächen können erst nach dem restlosen Abtrocknen weiter oberflächenbehandelt werden.

2.7.9 Lösungs- und Verdünnungsmittel

Worin besteht der Unterschied zwischen Lösungs- und Verdünnungsmitteln?

Lösungsmittel können Harze, Wachse und Nitrozellulose lösen, Verdünnungsmittel eignen sich lediglich zum Mischen von Oberflächenmaterialien. Beim Mischen kommt es hier zu einer chemischen Reaktion.

Lösungs- und Verdünnungsmittel sind leicht flüchtige Flüssigkeiten.

Welches sind die meisten verwendeten Lösungsmittel?

Kohlenwasserstoffe, Alkohole, Ester und Ketone.

Diese Mittel werden einigen Lacken auch als Verdünnungsmittel beigemischt.

Welche Lösungs- bzw. Verdünnungsmittel gehören zu den Kohlenwasserstoffverbindungen?

Benzol, Toluol, Methylenchlorid, Tetrachlorkohlenstoff, Trichloräthylen, Terpentinöl.

Kohlenwasserstoffe lösen alle Fette, Harze und Wachse; Nitrozellulose aber nicht.

Welche Lösungs- bzw. Verdünnungsmittel gehören zu den Alkoholen?

Äthanol, Methanol, Äthyläther.

Diese Alkohole sind farblose, mit Wasser mischbare, leicht flüchtige und entzündbare sowie meist sehr giftige Flüssigkeiten, die bei Vermischung mit Luft explosionsfähige Gemische ergeben.

Wozu benötigt man Äthyläther?

Zum Abpolieren von Öl sowie als Zusatz für schnelltrocknende Polituren.

Äthyläther ist ein besonders leicht flüchtiger und entzündbarer Alkohol.

Warum muß man beim Arbeiten mit Lösungs- und Verdünnungsmitteln besonders vorsichtig sein?

Lösungs- und Verdünnungsmittel sind in der Regel giftig, feuergefährlich und als Gemisch mit Luft explosibel. Das Einatmen der Dämpfe sowie der Kontakt mit der Haut sind schädlich.

Die vorgeschriebenen Schutzmaßnahmen sind bei der Bearbeitung unbedingt zu beachten.

2.7.10. Überzugsmittel und ihre Verarbeitung

Mit welchen Überzugsmitteln können die Holzoberflächen verschönert und geschützt werden?

Mit Reaktionsharzlacken, Lösungsmittellacken, Wasserlacken, Lasuren, Alkydharzlacken und Wachslösungen.

Während die Reaktionsharzlacke chemisch aushärtende Überzugsmittel sind, trocknen die übrigen Überzugsmittel vorwiegend physikalisch aus.

Wie heißen die drei wichtigsten Vertreter der Reaktionsharzlacke?

Säurehärtende Lacke, Polyurethan-Lacke und Polyesterlacke.

Die Polyurethan-Lacke werden auch als DD-Lacke bezeichnet. Alle Reaktionsharzlacke härten durch die Zugabe von Härtern aus.

Wie sind säurehärtende Lacke aufgebaut?

Säurehärtende Lacke (SH-Lacke) bestehen vorwiegend aus Harnstoff-, Melamin- oder Phenolharzen und den in der Regel säurehaltigen Härtern. Die Harze bilden den Glanz bzw. Matteffekt auf den Flächen, die Härter sorgen für ein Auskondensieren der Harze.

SH-Lacke gibt es als Einkomponenten- und Zweikomponentenlacke. Einkomponentenlacke sind bereits gebrauchsfähig, bei Zweikomponentenlacken muß etwa 10 % Härter beigemischt werden. Die Topfzeit des Lackes beträgt dann nur noch etwa zwei Tage.

Worauf ist bei der Bearbeitung von SH-Lacken unbedingt zu achten?

SH-Lack kann zum Grundieren verwendet werden, man setzt ihm dann 20 % bis 50 % Verdünnung zu. Nach einigen Stunden Trockenzeit bei Raumtemperatur wird er zwischengeschliffen. Danach wird der Decklack aufgebracht. SH-Lack kann mit dem Pinsel, mit der Spritzpistole oder mit der Lackgießmaschine oder Lackwalzmaschine aufgetragen werden. Die Trockentemperatur von mindestens 15 °C ist einzuhalten, damit es keine Trocknungsstörungen gibt. Die Zeitspanne zwischen dem Grundieren und dem Decklackieren darf nicht mehr als 24 Stunden betragen, damit die zweite Lackschicht noch gut auf der Grundschicht haftet. Salmiakdämpfe im Lackierraum und mit Salmiakbeizen behandelte Flächen sind schädlich, da sonst die SH-Lackschichten weiß werden. Bei der Bearbeitung sind Oberflächen-Trockenräume gut zu belüften, da Formaldehyd frei wird.

Die mit SH-Lack lackierten Flächen sind erst nach Wochen ohne Zwischenlage stapelbar, weil die Harze bei Raumtemperaturen immer noch weiter auskondensieren.

Welche besonderen Eigenschaften hat eine SH-Lackierung?

Säurehärtende Lacke haften gut auf dem Untergrund. Sie härten duroplastisch aus und sind dadurch für stark beanspruchte Büro- und Schulmöbel sowie für Fußböden gut geeignet. Die lackierten Flächen sind beständig gegen Wasser, Alkohol, Tinte, Öl, Lösungsmittel, Wärme- und Temperaturschwankungen sowie gegen Zigarettenglut und Abrieb.

Man muß beachten, daß sich durch den Säureanteil der Lacke einige Hölzer wie Kiefer, Lärche, Kirschbaum und Rotbuche rot verfärben können.

Warum bezeichnet man die Polyurethanlacke auch als DD-Lacke?

Die Abkürzung DD kommt von den Handelsnamen der beiden Lackkomponenten Desmophen und Desmodur. DD-Lacke werden auch als PUR-Lacke (Kurzbezeichnung für Polyurethan) bezeichnet.

Desmophen ist der Stammlack und Desmodur der Härter des DD-Lackes.

Worauf ist bei der Verarbeitung von DD-Lacken zu achten?

Bei DD-Lacken gibt es Einkomponenten- und Zweikomponentenlacke. Bei Zweikomponentenlacken müssen die beiden Komponenten nach den Angaben der Lackhersteller sehr genau dosiert und sorgfältig gemischt werden. Um keine Trocknungsschäden zu erhalten, dürfen DD-Lakke nicht zu dick aufgetragen werden (Blasenbildung), die Luftfeuchtigkeit darf nicht über 65 % liegen und die Temperatur 20 °C nicht unterschreiten. Der Lackfilm ist nach ein bis zwei Stunden staubtrocken, aber erst nach 24 Stunden durchgehärtet. Die Endfestigkeit wird erst nach 10 Tagen erreicht. Die zweite Lackschicht muß innerhalb 24 Stunden aufgebracht werden, damit eine ausreichende Verbindung mit der Grundschicht gewährleistet ist. Je nach Lackhersteller wird entweder der Grundlack oder der Decklack verdünnt.

DD-Lacke können etwas nachgilben. Gebleichte Hölzer enthalten meist noch Peroxidreste, die den Lack dunkel färben.

Welche besonderen Eigenschaften weisen DD-Lackierungen auf?

Der Lackfilm ist hart, elastisch, kratz- und abriebfest, weitgehend chemikalien- und witterungsbeständig.

DD-Lacke werden deshalb bei Fußböden, Tischen, Sitz-, Labor-, Küchen- und Badezimmermöbeln angewendet.

Wie werden Polyesterlackierungen aufgebaut?

Polyesterlacke (UP-Lacke) haben einen hohen Festkörpergehalt (nahezu 90 %) und werden aus mehreren Komponenten zusammengesetzt. Die wichtigsten Komponenten sind der Stammlack und der Härter. Es kann dem Lack aber auch noch ein Beschleuniger beigegeben werden. Polyesterlacke können wegen des hohen Festkörpergehaltes und der chemischen Aushärtung sehr dick in einem Arbeitsgang aufgetragen werden (450 bis 800 g/m²). Der UP-Lack haftet wegen der besonderen Inhaltsstoffe schlecht auf Makassar, Palisander und Teak. Hier ist vorweg ein Sperrgrund aus PUR-Lack erforderlich.

Da UP-Lack in der Aushärtungsphase empfindlich auf Sauerstoff reagiert, scheidet der aufgetragene Lack in der Regel eine Paraffinschicht aus, unter der der Lack ungehindert austrocknen kann. Diese Paraffinschicht muß später abgeschliffen und die Oberfläche je nach gewünschtem Glanz geschliffen und blank geschwabbelt werden.

Warum dürfen in einer Spritzanlage nicht Polyester-Lacke und Nitrolacke abwechselnd verarbeitet werden?

Bei der Aushärtung der Polyesterlacke wird Wärme frei, die die in den Spritzkabinen oder im Filter befindlichen Nitrolackreste entzünden kann.

Diese Nitrolack-Selbstentzündung ist eine häufige Brandursache in den Oberflächenbehandlungsräumen.

Warum sollten Flächen nur waagerecht liegend mit UP-Lacken gespritzt werden?

Nur auf waagerecht liegenden Flächen läßt sich eine überall gleichmäßig dicke Lackschicht auftragen. Außerdem kann die Paraffinschicht zur Oberfläche hin gleichmäßig ausschwemmen.

Für stehende Flächen und Rundungen sind nur besondere Polyesterlacke geeignet.

Warum dürfen mit Polyester beschichtete Flächen erst nach dem restlosen Durchhärten geschliffen oder geschwabbelt werden?

Ungenügend durchgehärtete Lackfilme könnnen durch das Schwabbeln oder Schleifen wieder vom Untergrund losgerissen werden.

Zum Austrocknen der Polyesterlacke ist in der Regel eine Trockenzeit von 12 bis 24 Stunden erforderlich.

Welche Eigenschaften haben Polyesterlackflächen?

Die auspolierte dicke Lackschicht ist klar, glashart und spröde, kratzunempfindlich sowie beständig gegen alle Wachse, Alkohole, schwache Säuren und Laugen.

Durch Erwärmen lassen sich die Lackfilme wieder vom Holz entfernen.

Aus welchen Bestandteilen werden Nitrozelluloselacke aufgebaut?

Im wesentlichen bestehen die Lacke aus Nitrozellulose und den Lösungsmitteln Ester und Ketone. Weitere Bestandteile sind besondere Harze, Weichmacher, Mattierungsmittel, Lichtschutzmittel und Schleifmittel.

Bei der Zellulose sind die alkohollösliche Wolle (A-Wolle) für die Herstellung von Polituren und Mattierungen und die esterlösliche Wolle (E-Wolle) für die Herstellung von NC-Lacken zu unterscheiden. Harze, meist Kunstharze, geben dem Lackfilm eine bessere Beständigkeit gegen Wasser. Beigegebene Weichmacher halten den Lack auf die Dauer elastisch, Mattierungsmittel verändern den Glanz des Lackes, Lichtschutzmittel verzögern das Verfärben durch UV-Strahlen und Schleifmittel, wie Zinkstearat, verbessern die Schleifbarkeit des Lackes.

Welche Vorteile haben Nitrozelluloselacke?

NC-Lacke sind leicht verarbeitbar. Sie können je nach Lackart durch Streichen, Spritzen, Walzen, Gießen, Tauchen, Fluten oder Spachteln aufgetragen werden. NC-Lacke gibt es von Hochglanz bis matt, pigmentiert oder nicht pigmentiert, für offenporige und geschlossenporige Oberflächen. Sie haften sehr gut auf dem Holz und sind weitgehend kratz- und abriebfest.

Obwohl NC-Lacke nicht völlig wasser-, alkohol-, säure- und wärmefest sind, werden sie wegen der leichten Verarbeitbarkeit, wegen der guten Haftung auf Holz und wegen des sympatischen Glanzes vom Tischler gern für Möbel- und Innenausbauarbeiten verwendet.

Wie werden NC-Lacke im Spritzverfahren verarbeitet?

Gut geschliffene und entstaubte Flächen werden mit NC-Schnellschliffgrund (ein gut schleifbarer NC-Lack) grundiert. Diese Grundierung kann bereits nach 30 Min. fein in Faserrichtung geschliffen werden. Danach kann der Decklack ein oder zweimal, jeweils nach einer Trocknung und einem Zwischenschliff, aufgebracht werden. Nach 3 Stunden sind die Flächen bereits stapelbar.

Zum Spritzen dürfen Düsen mit einem Durchmesser von 1,5 bis 1,8 mm verwendet werden. Der Spritzdruck liegt zwischen 2,5 bis 3 bar.

Für welche Oberflächen werden Schellacklösungen verwendet?

Schellacklösungen werden zum Polieren von Oberflächen mit dem Ballen verwendet.

Der Aufbau einer polierten Oberfläche benötigt viel Übung und ist sehr zeitaufwendig. Das Polieren mit Schellacklösungen wird daher eigentlich nur zum Restaurieren alter Möbel angewendet, die bereits früher mit Schellack poliert wurden.

Woraus wird Schellack gewonnen?

Schellack ist ein Baumharz, das durch das Einstechen der Indischen Blattlaus in junge Triebe verschiedener Baumarten austritt.

Aus den Ausscheidungen der Schildlaus und dem ausfließenden Harz wird Schellack gewonnen. Es hat eine braungelbe bis rotbraune Farbe und ist nur im gebleichten Zustand weiß. Schellack wird in Alkohol (Polierspiritus) gelöst.

Wie wird eine mit Schellack polierte Fläche hergestellt?

Zunächst werden, besonders bei grobporigen Hölzern, die Poren gefüllt. Porenfüller sind entweder Bimsmehl oder Dextrin in Schellacklösungen. Sie werden in die Poren eingerieben. Nach ausreichender Trockenzeit wird die Fläche leicht geschliffen, gut gesäubert und mit verdünnter Schellackpolitur anpoliert. Es ist wichtig, daß keine Grauschleier vom Porenfüller auf der Fläche bleiben. Danach wird mit dem Ballen in kreisender Bewegung die Politurschicht aufgebaut. Damit man mit dem Ballen die Politur nicht wieder herunterzieht, wird jeweils ein Tropfen Polieröl (Gleitöl) auf die Fläche gegeben. Die konzentrierte Schellacklösung kann nur in mehreren Arbeitsgängen aufgebracht werden. Am Schluß wird die Fläche mit einem frischen Ballen und mit Benzol abpoliert, damit keine Ölspuren auf der Fläche verbleiben.

Der Ballen besteht aus einer weichen Wolleinlage, die mit Schellackpolitur getränkt wird, und einem darüber gespannten Leinenlappen.

Warum entwickelte man die Wasserlacke?

Wasserlacke haben wesentlich weniger flüchtige und umweltschädliche Lösungsmittel als die NC-Lacke. Sie erfordern auch eine weniger aufwendige Absauganlage.

Wasserlacke bestehen meistens aus gesättigten Polyesterharzen, die in Alkohol gelöst und mit Wasser verdünnbar sind. Die ihnen zugegebenen Lösungsmittel betragen weniger als 10 %; die Viskosität des Lackes wird mit Wasser eingestellt.

Worin besteht der Unterschied zwischen Lösungsmitteln und Verdünnungsmitteln?

Lösungsmittel dienen als leicht flüchtige Flüssigkeiten zum Lösen von Harzen, Wachsen und von Nitrozellulose, also zur Herstellung von Lacken. Verdünnungsmittel sind ebenfalls leicht flüchtige Flüssigkeiten, die mit dem Oberflächenmaterial mischbar sind und zum Verdünnen der Lacke verwendet werden.

Lösungsmittel sind z.B. Kohlenwasserstoffe, Alkohole, Esther und Ketone. Verdünnungsmittel sind Benzol, Toluol, Xyol, Terpentinöl und einige Benzinarten.

Wann bezeichnet man Oberflächenmittel als Lasuren?

Lasuren lassen die Struktur des Holzes noch durchscheinen und decken sie nicht ab, wie z.B. ein pigmentierter Decklack. Die Holzporen bleiben offen, so daß die Feuchtigkeit aus dem Holz durch den Lack diffundieren kann, ohne daß dabei die Lackschicht abgehoben wird.

Lasuren setzen sich aus Lackharzen, Weichmachern, wasserabweisenden Zusätzen, Pigmenten, Lösungsmitteln und Holzschutzmitteln zusammen. Man kann das Holz durch Lasuren farbig gestalten und gegen Holzschädlinge schützen. Mit Lasuren behandeltes Außenholz muß alle 2 bis 3 Jahre nachbehandelt werden.

Warum können Wachslösungen für die Oberflächenbehandlung nicht überall verwendet werden?

Wachsschichten sind nicht wasser- und nicht abriebfest und werden von Lösungsmitteln, Säuren und Laugen angegriffen.

Gewachste Flächen haben einen matten Glanz. Durch Erwärmung oder durch Lösen in Terpentinöl verflüssigte Wachse werden mit dem Pinsel oder Lappen auf die Oberfläche aufgetragen, anschließend wird diese mit einer Glattbürste in Faserrichtung gebürstet und zum Schluß mit einem Wollappen abgerieben.

2.7.11 Oberflächentechniken

Was versteht man unter dem Schwabbelpolierverfahren?

Beim Schwabbelpolierverfahren werden Hochglanzflächen im Abbauverfahren erzielt. Hier werden dick aufgetragene besondere Schwabbellacke durch immer feinere Schleifmittel abgebaut. Das eigentliche Schwabbeln wird mit der Schwabbelscheibe (runde Stoffscheibe) durchgeführt, die mit einer Polierpaste bzw. einem Polierwachs bestrichen wurde. Eine Schleifflüssigkeit (Testbenzin) verstärkt die Wirkung der Polierpaste. Zum Schluß muß die Fläche mit Abpolierwasser, dem Polish, mit einer sauberen Lammfellscheibe fertig poliert werden.

Die Fläche ist dann fertig geschwabbelt, wenn auf ihr keine Schleifspuren oder Kratzer mehr zu sehen sind.

Worin liegt der Unterschied zwischen einer Mattglanz- und einer Hochglanzfläche?

Mattglanzoberflächen haben im Lackfilm kleine Mattierungsmittel, die die Lackfläche uneben austrocknen lassen. Dadurch wird das Licht gestreut reflektiert, so daß ein matter Glanz entsteht. Bei Hochglanzflächen trocknet die Lackschicht eben aus oder wird durch Schwabbeln abgebaut, so daß sich das Licht wie in einem Spiegel ohne Brechungen reflektieren kann.

Die besten Hochglanzflächen werden eigentlich nur durch das Polierverfahren bzw. Schwabbelverfahren erzeugt.

Wodurch lassen sich plastische Oberflächen herstellen?

Durch Sandstrahlen, durch Bürsten und durch Brennen.

Für diese drei Verfahren sind besonders die Nadelhölzer geeignet. Bei diesen Hölzern bleiben die harten Jahresringe stehen und die weichen Jahresringe werden herausgearbeitet. Von den Laubhölzern sind Eiche, Esche und Rüster für die Herstellung plastischer Oberflächen geeignet.

2.7.12 MAK-Wert

Was versteht man unter dem Begriff MAK-Wert?

Der MAK-Wert ist die maximale Arbeitsplatzkonzentration von gesundheitsschädigenden Stoffen.

Die MAK-Werte geben an, wieviel Milligramm eines Stoffes in einem Kubikmeter Raumluft höchstens enthalten sein darf, damit die Gesundheit des Beschäftigten nicht beeinträchtigt wird.

2.7.13 Auftragstechniken

Wodurch lassen sich Lacke maschinell auf die Werkstücke auftragen?

Durch Spritzen, durch elektrostatisches Lackieren sowie durch Gießen, Walzen, Tauchen oder Fluten.

Für alle diese Verfahren sind besondere maschinelle Einrichtungen sowie auch spezielle Lacke erforderlich.

Welche Lackspritzverfahren unterscheidet man?

Man unterscheidet das Hochdruckspritzen, das Niederdruckspritzen und das Airless-Spritzverfahren.

Das Hochdruckspritzen erfolgt mit Druckluft von 1,5 bis 7 bar mittels Spritzpistole. Beim Niederdruckspritzer wird keine Druckluft verwendet, sondern die zum Spritzen benötigte Luft durch ein eingebautes Gebläse angesaugt. Das Airless-Spritzen erfolgt ohne Luft. Hier wird das Spritzgut mit Hochdruck durch die Spritzdüse gedrückt.

Wie kann der Lack der Spritzpistole beim Hochdruckspritzen zugeführt werden?

Durch das Fließsystem, durch das Saugsystem, durch Druckförderung aus dem Lackgefäß oder durch Durchlaufförderung mittels Umlaufpumpe.

Bei handwerklichen Anlagen sitzt der Lackbecher meistens auf der Spritzpistole und der Lack wird im Fließsystem der Pistole zugeführt. Bei manchen Anlagen sitzt der Lackbehälter unter der Spritzpistole, so daß hier im Saugsystem gearbeitet werden muß. Bei industriellen Anlagen mit großem Lackverbrauch wird der Lack über eine besondere Leitung in die Spritzpistole gedrückt oder gepumpt. Dadurch ist die Pistole leicht und man kann sie besser handhaben.

Welche Arbeitsregeln sind beim Spritzen von Lacken zu beachten?

Die zu spritzenden Flächen sollten möglichst horizontal liegen, damit das Überzugsmaterial einwandfrei verlaufen kann. Der Spritzdruck und der Spritzstrahl müssen richtig eingestellt werden. Große Flächen sind möglichst im Kreuzgang zu spritzen, zuerst quer, dann längs zur Holzfaser. Die einzelnen Spritzbahnen müssen sich überlappen. Der Abstand der Spritzpistole zur Fläche sollte 25 bis 30 cm betragen.

Nach dem Spritzen müssen Spritzpistole und Materialbecher sofort gereinigt werden, damit sich die feinen Materialgänge der Spritzpistole nicht zusetzen. Die Temperatur der Oberflächenbehandlungsräume darf 15 °C nicht unterschreiten. Die Raumluft muß trocken sein, da sonst Trocknungsstörungen wie Blasen oder Grauschleier auftreten.

Warum muß beim Hochdruckspritzen eine gut funktionierende Absauganlage vorhanden sein?

Beim Hochdruckspritzen wird der Lack durch die Druckluft fein zerstäubt, so daß eine starke Lacknebelbildung entsteht. Dieser Lacknebel kann sich auf die bereits gespritzten Flächen niederschlagen, wodurch diese blind und rauh werden. Außerdem ist das Einatmen der Lacknebel gesundheitsschädlich.

Die Lacknebelkonzentration ist besonders explosibel. In solchen Räumen ist jegliche Funkenbildung auszuschließen und das Hantieren mit offenem Feuer streng zu untersagen.

Worin liegt der Unterschied zwischen Hochdruckspritzen und Niederdruckspritzen?

Beim Hochdruckspritzen wird in der Regel mit einem Betriebsdruck der Luft von 1,5 bis 7 bar gearbeitet, so daß auch dickerer Lack bei diesem Druck gut auf die Fläche aufzubringen ist. Als Lufterzeuger ist ein Kompressor erforderlich. Beim Niederdruckspritzen wird mit einem Luftdruck von 0,2 bis 0,5 bar gearbeitet, der in der Regel von einem kleinen Schaufelgebläse erzeugt wird. Die Lacknebelbildung und die Spritzleistung sind beim Niederdruckspritzen geringer als beim Hochdruckspritzen.

Mit dem Niederdruckspritzverfahren kann man weder patinieren noch nebeln.

Wie funktioniert das Airless-Spritzverfahren?

Das Airless-Spritzen erfolgt ohne Druckluft. Hier wird der Lack durch eine elektrisch oder pneumatisch angetriebene Materialpumpe über einen Hochdruckschlauch der Spritzpistole zugeführt und mit hohem Druck, von 125 bis 250 bar, durch die kleine Düsenöffnung gepreßt und dadurch zerstäubt.

Im Airless-Verfahren können große Flächen schnell lackiert werden. Die Gefahr der Bläschen- und der Grauschleierbildung ist geringer, weil luftfrei gespritzt wird. Außerdem entsteht weniger Lacknebel im Raum als beim Hochdruckspritzen.

Warum können Erzeugnisse aus Holz nur bei einer Holzfeuchte von mindestens 8 bis 10 % elektrostatisch lackiert werden?

Beim elektrostatischem Spritzen wird mit Gleichstrom ein elektrisches Feld zwischen der lackabgebenden Sprüheinrichtung und dem Werkstück erzeugt. Dieses elektrische Feld kann aber nur bei noch genügend elektrisch leitenden Werkstücken aufgebaut werden. Die Grenze liegt bei Werkstücken aus Holz bei einer Holzfeuchte von mindestens 8 %.

Die elektrisch aufgeladenen Lackteilchen folgen zwangsläufig den elektrischen Feldlinien zum Werkstück hin und lackieren deshalb auch schwer zugängliche Stellen des Lackiergutes. Der Lackverlust ist beim elektrostatischen Spritzen gering.

Wann wird vorwiegend das Lackgießverfahren angewendet?

Das Lackgießverfahren ist besonders wirtschaftlich, wenn es sich um größere Stückzahlen ebener Flächen handelt.

Das Gießen erfolgt maschinell auf Lackgießmaschinen.

Wie geht das Lackieren an der Lackgießmaschine vor sich?

Die Lackgießmaschine besteht im wesentlichen aus dem Transportband, dem Gießkopf und der Materialpumpe. Die Materialpumpe fördert den Lack zum Gießkopf. Über die fein eingestellten Gießlippen wird quer zur Maschinenbreite ein feiner Lackvorhang erzeugt, durch den mittels Transportband die zu beschichtenden Flächen gefördert werden.

Manche Gießmaschinen besitzen zwei Gießköpfe, so daß bei Reaktionslacken die Lackkomponenten Härter und Stammlack gesondert in einem Werkstückdurchlauf auf die Fläche gegossen werden können. Die Lackauftragsmenge wird an Hand einer Probefläche überprüft. Die Lackauftragsmenge kann durch die Transportgeschwindigkeit und durch den Gießlippenabstand im Gießkopf reguliert werden.

Wodurch können Störungen beim Lackgießen auftreten?

Das wichtigste beim Lackgießen ist der geschlossene, gleichmäßig dicke Lackvorhang. Der gleichmäßige Fluß kann durch Zugluft oder durch schlechte Einstellung der Gießlippen gestört werden. Außerdem kann sich die Viskosität der Lacke verändern, weil sich durch das dauernde Lackumwälzverfahren Verdünnung verflüchtigt.

Deshalb ist beim Arbeiten mit Lackgießmaschinen Zugluft zu vermeiden. Die Viskosität des Lackes kann durch besondere Geräte überwacht und durch automatische Zugabe von Verdünnung konstant gehalten werden.

Wie läßt sich Lack im Walzverfahren auftragen?

Mit Lackwalzmaschinen kann Lack je nach Einstellung von sehr dünn bis dick aufgetragen werden. Transportwalzen fördern die Flächen unter der Auftragswalze durch, die mittels Dosierwalze mit der gewünschten Lackmenge benetzt wird. Ein Rakel streift von der Dosierwalze die überschüssige Lackmenge ab. Die Auftragswalzen können glatt sein oder kleine näpfchenartige Vertiefungen aufweisen.

Die Lackauftragsmenge kann durch den Abstand zwischen der Lackauftragswalze und der Dosierwalze geregelt werden.

Welche Werkstücke werden in der Regel durch Tauchen lackiert?

Kleinteile wie Bürstenhölzer, Besenstiele ohne größere Vertiefungen oder Taschen, die völlig mit Lack umschlossen sein sollen, werden meistens im Tauchverfahren lackiert. Auch Fensterrahmen kann man im Tauchverfahren grundieren.

Beim Tauchlackieren müssen die zu lackierenden Werkstücke an entsprechenden Fördereinrichtungen aufgehängt werden. Die Güte der Lackierung hängt von der Geschwindigkeit ab, mit der das Tauchgut wieder aus dem Lackbad herausgezogen wird sowie von der Ablauf- und Trocknungsgeschwindigkeit des Lackes.

Wann bezeichnet man eine Oberflächentechnik als Fluten?

Beim Fluten werden die Werkstücke mit Lack übergossen, wobei der Lack von selbst ablaufen muß.

Die zu flutenden Werkstücke dürfen keine Taschen oder Vertiefungen aufweisen. Der Lack ist dünner einzustellen als beim Tauchen. Das Fluten geschieht in automatischen Anlagen, in denen Lacktemperatur, Lackviskosität und Lackfließgeschwindigkeit sowie die Transportgeschwindigkeit der Werkstücke genau aufeinander abgestimmt werden müssen.

2.7.14 Trocknungstechniken

Welche Trocknungstechniken sind beim Lacktrocknen zu unterscheiden?

Im wesentlichen sind die Raumtrocknung, die Heißlufttrocknung und die Strahlungstrocknung zu unterscheiden.

Bei allen Trocknungsverfahren sind die Trocknungstemperatur sowie die Trocknungszeit auf die Lackart abzustimmen. In der UV-Strahlungstrocknung können nur besondere Polyesterlacke getrocknet werden.

Wann kann man von einer Raumtrocknung für lackierte Oberflächen sprechen?

Wenn lackierte Werkstücke z. B. in Hordenwagen gestapelt und zum Trocknen in einen hierfür geeigneten Raum gestellt werden, spricht man von einer Raumtrocknung.

Die Räume müssen staubfrei sein, eine Temperatur zwischen ca. 20 °C bis 25 °C haben sowie belüftet werden können.

Wodurch lassen sich die Trocknungszeiten lackierter Oberflächen wesentlich abkürzen?

Durch die Heißluft- und die Strahlungstrocknung.

In Großbetrieben werden die lackierten Oberflächen häufig durch Trockenkanäle gefahren. Zunächst durch eine Vortrockenzone mit Temperaturen zwischen 25 °C und 50 °C und einer Luftgeschwindigkeit zwischen 0,5 m/s und 2 m/s. Das dabei verdunstende Lösungsmittel muß abgeführt werden. Die eigentliche Trocknung erfolgt dann bei höheren Temperaturen, die entweder durch Heißluft über Gebläse oder durch Infrarotstrahler erzeugt werden. Die Höhe der Temperaturen, die Luftgeschwindigkeit sowie die Trocknungszeit hängen wesentlich von der verwendeten Lackart ab

Was versteht man unter einer UV-Strahlungstrocknung?

Bei der UV-Strahlungstrocknung werden die UV-Strahlen gebündelt durch Reflektoren auf die Lackoberfläche gelenkt. Geeignet sind für dieses Trocknungsverfahren nur besonders präparierte Polyester-, Polyurethan- und Harnstoffharzlacke.

Die Trocknungsdauer beträgt in der Regel nur wenige Minuten.

Welchen Vorteil hat die Lichtimpulstrocknung?

Bei der Lichtimpulstrocknung handelt es sich ebenfalls um eine UV-Strahlungstrocknung. Jedoch werden hier durch besondere Reflektoren parallelgebündelte Strahlen auf die Werkstoffoberfläche gelenkt. Dadurch ist es möglich, bis zu 1000 mm hohe Werkstücke und stark profilierte Teile wie z.B. Stühle mit Hilfe dieser UV-Strahlung zu trocknen.

Die Trocknungszeit bei der Lichtimpulstrocknung liegt zwischen 15 und 35 Sekunden.

Warum müssen manche Lacke nach der Heißlufttrocknung vor der Weiterverarbeitung wieder rückgekühlt werden?

NC-Lacke sind z.B. thermoplastisch und daher im warmen Zustand verformbar. Deshalb können mit solchen Lacken behandelte Werkstücke erst nach der Abkühlung des Lackfilmes geschliffen, poliert, gestapelt oder verpackt werden.

Auch das Werkstücksinnere muß vor der Weiterbehandlung abgekühlt sein, um innere Spannungen des Werkstücks abzubauen. Die Rückkühlung geschieht in der Regel in den Kühlzonen der Trockenkanäle.

2.8 Belagstoffe

2.8.1 Hochdruck-Schichtstoffplatten

Wie ist eine HPL-Platte aufgebaut?

HPL-Platten (früher DKS-Platten) bestehen aus mehreren Zellulosebahnen, die mit verschiedenen duroplastisch aushärtbaren Kunstharzen getränkt sind. Es ist zwischen der Kern- oder Trägerschicht, der Dekor- und der Overlayschicht zu unterscheiden. Die Kernschicht besteht aus mehreren phenolharzgetränkten Zellulosebahnen. Die Dekorschicht zeigt die Farbe bzw. das Muster der Platte. Sie wird wiederum durch die Overlayschicht, eine glasklar aushärtende Melaminharzschicht, abgedeckt.

Die getränkten und vorgetrockneten Papiere werden geschichtet und in Mehretagenpressen bei Temperaturen um 150 °C und unter hohem Druck von 10 N/mm² gepreßt. Dadurch werden die einzelnen Bahnen zu einem homogenen Kunststoff miteinander verschweißt.

Wodurch entsteht bei der Herstellung von HPL-Platten die Oberflächenstruktur?

Die Oberflächenstruktur der Platten entsteht durch die Oberflächenbeschaffenheit der Preßbleche. Hochglanzpolierte Preßbleche ergeben z.B. blanke HPL-Oberflächen, matte Preßbleche ergeben matte HPL-Oberflächen und strukturierte Preßbleche ergeben das entgegengesetzte Strukturabbild auf der HPL-Oberfläche.

So können HPL-Platten mit hochglänzenden Oberflächen, mit matten Oberflächen, mit Strukturen, Porungen oder verschiedenen Narbungen hergestellt werden.

Welche Arten von HPL-Platten gibt es?

Neben den normalen Platten (Typ N), werden nachverformbare Platten (Typ P), zigarettenglutfeste Platten (Typ Z) und gegen Flammeinwirkung widerstandsfähige Platten (Typ F) hergestellt.

Statt Dekorpapiere können auch Echtholzfurniere oder Kunstdrucke in das Melaminharz eingebettet werden.

Welche Eigenschaften haben HPL-Platten?

HPL-Platten sind 0,9 bis 1,3 mm dicke dekorative Schichtstoffplatten, die in vielen Farben und Dessins sowie in verschiedenen Oberflächenstrukturen hergestellt werden. Sie bestehen aus duroplastischen Kunststoffen und sind deshalb porenfrei, abriebfest, lichtecht, kurzzeitig zigarettenglutfest, schwer entflammbar, beständig gegen Alkohol und viele Chemikalien sowie geschmacks- und geruchsneutral.

HPL-Platten können mit geeigneten Hand- und Maschinenwerkzeugen bearbeitet werden.

Für welche Erzeugnisse werden dekorative Hochdruck-Schichtstoffplatten verwendet?

Wegen der guten mechanischen und chemikalienfesten Eigenschaften werden Schichtstoffplatten für stark beanspruchte Flächen im Möbel- und Innenausbau z.B. für Möbel, Innentüren, Trennwände, Wand- und Deckenverkleidungen in Krankenhäusern, Labors, Großküchen, Kantinen und Gaststätten verwendet.

Hochdruck-Schichtstoffplatten sind nur 0,9 bzw. 1,3 mm dick und müssen deshalb auf Trägerplatten aufgeleimt werden.

Welche Trägerplatten sind für das Aufleimen der dünnen Hochdruck-Schichtstoffplatten geeignet?

Trägerplatten dürfen nicht mehr als 8 % bis 10 % Feuchtigkeit besitzen, müssen eine ruhige Oberfläche aufweisen und gut stehen. Deshalb sind besonders Spanplatten mit feiner Oberfläche, Furnier-, Stab- und Stäbchensperrholz und auch harte Holzfaserplatten geeignet.

Platten aus Vollholz sind für die Beschichtung mit Schichtstoffplatten ungeeignet, da diese Flächen krumm und wellig werden. Nur schmale Teile aus feinjährigem Vollholz können damit belegt werden.

Was ist beim Lagern und Transportieren von Hochdruck-Schichtstoffplatten besonders zu beachten?

HPL-Platten sind vor Nässe zu schützen und möglichst in geschlossenen Räumen stehend unter einem Winkel von 80° oder liegend in Regalen zu lagern. Die obere Platte ist durch eine schwere Holzwerkstoffplatte abzudecken, damit sich die dünnen Schichtstoffplatten nicht werfen können. Es sind möglichst immer zwei Dekorschichten aufeinander zu legen. Beim Transportieren und Herausnehmen der Platten aus dem Lager ist streng darauf zu achten, daß die Dekorseiten nicht gegenseitig verschoben und die Flächen verkratzt werden. Außerdem dürfen sich beim Transportieren die Platten nicht zu stark durchbiegen, da sonst die Overlayschicht reißt oder die Platte zerbricht.

Die Lagerung in besonderen Gestellen oder Regalen sowie ein Transport mit Tragbügel ist in jedem Falle zweckmäßig.

Worauf ist bei der Auswahl bzw. beim Zuschnitt der HPL-Platten besonders zu achten?

Schichtstoffplatten sind trotz der Beharzung der Papiere noch hygroskopisch. Durch die vorwiegend gerichteten Holzfasern in den Papierbahnen arbeiten Schichtstoffplatten in der Länge ca. 0,15% und in der Breite ca. 0,3%. Darum sollten Schichtstoffplatten so zugeschnitten werden, daß die Erzeugungsrichtung der Platten auf beiden Seiten gleichlaufend ist. Um die inneren Spannungen möglichst auszugleichen, sind Schichtstoffplatten und Trägermaterial vor dem Aufleimen 3 bis 5 Tage im Gebrauchsklima zu lagern. Das Zuschneiden der Platten erfolgt am zweckmäßigsten mit hartmetallbestückten Kreissägeblättern mit einer Schnittgeschwindigkeit von 50 m/s bis 100 m/s.

Der Zuschnitt kleiner Mengen kann auch mit Ritzwerkzeugen oder mit der Feinsäge erfolgen.

Was ist beim Aufleimen der Hochdruck-Schichtstoffplatten mit PVAC-Leimen besonders zu beachten?

Da das Dispersionswasser des Leimes nur in das Trägermaterial abwandern kann und nicht in die Schichtstoffplatte, sind wasserarme PVAC-Leime zu verwenden. Sie sind gleichmäßig und ohne Verschmutzungen oder Knoten mit dem Spachtel oder mit der Leimauftragsmaschine anzugeben. Die Preßzeit beträgt bei einer Temperatur von 20 °C etwa 30 Minuten, bei 50 °C etwa 10 Minuten. Höhere Temperaturen dürfen bei normalen PVAC-Leimen nicht eingestellt werden, da die Leime thermoplastisch sind und schmelzen.

Bei freistehenden Werkstücken wie Türen sind immer beide Seiten des Werkstücks möglichst mit gleicher Schichtstoff-Plattenqualität, unter Berücksichtigung der parallellaufenden Erzeugungsrichtung, zu beleimen, damit diese sich nicht verziehen können.

Wie können Hochdruck-Schichtstoffplatten mit Kontaktklebern auf Trägerplatten geklebt werden?

Bei der Verwendung von Kontaktklebern (Chloroprenklebern) müssen beide Flächen, die der Schichtstoffplatte und der Trägerplatte, angegeben werden. Sie werden nach dem Ablüften der Kleberflächen (nach 10 bis 20 Minuten) aufeinandergelegt und kurz mit hohem Druck (0,5 N/mm²) verpreßt.

Vor dem Auflegen darf der Kleber bei der Fingerprobe keine Fäden mehr ziehen. Beim Auflegen der zu verklebenden Flächen ist besonders sorgfältig und genau vorzugehen, da die Flächen schon beim kurzen Berühren unlösbar und unverrückbar aneinander haften.

Welche Vorteile und welche Nachteile haben Verklebungen von Hochdruck-Schichtstoffplatten mit Kontaktklebern?

Vorteile: Frisch verpreßte Flächen können sofort weiter verarbeitet werden. Es können Rundungen beklebt werden und auch Flächen, an die man keine Spannelemente ansetzen kann.
Nachteile: Verklebungen mit Kontaktklebern sind nicht wärmebeständig. Die beidseitige Kleberangabe ist aufwendiger und teurer.

Die Wärmebeständigkeit des Kontaktklebers kann durch Zugabe von Härtern von 70 °C bis 130 °C verbessert werden.

Wodurch können Kanten bei beschichteten Platten geschützt werden?

Ein Kantenschutz bei beschichteten Platten kann durch eine Kunststoffkante, durch einen Vollholzanleimer, durch eingenutete Leichtmetallprofile oder Kunststoffprofile mit Federsteg erreicht werden.

Neuerdings können nachverformbare Schichtstoffplatten um gerundete Kanten herumgeleimt werden (Postforming-Verfahren).

Was ist bei der Herstellung von Ausschnitten und Bohrungen in beschichteten Platten zu beachten?

Da Schichtstoffplatten weiterhin noch arbeiten können, sollten Bohrungen für Schrauben größer sein als der Schraubenschaftdurchmesser, damit hier keine Spannungen auftreten kön-

nen und die Schichtstoffplatte an dieser Stelle nicht einreißt. Um Risse zu vermeiden, dürfen Aussparungen in den Ecken nicht scharfkantig sein, sondern sollen einen Radius von mindestens 10 mm aufweisen.

Beim Bohren sind scharfe Spiralbohrer mit kleinem Spitzenwinkel zu verwenden. Damit die Schichtstoffplatte auch auf der Rückseite nicht abplatzen kann, ist das Werkstück beim Bohren fest auf eine Unterlage zu spannen. Aussparungen werden am besten mit kleinen Fräsbohrern an der Oberfräse oder mit der Handoberfräse hergestellt.

2.8.2 Rollfähige Schichtstoffplatten

Worin liegt der Unterschied zwischen einer rollfähigen Schichtstoffplatte und den Folien?

Rollfähige Schichtstoffplatten bestehen aus Polyesterharz und sind daher duroplastische Schichtstoffplatten mit allen Oberflächeneigenschaften der HPL-Platte. Folien dagegen bestehen vorwiegend aus PVC, einem thermoplastischen Kunststoff, und sind deshalb nicht wärmebeständig.

Die rollfähige Schichtstoffplatte wird wie die HPL-Platte für Möbelfronten, Möbelinnenflächen sowie im Innenausbau eingesetzt. Folien kommen für Möbelfronten nur noch selten zur Anwendung, werden aber für Möbelinnenflächen, für Kanten, aber auch für Innenausbauteile wie Fertigdecken verwendet.

2.8.3 Folien

Wie können Trägerplatten mit Folien beschichtet werden?

Auf das Trägermaterial wird gleichmäßig Leim (besonders PVAC-Leim) angegeben. Je nach Saugfähigkeit der Platte sind 80 g/m² bis 170 g/m² erforderlich. Nach der Leimangabe ist die Folie möglichst rasch aufzulegen. Mit einer Gummiwalze sind alle Lufteinschlüsse herauszudrükken (in der Industrie geschieht dies mit der Rollenpresse). Danach sind die Werkstücke zu pressen. Der Preßdruck beträgt 0,15 N/mm², die Preßtemperatur 20 °C, die Preßzeit 30 Minuten. Bei erhöhter Preßtemperatur, bis 50 °C, kann die Preßzeit abgekürzt werden. Nach dem Pressen sind die Werkstücke noch im geschlossenen Stapel bis 12 Stunden zu lagern.

Zur Folienbeschichtung können auch besondere Schmelzkleber oder Folienkleber verwendet werden.

2.9 Metalle

2.9.1 Eisenwerkstoffe

Wie heißen die wichtigsten Eisenerze?

Magneteisenstein, Roteisenstein, Brauneisenstein und Spateisenstein.

Diese Erze haben einen Eisengehalt von 70 % bis 30 %.

Womit wird der Hochofen beschickt?

Mit Erz, Koks und Zuschlägen wie Kalkstein oder Dolomit.

Erz und Zuschläge werden vermischt und abwechselnd mit Koks schichtweise in den Hochofen gegeben.

Warum wird als Brennstoff Koks verwendet?

Koks ist frei von schädlichen Bestandteilen (Schwefel), besitzt die notwendige Gasdurchlässigkeit, Festigkeit und einen hohen Heizwert.

Bei der Koksgewinnung werden die Bestandteile der Steinkohle, die sich bei der Eisenerzeugung schädlich auswirken würden, ausgeschieden.

Welchen Zweck haben die Zuschläge?

Sie dienen dazu, die schwer schmelzbaren, erdigen Bestandteile der Erze in flüssige Schlacke überzuführen.

Diese Bestandteile würden sonst in kurzer Zeit den Ofenraum ausfüllen und den Betrieb unmöglich machen. In flüssiger Form aber schwimmen sie auf dem Roheisen und fließen durch den Schlackenabfluß ab.

Welche chemischen Vorgänge spielen sich im Hochofen ab?

Reduktion (dem Erz wird der Sauerstoff entzogen) und Aufkohlung des sich bildenden Roheisens (das Eisen wird mit Kohlenstoff angereichert).

Die Aufkohlung bewirkt, daß der Schmelzpunkt des Roheisens von 1700 °C auf rund 1200 °C sinkt; erst dadurch ist die Gewinnung von Roheisen möglich.

Welche Hauptarten von Roheisen gibt es?

Es gibt graues und weißes Roheisen.

Diese Bezeichnungen sind von der Farbe des Bruchgefüges abgeleitet, welches beim grauen Roheisen dunkel, beim weißen dagegen silberglänzend ist.

Wodurch entsteht der Unterschied in der Farbe des Bruchgefüges?

Durch den höheren Siliciumgehalt im grauen bzw. den höheren Mangangehalt im weißen Roheisen.

Silicium bewirkt, daß sich der Kohlenstoff bei der Abkühlung als Graphit ausscheidet und sich zwischen die Eisenkristalle einlagert. Mangan dagegen bindet den Kohlenstoff als Härtungskohle an das Roheisen.

Warum kann Roheisen nicht unmittelbar zu Werkstücken verarbeitet werden?

Weil es durch den hohen Kohlenstoffgehalt (etwa 3 % bis 5 %) sehr spröde ist und noch verschiedene schädliche Beimengungen enthält.

Erst durch eine entsprechende Weiterverarbeitung entsteht ein brauchbarer Werkstoff.

Wozu wird graues Roheisen verwendet?

Es bildet die Grundlage für die Herstellung von Gußeisen.

Der Gehalt an Silicium macht es dünnflüssig und damit für Gießzwecke besonders geeignet.

Wozu wird weißes Roheisen weiterverarbeitet?

Zu Stahl und Temperguß.

Die Weiterverarbeitung ist notwendig, um den hohen Kohlenstoffgehalt zu verringern und die unerwünschten Beimengungen wie Schwefel, Phosphor usw. ganz oder teilweise zu entfernen.

Wozu wird Hochofenschlacke verwendet?

Zu Straßen- und Gleisschotter, Schlackensteinen, Schlackenwolle und Eisenportlandzement.

Die Schlacke besteht vorwiegend aus kieselsaurem Kalk.

Wozu werden die Gichtgase verwendet?

Zum Erwärmen der Winderhitzer, zum Antrieb von Gaskraftmaschinen und zum Beheizen von Dampfkesseln und Kokereiöfen.

Mit Hilfe der Gichtgase können also Druckluft und Strom im Hüttenwerk billig erzeugt und die Verbrennungsluft für die Hochöfen vorgewärmt werden.

Durch welche Verfahren wird Roheisen in Stahl umgewandelt?

Durch das Bessemer-, Thomas-, Sauerstoff-Aufblas- und Siemens-Martin-Verfahren.

Die Umwandlung von Roheisen in Stahl nennt man Frischen. Dadurch werden Kohlenstoff, Silicium, Mangan und Phosphor ganz oder teilweise entfernt.

Wie unterscheiden sich das Bessemer- und das Thomasverfahren?

Die Bessemerbirne ist mit Schamotte (saures Futter), die Thomasbirne mit Dolomitkalk (basisches Futter) ausgekleidet. Bei letzterem Verfahren wird außerdem noch Kalk zugegeben.

Dieser Kalk verbindet sich mit dem nicht verbrannten Phosphor und bildet mit ihm eine phosphorreiche Schlacke, welche gemahlen ein vorzügliches Düngemittel (Thomasmehl) gibt.

Was geschieht beim Sauerstoff-Aufblasverfahren?

Durch ein wassergekühltes Rohr wird mit einem Druck von 4 bis 12 bar von oben reiner Sauerstoff auf die Schmelze aufgeblasen.

Dadurch wird das Schmelzgut entkohlt und schädliche Beimengungen werden verbrannt.

Wie geschieht das Frischen beim Siemens-Martin-Verfahren?

Ein auf etwa 2000 °C vorgewärmtes Gas-Luft-Gemisch wird über dem Roheisenbad verbrannt. Die hohen Ofentemperaturen ermöglichen das Wiedereinschmelzen von Stahlschrott und die Zugabe von Legierungszusätzen wie Chrom, Vanadium und Nickel.

Es können also Stahlabfälle und Späne wiederverwertet und zu wertvollem Stahl verarbeitet werden.

Welche Stähle bezeichnet man als Edelstähle?

Stähle mit besonders hohem Reinheitsgrad, insbesondere mit geringem Phosphor- und Schwefelgehalt.

Edelstähle können sowohl legiert als auch unlegiert sein. Werkzeugstähle sind stets Edelstähle.

Wodurch wird der hohe Reinheitsgrad dieser Stähle erreicht?

Durch Umschmelzung in Elektroöfen und sorgfältige Weiterverarbeitung.

Diese Öfen ermöglichen sehr hohe Temperaturen (bis 3500 °C), bei welchen alle Verunreinigungen verbrennen bzw. in die Schlacke übergehen. Durch Zugabe von Wolfram, Chrom, Molybdän usw. können den Stählen außerdem besondere Eigenschaften verliehen werden.

Welche Arten von Stählen unterscheidet man?

Nach ihrer Verwendung unterscheidet man Werkzeug- und Baustähle, nach ihrer Zusammensetzung unterscheidet man unlegierte, legierte und hochlegierte Stähle.

Baustähle werden vorwiegend für Bauzwecke als Stahlmatten, Stahlträger, Bleche, Rohre und Drähte verwendet. Verschiedentlich werden sie auch zu Werkzeugen (Einsatzstähle) oder als Automatenstahl verwendet.

Wie hoch ist der Kohlenstoffgehalt unlegierter Werkzeugstähle?

Er beträgt 0,5 bis 1,5 %.

Der Kohlenstoffgehalt richtet sich nach dem Verwendungszweck, denn mit steigendem Kohlenstoffgehalt nimmt die Härte der Stähle zu, ihre Zähigkeit aber ab.

Wozu wird unlegierter Werkzeugstahl (WS-Stahl) verwendet?

Für einfache Werkzeuge wie Hämmer, Meißel oder Feilen, für Spannwerkzeuge und Maschinenteile, für Verbindungsmittel und Beschläge.

Hochwertige Werkzeuge können aus unlegiertem Werkzeugstahl nicht hergestellt werden. Sie würden sich beim Abschrecken in Wasser verziehen; schneidende Werkzeuge würden nur geringe Schnittgeschwindigkeiten zulassen.

Welche Werkzeuge werden aus legierten Werkzeugstählen (SP-Stählen) hergestellt?

Stecheisen, Bohrer, Hobeleisen, Kreissäge- und Bandsägeblätter sowie Fräsketten.

Diese Stähle sind härter, zäher und elastischer sowie schneidhaltiger als unlegierte Stähle. Sie verlieren erst bei etwa 400 °C ihre Schneidfähigkeit. Weil sie in Öl gehärtet werden, ist die Gefahr des Härteverzugs gering.

Warum werden viele hochlegierte Werkzeugstähle (HL-Stähle) auch Schnellarbeitsstähle (SS-Stähle) oder hochlegierte Schnellarbeitsstähle (HSS-Stähle) genannt?

Weil sie viel höhere Schnittgeschwindigkeiten zulassen als unlegierte Werkzeugstähle. HL-Stähle enthalten mehr als 5 % Legierungsbestandteile, SS-Stähle weniger als 12 %, HSS-Stähle mehr als 12 %.

Die Schnittgeschwindigkeit kann deshalb so hoch gewählt werden, weil diese Stähle erst bei Temperaturen über 560 °C ihre Schneidfähigkeit verlieren.

Wozu werden die SS- und HSS-Stähle in der Hauptache verwendet?

Für Schneiden bei schnellaufenden Maschinenwerkzeugen sowie für Gewindeschneidwerkzeuge.

Werkzeuge mit HL-, SS- und HSS-Schneiden dienen der Bearbeitung von Hartholz und Holzwerkstoffen.

Welches sind die wichtigsten Arten von Gußeisen?

Grauguß und Temperguß.

Der Kohlenstoffgehalt von Gußeisen beträgt etwa 2,6 % bis 3,6 %. Je höher der Kohlenstoffgehalt ist, desto dünnflüssiger ist das Gußeisen bei der Verarbeitung und desto spröder ist das Werkstück.

Welche Eigenschaften hat Grauguß?

Grauguß ist spröde, schlag- und stoßempfindlich, nicht schmied-, härt- und schweißbar.

Grauguß wird für Lager, Motorengehäuse, Maschinenständer, Maschinentische und Rohre verwendet.

Was versteht man unter Temperguß?

Gußstücke, die durch eine besondere Wärmebehandlung höhere Festigkeit und Zähigkeit erhalten haben.

Tempergußstücke können also durch Gießen hergestellt werden, sind aber trotzdem nicht so spröde wie Grauguß.

Welche Arten von Temperguß unterscheidet man?

Man unterscheidet weißen und schwarzen Temperguß.

Weißem Temperguß wird Kohlenstoff entzogen; bei schwarzem Temperguß wird der Kohlenstoff im Gußefüge eingelagert.

Welche Eigenschaften hat Temperguß?

Temperguß ist lötbar, spanend leicht zu bearbeiten, härtbar und zum Teil schweißbar.

Aus Temperguß können Schlüssel, Beschläge, Flügelschrauben und -muttern, Schraubstöcke, Ventile, Türschlösser usw. hergestellt werden.

2.9.2 Nichteisenmetalle

Welches sind die am häufigsten verwendeten Nichteisenmetalle (NE-Metalle)?

Kupfer (Cu), Zink (Zn), Blei (Pb), Nickel (Ni), Chrom (Cr) und Aluminium (Al).

Mit Ausnahme von Kupfer werden alle Nichteisenmetalle von frischem Mörtel und Beton angegriffen. Sie müssen deshalb durch Anstrich oder durch Abkleben so lange geschützt werden, bis Mörtel und Beton abgebunden haben.

Welche Eigenschaften besitzt Kupfer?

Kupfer ist weich und dehnbar, besitzt sehr gute Leitfähigkeit für Elektrizität und Wärme, ist korrosions- und feuerbeständig und ergibt mit anderen Metallen technisch wertvolle Legierungen. Seine Festigkeit ist gering.

Aufgrund dieser Eigenschaften verwendet man Kupfer z. B. für elektrische Leitungen, Lötkolben, Bedachungen, Verkleidungen von Türen und Fassaden. Kupfer ist das Grundmetall für Messing und Bronze.

Wofür wird Blei verwendet?

Für Einlagen in Strahlenschutztüren und -wände, für Bleiverglasungen, als Schutzanstrich in Mennige, für säurebeständige Behälter und Rohrleitungen.

Blei ist weich und geschmeidig. Blei und bleihaltige chemische Verbindungen sind sehr giftig.

Welche Eigenschaften hat Aluminium?

Aluminium hat eine matte Oberfläche, eine gute Leitfähigkeit für Elektrizität und Wärme und ist sehr korrosionsbeständig. Durch entsprechende Legierungen erhält Aluminium die jeweils gewünschten Eigenschaften.

Aluminum findet Verwendung als Folien für Dampfsperren, als Bleche für Dachdeckungen und Verkleidungen, als Profile für Fenster und Türen, als Fenster- und Türbeschläge.

2.9.3 Hartmetalle

Wie werden Hartmetalle hergestellt?

Wolfram-, Titan- und Tantalkarbide werden zusammen mit dem Bindemittel Kobalt fein gemahlen und als Pulvermischung zu Flachstählen oder in die endgültige Form, z. B. zu Werkzeugschneiden gepreßt und gesintert.

Wolfram-, Titan- und Tantalkarbide sind Verbindungen dieser Stoffe mit Kohlenstoff. Es sind besonders harte Stoffe.

Wie werden Hartmetalle gesintert?

Die Flachstähle werden zur Formgebung erst auf 900 °C bis 1100 °C vorgesintert und später nach der Bearbeitung als fertiggeformte Stücke bei 1400 °C bis 1600 °C fertiggesintert.

Nach dem Vorsintern läßt sich Hartmetall noch durch Schneiden und Sägen bearbeiten. Nach dem Fertigsintern sind die Werkzeugschneiden so hart, daß ihre Bearbeitung nur noch mit Diamant- oder Siliciumkarbidwerkzeugen möglich ist.

Welche Eigenschaften hat Hartmetall?

Hartmetall ist äußerst hart, sehr spröde, stoß- und schlagempfindlich, hat aber als Werkzeugschneide eine hohe Standzeit.

Hartmetallschneiden müssen auf einen elastischen Werkzeugträger aus Stahl aufgelötet werden.

2.9.4 Korrosion und Korrosionsschutz

Welches sind die Hauptursachen der Korrosion?

Chemische und elektrochemische Vorgänge, hervorgerufen durch Feuchtigkeit, Handschweiß usw.

Häufig wirken mehrere Ursachen gleichzeitig und beschleunigen damit das Zerfressen der Metalle. Metalle korrodieren in der Regel um so schneller, je mehr Wasser auf sie einwirkt.

Was versteht man unter chemischer Korrosion?

Das Zerfressen der Metalle durch Säuren oder Laugen und das Oxidieren durch den Luftsauerstoff.

Leitungen und Behälter für Säuren und Laugen werden deshalb aus korrosionsfesten Werkstoffen hergestellt oder auf andere Weise vor Korrosion geschützt.

Welche Metalle sind gegen Witterungseinflüsse beständig?

Edelmetalle, Blei, Kupfer, Zinn, Zink, Nickel, Aluminium und besonders zusammengesetzte Legierungen.

Bei der Oxidation von Kupfer, Zink, Blei und Aluminium entsteht an der Oberfläche eine dichte, schwer zerstörbare Oxidhaut, die diese Metalle gegen weitere Korrosion schützt.

Was versteht man unter Rosten?

Als Rost wird die chemische Verbindung Eisenoxidhydrat ($FeO(OH)$) bezeichnet, die sich bei Eisenwerkstoffen durch chemische Korrosion an feuchter Luft oder in kohlendioxidhaltigem Wasser bildet.

Rost bildet eine lockere und poröse Schicht und bietet deshalb keinen Schutz gegen weitere chemische Korrosion

Was ist ein galvanisches Element?

Ein galvanisches Element besteht aus einem Elektrolyten (z. B. verdünnter Schwefelsäure) und aus zwei Elektroden (z. B. aus einer Cu-Platte und einer Zn-Platte). Zwischen der Cu-Platte (+Pol) und der Zn-Platte (−Pol) entsteht eine elektrische Spannung.

Je nach Art der verwendeten Metalle kann man verschieden hohe elektrische Spannungen erreichen. Bei gleichen Metallen erhält man keine Spannung.

Was versteht man unter der elektrochemischen Spannungsreihe?

Die elektrochemische Spannungsreihe gibt die Metalle in der Reihenfolge an, wie sie im Vergleich zum elektrisch neutralen Wasserstoff als galvanisches Element eine verschieden hohe Spannung erzeugen.

Mit Hilfe dieser Spannungsreihe läßt sich für jedes galvanische Element die Spannung errechnen. Ein Element z. B. aus Kupfer und Zink ergibt 1,10 Volt.

Wodurch wird elektrochemische Korrosion verursacht?

Wenn zwei verschiedene Metalle durch eine leitende Flüssigkeit (Elektrolyt) verbunden werden.

Dabei tritt, genau wie beim galvanischen Element, eine Spannung auf, und die dadurch hervorgerufenen Ströme führen zur Zerstörung eines der Metalle.

Welches Metall wird bei der elektrochemischen Korrosion zerstört?

Das Metall, welches in dem Element den Minuspol bildet, d.h. dasjenige Metall, welches in der Spannungsreihe niedriger liegt.

Bildet sich z.B. ein Element aus Kupfer und Aluminium, so wird Aluminium zerstört.

Wann ist die elektrochemische Korrosion besonders groß?

Wenn die beiden Metalle in der Spannungsreihe weit auseinanderliegen.

Je weiter zwei Metalle in der Spannungsreihe auseinanderliegen, desto größer ist die auftretende Spannung und damit auch der elektrische Strom, der das Metall am Minuspol zerstört.

Welche Stoffe wirken als Elektrolyt?

Wasser, Luftfeuchtigkeit, Handschweiß, Säuren, Laugen usw.

In trockenen Räumen tritt Korrosion weniger stark auf als in feuchten. Für das feuchte Klima der Tropen müssen deshalb Maschinen und Geräte ganz besonders gegen Korrosion geschützt werden.

In welchen Fällen tritt Kontaktkorrosion auf?

Wenn sich zwei verschiedene Metalle berühren und Feuchtigkeit hinzukommt.

Man soll deshalb z.B. Aluminum-Abdeckbleche nicht mit Eisenschrauben verbinden.

Warum muß die Korrosion verhindert werden?

Durch sie entstehen große Werkstoffverluste; auch kann die Korrosion die Ursache von Unfällen sein.

Ein durch Korrosion zerstörter Werkstoff ist für immer verloren. Allein durch Rosten verliert die Volkswirtschaft jährlich viele Millionen Mark.

Wie schützt man die Oberfläche vor Korrosion?

Durch Einölen und Einfetten, durch Farb- und Lackanstriche, durch chemisch erzeugte Überzüge, durch metallische, keramische und Kunststoffüberzüge.

Die Art des Korrosionsschutzes richtet sich nach den gestellten Anforderungen und dem Werkstoff.

Worauf ist vor dem Einfetten von blanken Stahlteilen zu achten?

Sie müssen sauber und trocken sein.

Vor allem müssen blanke Teile, z.B. Meßgeräte oder Gleitflächen, vor dem Einfetten frei von Feuchtigkeit und Handschweiß sein. Es darf nur säurefreies Mineralöl oder mineralisches Fett verwendet werden.

Wie muß eine Oberfläche für den Farbanstrich vorbereitet werden?

Die Oberfläche muß gereinigt und entfettet sein, damit das Grundiermittel, z.B. Mennige, aufgetragen werden kann.

Als Deckschichten sind gut aufeinander abgestimmte Öl- oder Lackanstriche, auch Einbrennlacke, zu verwenden.

Was versteht man unter Eloxieren?

Das künstliche Oxidieren von Aluminium und Aluminiumlegierungen mit Hilfe des elektrischen Stromes.

Eloxal heißt: Elektrisch-oxidiertes Aluminium.

Wie wird Aluminium eloxiert?

Das Al-Werkstück wird in einem Schwefelsäurebad an den Pluspol (Anode) und eine Bleiplatte an den Minuspol (Kathode) eines elektrischen Stromkreises angeschlossen. Beim Stromdurchfluß bildet sich am Pluspol Sauerstoff, der das Aluminium oxidiert.

Die Eloxalschicht trägt nach außen kaum auf, so daß die Maßhaltigkeit des Werkstücks im wesentlichen erhalten bleibt. Durch die Art der Legierung oder durch Zusätze im Schwefelsäurebad können verschiedene Färbungen der Eloxalschicht erreicht werden.

Welche Eigenschften besitzt die Eloxalschicht?

Sie ist hart und sehr widerstandsfähig gegen chemische Einflüsse, leitet den elektrischen Strom nicht, läßt sich einfärben und bildet einen guten Haftgrund für Farbanstriche.

Eloxierte Bleche dürfen nicht scharfkantig gebogen werden, weil sich sonst Risse in der Eloxalschicht bilden.

Auf welche Weise können Metallüberzüge aufgetragen werden?

Durch Tauchen, Galvanisieren, Aufspritzen und Plattieren.

Feuerverzinktes Stahlblech und Weißblech erhalten ihre Überzüge durch Tauchen. Galvanisch aufgetragene Metallüberzüge können abblättern. Damit sie besser haften, werden oft mehrere Schichten verschiedener Metalle aufgetragen.

Was ist ein echtes Schutzmetall?

Ein Überzugsmetall, das in der elektrischen Spannungsreihe niedriger liegt als das zu schützende Metall.

Zink ist auf Stahl ein echtes Schutzmetall, weil bei auftretender Korrosion das Zink und nicht der Stahl zerstört wird.

Was versteht man unter Emaillieren?

Das Beschichten der Teile mit einer Masse aus gefärbtem Glaspulver und anschließendem Brennen im Emaillierofen.

Emaille sieht gut aus, ist chemisch widerstandsfähig und korrosionsbeständig, ist hart, aber sehr spröde. Die Emailleschicht ist ein guter Schutzüberzug bei Haushaltgeräten.

Was sind plattierte Bleche?

Bleche, auf die ein korrosionsbeständiges Metall warm aufgewalzt ist.

Häufig wird auf AlCuMg-Legierungen, die hohe Festigkeit haben, aber nicht korrosionsbeständig sind, eine Schicht aus Reinaluminium oder aus einer korrosionsbeständigen Aluminiumlegierung aufgewalzt.

Wie werden Metalle mit Kunststoff beschichtet?

Pulver von thermoplastischen Kunststoffen werden in einer speziellen Spritzpistole verflüssigt und auf das Werkstück in einer Schichtdicke von 0,8 mm bis 1,2 mm aufgespritzt.

Der Korrosionsschutz ist jedoch nur so lange gewährleistet, wie die Kunststoffschicht nicht beschädigt ist.

2.9.5 Metallbearbeitung

Welche Meßgeräte stehen für die Metallbearbeitung zur Verfügung?

Strichmaßstab aus Stahl, Meßschieber (Schieblehre), Universalwinkelmesser, Reißnadel, Zirkel und Körner.

Daneben gibt es noch eine große Zahl von Präzisionsmeßgeräten wie Lehren, Meßschrauben, Taster, pneumatische, optische und elektronische Meßgeräte.

Wozu werden Körner verwendet?

Zum Ankörnen von Lochmitten, damit die Bohrer eine Führung erhalten, und zum Ankörnen von Rißlinien.

Körner haben eine gehärtete Spitze, die im stumpfen Winkel angeschliffen ist.

Welches sind für den Tischler die wichtigsten Vorgänge zur Bearbeitung von Metall?

Sägen, Feilen, Bohren, Schleifen, Biegen und Abkanten.

Eine Metallbearbeitung durch den Tischler ist notwendig z.B. beim Schleifen der Werkzeuge, beim Anbringen von Beschlägen, beim Erstellen von Unterkonstruktionen im Innenausbau, bei Bauschreinerarbeiten usw.

Wonach richtet sich die Zahnteilung einer Metallsäge?

Nach der Härte und nach dem Querschnitt des zu trennenden Werkstoffs.

Für harte Werkstoffe und für kleine Querschnitte verwendet man Sägen mit feinen Zahnteilungen, für weiche Werkstoffe und für große Querschnitte Sägen mit groben Zahnteilungen.

Wodurch erreicht man das Freischneiden der Metallsägeblätter?

Durch geschränkte oder gewellte Sägeblätter.

Die Schnittfuge wird dadurch breiter als das Sägeblatt dick ist; es klemmt daher nicht und wird nicht heiß.

Welche Feilen verwendet man bei harten und weichen Metallen?

Bei weichen Metallen verwendet man Feilen mit grobem Hieb, bei harten Metallen solche mit feinem Hieb.

Die Spanabnahme erfolgt je nach Zahnform schabend oder schneidend.

Welche Bohrerart benutzt der Tischler vorwiegend zum Bohren von Metall?

Den Spiralbohrer.

Spiralbohrer werden aus legiertem Werkzeugstahl hergestellt.

Welche Vorteile hat der Spiralbohrer?

Günstige Winkel an den Schneiden, gleichbleibender Durchmesser beim Nachschleifen, gute Führung im Werkstück, gute Einspannmöglichkeit und selbständige Spanabfuhr.

Aufgrund dieser vielen Vorzüge ist der Spiralbohrer das zur Metallbearbeitung am häufigsten verwendete Bohrwerkzeug.

Warum werden Spiralbohrer mit engem und solche mit weitem Drall hergestellt?

Um für die verschiedenen Werkstoffe Bohrer mit verschieden großen Spanwinkeln zu erhalten.

Weiter Drall ergibt einen kleinen, enger Drall dagegen einen großen Spanwinkel.

Welche Werkstoffe erfordern Bohrer mit engem Drall?

Weiche Werkstoffe, z.B. Leichtmetalle, Holz usw.

Da sich bei Bohrern mit engem Drall ein großer Spanwinkel ergibt, entstehen grobe Späne und es ist eine gute Spanabfuhr gewährleistet.

Wie groß soll der Spitzenwinkel am Spiralbohrer sein?

Zum Bohren weicher Metalle, z.B. Gußeisen, Messing usw. 118°, zum Bohren von Stählen, Al-Legierungen, Kupfer usw. 130° bis 140°.

Falsch angeschliffene Bohrer arbeiten unwirtschaftlich und werden rasch stumpf.

Was erreicht man durch Senken?

Durch Senken werden Bohrungen entgratet sowie schräge oder waagerechte Einsenkungen für Nieten- oder Schraubenköpfe hergestellt.

Dabei ist zu beachten, daß der Neigungswinkel den Niet- und Schraubenköpfen angepaßt ist.

Welches Werkzeug wird zum Senken verwendet?

Der Kegelsenker oder Krauskopf.

Man kann Senker auch zum Aufsenken von Bohrungen auf größere Durchmesser verwenden.

Was versteht man unter Biegen?

Biegen ist eine Umformung von dickerem Metall, bei welcher die äußere Metallschicht gestreckt und die innere gestaucht wird.

Die neutrale Faser, deren Länge beim Biegen unverändert bleibt, liegt bei großen Biegeradien etwa in der Mitte des Werkstoffs, bei engen Radien mehr an der Innenkante.

Was versteht man unter Abkanten?

Unter Abkanten versteht man das Abbiegen von Blechen.

Schmale Bleche werden im Schraubstock mit dem Hammer abgekantet, breite Bleche können mit speziellen Schwenkbiegemaschinen abgekantet werden.

Warum muß ein Biegeteil zur Erzielung des richtigen Biegewinkels überbogen werden?

Weil es nach dem Biegen wieder etwas zurückfedert.

Diese Rück- oder Auffederung ist bei hartem Werkstoff und bei großem Biegeradius am größten.

Wo befinden sich das Außengewinde und das Innengewinde bei Verschraubungen?

Außengewinde an Schraubenbolzen, Innengewinde in Muttern.

Man unterscheidet außerdem nach dem Drehsinn Rechts- und Linksgewinde, nach dem Profil Spitz-, Trapez-, Säge- und Rundgewinde, nach der Zahl der Gänge ein- und mehrgängiges Gewinde und nach dem Verwendungszweck Befestigungs- und Bewegungsgewinde.

Womit werden Außengewinde angebracht?

Außengewinde werden mit dem Schneideisen angeschnitten.

Der Bolzen muß vor dem Gewindeschneiden mit einer Fase versehen werden, damit das Schneideisen zentriert wird und sich das Gewinde gut einschneiden läßt.

Womit werden Innengewinde hergestellt?

Innengewinde werden mit dem Gewindebohrer bzw. mit dem Gewindebohrersatz (Vor-, Mittel-, Fertigschneider) eingeschnitten. Der Gewindebohrer wird mit dem Windeisen eingedreht.

Die Gewindekernlöcher sind dabei anzusenken, damit der Gewindebohrer besser anschneidet und das fertige Gewinde sich gut zusammenschrauben läßt.

Was ist beim Bohren des Kernlochs zu beachten?

Das Kernloch muß größer als der Kerndurchmesser des Gewindebohrers gebohrt werden, weil sich sonst der Gewindebohrer festfrißt.

Bei spröden Werkstoffen, z.B. bei Gußeisen, ist die Gefahr des Festfressens geringer als bei zähen Werkstoffen, wie z.B. bei Stahl.

Wodurch können Gewindebohrer abbrechen?

Durch schiefes Ansetzen, zu klein gebohrte Kernlöcher, einseitigen Druck mit dem Windeisen, nicht rechtzeitig entfernte Späne, fehlende oder ungenügende Schmierung.

Beim Gewindeschneiden darf keine Gewalt angewendet werden. Der Bohrer muß öfters ein Stück zurückgedreht werden, damit die Späne abbrechen. Besondere Vorsicht ist beim Schneiden von Gewinden in Sacklöchern geboten.

Welche Merkmale weist ein ISO-Gewinde auf?

Das ISO-Gewinde hat am Kerndurchmesser des Bolzens eine größere Rundung und eine größere Abflachung am Kerndurchmesser der Mutter.

Durch die Rundung wird die Bruchgefahr des Bolzens verringert, durch die Abflachung am Kerndurchmesser der Mutter wird das Schneiden mit dem Gewindebohrer erleichtert.

2.9.6 Verbinden von Metallen

Wie können Metalle verbunden werden?

Durch Schrauben, Nieten, Stiften, Löten, Schweißen und Kleben.

Das Verbinden von Metallen nennt man auch Fügen.

In welche zwei Gruppen können die Verbindungsarten eingeteilt werden?

In lösbare und unlösbare Verbindungen.

Verschraubte und verstiftete Verbindungen sind lösbar.

Welche Verbindungsarten gehören zu den unlösbaren Verbindungen?

Nieten, Löten, Schweißen und Kleben.

Als unlösbar bezeichnet man eine Verbindung, wenn sie nur durch Zerstörung des Verbindungsteiles getrennt werden kann.

Wie kann man Werkstückteile miteinander verschrauben?

Eine Verschraubung kann in den Werkstückteilen Durchgangslöcher haben, wobei die Teile mit Schraube und Mutter zusammengehalten werden, oder es ist in ein Werkstückteil ein Innengewinde eingeschnitten, in das die Schraube eingedreht wird.

Je nach Schraubenkopf können die Schrauben mit dem Schraubendreher, mit dem Schraubenschlüssel oder mit dem Drehmomentschlüssel angezogen werden.

Was ist eine Stiftverbindung?

Eine Verbindung, bei der Metallteile mittels eingesteckter oder eingepreßter zylindrischer Stahlstifte zusammengehalten werden.

Stiftverbindungen sind lösbar. Man unterscheidet Zylinder-, Kegel- und Kerbstifte.

Was versteht man unter Nieten?

Unter Nieten versteht man das Verbinden von Metallteilen durch Stauchen eines Nietes.

Ein Niet besteht aus einem Setzkopf, Schaft und Schließkopf.

Wie wird genietet?

Die beiden zu verbindenden Werkstücke werden aufeinandergelegt und gebohrt, der Niet eingesteckt, mit dem Nietenzieher angezogen, mit dem Hammer vorgestaucht und mit dem Döpper nachgestaucht.

Mit dem Döpper (Metallbolzen) kann durch Aufschlagen mit dem Hammer die gewünschte Form des Schließkopfes erreicht werden.

Wie kommt eine Lötverbindung zustande?

Ein geschmolzenes Metall oder eine Legierung, Lot genannt, fließt zwischen die zu verbindenden erwärmten, festen Metallteile und stellt eine unlösbare Verbindung her.

Das Lot soll sich dabei mit der Oberflächenschicht der zu verbindenden Teile legieren, damit eine haltbare Verbindung erzielt wird.

Welches sind die wichtigsten Voraussetzungen für eine gute Lötung?

Metallisch reine Verbindungsflächen, dünn aufgebrachtes Lot und richtige Löttemperatur.

Rostige, fettige oder verunreinigte Stellen nehmen das Lot nicht an. Bei zu niedriger Löttemperatur erfolgt nur ein Kleben; die Festigkeit der Verbindung ist dann ungenügend.

Welche Anforderungen können an eine Lötverbindung gestellt werden?

Die Verbindung soll je nach Verwendungszweck dicht, wärmebeständig, leitfähig, widerstandsfähig gegen Stoß, Druck und Zug, beständig gegen Feuchtigkeit und chemische Einflüsse sowie unauffällig sein.

Meist werden mehrere dieser Anforderungen gleichzeitig gestellt. Ein gelöteter Wasserkessel z. B. muß dicht und wärmebeständig sein.

Warum werden die Lötkolben aus Kupfer hergestellt?

Kupfer leitet die aufgenommene Wärme rasch zur Lötstelle und oxidiert nicht so leicht wie andere Metalle.

Kupfer zählt zu den besten Wärmeleitern. Es läßt sich auch gut verzinnen.

Was versteht man unter Schweißen?

Ein Arbeitsverfahren, bei dem meist gleichartige Werkstoffe in flüssigem oder teigigem Zustand unlösbar miteinander verbunden werden.

Man unterscheidet Preß- und Schmelzschweißung.

Welche Werkstoffe sind schweißbar?

Fast alle Metalle und deren Legierungen sowie thermoplastische Kunststoffe.

Diese Werkstoffe sind allerdings nicht alle gleich gut schweißbar.

Was versteht man unter Preßschweißung?

Eine Schweißverbindung, bei der die Teile in teigigem Zustand durch Druck oder Pressung, jedoch ohne Zusatzwerkstoff, zusammengefügt werden.

Preßschweißen lassen sich nur Werkstoffe, die bei einer bestimmten Temperatur teigig werden und nicht, wie z. B. Gußeisen, vom festen unmittelbar in den flüssigen Zustand übergehen. Der notwendige Druck kann durch Hammerschläge oder maschinell ausgeübt werden.

Was versteht man unter Schmelzschweißung?

Eine Schweißverbindung, bei der die Werkstoffe an der Schweißstelle flüssig gemacht werden, wobei sie sich verbinden.

Bei dieser Schweißart wird meist ein Zusatzwerkstoff (Schweißdraht) verwendet. Die Schweißhitze kann durch eine Brenngas-Sauerstoffflamme oder den elektrischen Lichtbogen erreicht werden.

Welche Arten der Schmelzschweißung werden am meisten angewendet?

Die Gasschweißung (autogene Schweißung) und die elektrische Lichtbogenschweißung.

Es gibt auch noch die Thermitschmelzschweißung und die Elektronenstrahlschweißung.

Welche Gase verwendet man bei der Gasschmelzschweißung?

Azetylen, Wasserstoff, Propan.

Azetylen wird am häufigsten verwendet, da es auf einfache Weise erzeugt werden kann und einen hohen Heizwert hat.

Wie wird mit Gas geschweißt?

Der Werkstoff wird mit einer Gas-Sauerstoff-Flamme bei Temperaturen von 3200 °C zum Schmelzen gebracht und in der Regel mit Schweißdraht zusammengeschweißt.

Die Azetylenflasche hat eine gelbe, die Sauerstofflasche eine blaue Kennfarbe.

Wie geschieht das Lichtbogenschweißen?

Zwischen dem an den einen Pol der Stromquelle angeschlossenen Werkstück und der an den anderen Pol angeschlossenen Stabelektrode wird ein Lichtbogen erzeugt, der das Werkstück zum Schmelzen bringt.

Es werden dazu Spannungen zwischen 15 V und 60 V und Stromstärken von 60 A bis 1000 A verwendet.

Welche Klebstoffe werden zum Verkleben von Metallteilen verwendet?

Duroplastische Kunstharzkleber wie Epoxidharz-, Polyurethan-, Phenol- und Polyesterharzkleber.

Zur Verringerung der Sprödigkeit werden den Klebern häufig Thermoplaste zugesetzt.

Wie sind die Metalloberflächen zum Kleben vorzubereiten?

Sie müssen mit Lösungsmitteln, durch Sandstrahlen oder durch Schleifen fettfrei gemacht werden, die Klebflächen müssen staubfrei sein. Geringes Aufrauhen verbessert die Haftung.

Im allgemeinen reicht die Rauheit der Oberfläche aus, die vom Abbeizen der Oxidschichten herrührt.

Wie wird der Härtevorgang der Kleber eingeleitet?

Durch Erwärmen oder Zumischen eines Härters.

Bei den meisten Kaltklebern (Reaktionsklebern) kann der Härtevorgang durch Erwärmung beschleunigt werden.

2.10 Verbindungsmittel

Welche Verbindungsmittel gibt es zum Verbinden von Holz oder Holzwerkstoffen?

Federn, Dübel, Nägel, Drahtstifte, Klammern und Schrauben.

Es können damit feste oder lösbare Verbindungen hergestellt werden.

2.10.1 Federn

Aus welchen Werkstoffen können Federn bestehen?

Aus Vollholz, Furnierplatten, harten Holzfaserplatten oder Kunststoff.

Sie können flach, ellipsenförmig (Lamellofedern) oder als Winkelfedern hergestellt werden.

Wie werden Federn in Holzverbindungen eingesetzt?

Federn werden lose oder verleimt in die Nuten zweier Werkstücke eingesetzt.

Durch die Verwendung von eingeleimten Federn wird die Leimfläche vergrößert und damit die Festigkeit der Fuge erhöht. Außerdem wird die Lage der Werkstücke fixiert.

Warum werden Federn lose eingesetzt?

Bei Verwendung loser Federn kann das Holz innerhalb der Nuten arbeiten, d.h. quellen und schwinden.

Lose Federn werden vorwiegend bei Verbretterungen oder bei lösbaren Holzverbindungen verwendet.

Wozu werden Winkelfedern verwendet?

Winkelfedern werden für Kasteneckverbindungen auf Gehrung verwendet.

Die Nuten lassen sich parallel zur Holzfläche besser einfräsen als senkrecht in die Gehrungsfläche.

2.10.2 Dübel

Was sind Dübel?

Dübel sind glatte oder geriffelte runde Buchenholzstäbe mit verschiedenen Durchmessern und Längen.

Es gibt auch Dübel aus Kunststoff.

Welchen Vorteil bringt die Riffelung am Dübel?

Die Leimfläche wird vergrößert und ein evtl überschüssiger Leim kann durch die Leimriller entweichen.

Es gibt Dübel mit Längs-, Quer- und Spiralrillen.

Was sind Quelldübel?

Quelldübel sind Holzdübel, die durch die Leimfeuchtigkeit aufquellen und sich besser an die Dübellochwandung anschmiegen.

Durch den strammeren Sitz der Dübel wird die Holzverbindung verbessert.

Für welche Holzverbindungen werden Dübel verwendet?

Dübel verwendet man für Verbindungen im Rahmen- und Plattenbau aus Vollholz, Sperrholzplatten oder Spanplatten.

Dübel fixieren die Werkstücke beim Verleimen und stellen eine sehr haltbare Verbindung dar.

Welche Dübel eignen sich für die Verbindung von Kastenecken auf Gehrung?

Für Gehrungsverbindungen verwendet man häufig Winkeldübel.

Winkeldübel bestehen aus Lagenholz oder aus Kunststoff.

2.10.3 Drahtstifte

Welches sind die wichtigsten Arten von Drahtstiften?

Drahtstifte mit glattem Flachkopf, mit geriffeltem Senkkopf, mit Stauchkopf und mit Halbrundkopf, Leichtbauplatten-, Breitkopf-, Tapezier-, Fitschband- und Verbandstifte.

Drahtstifte bestehen aus dem Drahtstiftkopf, dem Schaft und der Spitze. Fitschband- und Verbandstifte haben keinen Kopf.

Was bedeutet der Paketaufdruck: 2,5 kg gestauchte Drahtstifte 22 × 50 DIN 1152 – bk?

Der Aufdruck gibt an: Nettogewicht, Drahtstiftart, 2,2 mm Schaftdurchmesser, 50 mm Drahtstiftlänge, DIN-Nummer, Drahtstiftoberfläche blank.

Die Drahtstiftoberfläche kann auch verzinkt (zn) oder metallisch (me) sein. Unter Metallisieren versteht man das Aufbringen eines mit Metallpigmenten angereicherten Lacküberzugs.

Was ist eine Schlaufe?

Unter einer Schlaufe (auch Krampe genannt) versteht man einen Drahtstift, der beidseitig angespitzt und zu einem U gebogen ist.

Schlaufen werden vor allem zum Befestigen von Haltedraht und Drahtzäunen an Holzpfosten verwendet.

Womit werden Drahtstifte in Holz eingetrieben?

Mit dem Hammer oder einem Magazinnagler.

Ein Magazinnagler ist ein pneumatisches Drahtstift-Einschlaggerät, in dessen Magazin Nagelstreifenpakete eingeschoben werden.

Wo werden Klammern als Verbindungsmittel benützt?

Bei einfachen Verbindungen im Serienmöbelbau, z.B. zum Befestigen von Möbelrückwänden, von Sockeln usw., oder im Innenausbau, z.B. zum Anbringen von Nut- und Federbrettern an Decken und Wänden.

Es gibt breite und schmale, kurze und lange Klammern für verschiedene Verwendungszwekke. Sie werden mit einem pneumatischen Klammernagler eingetrieben.

2.10.4 Nägel

Welches sind die wichtigsten Nagelarten?

Holznägel und Schmiedenägel.

Holznägel werden in der Regel an rustikalen Massivholzkonstruktionen, die Schmiedenägel als Ziernägel zum Befestigen von handgeschmiedeten Beschlägen oder als Brettnägel verwendet.

Wovon hängt die Festigkeit einer genagelten Holzverbindung ab?

Von Holzart, Feuchtegehalt des Holzes, Faserrichtung des Holzes, Schaftlänge und Haftlänge des Nagels bzw. des Drathstiftes im zweiten Holzteil.

Beim Nageln von Massivholz ist darauf zu achten, daß dieses nicht spaltet.

2.10.5 Holzschrauben

Welche Vorteile hat eine Schraubenverbindung gegenüber einer Nagelverbindung?

Die Schraubenverbindung ist haltbarer und kann leicht wieder gelöst werden.

Eine Schraubenverbindung ist jedoch zeitaufwendiger als eine Nagelverbindung.

Welche Holzschrauben unterscheidet man nach der Kopfform?

Senk-Holzschrauben mit Schlitz (DIN 97), mit Kreuzschlitz (DIN 7997), Halbrund-Holzschrauben mit Schlitz (DIN 96), mit Kreuzschlitz (DIN 7996), Linsensenk-Holzschrauben mit Schlitz (DIN 95), mit Kreuzschlitz (DIN 7995), Vierkant-Holzschrauben (DIN 570) und Sechskant-Holzschrauben (DIN 571).

Als Sonderformen der Holzschrauben gibt es noch Nagelschrauben, Spanplattenschrauben, Verbindungsschrauben und Stockschrauben.

Woraus werden Holzschrauben hergestellt?

Aus unlegiertem Stahl (St), aus Messing (Ms) oder aus einer Aluminiumlegierung (Al-Leg).

Die Oberfläche der Schrauben kann blank, brüniert, vermessingt, verzinkt oder vernickelt sein.

Was versteht man unter Rommeln von Schrauben?

Die Schrauben werden nach dem Vernickeln zusammen mit Poliermittel in eine geschlossene rotierende Trommel gebracht und dort durch gegenseitiges Scheuern gemeinsam blankpoliert.

Ist auf der Schraubenverpackung der Vermerk „poliert" angebracht, so sind die Köpfe der Schrauben poliert.

Was bedeutet auf einer Packung die Angabe: Holzschraube 2,7 × 17 DIN 95 – blank vernickelt 200 Stück?

Die Packung enthält 200 Holzschrauben, Schaftdurchmesser 2,7 mm, Länge 17 mm, DIN 95 kennzeichnet Linsenkopfschrauben, Oberfläche ist vernickelt.

Auf dem farbigen Aufklebezettel ist außerdem die Form der Schraube abgebildet.

Welche Vorteile haben Kreuzschlitzschrauben?

Der Kreuzschlitz bietet zum Eindrehen mit dem Kreuzschlitzschraubendreher eine größere Angriffsfläche. Die Schrauben können deshalb besser eingedreht und stärker angezogen werden.

Kreuzschlitzschrauben lassen sich auch gut mit elektrischen oder pneumatischen Schraubern oder mit Magazinschraubern eindrehen.

Was ist vor dem Eindrehen einer Schraube zu beachten?

Das Holz muß bei Verwendung kleiner Schrauben mit dem Spitzbohrer, bei längeren Schrauben mit Bohrern vorgebohrt werden. Ist der Schraubenkopf zu versenken, ist die Bohrung entsprechend auszureiben.

Die Schraubenlöcher dürfen nicht zu tief und nicht zu weit gebohrt werden, da sich sonst die Schraube ihr Gegengewinde nicht in das Holz einschneiden kann.

Was sind Nagelschrauben?

Nagelschrauben sind Schrauben mit einem konischen Gewinde, das ein Einschlagen mit dem Hammer in Holz erlaubt.

Nagelschrauben können durch Linksdrehen mit dem Schraubendreher wieder gelöst werden.

Welche Schrauben eignen sich besonders zum Schrauben in Spanplatten?

Spanplattenschrauben.

Diese bestehen aus gehärtetem Stahl und besitzen ein Doppelganggewinde mit Zentrierspitze sowie einen Senkkopf mit Schlitz oder Kreuzschlitz.

Wozu werden Vierkant- oder Sechskant-Holzschrauben verwendet?

Sie werden zum Verbinden großer und dicker Holzwerkstücke und zum Anschrauben schwerer Beschläge verwendet.

Diese Schrauben haben einen Vierkant- oder Sechskantkopf, an den ein Schraubenschlüssel zum Eindrehen angesetzt werden kann.

Wie können Schrauben mit M-Gewinde in Holzwerkstücken befestigt werden?

Da ein M-Gewinde in Holz keinen ausreichenden Halt findet, werden Einschraubmuttern oder Einschraubmuffen aus Stahl, Messing oder Al-Legierung mit einem äußeren Holzgewinde in das Holz eingedreht. Im Innern der Mutter bzw. Muffe befindet sich ein metrisches Gewinde für die Maschinenschraube.

Beim Einschrauben der Mutter oder Muffe in das Bohrloch schneidet sich das grobe Außengewinde selbst in den Werkstoff ein, wodurch eine gute Verankerung entsteht.

Was sind Stockschrauben?

Stockschrauben bestehen aus Stahl und haben auf der einen Seite ein Gewinde zum Eindrehen in Holz, auf der anderen Seite ein metrisches Gewinde.

Auf das metrische Gewinde können Muttern aufgeschraubt werden. Sie dienen z.B. zum Befestigen von Platten oder Möbelteilen an der Wand.

Wie unterscheiden sich Flachrundschrauben und Schraubenbolzen?

Flachrundschrauben haben einen flachen runden Schraubenkopf, darunter einen Vierkantansatz;

Schraubenbolzen haben einen Vierkant- oder einen Sechskant-Schraubenkopf, an dem ein Schraubenschlüssel angesetzt werden kann.

Beide Schrauben haben ein metrisches Gewinde für eine Vierkant- oder Sechskantmutter. Damit die Muttern beim Anziehen nicht in das Holz eingedrückt werden, sind Unterlagscheiben zu verwenden.

Was sind Einleimmuffen?

Einleimmuffen bestehen aus Nylon, haben außen eine Rippung und innen ein Gewinde. Sie werden in ein Bohrloch eingeschlagen und eingeleimt.

Einleimmuffen verwendet man als Befestigungsmittel für lösbare Verbindungen von Holz- oder Holzwerkstoffteilen.

2.11 Glas

Aus welchen Rohstoffen wird Glas hergestellt?

Glas ist ein geschmolzenes Gemenge aus Quarzsand, Dolomit, Kalkstein, Natriumsulfat, Natriumkarbonat sowie Glasscherben und Farbstoffen.

Je nach Zusammensetzung und Herstellung unterscheidet man verschiedene Glasarten.

2.11.1 Glasherstellung

Wie wird Glas hergestellt?

Die Rohstoffe werden fein gemahlen, miteinander vermischt und im Schmelzofen bei etwa 1500 °C geschmolzen. Nach der Abkühlung auf etwa 1000 °C läßt sich die Glasschmelze nach bestimmten Verfahren formen.

Glas kann geblasen, gezogen, gegossen, gepreßt oder geschäumt werden.

Wie wird Glas geblasen?

Die dickflüssige Glasschmelze wird auf die Glasmacherpfeife aufgesetzt und unter öfterem Erwärmen zu bestimmten Glasformen geblasen.

Heute werden verschiedene Glasgefäße nur noch maschinell geblasen.

Wie entsteht Ziehglas?

Aus einer Glasschmelze wird entweder nach dem Fourcault-Verfahren oder dem Libbey-Owens-Verfahren ein breites Glasband in gewünschter Dicke hochgezogen, das nach dem Erstarren in Tafeln zerlegt wird.

Ziehglas hat in Längsrichtung kleine Wellen, die bei der Herstellung von Spiegelglas abgeschliffen werden müssen.

Wie wird Glas nach dem Float- oder Schwimmverfahren hergestellt?

Die vorgeformte Glasschmelze läuft über ein flüssiges Zinnbad, wodurch das entstehende Glas auf beiden Seiten völlig eben, d.h. feuerpoliert wird. Das Glasband wird durch mehrere Wärmezonen und anschließend durch Kühlzonen bis zum Erstarren geführt.

Da dieses Glas nicht mehr geschliffen und poliert werden muß, wird heute das meiste Fenster- und Spiegelglas auf diese Weise hergestellt.

Welches Glas wird im Walzverfahren hergestellt?

Dickes Flachglas, Ornamentglas und Drahtglas.

Hierbei wird die Glasschmelze zwischen zwei Walzen, die auch geprägt sein können, zu einem endlosen Glasband ausgewalzt. Bei der Herstellung von Drahtglas wird ein Drahtgewebe in die Schmelze eingedrückt.

Wie werden Formteile und dickwandige Massenartikel aus Glas hergestellt?

Sie werden in eine Metallform gepreßt.

Im Preßverfahren werden z.B. Glasbausteine, Glasdachziegel, Glasfliesen, Haushaltsglas usw. hergestellt.

Wie wird Schaumglas hergestellt?

Pulverisiertes Glas wird mit gasabspaltenden Stoffen vermischt, die ein Aufschäumen des Gemisches beim Schmelzen bewirken.

Schaumglas eignet sich als Wärmedämmstoff und als Sperrschicht gegen Feuchtigkeit. Es ist wasser-, pilz-, insekten- und feuerbeständig.

Wie stellt man Glasfasern her?

Die etwa 0,1 mm dicken Glasfasern entstehen, indem die Glasschmelze durch feine Düsen gedrückt und anschließend durch Dampfdruck oder Preßluft zerfasert wird.

Die Glasfasern werden zu Matten und Geweben verarbeitet oder zur Verstärkung von Gipskartonplatten, Polyesterharzschichten o.ä. verwendet.

2.11.2 Glaserzeugnisse

Was versteht man unter Fensterglas?

Fensterglas ist Flachglas, das im Zieh- oder Floatverfahren hergestellt wird.

Fensterglas wird in verschiedenen Dicken hergestellt.

Welche Glasdicken unterscheidet man bei Fensterglas?

In der DIN 1249 sind die Fenstergläser mit Nenndicken von 3, 4, 5, 6, 8, 10, 12, 15 und 19 mm festgelegt.

Glasscheiben bis 4 mm Dicke werden üblicherweise in Fenster eingebaut, Glasscheiben ab 5 mm Dicke werden auch für Schaufenster, Schiebe- und Ganzglastüren, Theken, Tischplatten und Ladeneinrichtungen verwendet.

Wie wird nach der Qualität des Fensterglases unterschieden?

In Verglasungs- (V) und Verarbeitungsqualität (VA).

Bauglas der Sorte V darf nur kleine, unauffällige Fehler und Mängel aufweisen, die bei der Herstellung nicht ganz zu vermeiden sind.

Welche Glasfehler können in einer Glasscheibe auftreten?

Blasen, Ausmuschelungen, Schlieren, Kratzer, Feuerrisse oder Wellen.

Bei Durchsicht im Winkel bis 35° dürfen wahrnehmbare Wellen und Schlieren das Bild nicht stören. Blasen und Kratzer dürfen nur vereinzelt vorkommen, größere Kratzer überhaupt nicht.

Wie verhält sich Fensterglas gegenüber Wasser?

Freistehende Glasscheiben sind wasserunempfindlich. Wasser zwischen dicht beieinander gelagerten Glasscheiben macht die Gläser nach einiger Zeit blind.

Dabei werden durch das Wasser alkalische Bestandteile des Glases gelöst, wodurch diese Stellen matt werden.

Welche Säure greift Glas an?

Fluorwasserstoffsäure und andere Fluorverbindungen.

Glas ist gegenüber allen anderen Säuren und Laugen weitgehend beständig.

Welche Glasarten werden als Gußglas bezeichnet?

Roh-, Ornament-, Kathedral-, Antik-, Draht-, Opak- und Gartenklarglas.

Je nach Walzenoberfläche entstehen glatte, ein- oder beidseitig gemusterte Oberflächen. Das Glas kann klar oder farbig sein.

Was versteht man unter Drahtglas?

Drahtglas ist Gußglas mit Drahteinlage in Form eines Geflechts, eines Gewebes oder eines punktgeschweißten Drahtnetzes.

Bei Drahtspiegelglas ist die Oberfläche geschliffen und poliert, die Durchsicht ist verzerrungsfrei. Bei Drahtornamentglas ist die Oberfläche gemustert und lichtdurchlässig, aber nicht verzerrungsfrei durchsichtig.

Welche Vorteile bringt die Drahteinlage in Draht- oder Drahtspiegelglas?

Bei einem Bruch des Glases bleibt die Scheibe als Fläche weitgehend erhalten, d.h. sie fällt nicht zusammen. Die Gefahr für Unfälle durch Glassplitter ist gering.

Drahtglas wird auch zur Einbruchsicherheit oder bei feuerhemmenden Bauteilen verwendet.

Was versteht man unter Ornamentglas?

Ornamentglas ist ein Gußglas mit ein- oder beidseitig gemusterten Oberflächen. Es ist in der Regel mit einer gleichmäßigen Musterung versehen. Gemusterte Oberflächen sind dekorativ und bewirken eine gute Lichtstreuung.

Eine Sonderart des Ornamentglases ist das Kathedralglas. Es ähnelt dem früher in Kirchen und Kathedralen verwendeten mundgeblasenen Fensterglas.

Was sind die besonderen Merkmale des Antikglases?

Blasen, Schlieren, Wellen und Unebenheiten, wie sie bei den in der Antike hergestellten Gläsern enthalten sind.

Antikglas wird vorwiegend zum Verglasen von Möbeln und für Beleuchtungskörper verwendet.

Was ist Kristallspiegelglas?

Geschliffenes und poliertes Gußglas.

Bei Kristallspiegelglas ist die Durchsicht, bei Verarbeitung zu Spiegeln auch die Reflexion verzerrungsfrei.

Was ist Opakglas?

Opakglas ist ein weißes oder gefärbtes, getrübtes, undurchsichtiges Gußglas, dessen Oberfläche geschliffen und poliert sein kann. Bei Plattenmaterial kann die Unterseite zum Aufbringen von Mörtel oder Kleber gerippt sein.

Opakglas wird z. B. für Tischplatten, Zwischenböden oder Wandverkleidungen verwendet.

Wozu wird Gartenklarglas verwendet?

Für Gewächshäuser und Frühbeete.

Dieses Glas ist farblos und hat eine genörpelte, lichtstreuende Oberfläche.

Welche Arten von Sicherheitsglas gibt es?

Einscheibensicherheitsglas und Verbundsicherheitsglas.

Das Glas ist klar durchsichtig oder farbig, eben oder gebogen.

Worin besteht die Sicherheit beim Einscheibensicherheitsglas?

Durch künstlich erzeugte innere Spannungen im Glas zerfällt dieses beim Bruch in kleinste Teile, so daß die Verletzungsgefahr verringert ist. Außerdem ist es elastisch und schlagfest.

Es wird z.B. für Ganzglastüren, Glasvitrinen, Ganzglastische, Treppengeländer und für die Fahrzeugverglasung verwendet.

Wie wird eine erhöhte Sicherheit beim Verbundsicherheitsglas erreicht?

Die Scheiben aus Fensterglas werden durch zähelastische, organische Folien zu einer Einheit verbunden. Beim Bruch der Scheibe haften die Bruchstücke an der Folie, wodurch die Bildung loser und scharfkantiger Glassplitter verhindert wird.

Verbundsicherheitsglas wird z.B. für Schaufenster, Brüstungsplatten und Türverglasungen, mit Drahteinlage und Alarmanlage versehen in Juweliergeschäften und Banken verwendet.

Wo wird Panzerglas verwendet?

Panzerglas wird als schußsicheres Glas z.B. bei Bankschaltern, in Kassenräumen und in Fahrzeugen verwendet.

Es ist ein Verbundsicherheitsglas aus mindestens vier durch Folien verbundenen Scheiben mit Dikken zwischen 25 mm und 60 mm.

Was versteht man unter Isolierglas?

Isolierglas besteht aus zwei oder drei Glastafeln, die einen bestimmten Abstand voneinander haben und am Rande miteinander verbunden sind.

Die Glastafeln sind am Rande verschweißt oder werden mit einem umlaufenden Metallprofil zusammengehalten.

Was befindet sich im Hohlraum von Isolierglas?

Der Hohlraum ist mit trockener Luft oder mit einem Gas mit geringer Wärmeleitfähigkeit gefüllt und gegenüber der Außenatmosphäre dicht verschlossen.

Die Luft im Hohlraum muß vollständig trocken sein, weil sich sonst beim Abkühlen auf der äußeren Scheibe der Wasserdampf aus der Luft als Kondenswasser niederschlagen und die Scheibe beschlagen würde.

Wodurch erhält die Isolierglasscheibe eine gute Wärmedämmfähigkeit?

Durch den geringen Abstand zwischen den Glasscheiben ist die Luftbewegung stark eingeschränkt und somit die Wärmeübertragung geringer.

Eine Verbesserung der Wärmedämmung kann beim Wärmeschutzglas durch eine dünne Metallbeschichtung auf der inneren Glasscheibe erreicht werden.

Wozu dient das Sonnenschutzglas?

Sonnenschutzglas soll die Wärmestrahlung der Sonne zum großen Teil wieder nach außen reflektieren, damit die Räume im Sommer durch Sonneneinstrahlung nicht zu sehr aufgeheizt werden.

Das Sonnenschutzglas ist ebenfalls ein Isolierglas, bei dem die äußere Scheibe an der Innenseite mit einer dünnen Metallschicht bedampft ist.

Wie werden Spiegel hergestellt?

Das Spiegelglas wird auf der Rückseite mit einer dünnen Silberschicht belegt, die durch einen Lacküberzug gegen Beschädigungen geschützt wird.

Die Silberschicht kann auch durch eine aufgeklebte Glasplatte geschützt werden.

2.11.3 Glasbearbeitung

Wie kann man Glas bearbeiten?

Glas kann geschnitten, gebohrt, geschliffen und poliert werden.

Die Bearbeitung des Glases durch Tischler beschränkt sich in der Regel auf das Glasschneiden, da zu den anderen Arbeiten die erforderlichen Maschinen und Geräte nicht zur Verfügung stehen.

Aus welchen Teilen besteht ein Glasschneider?

Aus dem Heft, der Zwinge (Fassung) und dem Kopf mit dem Schneidkörper.

Am Kopf sind einseitig oder beidseitig Nuten (Krösel) zum Abbrechen schmaler Glasstreifen angebracht.

Was dient als Schneide beim Glasschneider?

Ein Diamant oder drehbar gelagerte, auswechselbare Rädchen aus Hartmetall oder Stahl.

Diese Schneidstoffe sind härter als Glas und können somit das Glas ritzen.

Worauf ist beim Schneiden (Ritzen) von Glas besonders zu achten?

Das Glas muß eben liegen, der Glasschneider ist am Anschlag oder Lineal in einem Winkel von 80° bis 85° mit leichtem, gleichbleibendem Druck zu führen.

Es darf nie zweimal an der gleichen Stelle geritzt werden, weil sonst die Schneide des Glasschneiders beschädigt würde.

Was bezeichnet man beim Glasschneiden als „warmen Schnitt"?

Einen frischen Schnitt, bei dem noch eine gewisse Spannung im Schnitt besteht und bei dem sich das Glas an der Schnittstelle leicht brechen läßt.

Der im Schnittspalt befindliche Glasstaub kann bewirken, daß nach kurzer Zeit Aussplitterungen an den Kanten der Schnittspalte erfolgen, wodurch die innere Spannung absinkt und das Glas nicht mehr einwandfrei bricht (kalter Schnitt).

Welche Aufgabe hat die Schneidflüssigkeit?

Die Schneidflüssigkeit bewirkt ein gutes Gleiten und ein geringes Aussetzen beim Ritzen, eine Schonung der Schneide und eine länger anhaltende Spannung im Schnitt.

Als Schneidflüssigkeit können Terpentin oder Petroleum verwendet werden.

Wie wird Glas geschliffen und gebohrt?

Glas muß naß geschliffen und gebohrt werden, da es bei der Trockenbearbeitung heiß werden und springen würde.

Bei der Glasbearbeitung werden vorwiegend die Kanten und Rundungen geschliffen und Löcher für Halterungen und Beschläge eingebohrt.

Wie kann man Glas biegen?

Die Glasscheibe wird auf eine nach Zeichnung hergestellte Biegeform aus Schamotte oder Stahlblech gelegt und im Biegeofen auf etwa 570 °C erwärmt. Dabei schmiegt sich das Glas an die Biegeform an.

Zur Herstellung von gebogenen Scheiben muß der Tischler genaue Angaben über Glasdicke, Glashöhe, Bogenlänge und Krümmungsradius machen.

Was versteht man unter Bombieren von Glas?

Bombieren nennt man das allseitige Wölben einer Glasscheibe.

Allseitig gewölbte Scheiben werden z. B. als Glaskuppeln, als Rundungen bei Ausstellungsvitrinen o. ä. verwendet.

Was versteht man unter Bleiverglasung?

Bleiverglasung ist eine Verglasungsart, bei der einzelne klare oder farbige Glasstücke mit Bleiprofilen eingefaßt und zu einer Glasfläche zusammengesetzt werden.

Die Glasfläche kann geometrisch oder figurenhaft gegliedert sein.

Wie nennt man die Knotenpunkte bei der Bleiverglasung?

Kreuzbund oder Stoßbund.

Beim Kreuzbund wird ein Bleistreifen durchgeführt, zwei Bleistreifen stoßen an; beim Stoßbund stößt ein Bleistreifen gegen einen anderen.

Wie werden die Bleistreifen an den Knotenpunkten befestigt?

Die Bleistreifen werden mit Lötzinn verlötet.

Lötzinn hat einen um etwa 100 °C niederen Schmelzpunkt als Blei. Deshalb bleibt das Blei beim Löten unbeschädigt.

Was versteht man unter Umblei?

Umblei ist ein Bleistreifen, der um das gesamte Bleifeld geführt wird und diesem die Stabilität verleiht.

Das Umblei soll möglichst selten unterbrochen, sondern an den Ecken umgeschlagen bzw. umgeknickt werden.

Wie kann Glas mattiert werden?

Durch Sandstrahlen oder Ätzen.

Diese Techniken werden häufig zum Beschriften einer Glasfläche oder zum Aufbringen von Streifen oder Ornamenten angewendet.

Wie wird Glas sandgestrahlt?

In einer Strahlkabine werden durch starkes Anblasen mit scharfkantigem Sand oder mit Siliciumkarbid feinste Glassplitter aus der Glasoberfläche herausgerissen, wodurch diese aufgerauht und matt wird.

Sind z. B. Ornamente auf der Fläche vorgesehen, so sind die Flächen, die nicht mattiert werden sollen, mit Blechschablonen oder mit selbstklebenden Folien abzudecken.

Womit kann Glas geätzt werden?

Mit Fluorwasserstoffsäure.

Fluorwasserstoffsäure ist stark ätzend und sehr giftig; deshalb sind beim Verarbeiten dieser Säure die Schutzvorschriften genau zu beachten.

Wie wird Glas geätzt?

Die Glasoberfläche wird mit Asphaltlack beschichtet, die zu ätzenden Muster werden aus der Lackschicht ausgeschnitten und die entstehenden Vertiefungen mit Fluorwasserstoffsäure gefüllt. Die Säure greift in wenigen Minuten das Glas an.

Nach dem Ätzen wird die Glasscheibe mit Wasser abgewaschen und der Lack mit Petroleum entfernt.

Was ist eine Betonverglasung?

Betonverglasung ist ein Verfahren, bei dem farbige Glasplatten oder Glasbrocken in Beton eingelegt werden.

Betonverglaste Wände werden in ornamentaler Weise z.B. in Kirchen, Eingangshallen oder Treppenhäusern eingebaut.

2.11.4 Lagerung und Transport von Glas

Wie muß die Unterlage zur Lagerung von Glas beschaffen sein?

Glas darf nur auf elastisches Material, wie z.B. Holz, Pappe oder Filz, nicht dagegen auf Metall oder Stein gestellt werden.

Glas ist spröde, kann leicht zerkratzen oder brechen.

Wie sind Glasscheiben zu lagern?

Glasscheiben müssen dicht an dicht und möglichst steil an einer glatten, elastischen Fläche anliegen. Zug- und Druckspannungen sind zu vermeiden, weil die Scheiben sonst brechen können.

Gestapeltes Glas muß vor Feuchtigkeit geschützt werden, weil es sonst blind, d.h. undurchsichtig wird.

Wie müssen Glasscheiben transportiert werden?

Glasscheiben müssen immer hochkant transportiert werden, da sie sich sonst durchbiegen und brechen.

Werden verschieden große Glasscheiben gemeinsam transportiert, so ist wegen der Gefahr des Verkratzens durch die Glaskanten immer Papier dazwischen zu legen.

2.12 Mineralische Plattenwerkstoffe

Was sind Gipskartonplatten?

Gipskartonplatten sind dünne Gipsplatten, deren Flächen und Längskanten mit einem Karton ummantelt sind.

Die Kanten können je nach Plattenart abgeflacht, rechteckig oder rund ummantelt sein.

Welche Arten von Gipskartonplatten gibt es?

Gipskarton-Bauplatten (GKB), Gipskarton-Bauplatten als Feuerschutzplatten (GKF), Gipskarton-Putzträgerplatten (GKP) und Gipskarton-Schallschluckplatten (GKS).

Die Gipskarton-Bauplatten werden in Dicken von 9,5 mm, 12,5 mm, 15 mm, 18 mm und 25 mm hergestellt.

Wozu werden Gipskartonplatten verwendet?

Sie werden zur Verkleidung von Wänden und Decken, als Schalen für Leichtbauwände, als Verlegeplatten für Trockenestriche sowie für die Schall- und Wärmedämmung verwendet.

Im Verbund mit Mineralwolle- oder Kunststoffhartschaumplatten werden sie vorwiegend für Dämmzwecke eingesetzt.

Wie werden Gipskartonplatten befestigt?

Mit Nägeln, Schrauben oder Klammern auf Holz- oder Metallunterkonstruktionen, mit Ansetzgips oder mit Klebern an Rohbauwänden oder verputzten Wänden z.B. bei der Altbausanierung.

Kleinere Platten, wie z.B. Schallschluckplatten an abgehängten Decken, können auch in Metallprofile eingehängt werden.

Wie sind die Stoßfugen zwischen den Gipskartonplatten abzudichten?

Die Fugen werden mit Gips ausgefüllt. Damit sie nicht wieder aufreißen, wird in die feuchte Gipsmasse ein Gazestreifen aus Glasfasern als Armierung eingedrückt und mit Gips überstrichen.

Kantige Platten werden meist mit Sicht- oder Schattenfuge verlegt.

Woraus werden Faserzementplatten hergestellt?

Aus mineralischen und synthetischen Fasern, Spezialzement und Wasser.

Die mineralischen und synthetischen Fasern sind nicht brennbare Stoffe.

Welche Eigenschaften haben Faserzementplatten?

Nicht brennbar, beständig gegen Pilze, Bakterien, Termiten, schwache Säuren und Laugen. Sie haben eine graue Farbe, können auch eingefärbt sein oder mit Dispersions- oder Kunstharzfarben gestrichen werden.

Faserzementplatten werden für Wand-, Decken- und Fassadenverkleidungen, für Entwässerungsrohre, Blumenkästen usw. verwendet.

Was ist bei der Verarbeitung von Faserzementplatten zu beachten?

Eine Bearbeitung ist wegen der Härte der Platten nur mit hartmetallbestückten Werkzeugen oder Trennscheiben möglich. Da der Faserzementstaub gesundheitsschädlich ist, ist eine Absaugung notwendig.

Die Befestigungselemente für diese Platten sollten aus nichtrostenden oder verzinkten Metallen bestehen

2.13 Bau-, Dämm- und Sperrstoffe

2.13.1 Natürliche Steine

Welche Arten von natürlichen Steinen unterscheidet man?

Erstarrungs-, Ablagerungs- und Umprägungsgesteine.

Jede dieser Arten läßt sich in verschiedene Gruppen einteilen.

Was sind Erstarrungsgesteine?

Gesteine, die durch Erstarren der Gesteinsschmelze nach dem Aufsteigen aus dem Erdinnern entstanden sind.

Je nachdem, ob die Erstarrung langsam oder schnell, unter hohem Druck oder geringerem Druck erfolgt ist, unterscheidet man Tiefen-, Gang-, Erguß- oder Auswurfgesteine.

Zu welcher Gesteinsart gehört Granit?

Granit ist ein Tiefengestein.

Granit bildete sich tief im Erdinnern durch langsames Abkühlen der Gesteinsschmelze unter hohem Druck.

Was sind Ablagerungsgesteine?

Abgelagerte und verkittete Verwitterungsprodukte verschiedener Gesteine.

Die Verkittung erfolgte mechanisch mit Ton, Kalk usw. unter hohem Druck (z. B. Sandstein), chemisch durch Ausscheidung aus dem Wasser (z. B. Gips) oder organisch durch Anhäufung tierischer und pflanzlicher Bestandteile (z. B. Muschelkalk).

Was sind Umprägungsgesteine?

Gesteine, die durch Umwandlung von Erstarrungs- oder Ablagerungsgesteinen unter Einwirkung von Druck und Hitze entstanden sind.

Umprägungsgesteine sind z. B. Tonschiefer, Glimmerschiefer und Gneis.

Welche Eigenschaften hat Marmor?

Fest, dicht, gut polierbar, unbeständig gegenüber Säuren, Laugen, Ölen und Fetten, nicht feuer- und wetterbeständig.

Marmor wird u. a. für Fensterbänke, Tischplatten, Boden- und Wandplatten verwendet.

Wozu wird Schiefer verwendet?

Für Dach- und Wandverkleidungen, Tischplatten, Möbelbeläge, Fußsockel usw.

Schiefer ist feinkörnig, gut spaltbar, wasserdicht, wetter- und feuerfest.

2.13.2 Künstliche Steine

Welche Steine nennt man künstliche Steine?

Mauerziegel, Kalksandsteine, Leichtbetonsteine und Gasbetonsteine.

Je nach Herstellung unterscheidet man gebrannte Steine und ungebrannte Steine.

Wie werden Mauerziegel hergestellt?

Ton und Lehm werden in einem bestimmen Verhältnis gemischt, geknetet, zu gelochten oder ungelochten Rohlingen geformt, getrocknet und bei Temperaturen zwischen 900 °C und 1200 °C gebrannt.

Werden sie bis 1400 °C gebrannt (Sintergrenze), so schmilzt die Oberfläche der Ziegel und es entstehen Klinker mit glasartiger Oberfläche.

Welche Eigenschaften haben Mauerziegel?

Druckfest, feuchtigkeitsbeständig, wasserdampfdurchlässig, gut mörtelbindend, handlich bei der Verarbeitung.

Klinker sind härter und druckfester als Mauerziegel, sie sind frostbeständig, können jedoch schlecht verputzt werden.

Wie werden Leichtziegel hergestellt?

Dem Ton-Lehm-Gemisch wird z. B. Sägemehl oder fein gemahlenes Kunststoffgranulat beigemischt, das beim Brennen der Ziegel verbrennt und Gase entwickelt. Diese Gase bilden im Stein viele kleine Poren.

Leichtziegel sind leichter als Mauerziegel und haben wegen der hohen Porigkeit eine gute Wärmedämmfähigkeit.

Welche Eigenschaften haben Kalksandsteine?

Druckfest, widerstandsfähig gegen Hitze und Kälte, feuerbeständig, maßhaltig, luftschalldämmend, wenig wärmedämmend.

Kalksandsteine werden aus Sand, Kalk und Wasser hergestellt. Die Masse wird in Pressen zu Preßlingen geformt und im Härtekessel unter Dampfdruck gehärtet.

Wie werden Leichtbetonsteine hergestellt?

Die Zuschlagstoffe, z. B. Bims, werden mit Zement oder Kalk und Wasser gemischt, zu Vollsteinen, Ein- oder Mehrkammersteinen geformt und an der Luft ausgehärtet.

Leichtbetonsteine sind leicht, wetter- und frostbeständig, feuerbeständig, putzhaftend, wärmedämmend, unempfindlich gegen biologische Schädlinge.

Warum hat Gasbeton gute Wärmedämmeigenschaften?

Gasbeton wird aus Kalk oder Zement, Sand und Wasser hergestellt. Diesem Gemisch wird Aluminiumpulver beigegeben, das als Treibmittel wirkt und unter Gasbildung viele kleine Poren erzeugt. Die Porigkeit und die geringe Dichte des Steines wirken stark wärmedämmend.

Gasbetonsteine sind gut zu bearbeiten, sie können gesägt, behauen, gebohrt und genagelt werden.

2.13.3 Beton

Wie unterscheidet sich bewehrter Beton von unbewehrtem Beton?

Bewehrter Beton enthält Stahleinlagen (= Bewehrung), unbewehrter Beton wird ohne Stahleinlagen hergestellt.

Beton selbst kann nur Druckkräfte aufnehmen. Treten in einem Bauteil auch Zugkräfte auf, so muß der Beton an diesen Stellen bewehrt werden, d.h. es müssen Baustähle eingelegt werden.

Welche Eigenschaften hat Beton?

Beton ist sehr druckfest, dicht, nicht wärmedämmend, aber feuchtigkeitsaufnehmend. Frischer Beton ist aggressiv gegenüber verschiedenen Metallen, wie z.B. gegenüber Aluminium, und wirkt fleckenbildend auf gerbsäurehaltigen Hölzern, wie z.B. auf Eiche.

Gerbstoffhaltige Hölzer und Metalle sind durch Abdecken oder Abkleben zu schützen, bis der Beton abgebunden hat.

2.13.4 Mörtel

Was versteht man unter Mörtel?

Mörtel ist eine Mischung aus Sand, Wasser und Bindemittel. Bindemittel können Zement, Kalk, Gips oder Mischungen aus Zement und Kalk oder Gips und Kalk sein.

Zement und Gips dürfen nicht miteinander vermischt werden, weil dadurch die Härtung beeinträchtigt werden kann.

Welche Mörtelart eignet sich zum Verankern von Dübeln oder Befestigungsmitteln?

Gipsmörtel.

Gipsmörtel dehnt sich beim Aushärten um 1% bis 2% aus, während Kalk- oder Zementmörtel beim Aushärten schrumpft und Risse bekommen kann.

Welche Arten von Putz unterscheidet man?

Zementputz, Kalkputz und Gipsputz.
Bei Mischungen der Bindemittel spricht man auch von Kalkzementputz, Kalkgipsputz und von Gipskalkputz.

Putze werden zum Schutz des Mauerwerks gegen Witterungseinflüsse, zur Gestaltung der Oberflächen von Wänden und Decken und zur Herstellung eines ebenflächigen Untergrunds z.B. für Anstriche und Tapeten angebracht.

Welche Eigenschaften haben Zement-, Kalk- und Gipsputze?

Zementputze sind hart und wasserbeständig, Kalkputze sind weniger hart und können rasch Luftfeuchtigkeit aufnehmen bzw. abgeben, Gipsputze sind weich, bilden glatte Oberflächen, werden aber durch dauernde Feuchtigkeitseinwirkung zerstört.

Putze werden ein- oder mehrlagig aufgebracht, wobei die Putzdicke außen etwa 20 mm, innen etwa 15 mm beträgt.

Wozu wird Mauermörtel verwendet?

Als Verbindungsmittel für Mauersteine und als Ausgleichsschicht für Unebenheiten.

Als Mauermörtel können wegen der erforderlichen Druckfestigkeit nur Kalk- und Zementmörtel verwendet werden.

Welches sind die wichtigsten Estricharten?

Zement-, Gips-, Magnesia- und Gußasphaltestrich.

Der Estrich kann mit der Rohdecke fest verbunden sein (Verbundestrich) oder schwimmend verlegt sein (schwimmender Estrich).

Wie ist ein schwimmender Estrich aufgebaut?

Zwischen der Rohdecke und der Estrichschicht ist eine Dämmschicht aus organischen Stoffen (z.B. Torfplatten oder Schaumkunststoffen) oder aus anorganischen Stoffen (z.B. Mineralwolleplatten) eingelegt, die zum Estrich hin durch eine Sperrschicht (z.B. Bitumenpappe) abgedeckt ist.

Die Dicke des Estrichs hängt von der Estrichart, von der Dicke und Art der Dämmschicht und von der Belastung ab. Sie beträgt in der Regel 25 mm bis 45 mm.

Warum darf der schwimmende Estrich keine Berührung mit der Rohdecke und mit der Wand haben?

Eine direkte Verbindung des Estrichs zu Boden und Wand würde Schallbrücken hervorrufen, die den Trittschallschutz der Decke wesentlich verschlechtern würden.

An den Randzonen werden zur Vermeidung von Schallbrücken vor dem Einbringen des Estrichs Randstreifen aus Schaumkunststoffen, Wellpappe oder Bitumenpappe aufgestellt.

2.13.5 Fliesen

Wie werden Fliesen hergestellt?

Fliesen bestehen vorwiegend aus Ton und Sand. Sie werden unter hohem Druck in Formen gepreßt und bei Temperaturen über 900 °C gebrannt.

Wandfliesen erhalten eine Glasur, die in einem zweiten Brand aufgeschmolzen wird.

Welche Eigenschaften hat die Oberfläche von Bodenfliesen?

Sie ist hart, abriebfest, frost-, säure- und wasserbeständig. Die Oberfläche kann glatt oder wegen erhöhter Gleitsicherheit rauh, genarbt oder wellig sein.

Zum Ausfugen der Fliesen wird ein spezieller Zement verwendet.

2.13.6 Dämm- und Sperrstoffe

Was versteht man unter Dämmen?

Maßnahmen gegen Wärme- und Schallübertragung.

Zum Dämmen werden porige oder faserige Dämmstoffe verwendet.

Welche faserigen Dämmstoffe gibt es?

Glas-, Stein- oder Schlackenwolle und Asbestplatten als mineralische Dämmstoffe, Holzwolle-Leichtbauplatten, Torfplatten und poröse Holzfaserplatten als organische Dämmstoffe.

Diese Dämmstoffe werden in Form von Matten, Filzen oder Platten hergestellt.

Welches sind die wichtigsten porigen Dämmstoffe?

Schaumglasplatten, Korkplatten und Kunststoff-Hartschaumplatten sowie Zellgummimatten.

Bei den Kunststoff-Hartschaumplatten unterscheidet man Polystyrol-, Polyurethan- und Phenol-Hartschaumplatten.

Was versteht man unter Sperren?

Maßnahmen gegen das Eindringen von Feuchtigkeit in ein Bauwerk.

Zum Sperren werden Sperr- und Dichtstoffe verwendet.

Welche wichtigen Arten von Sperrstoffen gibt es?

Bitumen- und Teerpappen, Dichtungsbahnen, Metallbahnen, Kunststoff-Folien, Isolierpappen und Dampfsperren.

Sperrstoffe lassen in der Regel Wasser nicht durch, sie können teilweise auch den Durchgang von Wasserdampf verhindern.

Wo sind Sperrschichten anzubringen?

Sie sind anzubringen, wo Feuchtigkeit auf das Bauteil einwirkt, z.B. an Fundamenten, an der Außenseite von Wänden und Dächern.

Dampfsperren sind gegen den Durchgang von Wasserdampf immer auf der warmen Seite der Dämmschicht anzubringen.

Welche Seite eines Fensterrahmens sollte einen zusätzlichen Anstrich erhalten?

Die innere Seite des Rahmens sollte mit einem dichteren Anstrich versehen sein.

Der außen aufzubringende Anstrich sollte einen geringeren Diffusionswiderstand aufweisen wie der innere Anstrich, damit es unter dem äußeren Anstrich nicht zu einem Feuchtigkeitsstau kommt und der Anstrich abblättert.

Was ist Schaumglas?

Schaumglas ist geschlossenzelliges, aufgeschäumtes Glas in Plattenform.

Schaumglas ist unbrennbar, wärmedämmend, dampfdicht, korrosions- und alterungsbeständig und wird für die Wärmedämmung und den Feuchteschutz z.B. als Zwischenschicht in Verbund-Wandelementen verwendet.

Wie werden Dämmstoffe aus Steinwolle hergestellt?

Kalkstein und Mergel werden geschmolzen, die Schmelze wird durch feine Düsen gedrückt und abgekühlt. Die feinen Fasern werden je nach Verwendung mit Kunstharz behandelt und zu Matten oder Filzen verarbeitet oder zu Platten gepreßt.

Diese Dämmstoffe werden zur Luftschall-, Trittschall- und Körperschalldämmung, zur Wärmedämmung und beim Brandschutz verwendet.

Wozu werden Korkplatten verwendet?

Korkplatten werden als Dämm-Material im Kühlhausbau und zur Tritt- und Körperschalldämmung bei Decken verwendet.

Bei der Herstellung dieser Platten wird Korkschrot durch Erhitzen aufgebläht und zu Platten gepreßt. Diese können auch zusätzlich mit Bitumen oder Pech behandelt werden.

3 Physikalische Grundlagen

Was ist ein physikalischer Vorgang?

Ein Vorgang, bei dem der Zustand, die Form oder die Lage eines Stoffes geändert wird.

Physikalische Vorgänge sind z.B. Spalten und Zerspanen von Holz, Heben von Lasten oder Pressen des Furniergutes.

3.1 Masse und Dichte

Was versteht man unter der Masse eines Körpers

Es ist die Stoffmenge, aus der ein Körper besteht.

Die Einheit der Masse eines Körpers ist das Kilogramm. Dieses entspricht der Masse von 1 dm^3 Wasser bei +4 °C.

Was versteht man unter der Dichte eines Stoffes?

Die Dichte eines Körpers ist das Verhältnis seiner Masse m zu seinem Volumen V.

Die Dichte wird meist in kg/dm^3 angegeben. So haben z.B. lufttrockenes Fichtenholz eine Dichte von 0,47 kg/dm^3, lufttrockenes Eichenholz 0,7 kg/dm^3 und Stahl 7,85 kg/dm^3.

3.2 Kräfte

In welcher Einheit werden Kräfte gemessen?

Die Einheit der Kraft ist das Newton (N).

Dezimale Teile und Vielfache der Einheit Newton (N) sind das Millinewton (mN), das Dekanewton (daN), das Kilonewton (kN) und das Meganewton (MN).
1 N = 1000 mN; 10 N = 1 daN; 1000 N = 1 kN; 1 000 000 N = 1 MN.

Was versteht man unter Gewichtskraft?

Die Anziehungskraft der Erde auf die Masse eines Körpers wird als Gewichtskraft bezeichnet.

Die Gewichtskraft (G) einer Masse (m) von 1 kg beträgt G = 9,81 N ≈ 10 N. Sie wird mit der Federwaage ermittelt. Die Gewichtskraft eines Körpers verringert sich mit dem Abstand vom Erdmittelpunkt. Dagegen bleibt die Masse überall gleich groß.

Durch welche Angaben wird eine Kraft eindeutig bestimmt?

Durch Größe, Richtung und Angriffspunkt.

Angriffspunkt und Richtung ergeben die Wirkungslinie der Kraft.

Wie lassen sich Kräfte zeichnerisch darstellen?

Durch den Kräftepfeil.

Die Länge des Pfeiles gibt mit Hilfe eines Kräftemaßstabes die Größe, die Richtung des Pfeiles die Wirkungslinie und das Ende des Pfeiles (durch einen kleinen Kreis gekennzeichnet) den Angriffspunkt der Kraft an.

In welchem Fall herrscht ein Gleichgewicht von Kräften?

Wenn Kraft und Gegenkraft gleich groß sind.

Gleichgroße, einander entgegengesetzt wirkende Kräfte heben sich gegenseitig auf. Der Körper bleibt dann in Ruhe oder in gleichförmiger geradliniger Bewegung

Wie kann man die resultierende Kraft ermitteln, wenn zwei Kräfte am gleichen Punkte angreifen, aber in verschiedenen Richtungen wirken?

Durch ein Kräfteparallelogramm.

Man zeichnet die beiden Kräfte in einem Kräftemaßstab, z.B. 1 cm ≙ 200 N, und zieht jeweils durch die Spitze der einen Kraft eine Parallele zur anderen Kraft. Die Verbindungslinie zwischen Angriffspunkt und Schnittpunkt der beiden Parallelen ist die resultierende Kraft.

Durch welches Hilfsmittel lassen sich Kräfte wesentlich vergrößern?

Durch den einseitigen oder zweiseitigen Keil.

Mit Hilfe von Keilen kann man schwere Lasten anheben, Holz spalten und Oberflächen bearbeiten. Der Keil bildet die Grundform der Werkzeugschneiden.

3.3 Hebel

Was ist ein Hebel?

Der Hebel ist ein um eine Achse (Drehpunkt) drehbarer starrer Körper.

Hebel sind einfache Maschinen wie z.B. Zangen, Schraubenschlüssel, Brechstangen.

Was versteht man unter einem Hebelarm?

Der Hebelarm ist der geringste Abstand zwischen Drehpunkt und Wirkungslinie der Kraft.

Die Wirkungslinie der Kraft und der Hebelarm stehen rechtwinklig zueinander.

Wie nennt man die Drehwirkung am Hebel?

Moment (M), bei sich drehenden Teilen auch Drehmoment.

Das Moment wächst mit der Länge des Hebelarms und mit der Größe der Kraft, die am Hebel wirkt.

Mit welcher Formel wird das Moment berechnet?

Moment = Kraft × Hebelarm
$M = F \cdot r$

Moment M in Nm oder Ncm, Kraft F in N und Hebelarm r in m oder cm.

Wie heißt das Hebelgesetz?

Ein Hebel ist im Gleichgewicht, wenn die Summe aller linksdrehenden Momente so groß ist wie die Summe aller rechtsdrehenden Momente.

$F_1 \cdot r_1 = F_2 \cdot r_2$
$M_1 = M_2$

Nicht die Kräfte oder Gewichte, sondern die Drehmomente müssen gleich sein, damit am Hebel Gleichgewicht herrscht.

Welche Hebelarten unterscheidet man?

Einseitige Hebel und zweiseitige Hebel.

Beim einseitigen Hebel liegt der Drehpunkt am Hebelende (Schubkarren), beim zweiseitigen Hebel liegt der Drehpunkt zwischen den Hebelarmen (Balkenwaage).

3.4 Kohäsion, Adhäsion, Zustandsformen

Was versteht man unter Kohäsion?

Die innere Zusammenhangskraft der Teilchen (Moleküle) eines Stoffes.

Die Festigkeit eines Stoffes ist um so größer, je größer die Kohäsion (Zusammenhangskraft) der Teilchen ist. Bei gasförmigen Stoffen ist z.B. keine Kohäsion vorhanden.

Was versteht man unter Adhäsion?

Die Anziehungskraft der Moleküle verschiedener Stoffe nennt man Adhäsion (Anhangskraft).

Die Adhäsion bewirkt z.B. das Haften von Lacken oder Farben an der Holzoberfläche. Auch in der Leimfuge tritt an den Berührungsflächen zwischen Holz und Leim die Adhäsion auf.

Welche Zustandsformen (Aggregatzustände) der Stoffe unterscheidet man?

Den festen, flüssigen und gasförmigen Zustand.

Die Stoffe können diese drei Zustandsformen annehmen. Wasser z.B. kommt fest als Eis, flüssig als Wasser und gasförmig als Wasserdampf vor.

Wie lassen sich die Vorgänge beim Übergang eines festen Stoffes in einen flüssigen Zustand erklären?

Wärmezufuhr beschleunigt die Wärmebewegung der Teilchen (Moleküle) und verringert deren Kohäsion.

Bei festen Stoffen ist die Kohäsion so groß, daß die Moleküle an ihren Platz innerhalb des Stoffes gebunden sind. Bei flüssigen Stoffen sind die Moleküle durch die geringeren Kohäsionskräfte gegeneinander verschiebbar, also nicht mehr an ihren Ort gebunden.

Welche Stoffe bezeichnet man als hart?

Stoffe, die dem Eindringen eines anderen Stoffes z.B. durch Ritzen einen großen Widerstand entgegensetzen.

Diamant, Platin, Hartmetall, gehärteter Stahl und Granit bezeichnet man als harte Werkstoffe.

Wann kann ein Werkstoff als zäh bezeichnet werden?

Werkstoffe sind zäh, wenn sie bei Biege-, Schlag- oder Stoßbeanspruchung nicht sofort einreißen oder brechen.

Zähe Werkstoffe sind z.B. Stahl, Blei, Holz und thermoplastische Kunststoffe. Das Gegenteil von zäh ist spröde.

Welche Eigenschaft haben elastische Stoffe?

Elastische Stoffe kehren nach Beendigung der Beanspruchung wieder in ihre ursprüngliche Lage zurück.

Elastische Stoffe sind Gummi, Federstahl, aber auch einige Holzarten wie Esche.

Welche Stoffe nennt man plastisch?

Stoffe, bei denen die Verformung erhalten bleibt, bezeichnet man als plastisch.

Plastische Stoffe sind z.B. Lehm, Fensterkitt und Blei.

3.5 Bewegungen

Welche Bewegungen unterscheidet man in Bezug auf ihre Richtung?

Geradlinige und krummlinige Bewegungen.

Der Vorschub des Holzes in einer Dickenhobelmaschine ist eine geradlinige Bewegung, während die Schneide an einem Fräser eine krummlinige, hier kreisförmige Bewegung ausführt.

Was ist Geschwindigkeit?

Geschwindigkeit ist die in der Zeiteinheit zurückgelegte Wegstrecke.

$$v = \frac{s}{t}$$

Übliche Einheiten für die Geschwindigkeit sind: km/h (Kilometer je Stunde) bei Fahrzeugen, m/min (Meter je Minute) als Vorschubgeschwindigkeit bei der Holzverarbeitung, m/s (Meter je Sekunde) als Schnittgeschwindigkeit bei der Holzverarbeitung.

Wie wird die Drehfrequenz (Drehzahl) angegeben?

Die Drehfrequenz n wird in Umdrehungen je Minute (1/min) angegeben.

Eine hohe Drehfrequenz darf nicht mit einer hohen Umfangsgeschwindigkeit gleichgesetzt werden, denn die Umfangsgeschwindigkeit ist noch vom Durchmesser des Werkzeugs abhängig.

Wie kann die Umfangsgeschwindigkeit berechnet werden?

Umfangsgeschwindigkeit = Durchmesser × π × Drehfrequenz

$$v = d \cdot \pi \cdot n$$

Die Umfangsgeschwindigkeit wird bei schneidenden Werkzeugen auch als Schnittgeschwindigkeit bezeichnet. Sie wird bei langsamlaufenden Maschinen wie in der Metallverarbeitung in Meter je Minute (m/min) gemessen, bei schnelllaufenden Holzbearbeitungswerkzeugen in Meter je Sekunde (m/s).

Wie heißt die Formel zur Berechnung der Schnittgeschwindigkeit schnellaufender Holzbearbeitungsmaschinen?

$$v = \frac{d \cdot \pi \cdot n}{60}$$

Hierin bedeuten d = Flugkreisdurchmesser in m, n = Drehfrequenz in 1/min, v = Schnittgeschwindigkeits in m/s. Die Zahl 60 dient der Umrechnung von Minuten in Sekunden.

In welchem Fall entstehen an einem Körper Fliehkräfte?

Wird ein Körper kreisförmig bewegt, entstehen Fliehkräfte.

Sie sind um so größer, je größer die Masse des sich drehenden Körpers und je größer die Umfangsgeschwindigkeit ist.

Wann können Fliehkräfte gefährlich werden?

Wenn die Umfangsgeschwindigkeit zu hoch wird, sind die Fliehkräfte größer als die Zusammenhangskräfte (Kohäsion) des Materials und der Drehkörper zerreißt.

Bei Fräswerkzeugen, Kreissägen, Schleifscheiben usw. dürfen deshalb die vorgeschriebenen Drehfrequenzen nicht überschritten werden.

Was versteht man unter Reibung?

Die Reibung ist eine Widerstandskraft gegen das Verschieben eines Körpers auf seiner Unterlage.

Bei der Reibung wird mechanische Arbeit in Wärme umgewandelt wie z.B. beim Schleifen von Werkzeugen.

Von welchen Größen ist die Reibungskraft abhängig?

Von der senkrecht zur Reibfläche wirkenden Kraft F_n (Normalkraft) und der Reibungszahl μ (mü), die wiederum von der Oberflächenbeschaffenheit der beiden Werkstoffe, der Schmierung und der Reibungsart abhängt.

Reibungskraft = Reibungszahl × Normalkraft

$$F_R = \mu \cdot F_n$$

Die Kraft zur Überwindung der Reibung ist so groß wie die Reibungskraft. Die Reibungszahl μ kann aus Tabellen entnommen werden.

Welche Arten von Reibung unterscheidet man?

Haftreibung, Gleitreibung und Rollreibung.

Haftreibung ist die Reibung, die einen Körper am Gleiten hindert. Gleitreibung ist der Widerstand, der entsteht, wenn sich der Körper bereits in Bewegung befindet (Gleitlager, Bremsen), Rollreibung entsteht, wenn sich ein runder Körper (Rad, Kugel, Walze) auf einer Unterlage abwälzt.

3.6 Festigkeit von Körpern

Was versteht man unter der Festigkeit eines Körpers?

Die Festigkeit ist der Widerstand, den der Werkstoff durch seine inneren Bindungskräfte (Kohäsion) der Trennung bzw. Zerstörung durch äußere Kräfte entgegensetzt.

Die Festigkeit eines Werkstoffes wird durch Belasten bis zur Bruchgrenze bestimmt und in N/mm^2 gemessen.

Welche Festigkeiten sind nach den Beanspruchungsarten zu unterscheiden?

Zugfestigkeit, Druckfestigkeit, Biegefestigkeit, Schub- und Scherfestigkeit, Torsionsfestigkeit, Knickfestigkeit und Spaltfestigkeit.

Bei dem Werkstoff Holz ist die Festigkeit vor allem von der Holzart, von der Faserrichtung, von der Holzbeschaffenheit und vom Wassergehalt des Holzes abhängig.

3.7 Arbeit, Energie, Leistung

Was versteht man unter dem Begriff „mechanische Arbeit"?

Wenn ein Körper unter der Einwirkung einer Kraft einen Weg entlang der Kraftrichtung bewegt wurde, hat man mechanische Arbeit verrichtet.
Mechanische Arbeit = Kraft × Weg
$W = F \cdot s$

Die Kraft wird in N, der Weg in m gemessen. Damit ergibt sich als Einheit für die mechanische Arbeit Nm (Newtonmeter).

Was ist Energie?

Unter Energie versteht man ein Arbeitsvermögen.

Wasser, in einen Stausee hochgepumpt, kann durch seine Lage mechanische Arbeit verrichten. Das Wasser hat jetzt Arbeitsvermögen, mechanische Energie. Diese kann umgewandelt werden in Bewegungsenergie, in elektrische Energie und in Wärmeenergie. Deshalb werden die Größen Energie, Arbeit und Wärmemenge als Größen gleicher Art bezeichnet.
1 J = 1 Nm = 1 Ws

Was versteht man unter dem Begriff Leistung?

Die in der Zeiteinheit von 1 Sekunde verrichtete Arbeit bezeichnet man als Leistung.

Man berechnet die Leistung wie folgt:

$$\text{Leistung} = \frac{\text{Arbeit}}{\text{Zeit}} = \frac{\text{Kraft} \times \text{Weg}}{\text{Zeit}} = \text{Kraft} \times \text{Geschwindigkeit}$$

$$P = \frac{W}{t} = \frac{F \cdot s}{t} = F \cdot v$$

In welchen Einheiten wird die mechanische Leistung angegeben?

In Watt, in Joule je Sekunde oder in Newtonmeter je Sekunde.

$$1\ \text{W} = 1\ \frac{\text{J}}{\text{s}} = 1\ \frac{\text{Nm}}{\text{s}}$$

Das Vielfache des Watt sind das Kilowatt (kW) und das Megawatt (MW).

Was wird durch den Wirkungsgrad ausgedrückt?

Der Wirkungsgrad ist das Verhältnis der abgegebenen Leistung zur zugeführten Leistung.

$$\eta = \frac{P_{ab}}{P_{zu}}$$

Da die abgegebene Leistung immer kleiner ist als die zugeführte Leistung, muß auch der Wirkungsgrad immer kleiner als 1 sein.

3.8 Flüssigkeiten

Warum ist in einer Schlauchwaage der Flüssigkeitsspiegel immer gleich hoch?

Die Oberfläche der Flüssigkeit in verbundenen Gefäßen bildet immer eine Waagerechte, weil die Erdanziehungskraft gleichmäßig auf alle Flüssigkeitsmoleküle einwirkt.

Mit einer Schlauchwaage können Punkte gleicher Höhenlage festgelegt werden, z.B der Meterriß in einem Gebäude.

Warum kann ein Wassertropfen auf einer trockenen Glasfläche nahezu kugelförmig bleiben?

Es wirken hier die Kohäsionskräfte zwischen den Molekülen sehr stark zur Masse der Flüssigkeit hin, was man als Oberflächenspannung bezeichnet.

Nachteilig ist die Oberflächenspannung z.B. bei der Naßabscheidung von feinem Lackstaub. Durch die Beigabe eines Benetzungsmittels kann die Oberflächenspannung des Wassers aufgehoben und der Staub benetzt werden.

Was versteht man unter der Kapillarität oder Haarröhrchenwirkung?

Kapillarität ist das Bestreben einer Flüssigkeit, z.B. von Wasser, in engen Röhren (Kapillaren) hochzusteigen und zwar um so höher, je enger die Röhren sind.

Im Bauwesen kann z.B. die Bodenfeuchtigkeit infolge Kapillarität im Mauerwerk aufsteigen, wodurch dieses Bauteil feucht wird.

Was versteht man unter Viskosität?

Viskosität nennt man die innere Reibung zwischen den Molekülen einer bewegten Flüssigkeit. Hochviskos sind zähflüssige Stoffe, niedrigviskos sind dünnflüssige Stoffe.

Die Viskosität ist wichtig beim Ansetzen von Leimen und Lacken.

3.9 Druck in Flüssigkeiten und Gasen

Was versteht man unter Druck?

Der Druck p ist die Kraft F, die auf eine gedrückte Fläche A wirkt.

$$\text{Druck} = \frac{\text{Kraft}}{\text{gedrückte Fläche}}$$

$$p = \frac{F}{A}$$

Druck kann auf feste, flüssige und gasförmige Körper ausgeübt werden.

Mit welchen Einheiten wird der Druck gemessen?

Druck bei festen Körpern in

$$\frac{N}{m^2}, \frac{N}{cm^2}, \frac{N}{mm^2}$$

Flüssigkeits- und Gasdruck in Pa oder bar
Luftdruck in mbar oder hPa

Zusammenhang:

$$1\ \text{bar} = 100\,000\ \text{Pa} = 100\,000\ \frac{N}{m^2}$$
$$= 0{,}1\ \text{MPa} = 0{,}1\ \frac{N}{mm^2}$$

Wie wirkt sich Druck auf eingeschlossene Flüssigkeiten aus?

Der Druck innerhalb einer eingeschlossenen Flüssigkeit ist überall gleich. Ein auf die Flüssigkeit ausgeübter Druck pflanzt sich nach allen Seiten hin gleichmäßig fort.

Diese Gesetzmäßigkeit wird z. B. bei hydraulischen Pressen und Hebegeräten zum Erzeugen hoher Drücke ausgenützt.

Was versteht man unter dem Atmosphärendruck p_{amb}?

p_{amb} ist der Luftdruck, den die Luftmasse entsprechend den jeweiligen atmosphärischen Verhältnissen auf ihre Umgebung ausübt.

Auf Meereshöhe wird durch die Luft bei normalen atmosphärischen Verhältnissen ein Druck von etwa 1 bar erzeugt.

Was versteht man unter dem Überdruck p_e?

Als Überdruck p_e wird der Druckunterschied zwischen einem vorhandenen Gasdruck und dem kleineren Atmosphärendruck p_{amb} bezeichnet (z. B. $p_e = 5$ bar).

Ist der Gasdruck kleiner als der Atmosphärendruck, so spricht man von einem negativen Überdruck (z. B. $p_e = -0{,}3$ bar).

3.10 Wärme

3.10.1 Wesen der Wärme

Was ist Wärme?

Wärme ist Bewegungsenergie der Moleküle eines Stoffes.

Je höher die Temperatur, desto schneller bewegen sich die Moleküle des Stoffes. Einen Körper erwärmen heißt also, durch Zuführen von Energie die Bewegungsenergie seiner Moleküle erhöhen.

3.10.2 Temperatur und Tempteraturmessung

Was versteht man unter Temperatur?

Temperatur ist der Wärmestand eines Körpers.

Die Einheiten der Temperatur sind das Kelvin (K) und das Grad Celsius (°C).

Was versteht man unter dem absoluten Nullpunkt der Temperatur?

Der absolute Nullpunkt ist die tiefstmögliche Temperatur von $-273\,°C = 0\,K$.

Bei dieser Temperatur sind alle Körper fest, sie enthalten keine Wärmeenergie mehr.

Welche Thermometerarten werden zur Temperaturmessung verwendet?

Flüssigkeitsthermometer, Metallthermometer und elektrische Thermometer.

Beim elektrischen Widerstandsthermometer z. B. nutzt man die Abhängigkeit des elektrischen Widerstandes von der Temperatur.

3.10.3 Wärmemenge

In welcher Einheit wird die Wärmemenge gemessen?

In Joule (J, sprich dschul).

Wärmeenergie Arbeit und Energie werden als Größen gleicher Art betrachtet. Deshalb gilt:
1 J = 1 Nm = 1 Ws.

3.10.4 Spezifische Wärmekapazität

Was versteht man unter spezifischer Wärmekapazität?

Die Wärmemenge, die nötig ist, um 1 kg eines Stoffes um 1 K (1 °C) zu erwärmen.

Wasser hat die größte spezifische Wärmekapazität, Metalle haben eine wesentlich kleinere.

3.10.5 Wärmewirkungen

Wie ändern sich Volumen und Dichte eines Körpers bei Erwärmung?

Das Volumen der meisten Körper wird größer, die Dichte kleiner.

Die Wärmeausdehnung ist je nach Art und Zusammensetzung des Körpers verschieden groß. Sie erfolgt nach allen Richtungen.

Warum sind Bewegungsfugen am Baukörper z.B. bei Aluminium-Blechabdeckungen auf Mauerwerk notwendig?

Aluminiumblech dehnt sich bei Erwärmung durch die Sonne etwa doppelt so stark aus wie Mauerwerk. Ohne Fugen würde sich das Blech ausbeulen oder aus der Halterung reißen.

Der Werkstoff Stahlbeton ist nur deshalb möglich, weil Stahl und Beton die gleiche Wärmeausdehnung haben.

Was versteht man unter der Anomalie des Wassers?

Wasser hat seine geringste Ausdehnung und damit seine größte Dichte nicht bei tiefsten Temperaturen, sondern bei 4 °C.

Deshalb schwimmt Eis auf Wasser und Wasserleitungen zerspringen, wenn sich Wasser darin beim Gefrieren ausdehnt.

Warum steigt erwärmte Luft nach oben?

Gase, die erwärmt werden, dehnen sich aus, ihre Dichte wird kleiner. Warme Luft wird deshalb am Boden von kalter Luft mit größerer Dichte verdrängt und steigt nach oben.

Beispiele sind die Luftumwälzung bei der Raumheizung und das Abziehen der heißen Rauchgase durch den Kamin.

Welche Aggregatzustände sind bei einem Stoff möglich?

Fest, flüssig oder gasförmig.

Der Aggregatzustand ändert sich, wenn eine bestimmte Wärmemenge zugeführt oder entzogen wird.

Was versteht man unter Schmelz- oder Erstarrungstemperatur?

Temperatur, bei der ein Körper vom festen in den flüssigen Zustand übergeht bzw. umgekehrt.

Die Schmelz- bzw. Erstarrungstemperatur beträgt für Gußeisen etwa 1200 °C, für Wasser 0 °C, für Quecksilber −39 °C.

Wie unterscheiden sich die Vorgänge Sieden und Verdunsten?

In beiden Fällen wird eine Flüssigkeit in den gasförmigen Zustand übergeführt. Beim Sieden geschieht dies durch Wärmezufuhr bei Erreichen der Siedetemperatur, beim Verdunsten unterhalb der Siedetemperatur und nur an der Oberfläche der Flüssigkeit.

Die zum Verdunsten notwendige Energie wird der Flüssigkeit entzogen und Verdunstungskälte genannt.

3.10.6 Luftfeuchtigkeit

Was versteht man unter der absoluten Luftfeuchte?

Es ist die Wasserdampfmenge in g, die in 1 m³ Luft enthalten ist.

Beispiel: 1 m³ Luft mit einer Temperatur von 22 °C enthält 9,7 g/m³ Wasserdampf.

Was versteht man unter der maximalen Luftfeuchte?

Es ist die Wasserdampfmenge in g, die 1 m³ Luft in Abhängigkeit von der Temperatur maximal aufnehmen kann.

Beispiel: 1 m³ Luft mit einer Temperatur von 22 °C kann maximal 19,4 g Wasserdampf aufnehmen.

Was versteht man unter der relativen Luftfeuchte?

Die relative Luftfeuchte gibt den Feuchtigkeitsgehalt der Luft in % an als Verhältnis der absoluten Luftfeuchte zur maximalen Luftfeuchte.

$$\text{Relative Luftfeuchte } \varphi = \frac{\text{Absolute Luftfeuchte} \times 100\,\%}{\text{Maximale Luftfeuchte}}$$

$$\text{Beispiel: } \varphi = \frac{9{,}7\ \text{g/m}^3 \cdot 100\,\%}{19{,}4\ \text{g/m}^3} = 50\,\%$$

Was versteht man unter dem Taupunkt der Luft?

Der Taupunkt ist die Lufttemperatur, bei der die relative Luftfeuchte von 100 % erreicht wird und somit Wasserdampf aus der Luft als Kondenswasser abgeschieden wird.

Das Kondenswasser kann als Nebel in der Luft oder als Schwitzwasser an kalten Bauteilen auftreten.

3.10.7 Wärmeübertragung

Welche Möglichkeiten der Wärmeübertragung gibt es?

Wärmestrahlung, Wärmemitführung (Konvektion) und Wärmeleitung.

Alle drei Möglichkeiten kommen beim Wärmeschutz im Bauwesen bei der Übertragung von Wärmeenergie von der Raumluft zur Außenluft oder umgekehrt vor.

Wie erfolgt die Übertragung der Wärme durch Strahlung?

Wärmestrahlung ist nicht an Materie gebunden. Die Wärmestrahlen werden beim Auftreffen auf einen Körper in Wärmebewegung der Moleküle umgewandelt, d.h. der Körper wird erwärmt.

Dunkle und rauhe Körper nehmen mehr Wärmestrahlung auf als helle und glänzende Körper.

Wie wird Wärme durch Konvektion übertragen?

Die Wärmeenergie wird von Gas- oder Flüssigkeitsströmungen an der Wärmequelle (z.B. im Heizkessel) aufgenommen und an anderer Stelle (z.B. über Heizkörper) wieder an die Umgebung abgegeben.

Konvektion tritt überall da auf, wo Luftschichten mit unterschiedlich warmen Begrenzungsflächen in Berührung kommen, wie z.B. bei Doppelfenstern.

Wie wird die Wärme in festen Stoffen übertragen?

Die Wärme wird von Molekül zu Molekül als Schwingungsenergie durch Stoßvorgänge weitergeleitet.

Die Wärmeleitfähigkeit der Stoffe ist aufgrund der Zusammensetzung, der Struktur und des Feuchtigkeitsgehaltes des Stoffes unterschiedlich groß.

Welche Stoffe sind gute Wärmeleiter?

Alle Metalle, besonders Silber, Kupfer und Aluminium.

Aus diesem Grund verwendet man z.B. Kupfer zur Herstellung von Lötkolben, von Heiz- und Kühlschlangen.

Welche Stoffe sind schlechte Wärmeleiter?

Holz, Kunststoff, Papier, Textilfasern, Asbest, Mineralfasern, Kork, Keramik, außerdem alle Gase (auch Luft).

Schleche Wärmeleiter verwendet man für die Wärmedämmung und in der Kältetechnik.

Was versteht man unter dem Heizwert eines Stoffes?

Die Wärmemenge, die bei der vollständigen Verbrennung von 1 kg (bei Gasen von 1 m³) eines Stoffes entsteht.

Praktisch kann nie die ganze Wärmemenge technisch ausgenützt werden, da bei der Verbrennung stets Wärmeverluste auftreten.

3.11 Schall

Wie entsteht Schall?

Schall entsteht, indem Luftmoleküle, z.B. durch eine Membrane, in Schwingung versetzt werden. Diese Schwingungen breiten sich nach allen Richtungen aus und werden über das Ohr als Schall wahrgenommen.

Nach dem Ausbreitungsmedium unterscheidet man den Luftschall und den Körperschall.

Was versteht man unter Trittschall?

Trittschall ist ein Körperschall, der durch Gehen auf einer Decke entsteht.

Körperschall und Trittschall wird in Decken und Wänden weitergeleitet, teilweise als Luftschall abgestrahlt und damit hörbar.

Was versteht man unter einem Schallpegel?

Der Schallpegel ist die Stärke eines Geräusches in Abhängigkeit vom Schalldruck.

Der Schalldruck entsteht durch die Schwingungen der Luftmoleküle und wird mit dem Schallpegelmesser gemessen.

In welcher Einheit wird der Schallpegel angegeben?

In Dezibel (dB)

Der Schallpegel beträgt an der Hörschwelle 0 dB, an der Schmerzschwelle 120 dB.

Welche schalltechnische Größe wird mit der Einheit dB(A) gemessen?

Der bewertete Schallpegel.

Mit der Kennzeichnung des Lärms durch den bewerteten Schallpegel wird die Eigenschaft des menschlichen Ohres berücksichtigt, niedere Töne als nicht so laut zu empfinden wie hohe Töne.

Um wieviel dB(A) steigt der Schallpegel an, wenn zu einer schon laufenden Maschine eine zweite Maschine mit gleich hohem Schallpegel eingeschaltet wird?

Der Schallpegel steigt um 3 dB(A) an.

Man darf die Schallpegel mehrerer Schallquellen nicht zu einem Gesamtschallpegel addieren.
Beispiel: Zwei Maschinen mit einem Schallpegel von je 70 dB(A) ergeben einen Gesamtschallpegel von 73 dB(A).

Was ist ein Beurteilungspegel?

Der Beurteilungspegel ist der A-Schallpegel, der auf die Dauer einer 8stündigen Arbeitsschicht bei konstanter Geräuschbelastung bezogen ist.

Wird die Einwirkdauer des A-Schallpegels auf den Menschen halbiert, so senkt sich der Beurteilungspegel um 3 dB(A) ab.

Wie hoch ist der Beurteilungspegel, wenn ein A-Schallpegel von 85 dB(A) nicht 8 Stunden, sondern nur 4 Stunden auf den arbeitenden Menschen einwirkt?

Der Beurteilungspegel beträgt 85 dB(A) − 3 dB(A) = 82 dB(A).

Beträgt die Einwirkdauer des A-Schallpegels nur 2 Stunden pro Arbeitsschicht, so vermindert sich der Beurteilungspegel um weitere 3 dB(A) auf 79 dB(A).

4 Grundlagen der Elektrotechnik

4.1 Grundbegriffe

Was versteht man unter elektrischem Strom?

Elektrischer Strom ist die Bewegung elektrisch geladener Teilchen.

In Metallen besteht der Strom aus freien Elektronen, die zwischen den Atomen ausgetauscht werden können. Schlechte Leiter haben nur wenige freie Elektronen. Nichtleiter (Isolierstoffe) besitzen keine freien Elektronen.

Was versteht man unter einem Stromkreis?

Den Kreislauf des Stromes von der Spannungsquelle über Schalter zum Verbraucher (Glühlampe, Motoren, Bügeleisen usw.) und wieder zurück zur Spannungsquelle.

Nur wenn der Stromkreis geschlossen ist, kann ein Strom fließen.

Welches sind die drei wichtigsten Größen in der Elektrotechnik?

Spannung, Stromstärke und Widerstand.

Bei einem Vergleich des Stromkreises mit einer Wasserleitung entspricht die Spannung dem Druck des Wassers, die Stromstärke der Wassermenge und der Widerstand der Reibung in den Rohrleitungen.

In welcher Einheit wird die Spannung gemessen?

In Volt (V).

Die Licht- und Kraftanlagen haben meist Spannungen von 220 V oder 380 V. Hochspannungsleitungen führen Spannungen bis zu 400000 V = 400 kV.

In welcher Einheit wird die Stromstärke gemessen?

In Ampere (A).

Fließen durch den menschlichen Körper Ströme über 45 mA, so sind sie lebensgefährlich.

In welcher Einheit wird der Widerstand gemessen?

In Ohm (Ω).

Sehr große Widerstände werden in Megaohm (1 MΩ = 1000000 Ω) gemessen.

Wovon hängt die Größe des Widerstandes eines Leiters ab?

Von seiner Länge, seinem Querschnitt, seinem Werkstoff und seiner Temperatur.

Der Widerstand eines Drahtes ist um so größer, je größer seine Länge, je kleiner sein Querschnitt und je größer sein Einheitswiderstand ist. Die meisten Leiter haben bei höherer Temperatur einen größeren Widerstand.

Welche Stoffe leiten den elektrischen Strom?

Alle Metalle, Kohle, Säuren, Laugen und Salzlösungen.

Kupfer ist das wirtschaftlichste Material für elektrische Leitungen. Lösungen von Säuren, Laugen und Salzen werden bei Stromdurchgang zersetzt.

Welche Stoffe sind Nichtleiter (Isolatoren)?

Gummi, Luft, Öl, Keramik, Asbest, Baumwolle, Lack, Kunststoff, trockenes Holz usw.

Leitungsdrähte sind meist mit Gummi, Lack oder Kunststoff isoliert. Kabel werden isoliert und durch Kunststoff- oder Bleimäntel gegen Feuchtigkeit, durch eine Stahlarmierung gegen Beschädigung geschützt.

Auf welche Weise können elektrische Verbraucher in Stromkreisen geschaltet werden?

In Reihe (Serie) oder parallel.

Ebenso können auch Spannungsquellen, z.B. die einzelnen Zellen einer Akkumulatorenbatterie, in Reihe oder parallel geschaltet werden.

In welchem Fall spricht man von einer Reihenschaltung?

Wenn die Verbraucher oder Spannungsquellen so geschaltet sind, daß sie vom Strom hintereinander durchflossen werden.

So sind z.B. die Lampen der elektrischen Christbaumbeleuchtung meist hintereinander geschaltet.

Wodurch ist die Parallelschaltung gekennzeichnet?

Dadurch, daß sich der Stromkreis verzweigt.

So sind z.B. die einzelnen Glühlampen eines Kronleuchters parallel geschaltet.

4.2 Spannungserzeugung

Welches sind die wichtigsten Möglichkeiten zur Erzeugung einer elektrischen Spannung?

Spannung durch Induktion, durch chemische Energie und durch Reibung (Statische Elektrizität).

Induktionsspannung wird vorwiegend in Generatoren und Transformatoren genutzt, Spannung aus chemischer Energie in Trockenbatterien und Akkumulatoren. Statische Elektrizität tritt häufig bei der Verarbeitung von Kunststoffen auf.

Wie entsteht eine Spannung durch Induktion?

Wenn ein elektrischer Leiter von magnetischen Kraftlinien geschnitten wird.

Man sagt: In ihm wird eine Spannung induziert. Es ist dabei gleichgültig, ob der Leiter oder das Magnetfeld bewegt wird. Eine Spannung wird auch dann induziert, wenn die Stärke eines Magnetfeldes geändert wird.

Wovon hängt die Größe einer Induktionsspannung ab?

Von der Anzahl der Spulenwindungen und der Zahl der in einer Sekunde geschnittenen magnetischen Kraftlinien.

Je höher die Drehzahl eines Generators ist, desto höher ist auch die induzierte Spannung.

Wie entsteht Spannung durch chemische Energie?

Sie entsteht, wenn zwei verschiedene Metalle oder Kohle und ein Metall mit einer leitenden Flüssigkeit in Berührung kommen.

Man nennt dies ein galvanisches Element. Mehrere galvanische Elemente zusammengeschaltet bezeichnet man als Batterie.

Wie entsteht Spannung durch Reibung?

Statische Elektrizität entsteht vor allem durch Reibung von Kunststoffen. Diese sind meist gute Isolierstoffe, die die Elektrizität ohne Erdung nicht ableiten.

Bei der Entladung stark aufgeladener Teile können sich Funken bilden, die z. B. zu Explosionen von Lösungsmitteldämpfen führen können.

4.3 Wirkungen des elektrischen Stromes

Welche Wirkungen hat der elektrische Strom?

Wärmewirkung, Lichtwirkung, magnetische Wirkung und chemische Wirkung.

Die Wärmewirkung nutzt man in Heizgeräten, die Lichtwirkung in Glühlampen und Leuchtstofflampen, die magnetische Wirkung in Elektromotoren, die chemische Wirkung beim Galvanisieren.

4.4 Elektrogeräte und ihre Leistung

Wie lautet das Ohm'sche Gesetz?

Spannung U ist gleich dem Widerstand R mal der Stromstärke I. ($U = R \cdot I$)

Die Stromstärke I ist um so größer, je größer die Spannung U und je kleiner der Widerstand R ist.

In welcher Einheit wird die elektrische Leistung gemessen?

In Watt (W) oder in Kilowatt (kW).

Die Leistung P ist das Produkt aus Spannung U und Stromstärke I. ($P = U \cdot I$)
1 W = 1 Nm/s = 1 J/s.

4.5 Elektrische Arbeit und ihre Kosten

In welcher Einheit wird die elektrische Arbeit gemessen?

In Kilowattstunden (kWh) oder Wattsekunden (Ws).

Wird 1 Stunde lang die Leistung von 1 kW entnommen, so ist die elektrische Arbeit 1 kWh. Nach den verbrauchten kWh werden die Stromkosten berechnet. 1 Ws = 1 J = 1 Nm.

4.6 Stromarten

Wodurch ist Gleichstrom gekennzeichnet?

Die Elektronen bewegen sich nur in einer Richtung (Sinnbild –).

Gleichstrom erhält man aus galvanischen Elementen oder durch Gleichrichten von Wechselstrom mit Gleichrichterelementen oder Stromwendern in Generatoren.

Was versteht man unter Wechselstrom?

Größe und Richtung des Stromflusses ändern sich regelmäßig in rascher Folge (Sinnbild ~).

Der Verlauf der elektrischen Spannung entspricht einer Sinuslinie. Das einmalige Hin- und Herschwingen der Spannung wird als 1 Periode bezeichnet.

Was versteht man unter Frequenz?

Die Anzahl der Perioden in 1 Sekunde.

Die Einheit der Frequenz ist 1 Hertz (1 Hz). Die Frequenz unseres Stromversorgungsnetzes beträgt 50 Hz. Wechselströme mit sehr hoher Periodenzahl nennt man Hochfrequenzströme.

Was versteht man unter Drehstrom?

Drehstrom ist Dreiphasen-Wechselstrom (Sinnbild 3~).

Die in drei Spulen des Generators erzeugte Spannung wird in drei spannungsführenden Leitern (Außenleiter L1, L2, L3) und einem spannungslosen Rückleiter (Neutralleiter N) dem Verbraucher zugeführt.

Welche Spannungen stehen bei den gebräuchlichen Drehstromnetzen zur Verfügung?

Zwischen den Außenleitern (L1, L2, L3) 380 Volt, zwischen einem Außenleiter und dem Neutralleiter (N) 220 Volt.

Im Vierleitersystem werden also 3 × 380 V und 3 × 220 V Spannung zur Verfügung gestellt. Die Spannungsangabe lautet 380/220 V. Kleinere Geräte werden an 220 V, größere Geräte, insbesondere Motoren, werden an 380 V Spannung angeschlossen.

4.7 Sicherungen

Welche Aufgaben haben Sicherungen?

Sie verhindern ein gefährliches Überschreiten der zulässigen Stromstärke.

Auf den Sicherungen ist der Nennstrom angegeben. Die Angabe richtet sich nach dem Leitungsquerschnitt und nach Zahl und Größe der angeschlossenen Verbraucher.

Welche Arten von Sicherungen gibt es?

Schmelzsicherungen und Sicherungsautomaten.

Sicherungen sind im Hausanschlußkasten und in den Sicherungskästen der einzelnen Haushalte untergebracht.

Wie ist die Funktionsweise einer Schmelzsicherung?

Ein dünner draht- oder bandförmiger Schmelzleiter im Innern der Sicherungspatrone schmilzt bei zu starkem Stromfluß durch und unterbricht den Stromkreis.

Eine durchgeschmolzene Sicherung muß durch eine neue, gleichwertige ersetzt werden. Sicherungen dürfen nicht geflickt werden, da Drahtmaterial und -querschnitt nicht mehr den Voraussetzungen für die Nennstromangabe entsprechen.

Wie spricht ein Sicherungsautomat auf zu hohen Stromfluß an?

Sicherungsautomaten haben einen magnetischen Auslöser, der auf Kurzschluß anspricht und einen Bimetall-Auslöser, der bei Überlastung wirksam wird.

Sicherungsautomaten können nach dem Auslösen wieder eingeschaltet werden, bei Bimetall-Auslösung jedoch erst, wenn der Bimetall-Streifen abgekühlt ist.

4.8 Magnetismus

Wie wirkt ein Magnet?

Ein Magnet hat einen Nord- und einen Südpol. Zwischen den Polen sind Kräfte wirksam. Gleichnamige Pole stoßen sich ab, ungleichnamige Pole ziehen sich an.

Bei den Magneten unterscheidet man Dauermagnete und Elektromagnete.

Was sind Dauermagnete?

Dauermagnete bestehen aus Stahllegierungen oder aus Metalloxiden, bei denen die Elementarmagnete (Dipole) ausgerichtet sind. Sie behalten ihre magnetische Wirkung.

Dauermagneten werden z.B. für Möbelverschlüsse oder für Magnetspannplatten benützt.

Wie ist ein Elektromagnet aufgebaut?

Er besteht aus einer Spule mit Weicheisenkern.

Wird die Spule von Strom durchflossen, so entsteht ein Magnetfeld. Der Weicheisenkern verstärkt das Feld.

Wozu werden Elektromagnete verwendet?

Elektromagnete werden z.B. für Magnetkupplungen, Schrottmagnete, Türöffner, elektrisch betätigte Ventile und elektrisch gesteuerte Schalter (Schütze) verwendet.

Elektromagnete haben den Vorteil, daß ihre magnetische Wirkung geregelt und abgeschaltet werden kann.

4.9 Induktion

Welche Aufgabe hat ein Transformator?

Er dient zur Änderung der Spannung.

Die Spannung ändert sich im Verhältnis der Windungszahlen der Spulen. Nur Wechselspannungen können transformiert werden.

Wie ist ein Transformator aufgebaut?

Er besteht aus einem geschlossenen Eisenkern und zwei Spulen.

Der Primärspule wird Wechselspannung zugeführt. Dadurch entsteht ein Magnetfeld. Hat z.B. die Primärspule 1000 Windungen und die Sekundärspule 250 Windungen, so ist das Verhältnis 1000 : 250 = 4 : 1. Das bedeutet, daß auch das Spannungsverhältnis zwischen Primär- und Sekundärspule 4 : 1 ist.

4.10 Elektromotoren

Was versteht man unter Sternschaltung?

Bei der Sternschaltung ist je ein Ende der 3 Motorenwicklungen sternförmig miteinander verbunden (Sinnbild Y). Das andere Ende jeder Spule ist mit einem der Außenleiter L1, L2 und L3 verbunden.

Die Verbraucher liegen an der niedrigeren der beiden Drehstromspannungen. So liegen sie z.B. bei der Angabe 220/380 V an der Spannung 220 V.

Was versteht man unter Dreieckschaltung?

Anfang und Ende jeder Spule sind mit einem anderen Außenleiter verbunden (Sinnbild Δ).

Die Spulen liegen an der höheren der beiden Drehstromspannungen, die Leistung des Gerätes ist dreimal so hoch wie bei der Sternschaltung. Um den Einschaltstrom größerer Motore niedrig zu halten, werden diese in Sternschaltung in Betrieb gesetzt und nach Erreichen der Nenndrehzahl auf Dreieckschaltung umgeschaltet. Hierzu dient der Stern-Dreieck-Schalter.

Welche Folgen hat die Überlastung eines Elektromotors?

Bei Überlastung können die Wicklungen durch Überhitzung zerstört werden.

Die Stromaufnahme eines Motors hängt von der Belastung ab.

Welche Aufgabe hat ein Motorschutzschalter?

Er schaltet bei unzulässig hohem Strom ab.

Motorschutzschalter müssen genau auf den verwendeten Motor eingestellt werden.

4.11 Fehler an elektrischen Anlagen und Schutzmaßnahmen

Wodurch entsteht ein Kurzschluß?

Ein Kurzschluß entsteht, wenn sich zwei Leiter, zwischen denen Spannung besteht, berühren.

Bei Kurzschluß fließt ein unzulässig hoher Strom, die Sicherung muß abschalten.

Was versteht man unter einem Körperschluß (Gehäuseschluß)?

Berührung eines spannungsführenden Leiters mit leitenden Teilen, die nicht zum Stromkreis gehören, z. B. ein Motorengehäuse.

Berührt man ein Gerät mit Körperschluß, so kann bei nichtisoliertem Standort ein gefährlich hoher Strom über den menschlichen Körper zur Erde fließen (Lebensgefahr!).

Was versteht man unter Erdschluß?

Erdschluß ist eine direkte Verbindung zwischen dem spannungsführenden Leiter und der Erde bzw. geerdeten Teilen.

Ist die Verbindung zur Erde in vollem Umfang vorhanden, spricht die Sicherung an. Bei unvollkommener oder loser Verbindung besteht die Gefahr, daß ohne Ansprechen der Sicherung ein geringer Strom fließt und der Fehlerstrom nicht erkannt wird (Brandgefahr).

Ab welcher Spannung besteht bei Berührung Lebensgefahr?

Ab 50 Volt.

In Anlagen mit Betriebsspannungen über 50 V sind daher besondere Schutzmaßnahmen vorgeschrieben.

Welches sind die wichtigsten elektrischen Schutzmaßnahmen?

Schutzisolierung, Nullung, Schutztrennung, Schutzkleinspannung und Fehlerstrom-Schutzschaltung.

Entsprechend der verwendeten Schutzmaßnahme werden Elektrogeräte in Schutzklassen eingeteilt.

Was bedeutet das Sinnbild ⧈ bei Elektrogeräten?

Schutzisolierung.

Alle Metallteile, die durch einen Fehler unter Spannung stehen können, sowie das Gehäuse und der Schalter des Geräts müssen isoliert sein.

Was versteht man unter der Nullung?

Bei der Nullung verbindet der grün-gelbe Schutzleiter (PE) das Gehäuse des Elektrogeräts mit der Erde. Bei beweglichen Geräten erfolgt dieser Anschluß über die Schutzkontakt-Steckvorrichtung (Schuko).

Tritt im Gerät ein Gehäuseschluß ein, so spricht durch den Kurzschlußstrom sofort die Sicherung an.

Was versteht man unter Schutztrennung?

Bei der Schutztrennung wird der Netzstromkreis durch Zwischenschalten eines Trenntransformators vom Betriebsstromkreis getrennt. Sinnbild auf dem Trenntransformator ist ⚭.

Die Schutztrennung wird z. B. bei Baumaschinen und Naßschleifmaschinen angewandt.

Was wird durch die Schutzmaßnahme „Schutzkleinspannung" erreicht?

Bei der Schutzkleinspannung gibt es nur Nennspannungen bis 42 V, die bei Berührung für den Menschen ungefährlich sind.

Die niedrige Spannung wird durch einen Transformator erreicht.

Was ist ein Fehlerstrom-Schutzschalter?

Fehlerstrom-Schutzschalter (FI-Schutzschalter) sind Schaltgeräte, die in den Stromkreis eingebaut sind und die bei schadhafter Isolierung von Leitung oder Gerät innerhalb von 0,2 Sekunden abschalten.

FI-Schutzschalter sind in vielen Fällen, z. B. bei Baustromverteilern, vorgeschrieben.

5 Fertigungsmittel

5.1 Hobelbank

Aus welchen Teilen besteht eine Hobelbank?

Die Hobelbank besteht aus dem Gestell und der Bankplatte. Das Gestell der Hobelbank besteht aus dem vorderen und dem hinteren Gestellfuß, die beide durch Schwingen (Zargen) miteinander verbunden sind. Die Bankplatte weist an der Vorderkante kleine rechteckige Löcher (Bankhakenlöcher) für die Aufnahme der Bankhaken auf und an der Hinterkante die Banklade oder Beilade. Unter der Bankplatte befindet sich ein Schubkasten. Zum Befestigen der Werkstücke ist vorn links die sogenannte Vorderzange und rechts die sogenannte Hinterzange an der Bankplatte angebaut. Diese Zangen lassen sich durch einen Zangenschlüssel auf- und zudrehen.

Manche Hobelbänke weisen im Gestell noch eine Kipplade auf, in denen Werkzeuge sinnvoll geordnet untergebracht werden können.

Welche Zubehörteile sind für Hobelbänke wichtig?

Der Bankknecht und die Sonderbankhaken wie Seitenbankhaken, Spitzbankhaken usw.

Der Bankknecht wird zum Unterstützen schwerer und langer Stücke verwendet, die nur einseitig in die Vorderzange eingespannt werden können. Der Sattel des Bankknechts kann in der Höhe verstellt werden. Die Seitenbankhaken dienen zum Einspannen zusammengebauter Kästen, die Spitzbankhaken ermöglichen ein Drehen des eingespannten Werkstückes, so daß solche allseitig bearbeitet werden können.

Welche Aufgabe hat die Hobelbank zu erfüllen?

Die Hobelbank ist der Werktisch des Tischlers und dient zum Auflegen und zum Einspannen der Werkstücke bei deren Bearbeitung.

Trotz vieler technologischer Veränderungen der Spannmittel ist die Hobelbank nach wie vor die gebräuchlichste Werkbank des Tischlers im Bankraum.

Wie läßt sich die Hobelbank in einem guten Zustand erhalten?

Um die Bankplatte vor Beschädigungen zu schützen, darf ohne Unterlage auf der Platte weder gebohrt, gestemmt noch gesägt werden. Scharfe Metallteile dürfen in die Zange nicht eingespannt werden, um Beschädigungen der Spannfläche zu vermeiden. Auf den Zangen sollte man nicht stemmen, um die exakte Zangenführung zu erhalten. Bankhaken dürfen nicht mit dem Hammer eingeschlagen werden. Die Bankplatte ist von Zeit zu Zeit abzuschleifen und mit Leinöl einzureiben, Stahlspindeln und Zangenführung sind zu ölen.

Selbstverständlich ist auf der Hobelbank auch Ordnung zu halten.

5.2 Werkzeuge und Geräte

5.2.1 Meßzeuge und Werkzeuge zum Anreißen

Welche Meßzeuge gibt es für die Längen- und Dickenmessung?

Für die Längenmessung sind der feste Maßstab, der Gliedermaßstab und das Rollbandmaß sowie Meßlehren geeignet. Für die Dickenmessung verwendet man Meßschieber (Schieblehre) oder Meßuhren.

Der feste Maßstab besteht aus Federstahl und ist 300 bis 500 mm lang und hat Teilungen von 0,5 mm bzw. 1 mm. Der Gliedermaßstab ist 1 m oder 2 m lang und kann zusammengelegt werden. Rollbandmaße kommen besonders für große Längen zur Anwendung. Das Maßband läßt sich in eine Stahlblechkapsel einrollen. Meßlehren sind auf ein bestimmtes Maß eingestellte Lehren zum Überprüfen der Fertigungsmaße am Werkstück. Mit dem Meßschieber lassen sich durch die Noniusteilung die Maße bis ein 10tel mm ablesen. Meßuhren verwendet man zum schnellen Messen von Furnierdicken oder Plattendicken.

Womit lassen sich beim Einstellen der Maschinen die Schnittiefe und die Schnitthöhe der Werkzeugschneiden schnell und genau ermitteln?

Mit einem Einstellmeßgerät.

Das Einstellmeßgerät besteht aus dem festen Anschlag und dem Tastbolzen, der die Schnittiefe oder Schnitthöhe über eine Meßuhr anzeigt.

Mit welchen Werkzeugen lassen sich Winkel anreißen?

Zu den Winkelmeßzeugen gehören der Winkel, das Gehrungsmaß und die Schmiege. Bei einem Winkel bzw. Winkelmaß stehen der Anschlag und die Zunge in einem Winkel von 90°, bei einem Gehrungsmaß in einem Winkel von 45°. Bei einer Schmiege ist der Winkel beliebig einstellbar.

Auch die Wasserwaage kann man zu den Winkelmeßzeugen zählen, denn mit ihr werden die Vertikale und die Horizontale geprüft.

Wozu verwendet man ein Streichmaß?

Das Streichmaß ermöglicht ein Anreißen von Konstruktionslinien parallel zu den Außenkanten.

Das Streichmaß besteht aus dem Anschlag und den zwei verstellbaren Zungen, an denen sich die Anreißstifte befinden. Beim Anreißen muß der Anschlag fest an das Werkstück gedrückt werden, damit die Risse auch parallel zur Außenkante verlaufen.

Wozu verwendet man einen Spitzbohrer?

Der Spitzbohrer wird zum Vorstechen kleiner Löcher und zum scharfen Anreißen verwendet.

Beim Anreißen mit dem Spitzbohrer ist zu berücksichtigen, daß die Holzoberfläche hiermit leicht zerstört wird und beim Schleifen der Werkstücke der Riß beseitigt werden muß.

Wozu kann man einen Zirkel verwenden?

Zirkel werden zum Einteilen von Strecken und zum Anreißen von Bögen, Kreisen und Ovalen verwendet.

Der Tischler verwendet den kleinen Spitzzirkel zum Abgreifen von Teilungen sowie Anreißen kleiner Kreise, für größere Bögen den großen Holzzirkel oder Stangenzirkel.

5.2.2 Werkzeuge zum Sägen

Welche Arten von Gestellsägen gibt es?

Spannsägen, Absetzsägen, Schweifsägen und Schittersägen.

Spannsägen weisen verhältnismäßig große Zähne auf, die auf Stoß stehen. Sie werden zum Zuschneiden von Schnittholz verwendet. Absetzsägen haben feinere Zähne, die schwach auf Stoß stehen. Absetzsägen sind etwas kleiner als die Spannsägen. Sie werden zum Beispiel zum Absetzen von Zapfen und Anschneiden von Zinken verwendet. Schweifsägen weisen nur ein sehr schmales Sägeblatt auf, das meistens auch aushängbar ist. Sie werden für Schweifungen verwendet. Schnittsägen weisen große Zähne auf, die teils auf Stoß und teils auf Zug stehen. Sie dienen zum Ablängen von Balken und Schneiden von Brennholz.

Aus welchen Teilen besteht die Gestellsäge?

Die Gestellsäge besteht aus den Sägearmen, dem Steg, dem Sägeblatt, den Griffen oder Hörnchen, dem Spanndraht mit Gewindebolzen und der Flügelmutter.

Das Sägeblatt der Gestellsägen wird mit Schraubangeln bzw. mit Naturangeln durch die Griffe mit den beiden Sägearmen verbunden. In der mittleren Höhe der Sägearme ist der aussteifende Steg eingeschlitzt. Das Sägeblatt wird durch den Spanndraht mittels Gewindebolzen und Flügelmutter an den oberen Enden der Sägearme gespannt.

Welche Sägen bezeichnet man als Bügelsägen?

Im Gegensatz zu den hölzernen Gestellsägen haben die Bügelsägen einen Stahlbügel, in dessen unteren Enden ca. 80 mm lange und 30 mm breite Sägeblätter eingespannt sind. Die Stahlbügel sind am unteren Teil mit einem hölzernen Griff ausgestattet.

Stahlbügelsägen werden häufig von Zimmerleuten benutzt.

Welche Sägenart wird als Feinsäge bezeichnet?

Feinsägen sind kleine Rückensägen mit besonders feiner Bezahnung. Sie bestehen aus einem breiten, kurzen Sägeblatt, das durch eine Verstärkung auf dem Rücken ausgesteift ist und der Angel mit dem aufgesetzten Griff. Die feinen Sägezähne stehen schwach auf Stoß.

Mit der Feinsäge werden feine Schnitte ausgeführt. Feinsägen gibt es mit gerader Angel (Form A), mit einseitig gekröpfter Angel (Form B-C) und mit umlegbarer Angel (Form E).

Worin unterscheidet sich der Fuchsschwanz von der Rückensäge?

Der Fuchsschwanz besitzt ein breites, vom Griff nach vorn hin konisch zulaufendes Sägeblatt ohne Rückenverstärkung. Die Rückensäge hat ein kurzes, breites und parallelverlaufendes Sägeblatt mit Rückenverstärkung.

Der Fuchsschwanz hat meistens gröbere Zähne als die Rückensäge. Da der Fuchsschwanz keinen Rücken hat, kann man ihn zum Aufteilen von Platten und zum Herstellen von Ausschnitten in Platten verwenden.

Wofür eignen sich Stichsägen?

Stichsägen werden wegen ihres schmalen spitzzulaufenden Blattes zum Schneiden von Innenrundungen oder Erweitern von kleinen Bohrungen verwendet.

Die Zähne der Stichsäge stehen stark auf Stoß, sie sind gar nicht oder nur wenig geschränkt. Damit sich die Stichsäge frei schneiden kann, ist ihr Rücken schmaler als die Sägezahnspitze.

Warum müssen Gratsägen hauptsächlich auf Zug schneiden?

Mit Gratsägen werden in Flächen Gratnuten eingeschnitten. Dies geschieht meistens an einem Anschlag und vorwiegend auf Zug.

Gratsägen haben nur ein sehr schmales und kurzes Sägeblatt, da die Gratnuten nicht sehr tief sein müssen.

Wie sieht eine Furniersäge aus?

Furniersägen besitzen ein kleines ovalförmiges Sägeblatt an einem abgekröpften Griff. Die kleinen feinen Zähne sind messerförmig angeschliffen.

Mit der Furniersäge kann Furnier von Hand quer und längs zugeschnitten werden. Durch den gekröpften Griff kann das Werkzeug sicher an einem Richtscheit entlanggeführt werden.

Welche Form haben Handsägeblätter?

Sägeblätter für Handsägen sind etwa 45 mm breite Stahlbänder mit angefeilten Sägezähnen. Gegenüber der Zahnreihung liegt der Sägeblattrücken. An den Enden der Sägeblätter befinden sich die Angeln für die Befestigung der Griffe. Man unterscheidet Naturangeln und Schraubangeln.

Bei Fuchsschwänzen, Rückensägen und Stichsägen ist das Sägeblatt in den Griff eingeschlitzt und durch Nieten befestigt.

Wie werden die einzelnen Teile an der Sägeblattbezahnung bezeichnet?

Der meist dreieckige Sägezahn besteht aus der Zahnspitze, der Zahnbrust und dem Zahnrücken. Zwischen den Zähnen befindet sich die Zahnlücke. Die Zahnspitzen liegen auf der Zahnspitzenlinie, der Zahngrund liegt auf der Zahngrundlinie. Der Abstand zwischen Zahngrundlinie und Zahnspitzenlinie ist die Zahnhöhe. Der Abstand von Zahnspitze zu Zahnspitze heißt Zahnteilung.

Der Sägezahn wirkt wie die Schneide eines schmalen Hobeleisens, wobei die Zahnbrust der Spiegelseite des Hobeleisens und der Zahnrücken der Fase des Hobeleisens entsprechen.

Welche Winkel unterscheidet man bei der Sägeblattbezahnung?

Den Keilwinkel, Schnittwinkel und Freiwinkel.

Der Keilwinkel wird durch die Spitze eines Sägezahnes gebildet, der Schnittwinkel ist die Winkelöffnung zwischen Zahnbrust und Zahnspitzenlinie, der Freiwinkel ist die Winkelöffnung zwischen Zahnrücken und der Zahnspitzenlinie.

Wann wirkt eine Sägebezahnung auf Zug und auf Stoß?

Wenn die Sägezähne gleichschenklig sind und die Winkelhalbierende der Zahnspitzen rechtwinklig zur Zahnspitzenlinie steht.

Solche Sägen sind beidseitig wirkend, d.h. sie haben eine zweiseitige Schnittrichtung.

Wann bezeichnet man eine Bezahnung schwach auf Stoß, und wann stark auf Stoß?

Eine Bezahnung bei schwach auf Stoß gefeilten Zähnen hat einen Schnittwinkel von 100°, bei auf Stoß stehenden Zähnen einen Schnittwinkel von 90° und bei stark auf Stoß stehenden Zähnen einen von 80°. Der Keilwinkel der Zähne beträgt in allen Fällen 60°.

Je stärker die Sägen auf Stoß arbeiten, desto größer ist die Sägewirkung, aber auch der erforderliche Kraftaufwand beim Sägen und desto unsauberer ist der Schnitt.

Wodurch läßt sich das Klemmen der Sägeblätter beim Sägen im Holz vermeiden?

Sägeblätter müssen ausreichend geschränkt sein, damit sie sich in der Schnittbahn frei schneiden können.

Unter Schränken versteht man das wechselseitige seitliche Umbiegen des oberen Drittels der Zahnspitzen.

Mit welchen Werkzeugen kann man Handsägeblätter schränken?

Mit dem Schränkeisen und der Schränkzange. Feinsägen schränkt man mit einem Schraubenzieher.

Beim Schränken mit dem Schränkeisen muß man sorgfältig vorgehen, da die Schrankweite und die Schranktiefe des Zahnes im Gegensatz zum Schränken mit der Schränkzange nicht festgelegt sind. Das Schränken mit dem Schraubenzieher ist nur bei Feinsägen anzuwenden, weil für die feinen Zähne die Schränkzange oder das Schränkeisen zu grob sind.

Wann ist ein Sägeblatt richtig geschränkt?

Sägeblätter sind richtig geschränkt, wenn die Sägezähne ⅓ bis ½ der Zahnhöhe wechselseitig gleichmäßig weit nach außen gebogen sind. Dabei darf die gesamte Schrankweite nicht mehr als die doppelte Sägeblattdicke betragen.

Wenn Sägeblätter einseitig geschränkt sind, verläuft die Säge beim Schneiden zur größeren Schrankweite hin. Wurde zu wenig geschränkt, klemmen die Sägeblätter. Sind die Zähne zu weit geschränkt, bleibt im Zahngrund Material stehen. Wird ungleichmäßig geschränkt, hackt die Säge und ergibt einen unsauberen Schnitt. Wenn die Sägezähne zu tief oder bis zum Zahngrund hin geschränkt wurden, besteht die Gefahr der Rißbildung in der Zahnlücke.

Warum muß eine Säge vor dem Schärfen geschränkt werden?

Durch das Schränken werden die frisch angefeilten scharfen Grate an den Sägezähnen wieder zerstört.

Beim Instandsetzen der Sägeblätter ist folgende Reihenfolge einzuhalten: Abrichten der Zahnspitzen, Schränken und Schärfen der Zähne.

Wann muß ein Sägeblatt vor dem Schränken und Schärfen abgerichtet werden?

Wenn die Zahnspitzen nicht mehr auf einer Linie liegen.

Durch mehrfaches Schärfen kann es vorkommen daß die Spitzen des Sägeblattes ungleichmäßig hoch sind und die Zahnspitzen nicht mehr auf einer Linie (der Zahnspitzenlinie) liegen.

Wie werden Handsägen richtig geschärft?

Zum Instandsetzen der Sägen werden die Sägeblätter in einen Feilkloben gespannt. Die Zahnspitzen werden mit einer Flachfeile abgerichtet. Danach müssen die Sägezähne geschränkt werden. Mit einer kleinen Dreikantfeile, die in die Zahnlücke paßt, werden die Zähne gefeilt. Hierbei ist die Feile waagerecht und rechtwinklig zum Sägeblatt zu führen. Die Sägezähne werden stets gegen die Stoßrichtung der Zähne gefeilt.

Die Zähne der Stichsäge werden mit einer Dreikantfeile abwechselnd nach rechts und nach links schräg gefeilt. Furniersägen werden mit einer kleinen Dreikantfeile geschärft, jedoch nicht geschränkt. Damit die Schneide der Furniersäge möglichst dünn wird, muß diese mit der Flachfeile messerartig, allerdings nur einseitig von der Griffseite her zugeschärft werden.

5.2.3 Werkzeuge zum Hobeln

Wann bezeichnet man die Bearbeitung des Werkstücks als Hobeln?

Unter Hobeln versteht man das Abtrennen eines Holzspanes von einer Holzoberfläche.

Durch das Hobeln kann man die Holzoberfläche glätten und egalisieren.

Aus welchen Teilen besteht ein Handhobel?

Der Handhobel besteht in der Regel aus dem Hobelkasten mit der Nase bzw. mit dem Hörnchen, dem Handschoner, dem Schlagknopf und der Hobelsohle. In dem Spanloch steckt das Hobeleisen, das durch einen Keil befestigt wird. Das Hobelmaul befindet sich als Öffnung für das Hobeleisen in der Hobelsohle.

Bei neueren Hobeln ist das Keilwiderlager aus Metall und so eingerichtet, daß man den Keil von Hand lösen kann.

Wie heißen die verschiedenen Teile des Hobeleisens und die Winkel an der Schneide?

Das Hobeleisen besteht aus der Spiegelseite, dem Rücken, der Fase und der Schneide. Die Winkel sind der Keilwinkel, der Freiwinkel und der Schnittwinkel.

An der Spiegelseite des Hobeleisens befindet sich die Schneide, an der Rückenseite die Fase. Der Keilwinkel ist der Winkel zwischen Fase und Spiegelseite des Hobeleisens. Der Freiwinkel ist der Winkel zwischen Fase und Holzfläche bzw. Hobelsohle. Der Schnittwinkel liegt zwischen Spiegelseite des Hobeleisens und der Hobelsohle und gibt somit die Neigung des Hobeleisens an.

Warum sind die Schnittwinkel an den einzelnen Hobelarten verschieden?

Je nach Aufgabe des Hobels und verlangter Schnittgüte sind die Schnittwinkel unterschiedlich groß. Bei mehr schabender Wirkung stehen die Hobeleisen steiler (großer Schnittwinkel) und beim schneidenden Schnitt flacher (kleiner Schnittwinkel). Jedoch ist beim kleinen Schnittwinkel die Gefahr groß, daß das Holz einreißt. Deshalb haben Schlichthobel, Doppelhobel, Schrupphobel und Rauhbank Schnittwinkel von 45°, Putzhobel von ca. 50° und Zahnhobel von 75° bis 80°.

Eine Ausnahme bildet der Hirnholzhobel. Er weist einen Schnittwinkel von ca. 34° auf.

Welche Bedeutung hat die Größe des Keilwinkels am Hobeleisen?

Der Keilwinkel ist der Zuschärfwinkel des Hobeleisens. Er beträgt in der Regel 25°. Ist der Keilwinkel größer als 25°, wird die Schneide nicht scharf genug. Ist der Keilwinkel kleiner als 25°, bricht die Schneide besonders beim Hobeln von Holz mit Ästen leicht aus.

Bei einem Keilwinkel von 25° beträgt die Fasenbreite des Hobeleisens etwa die doppelte Hobeleisendicke.

Warum muß der Freiwinkel eingehalten werden?

Der Freiwinkel ist der Winkel zwischen der Fase des Hobeleisens und der zu hobelnden Holzfläche. Ist der Freiwinkel zu klein, muß man beim Hobeln sehr viel Kraft aufwenden, um den Hobel auf die Fläche zu drücken.

Beim Anschleifen des Hobeleisens ist darauf zu achten, daß der Freiwinkel erhalten bleibt.

Welche Aufgabe hat die Klappe auf dem Doppelhobeleisen?

Die Klappe auf dem Hobeleisen weist eine Brechkante auf. Diese hat die Aufgabe den Span unmittelbar hinter der Schneide zu brechen, damit das Holz nicht einreißen kann.

Die Klappe erfüllt ihren Zweck nur dann, wenn die Brechkante ungefähr ½ mm, bei Putzhobeln ¼ mm hinter der Schneidenkante liegt.

Welchen Einfluß hat die Größe des Hobelmauls auf die Hobelgüte?

Die Kante des Hobelmauls drückt beim Hobeln auf die Holzfläche und knickt dadurch den abgetrennten Span frühzeitig ab. Ein großes Hobelmaul bricht den Span zu spät, so daß das Holz tief einreißen kann und die Hobelfläche unsauber wird.

Ein großes Hobelmaul erlaubt eine große Spanabnahme und ein leichtes Hobeln. Ein zu enges Hobelmaul verstopft sehr leicht. Aus diesen Gründen haben z. B. Schrupphobel ein sehr großes Hobelmaul, Putzhobel dagegen ein kleines.

Wie kann der Handhobel gepflegt werden?

Beim Hobeln nutzt sich die Hobelsohle besonders an der Vorderkante des Hobelmaules ab. Deshalb muß die Hobelsohle wieder abgerichtet werden. Dies geschieht mit einem Schleifband auf einer ebenen Fläche, z. B. auf einem Maschinentisch. Durch mehrmaliges Abrichten der Hobelsohle wird das Hobelmaul zu groß. Deshalb muß man an der Hobelmaulvorderkante einen Spund aus Hartholz einsetzen. Die Hobelsohle ist von Zeit zu Zeit einzufetten.

Beim Abrichten der Hobelsohle muß das Hobeleisen zurückgesetzt und eingekeilt sein, weil der Hobelkasten durch die Keilkräfte seine Form geringfügig verändert.

Wie werden Hobeleisen geschärft?

Hobeleisen werden an Schärfmaschinen mit Schleifscheiben geschärft. Hierfür gibt es an den meisten Maschinen besondere Vorrichtungen, damit die Schneide die richtigen Winkel erhält. Das Eisen wird entweder zwischen wärmeableitende Metallplatten gespannt oder muß beim Schleifen mehrmals mit Wasser abgekühlt werden, damit die Schneide beim Schärfen nicht ausglüht. Danach werden die Hobeleisen mit Abziehsteinen abgezogen.

Das Hobeleisen ist an den Kanten etwas zu brechen, damit beim Hobeln keine scharfkantigen Spuren zurückbleiben. Schlichthobeleisen erhalten eine leicht ballige Schneide, Schrupphobeleisen eine runde Schneide, mit der viel Holz abgenommen werden kann.

Womit können angeschliffene Hobeleisen abgezogen werden?

Mit natürlichen Abziehsteinen wie der Belgische Brocken und der Arkansas Stein oder mit künstlichen Abziehsteinen. Beim Belgischen Brocken und auch beim künstlichen Abziehstein verwendet man Wasser zum Abziehen, beim Arkansas Stein ein Gemisch aus Petroleum und Öl.

Beim Abziehen muß die Fase des Eisens gut auf dem Abziehstein aufliegen und solange kreisend bewegt werden, bis die Schneide blank und der Grat restlos entfernt ist. Die Spiegelseite des Eisens wird nur wenige Male flach liegend über den Abziehstein geführt, damit der Grat zur Fase zurückgedrückt und dadurch leichter entfernt werden kann.

Welche Vorteile hat der Reform-Putzhobel?

Der Reform-Putzhobel kann fein eingestellt werden, so daß sich mit ihm Flächen sehr sauber abputzen lassen.

Durch ein bewegliches Sohlenstück (beweglicher Spund) läßt sich das Hobelmaul beim Reform-Putzhobel beliebig eng einstellen. Außerdem ist bei vielen Hobeln der Schneidenüberstand an der Hobelsohle durch eine Stellschraube exakt einstellbar. Das Hobeleisen hat einen Schnittwinkel von 50°.

Welche Arbeiten kann man mit der Rauhbank ausführen?

Wegen ihrer großen Länge wird die Rauhbank zum Bearbeiten größerer Arbeitsstücke, besonders zum Bestoßen langer gerader Fugen und zum Abrichten von Holzflächen verwendet.

Die Rauhbank ist ca. 600 mm lang und hat ein 57 mm bis 60 mm breites Doppeleisen.

Worin liegt der Unterschied zwischen einem Doppelhobel und einem Schlichthobel?

Der Doppelhobel hat ein Hobeleisen mit Klappe, der Schlichthobel nur ein einfaches Hobeleisen. Sonst sind die Ausmaße der Hobel gleich.

Mit dem Schlichthobel werden rauhe unebene Flächen und Kanten gehobelt (geschlichtet). Mit ihm kann auch Hirnholz bestoßen werden. Mit dem Doppelhobel können bereits geschlichtete Flächen sauberer gehobelt werden, da durch das Doppelhobeleisen mit der spanbrechenden Kante das Holz nicht so tief einreißen kann.

Welche Hobelarbeiten führt man mit dem Putzhobel aus?

Der Putzhobel wird besonders für feine Putz- und Einpaßarbeiten verwendet. Das Hobeleisen hat einen Schnittwinkel von 48° bis 50°, so daß durch die steile Stellung des Eisens das Einreißen des Holzes vermindert wird. Außerdem tragen das engere Hobelmaul sowie das Doppelhobeleisen zu einer guten und sauberen Holzfläche bei.

Obwohl heute viele Hobelarbeiten mit der Maschine ausgeführt werden, ist der Putzhobel noch ein sehr wichtiges Werkzeug für den Tischler.

Wozu benötigt man den Zahnhobel?

Mit dem gezahnten Hobeleisen lassen sich Flächen aufrauhen oder Unebenheiten auf Flächen ausgleichen. Heute wird der Zahnhobel nur noch selten verwendet.

Das Zahnhobeleisen weist auf der Spiegelseite Rillen auf, so daß durch das Anschärfen des Hobeleisens an der Schneide feine Zähne entstehen.

Wann wird man den Profilhobel benutzen?

Profilhobel verwendet man zum Anstoßen von Profilen. Bei Profilhobeln weisen die Schneiden des Hobeleisens und auch die Hobelsohle das Gegenprofil des anzuarbeitenden Profils auf. Für jedes gewünschte Profil ist der hierzu passende Profilhobel zu verwenden.

Heute werden Profile in der Regel maschinell angefräst, so daß der Profilhobel kaum noch verwendet wird.

Warum wird der Schrupphobel heute nur noch selten verwendet?

Früher hat man sägerauhe Bretter vor dem Schlichten und dem Abrichten mit dem Schrupphobel vorschroppen müssen. Da diese Arbeit heute wohl ausnahmslos maschinell verrichtet wird, hat der Schrupphobel ausgedient.

Heute wird der Schrupphobel nur noch verwendet, wenn man dem Holz einen rustikalen Charakter verleihen möchte oder wenn man bei alten Brettern zur Begutachtung die verwitterte Schicht stellenweise heraushobeln will.

Welche Sonderhobel unterscheidet man?

Verstellbarer Falzhobel, Nuthobel, Wangenhobel, Grathobel, Grundhobel, Profilhobel, Hirnholzhobel, Schiffhobel und Schabhobel.

Viele Hobel haben heute ausgedient, weil Fälze, Nuten und Profile fast ausnahmslos mit der Maschine angefräst werden. Von Fall zu Fall verwendet man noch den Grathobel zum Anstoßen eines Grates, den Grundhobel zum sauberen Ausnehmen des Grundes in Vertiefungen, den eisernen Schiffhobel zum Putzen von Schweifungen, den Schabhobel zum Ausschaben kleiner Rundungen und den Hirnholzhobel zum Bestoßen von Hirnholzflächen.

Welche Hobel sind aus Stahl hergestellt?

Der Hirnholzhobel, der Schiffhobel und der Schabhobel.

Beim Hirnholzhobel steht das Eisen sehr flach, der Schnittwinkel beträgt nur etwa 25°. Er eignet sich deshalb zum sauberen Bestoßen der Hirnholzflächen. Beim Schiffhobel ist die Hobelsohle rund bis hohl verstellbar, so daß mit ihm sowohl runde als auch hohle Flächen gehobelt werden können. Der Schabhobel besteht aus zwei seitlich angebrachten Griffen und einem kleinen Eisen in der Mittel. Mit ihm können besonders kleine geschweifte Flächen gehobelt werden.

5.2.4 Werkzeuge zum Schaben

Wozu benötigt man Ziehklingen?

Ziehklingen benötigt man zum Abziehen von Lackflächen oder zum Abputzen von Hartholzflächen. Außerdem kann man mit Ziehklingen kleine Stellen nachputzen und Unebenheiten entfernen.

Ziehklingen bestehen aus einem 150 mm langen, 70 mm breiten und 1 bis 3 mm dicken flachen Stahl, an dessen Kanten ein scharf schneidender Grat angezogen wird, mit dem man das Holz von der Fläche abschaben kann.

Warum sollte man Nadelholzflächen nicht mit der Ziehklinge abputzen?

Unter dem Grat der Ziehklinge werden besonders die weichen Jahresringe weggedrückt und die Holzfasern nicht abgeschnitten, sondern abgerissen. Die Fläche wird dadurch unsauber.

Beim Abziehen von Weichholz setzt sich der schneidende Grat schnell mit Holzfasern zu, so daß man mit der Ziehklinge nicht mehr arbeiten kann.

Wie läßt sich eine Ziehklinge schärfen?

Zum Schärfen der Ziehklinge wird zunächst die Längskante rechtwinklig angefeilt, danach mit einem Abziehstein so lange abgezogen, bis keine Feilspuren mehr zu sehen sind. Nun kann der Schneidgrat mit einem mäßig eingefetteten Ziehklingenstahl angezogen werden.

Die Kanten der Ziehklingen müssen sauber und scharfkantig angezogen werden, damit am Schneidgrat keine Scharten entstehen. Vor dem Anziehen des Grates wird durch Streichen mit dem Ziehklingenstahl über die Fläche der Ziehklinge deren Kante verdichtet. Beim Anziehen des Grates wird mit dem Ziehklingenstahl unter einem Winkel von 85° und unter mäßigem Druck über die Ziehklingenkante gestrichen. Ist der Grat nach dem Arbeiten stumpf, kann er mit dem Ziehklingenstahl wieder zurückgenommen und erneut angezogen werden. Statt des Ziehklingenstahls kann auch ein Ziehklingengratzieher, ein besonderes Handgerät mit Stahlrädchen, benutzt werden.

5.2.5 Werkzeuge zum Stemmen

Welche Werkzeuge benötigt der Tischler zum Stemmen?

Die wichtigsten Werkzeuge zum Stemmen sind Stechbeitel, Lochbeitel, Hohlbeitel sowie der Schreinerklüpfel.

Stechbeitel verwendet man zum Ausstemmen von Zinken und Schwalben sowie zum Einlassen von Beschlägen, Lochbeitel zum Ausstemmen von Zapfenlöchern, Hohlbeitel zum Nachstechen von Hohlkehlen und zum Einlassen von Beschlagsteilen. Zum Stemmen mit dem Stech-, Loch- und Hohlbeitel wird der Schreinerklüpfel aus Holz verwendet.

Aus welchen Teilen besteht ein Stechbeitel?

Stechbeitel bestehen aus der Klinge mit der Fase, der Schneide, dem Hals, der Krone und der Angel und aus dem Heft (Griff) mit der oberen und unteren Zwinge.

Das Heft besteht aus Weißbuche, kann aber auch aus Kunststoff sein. Die Breite der Stecheisenklinge beträgt 3 mm bis 50 mm. Gebräuchlich ist ein Satz von 6 Stecheisen mit den Breiten von 6, 10, 12, 16 , 20 und 26 mm.

Worin unterscheidet sich der Stechbeitel vom Lochbeitel?

Stechbeitelklingen sind dünner als breit, also relativ flach und weisen seitlich Fasen auf. Lochbeitelklingen sind dicker als breit und verjüngen sich zum Rücken des Eisens hin.

Lochbeitel werden durch das Ausstemmen von Löchern sehr stark beansprucht und müssen deshalb dicker als Stechbeitel sein.

Warum sollte man zum Stemmen mit dem Stechbeitel oder Lochbeitel den hölzernen Schreinerklüpfel verwenden?

Mit einem Hammer aus Stahl wird das Heft an der oberen Zwinge zerstört. Außerdem erreicht man durch das größere Gewicht des Klüpfels einen besseren Zug des Eisens beim Stemmen.

Dem Tischler liegt der Schreinerklüpfel beim Stemmen wesentlich günstiger in der Hand als ein Stahlhammer.

5.2.6 Werkzeuge zum Bohren

Worin besteht der Unterschied zwischen einem Spitzbohrer und einer Reibahle?

Der Spitzbohrer hat eine runde sehr schlanke und spitze Ahle, die zum Anreißen und Vorstechen von kleinen Schraubenlöchern dient. Die Reibahle ist vorn dreikantig oder vierkantig zugespitzt und besitzt einen Schlagknopf. Bohrlöcher können mit ihr vorgestochen und durch Drehen erweitert werden.

Spitzbohrer und Reibahle dienen zum Anreißen und zum Vorstechen für das Ansetzen größerer Bohrer.

Welche Arbeitsverfahren werden als Bohren bezeichnet?

Bohren ist ein spanabhebendes Arbeitsverfahren durch sich drehende und schneidende Werkzeuge.

Die Werkzeuge zum Bohren werden Bohrer genannt.

Welche Bohrwerkzeuge werden bei der Holzbearbeitung verwendet?

Zum Einspannen in Bohrwinden die Schneckenbohrer, Zentrumbohrer und Schlangenbohrer, in Bohrmaschinen die Spiralbohrer mit Dachspitze, Spiralbohrer mit Zentrierspitze, Kunstbohrer und Forstnerbohrer. Für das Herstellen von Langlöchern verwendet man Langlochfräsbohrer, die in Langlochbohrmaschinen eingespannt werden müssen.

Außerdem gibt es Sonderbohrer wie den Mehrfasentiefenbohrer zum Einbohren von Einbohrbändern, den verstellbaren Zentrumbohrer oder den Scheibenbohrer.

Wie müssen Bohrer gepflegt werden?

Die Schneiden sowie die Zentrierspitzen der Bohrer dürfen nicht verletzt werden und nicht mit Metallgegenständen in Berührung kommen. Sie sollten deshalb in Steckvorrichtungen stehend aufbewahrt werden. Sind Bohrer durch Harzteile verklebt, kann man sie mit Nitrolösung oder mit Petroleum reinigen.

Beim Reinigen der Schneiden darf nicht mit Metallwerkzeugen nachgeholfen werden.

Wie lassen sich die Bohrer schärfen?

Bei Zentrumbohrern werden die Vorschneider von innen her und die Spanabheber mit einer Flachfeile von oben her gefeilt. Bei Schlangenbohrern schärft man die Vorschneider von innen und die Spanabheber von unten her. Die Gewindespitzen dürfen bei den Handbohrern nicht gefeilt werden. Spiralbohrer mit Dachspitze können an der Schleifscheibe geschärft werden. Dabei ist zu beachten, daß der Spitzenwinkel des Bohrers nicht verändert wird. Beim Spiralbohrer mit Zentrierspitze wird die Zentrierspitze von vier Seiten her angefeilt und die Spanabheber nur von innen und oben her nachgeschärft. Bei Forstner- und Kunstbohrern schärft man die Spanabheber von oben her an. Die Umfang-

schneiden werden mit Hilfe eines Dreikantschabers von innen her angezogen. Die Umfangschneiden müssen $^{2}/_{10}$ mm bis $^{3}/_{10}$ mm über die Spanabheberschneiden hinausstehen.

Das Anschärfen der Bohrer muß in jedem Falle äußerst sorgfältig geschehen, da Veränderungen der Schneidenwinkel oder der Zentrierspitze die Bohrer unbrauchbar machen können.

Welche Aufgabe haben die Zentrierspitze und der Vorschneider bei Spiralbohrern?

Beim Bohren genauer Löcher in Holz bzw. in Holzwerkstoffe müssen die Bohrer eine Zentrierspitze aufweisen, die die Bohrer exakt zentriert. Die Vorschneider haben die Aufgabe, den Bohrlochdurchmesser genau vorzuschneiden. Bei der Verwendung von Spiralbohrern ohne Zentrierspitze und Vorschneidern besteht die Gefahr, daß die Bohrer im Holz verlaufen.

Vorschneider und Zentrierspitze sind typisch für alle Bohrer, die für die Bearbeitung von Holz und Holzwerkstoffen geeignet sind.

5.2.7 Werkzeuge zum Raspeln und Feilen

Worin liegt der Unterschied zwischen Raspeln und Feilen?

Raspeln weisen eingeschlagene, versetzt angeordnete einzelne Zähne auf, den sogenannten Raspel- oder Pockenhieb. Feilen haben dagegen zusammenhängende Zahnreihen, die entweder gehauen oder gefräst werden.

Die Zahnreihen werden bei Feilen und Raspeln als Hieb bezeichnet. Bei den Feilen unterscheidet man solche mit „Einhieb", hier liegen die Hiebe parallel zueinander, und solche mit „Zweihieb", hier liegen die Hiebe kreuzweise übereinander (Kreuzhieb).

Was drückt die Hiebzahl bei den Raspeln aus?

Die Hiebzahl bei den Raspeln bezieht sich auf die Raspellänge und wird in der Anzahl der gehauenen Spitzzähne je cm² Raspelfläche ausgedrückt. Es gibt Raspeln mit der Hiebzahl 1, 2 und 3. Die niedrigste Zahl ist die gröbste, die höchste Zahl die feinste Raspel in der Längengruppe.

In der Regel sind kurze Raspeln feiner als lange große. So haben 150 mm lange Raspeln mit der Hiebzahl drei 28 Spitzzähne pro cm² und 300 mm lange Raspeln bei gleicher Hiebzahl nur 14 Spitzzähne.

Wie wird die Feinheit einer Feile angegeben?

Für die Feinheit einer Feile ist sowohl die Feilenlänge als auch die Hiebzahl maßgebend. Große Feilen sind grober als kleine. Die Hiebzahl wird in Hiebteilungen je cm Feilenlänge ausgedrückt. Man unterscheidet zwischen den Hiebzahlen 1 bis 4, wobei mit der Hiebzahl 4 die feinsten Feilen angegeben sind.

Bei den Feilen ist es ähnlich wie bei den Raspeln. Eine 100 mm lange Feile mit der Hiebzahl 4 hat 34 Hiebteilungen pro cm Feilenlänge und eine 300 mm lange Feile nur 19 Hiebteilungen.

Worin unterscheiden sich bei Feilen gefräste und gehauene Zahnformen?

Gefräste Zähne an Feilen wirken durch die auf Stoß stehenden Zähne mit Spanbrechern schneidend, die gehauenen Zähne dagegen schabend.

Bei gefrästen Feilen gibt es nur drei Hiebnummern, bei gehauenen vier.

Welche Querschnittsformen können Feilen aufweisen?

Feilen können flachrund, halbrund, dreieckig, rechteckig, rechteckig mit abgerundeten Kanten, quadratisch und rund sein.

Die flachabgerundete Feile wird auch als Kabinettfeile bezeichnet. Zum Schärfen von Sägen sowie zum Nacharbeiten von Beschlagsteilen und Schlüsseln benötigt man Feilen mit unterschiedlichen Querschnittsformen.

Was versteht man unter Hobelfräserfeilen bzw. -raspeln?

Hobelfräserfeilen bzw. Hobelfräserraspeln bestehen aus einem Halter mit einem auswechselbaren Feilenblatt. Das Feilenblatt weist schräg angeordnete eingestanzte Schlitze auf, durch die die Späne beim Feilen entweichen können. Dadurch erübrigt sich bei ihnen eine besondere Reinigung. Hobelfräserfeilen weisen eine feinere Schlitzteilung auf als Hobelfräserraspeln.

Hobelfräserfeilen eignen sich besonders gut zum Bearbeiten von Kunststoffen und weichen Metallen.

Wie können Raspeln und Feilen gepflegt werden?

Raspeln und Feilen sollen nicht mit ihren Hiebflächen aufeinandergelegt werden. Beim Arbeiten mit Feilen oder Raspeln sollte man nur beim Vorwärtsführen Druck auf den Feilenkörper ausüben. Druck beim Zurückführen macht diese Werkzeuge stumpf. Mit Harz und Holzteilchen verschmutzte Feilen können mit heißem Wasser und durch Ausbürsten mit einer Wurzelbürste gereinigt werden. Mit Metallspänen verstopfte Feilen sollte man mit einer Messingbürste reinigen.

Holzfeilen dürfen nicht zum Feilen von Metallen verwendet werden.

5.2.8 Werkzeuge zum Nageln und Schrauben

Aus welchen Teilen besteht der Stahlkörper eines Hammers?

Aus der Breitbahn, der eigentlichen Nagelfäche, und der Schmalbahn, auch Finne genannt.

In den Stahlkörper wird der Hammerstiel aus Eschenholz eingepaßt und gegen Herausrutschen durch einen eingeleimten Holzkeil oder metallenen Patentkeil gesichert.

Wodurch unterscheiden sich die Kneifzange und die Kombinationszange?

Die Kneifzange besitzt vorn scharfe Zangenmaulschneiden, die Kombinationszange erst flächige, dann runde gezahnte Greifflächen und kurz vor dem Drehpunkt ein paar Zusatzschneiden.

Die Kneifzange verwendet man vorwiegend zum Herausziehen bzw. zum Abzwicken von Nägeln, die Kombinationszange zum Umbiegen von dünnen Metallteilen, zum Festhalten von Rundkörpern oder zum Abzwicken kleiner Drahtnägel.

Welche Werkzeuge sind zum Eindrehen von Holzschrauben geeignet?

Schraubendreher, Drillschraubendreher, elektrische Schrauber, Druckluftschrauber und Magazinschrauber.

Die Schraubendreher bestehen aus dem Heft und der Klinge. Drillschraubendreher weisen eine Knarre und eine gedrillte Metallstange auf. Mit ihnen lassen sich durch Druck Schrauben leicht eindrehen und lösen. Elektrische Schrauber und Druckluftschrauber sind Maschinenwerkzeuge, die das Eindrehen und Lösen von Schrauben wesentlich erleichtern. Beim Magazinschrauber sind die Schrauben in einer Trommel magaziniert und werden der Schraubklinge automatisch zugeführt. Die Klingen der Schrauber können flach für Langschlitzschrauben oder kreuzförmig für Kreuzschlitzschrauben ausgebildet sein.

Wie sollte die Klinge des Schraubendrehers beschaffen sein?

Die Klinge des Schraubendrehers sollte fest im Schlitz des Schraubenkopfes sitzen und nahezu so breit sein wie der Durchmesser des Schraubenkopfes. Die Kanten der Klinge sollten gebrochen und nicht scharfkantig sein.

Die Klingen der Schraubendreher müssen flach und dürfen nicht keilförmig angeschliffen sein. Zu breite Klingen stehen am Schraubenkopf über und können das Holz beim Eindrehen der Schrauben zerstören. Zu schmale Klingen beschädigen den Schraubenschlitz. Außerdem reicht die Drehkraft meistens nicht aus, um Schrauben eindrehen zu können.

5.2.9 Werkzeuge zum Spannen

Worin liegt der Unterschied zwischen einer Schraubzwinge und einem Schraubknecht?

In der Größe der Spannweite.

Schraubzwingen haben eine Spannweite von 120, 160, 200, 250 und 300 mm. Schraubknechte haben eine Spannweite von 400, 600, 800, 1000, 1250, 1500, 1750 und 2000 mm.

Mit welchen Hilfsmitteln können am besten kleine Rahmen auf Gehrung verleimt werden?

Mit Gehrungsklammern.

Die Gehrungsklammern sind vorgespannte Stahlklammern, die mit Hilfe einer Spreizzange an den Ecken der auf Gehrung zusammengefügten Rahmen angesetzt werden.

Welche Werkzeuge, Hilfswerkzeuge oder Vorrichtungen sind zum Herstellen von Gehrungen besonders geeignet?

Die Gehrungsschneidlade, die Gehrungsstoßlade, die Gehrungsstanze und die Gehrungssäge.

Die Gehrungsschneidlade ist eine U-förmige Vorrichtung aus Hartholz, in der Gehrungsschnitte zur Führung der Handsäge vorgegeben sind. In einer Stoßlade lassen sich auf Gehrung geschnittene Rahmen mit dem Hobel sauber bestoßen. Mit Gehrungsstanzen können Gehrungen an Leisten angestanzt werden. Die Gehrungssäge besteht aus einem Anschlag und einem in einer Führung laufenden Sägeblatt, das auf Gehrung verstellbar ist.

5.3 Maschinen

In welche zwei Gruppen können Maschinen eingeteilt werden?

Kraftmaschinen und Arbeitsmaschinen.

Maschinen sollen die menschliche Arbeitskraft ersetzen und unterstützen.

Welche Aufgaben haben die Kraftmaschinen?

Kraftmaschinen wandeln die Energie von Wasser, von gespanntem Dampf, eines entzündeten Gasgemisches sowie des elektrischen Stromes in Bewegungsenergie um.

Die dabei entstehende Bewegung kann hin- und hergehend oder umlaufend sein.

Welche Aufgaben haben ortsändernde Maschinen?

Sie bringen Menschen sowie Güter aller Art einschließlich Gase und Flüssigkeiten an einen gewünschten Ort.

Ortsändernde Maschinen sind z.B. Fahrzeuge, Aufzüge, Förderbänder, Winden, Pumpen, Kompressoren oder Ventilatoren.

Wozu werden formändernde Maschinen eingesetzt?

Um den Werkstoffen eine gewünschte Form und Oberfläche zu geben.

Zu dieser Gruppe gehören Holzbearbeitungsmaschinen.

Was versteht man unter Gruppenantrieb?

Beim Gruppenantrieb werden mehrere Arbeitsmaschinen mittels einer Transmission von einer Kraftmaschine angetrieben.

Diese Antriebsart wird heute nur noch in wenigen Fällen angewendet.

Wie erfolgt die Übertragung der Drehbewegung von der Kraftmaschine auf die Arbeitsmaschine beim Einzelantrieb?

Sie erfolgt durch Direktantrieb oder durch Riemenantrieb.

Vorteilhaft ist beim Einzelantrieb die Platzersparnis, das einfache Auf- und Umstellen der Arbeitsmaschine sowie die geringe Unfallgefahr.

Was versteht man unter einem Direktantrieb?

Der Direktantrieb ist eine Antriebsart, bei der der Motor in die Arbeitsmaschine eingebaut ist und die Ankerwelle des Motors mit der Welle der Arbeitsmaschine eine Einheit bildet.

Durch diese Antriebsart werden Gleitverluste vermieden und Platz gespart. Allerdings kann sich eine zu große Belastung der Maschine nachteilig auf den Motor auswirken.

Welche Vorteile bietet ein Kurzriemenantrieb?

Durch die Elastizität des Riemens wird bei kurzzeitiger Belastung eine Überbeanspruchung des Motors verhindert und die Schwingung des Motors nicht auf das Werkzeug übertragen bzw. umgekehrt. Außerdem kann die Drehfrequenz durch Umlegen des Riemens auf andere Riemenscheiben verändert werden.

Kurzriemenantriebe sind wegen dieser Vorteile bei Holzbearbeitungsmaschinen sehr verbreitet.

Welche Riemenarten werden beim Riemenantrieb verwendet?

Flach-, Keil- und Rundriemen.

Die zu verwendende Riemenart ist abhängig von der zu übertragenden Leistung, von der Drehrichtung und vom Platzbedarf.

Woraus bestehen einschichtige Flachriemen?

Aus Rindsleder.

Die Enden der Lederriemen werden entweder geschäftet und miteinander verklebt oder mit einem Riemenverbinder aus Metall verbunden.

Wie sind mehrschichtige Flachriemen aufgebaut?

Die Mittelschicht des Riemens besteht aus Polyamid, die beiden Außenschichten aus chromgegerbtem Rindsleder.

Das Chromleder verbessert die Haftung auf der Riemenscheibe, die Polyamidschicht erhöht die Zugfestigkeit des Riemens.

Was ist beim Auflegen eines geschäfteten Riemens zu beachten?

Der Riemenstoß darf nicht gegen, sondern muß mit der Riemenscheibe laufen.

Wird der Riemen falsch aufgelegt, kann die geschäftete Klebstelle aufgerissen werden.

Wie ist ein Keilriemen aufgebaut?

Der Keilriemen besteht aus Gummi, ist mit Gewebe unter der Oberfläche verstärkt und enthält im Innern Zugschnüre zur Verbesserung der Zugfestigkeit.

Breite und Höhe des Keilriemens sind so bemessen, daß der Riemen nicht auf dem Rillengrund, sondern auf den Flanken aufliegt.

In welchen Fällen werden Keilriemen verwendet?

Bei kleinen Achsenabständen, großen Riemengeschwindigkeiten und dort, wo Flachriemen zu viel Platz benötigen würden.

Keilriemen ziehen gut durch. Es können auch mehrere Keilriemen nebeneinander angeordnet sein.

Wodurch erhält ein Riemen die notwendige Riemenspannung?

Durch Spannschraube, durch Motorwippe oder Spannrolle.

Durch die Riemenspannung wird der Riemenschlupf verhindert.

Was versteht man unter offenem Riementrieb?

Bei offenem Riementrieb ist der Riemen so aufgelegt, daß die beiden Riemenscheiben die gleiche Drehrichtung haben.

Beim gekreuzten Riementrieb ist die Drehrichtung der beiden Riemenscheiben entgegengesetzt.

Welchen Einfluß hat der Umschlingungswinkel des Riemens auf den Riemenscheiben?

Je größer der Umschlingungswinkel ist, desto größer ist der Umschlingungsbogen und damit die Haftung des Riemens auf der Riemenscheibe.

Der Umschlingungswinkel ist vom Durchmesserverhältnis, vom Wellenabstand der Riemenscheiben und von der Art des Riementriebs abhängig.

Wie kann man die Drehfrequenz von Riemenscheiben verändern?

Durch Verwendung von Riemenscheiben mit unterschiedlichen Durchmessern.

Die Drehfrequenz ändert sich im umgekehrten Verhältnis der beiden Scheibendurchmesser.

Wie hängen Drehfrequenz und die Durchmesser der beiden Riemenscheiben voneinander ab?

Drehfrequenz n und Durchmesser d der treibenden und der getriebenen Riemenscheibe werden durch folgende Gleichung bestimmt:

$d_1 \cdot n_1 = d_2 \cdot n_2$

Die treibende Riemenscheibe hat dabei den Index 1, die getriebene Riemenscheibe den Index 2.

Wie groß ist die Drehfrequenz der getriebenen Riemenscheibe, wenn sie einen Durchmesser von 160 mm hat und die treibende Riemenscheibe mit einem Durchmesser von 256 mm eine Drehfrequenz von 2000 1/min aufweist?

$$n_2 = \frac{d_1 \cdot n_1}{d_2} = \frac{256\text{ mm} \cdot 2000 \cdot 1}{160\text{ mm} \cdot \text{min}} = 3200 \frac{1}{\text{min}}$$

Die getriebene Riemenscheibe hat eine Drehfrequenz von 3200 1/min.

Was versteht man unter dem Übersetzungsverhältnis i?

Das Übersetzungsverhältnis ist das Verhältnis der Drehfrequenz der treibenden Scheibe zur Drehfrequenz der getriebenen Scheibe.

Übersetzungsverhältnis $i = \frac{n_1}{n_2}$

Man bezeichnet das Verhältnis des Durchmessers der getriebenen Scheibe zum Durchmeser der treibenden Scheibe ebenfalls als Übersetzungsverhältnis.

Übersetzungsverhältnis $i = \frac{d_2}{d_1}$

Wie groß ist das Übersetzungsverhältnis eines Riementriebs, wenn die Drehfrequenz der treibenden Scheibe n = 3125 1/min und die der getriebenen Scheibe n = 1250 1/min beträgt?

$$i = \frac{n_1}{n_2} = \frac{3125\text{ 1/min}}{1250\text{ 1/min}} = 2{,}5$$

Das Übersetzungsverhältnis des Riementriebs beträgt i = 2,5.

Die treibende Scheibe eines Riementriebs hat einen Durchmesser von d = 350 mm, dessen getriebene Scheibe einen Durchmesser von d = 125 mm. Wie groß ist das Übersetzungsverhältnis i?

$$i = \frac{d_2}{d_1} = \frac{350\text{ mm}}{125\text{ mm}} = 2{,}8$$

Das Übersetzungsverhältnis des Riementriebs beträgt i = 2,8.

Warum dürfen bei laufender Maschine keine Arbeiten am Triebwerk vorgenommen werden?

Die Unfallgefahr ist zu groß, weshalb entsprechende Unfallverhütungsvorschriften erlassen wurden.

Danach ist z.B. ein im Arbeits- und Verkehrsbereich liegender Riementrieb mit einer Schutzvorrichtung zu versehen. Außerdem ist die selbständige Wartung und Bedienung von Triebwerken nur zuverlässigen Personen über 18 Jahre erlaubt.

Wovon ist die Güte der Schnittflächen bei Fräsarbeiten abhängig?

Von der Schärfe der Werkzeugschneide, von der Zahl der Schneiden, von der Schnittgeschwindigkeit und von der Vorschubgeschwindigkeit.

Je glatter eine Schnittfläche ist, desto weniger muß sie, z.B. durch Schleifen, nachgearbeitet werden.

Wie müssen Schnittgeschwindigkeit, Vorschubgeschwindigkeit und Zahl der Schneiden aufeinander abgestimmt sein, damit eine glatte Schnittfläche erreicht wird?

Schneidenzahl, Vorschub- und Schnittgeschwindigkeit sind so zu wählen, daß die Spandicke e zwischen 0,5 mm und 1,0 mm liegt. Je größer die Schnittgeschwindigkeit ist, desto größer muß die Vorschubgeschwindigkeit sein. Wird auch die Schneidenzahl des Werkzeugs verdoppelt, so ist mit der doppelten Vorschubgeschwindigkeit zu arbeiten.

Wird ein zu langsamer Vorschub gewählt, schneiden die Werkzeugschneiden nicht mehr; sie schaben nur noch und werden stumpf.

Unter welchen Voraussetzungen dürfen Jugendliche an Säge-, Hobel- und Fräsmaschinen arbeiten?

Jugendliche über 16 Jahre dürfen an diesen Maschinen arbeiten, soweit die Arbeiten zur Erreichung des Ausbildungszieles notwendig sind und eine fachkundige Aufsicht gewährleistet ist.

Die Maschinen und Maschinenwerkzeuge sind vor ihrer Benützung auf ihre Unfallsicherheit zu prüfen.

Welche Art von Kleidung ist beim Arbeiten an Maschinen zu tragen?

Eng anliegende Kleidung mit engen Ärmeln. Lange Haare sind mit einer geeigneten Kopfbedekkung zusammenzuhalten.

Schmuckstücke, Ringe und Armbanduhren dürfen während des Arbeitens an Maschinen nicht getragen werden.

Welche besonderen Brandschutzvorschriften müssen beim Aufenthalt in Werkstätten beachtet werden?

Rauchen ist in allen Werkstätten verboten. Zusätzlich dürfen feuer- und explosionsgefährdete Bereiche, wie z.B. Spritzräume, nicht mit offenem Feuer betreten werden.

Leichtentzündliche oder selbstentzündliche Stoffe, wie Lacke oder Lösungsmittel, dürfen am Arbeitsplatz nur in der Menge gelagert werden, in der sie benötigt werden.

Welche Vorschriften sind zu beachten, wenn gesundheitsschädliche Stoffe verarbeitet werden?

Gesundheitsschädliche Arbeitsstoffe dürfen nur in geringen Mengen am Arbeitsplatz vorhanden sein. Abfälle und Restbestände sind gefahrlos zu beseitigen. Gesundheitsgefährdende Flüssigkeiten dürfen nicht in Gefäßen aufbewahrt werden, die der Aufbewahrung von Lebensmitteln dienen.

Gefäße, die gesundheitsgefährdende Flüssigkeiten enthalten, müssen deutlich beschriftet und gekennzeichnet werden.

Welche Vorschriften sind bei Inbetriebnahme von sich drehenden Werkzeugen zu beachten?

Bei sich drehenden Werkzeugen darf höchstens die auf dem Werkzeug aufgedruckte Drehfrequenz gewählt werden. Werkzeuge, die keine Drehfrequenzangabe aufweisen und die vor dem 1.4.1954 beschafft worden sind, dürfen mit einer Drehfrequenz von höchstens 4500 1/min und einer Umfangsgeschwindigkeit von maximal 40 m/s betrieben werden.

Befestigungsschrauben und -muttern dürfen nur mit den dafür vorgesehenen Schlüsseln befestigt werden, also nicht mit verlängerten Schlüsseln.

Was ist zu tun, wenn an einer Maschine eine Störung auftritt?

Vor dem Beseitigen der Störung ist die Maschine abzuschalten. Kann die Störung nicht sofort beseitigt werden, ist ein Schild anzubringen: „Nicht benützen".

Grundsätzlich ist eine Maschine stillzusetzen, bevor sie verlassen wird.

Wie müssen Maschinen gewartet und gepflegt werden?

Maschinen sind stets sauber zu halten und müssen regelmäßig nach einem Schmierplan geschmiert werden. Es sind nur die dafür vorgesehenen Schmiermittel zu verwenden.

Es ist darauf zu achten, daß Prismenführungen, Lager u.ä. rost- und staubfrei sind.

Worauf ist bei der Pflege der Maschinenwerkzeuge zu achten?

Maschinenwerkzeuge müssen entharzt und eingefettet aufbewahrt werden. Sie sind rechtzeitig nachzuschärfen. Außerdem dürfen sie nicht auf Metallflächen gelegt werden oder mit diesen in Berührung kommen, da sonst die Schneiden beschädigt werden.

Eine gute Werkzeugpflege spart dem Betrieb erhebliche Kosten.

5.3.1 Sägemaschinen

Wozu wird die Tischbandsägemaschine verwendet?

Zum Ablängen, Besäumen, Aufschneiden, Schlitzen und Schweifen von Werkstücken.

Große Bandsägen sind die Trennbandsägemaschinen und Blockbandsägemaschinen, die z.B. zum Auftrennen von Bohlen und Stämmen dienen.

Aus welchen wichtigen Teilen besteht eine Tischbandsägemaschine?

Aus Ständer, Arbeitstisch, Motor, Sägeblattrollen, Sägeblattführung, Sägeblattspannvorrichtung, Bandsägeblatt und Schutzvorrichtungen.

Bandsägemaschinen müssen auch eine Bremseinrichtung haben, die mit dem Ausschalten wirksam wird.

Wie wird das Bandsägeblatt gespannt?

Die obere Bandsägerolle wird nach dem Auflegen des Bandsägeblattes durch ein Handrad nach oben verstellt, bis eine straffe Spannung des Sägeblattes erreicht ist.

Die richtige Spannung wird bei verschiedenen Maschinen automatisch angezeigt.

Was ist bei der Einstellung der Sägeblattführung zu beachten?

Die obere Sägeblattführung muß möglichst nahe an die Arbeitszone herangeführt werden. Der Sägeblattrücken darf ohne Schnittdruck, d.h. im Leerlauf, die Druckrollen nicht berühren. Die Seitenrollen der unteren und oberen Blattführung müssen so eingestellt sein, daß die Sägezähne auch beim Arbeiten nicht von den Rollen berührt werden.

Die Druck- und Seitenrollen verhindern ein seitliches Verlaufen und ein Ausweichen des Sägeblattes nach rückwärts.

Welche Zahnformen verwendet der Tischler bei Bandsägeblättern?

Bandsägeblätter mit liegenden Dreieckszähnen. Die Sägezähne können rechtwinklig oder überhängend sein.

Sägeblätter mit überhängenden Zähnen werden vorwiegend für Längsschnitte in Weichholz verwendet, solche mit rechtwinkligen Zähnen eignen sich für Längsschnitte in Hartholz sowie für Querschnitte in Weich- und Hartholz.

Wovon hängen die Schnittgüte und Schnittleistung eines Bandsägeblattes ab?

Von der Zahnteilung, d.h. vom Abstand der Zahnspitzen voneinander, und von der Zahnhöhe, d.h. vom Abstand der Zahnspitze zum Zahngrund.

Die Zahnhöhe sollte bei Bandsägen mit überhängenden Zähnen ⅓, bei Bandsägen mit Dreieckszähnen ½ bis ⅔ der Zahnteilung sein.

Wie ist das Bandsägeblatt zu schränken?

Der Zahn darf höchstens bis zur Hälfte seiner Höhe geschränkt werden, damit er am Zahngrund nicht einreißt. Als Schrankweite genügt im allgemeinen das 1 ½fache der Blattdicke.

Das Schränken erfolgt mit der Schränkmaschine.

Was ist beim Schärfen von Bandsägeblättern zu beachten?

Geschärft wird nach dem Schränken mit der Feile oder der Schleifscheibe gegen den Stoß und rechtwinklig zum Sägeblatt. Die Kanten der Schärfwerkzeuge müssen stark gerundet sein, damit der Zahngrund rund wird und nicht einreißt.

Ein einwandfreies Schärfen gewährleistet nur die Schärfmaschine.

Welche Unfallschutzvorrichtungen sind an einer Bandsägemaschine notwendig?

Die obere und untere Schutzhaube, die Schutzleiste und das verstellbare Winkelbrett.

Diese Schutzvorrichtungen schützen vor allem vor gerissenen und herausschlagenden Sägeblättern.

Welche Arbeitshilfen können zum sicheren Sägen an der Bandsägemaschine verwendet werden?

Anlegewinkel beim Sägen hochkanter Hölzer, Auflagekeil zum Ablängen von runden Hölzern und Schiebestock zum Zuführen kleiner Werkstücke.

Beim Zuführen eines Werkstücks ist darauf zu achten, daß sich die Finger des Arbeitenden immer seitlich vom Bandsägeblatt befinden.

Welche Arten von Kreissägemaschinen für die Holzverarbeitung kann man unterscheiden?

Tisch-, Pendel-, Format-, Besäum-, Mehrblatt-, Doppelabkürz-, Platten- und Kappsägemaschinen.

Kreissägemaschinen dienen zum Auftrennen von Vollholz und Platten.

Welche Arbeiten können an Tischkreissägemaschinen durchgeführt werden?

Besäumen, Längs- und Querschneiden von Vollholz, Formatschneiden von Platten, das Nuten, Schlitzen, Absetzen, Fälzen, Anschneiden von Schrägen u.a.

Zum Anschneiden von Schrägen kann das Sägeblatt bis zu einem Winkel von 45° schräggestellt werden.

Welche Zusatzeinrichtungen werden zu Formatschnitten benötigt?

Parallel- oder Breitenanschlag parallel zum Sägeblatt, Winkelanschlag oder Parallelogramm-Schiebetisch mit Anschlagschienen quer zum Sägeblatt.

Die Winkelanschläge können für Schrägschnitte bis zu einem Winkel von 45° eingestellt werden.

Wodurch sind unterschiedliche Drehfrequenzen an Kreissägemaschinen möglich?

Durch den Einsatz verschieden großer Riemenscheiben sowie eines polumschaltbaren Drehstrommotors.

Zur Kraftübertragung werden meist Kurz- oder Keilriemenantriebe verwendet.

Welche Sicherheitseinrichtung ist zur Stillsetzung von Kreissägemaschinen vorgeschrieben?

Eine mit dem Ausschalten wirksam werdende Bremseinrichtung.

Die Bremsdauer darf 10 s nicht überschreiten.

Wie ist Aufbau und Funktion einer Pendelkreissägemaschine?

Die Pendelkreissäge ist an einem Ständer oder an der Wand befestigt. Sie kann mittels einer Parallelführung waagerecht ausgezogen werden und ist in der Höhe verstellbar. Für Schrägschnitte kann das Sägeblatt nach zwei Richtungen geschwenkt werden. Der Sägetisch ist mit Rollen und Anschlagvorrichtungen ausgestattet.

Die Pendelkreissägemaschine dient zum Ablängen von Hölzern beim Zuschnitt.

Für welche Arbeiten wird eine Doppelabkürzsägemaschine eingesetzt?

Für ein genaues beidseitiges Abschneiden von Brettern, Rahmen oder Platten in einem Arbeitsgang.

Durch die Verwendung der eingebauten Vorritzsägen wird ein Aussplittern der Deckschicht an der unteren Oberfläche verhindert.

Wie werden Platten auf der vertikalen Plattenkreissägemaschine bearbeitet?

Großformatige Platten werden vertikal und leicht nach hinten geneigt auf die Säge gestellt. Auf Rollen können sie an verschiedene Anschläge herangeführt werden. Mit dem von Hand oder mit elektrischem Vorschub in Laufschienen geführten Sägeaggregat können waagerechte oder senkrechte Schnitte ausgeführt werden.

Die Plattenkreissäge sollte sich unmittelbar beim Plattenlager befinden.

Welche Arten von Bezahnungen gibt es bei Stahlkreissägeblättern?

Vollzahnung, Gruppenzahnung und Großzahnung.

Stahlkreissägeblätter eignen sich besonders zur Bearbeitung von Weichhölzern, Dämm- und Schaumstoffen.

Welche Besonderheiten zeichnen Sägeblätter mit Großzahnung aus?

Sie sind spandickenbegrenzt und rückschlagarm, haben nur 12 bis 24 Zähne, wodurch ein geräuscharmer Lauf und eine spürbare Kraftersparnis erreicht werden.

Die Sägezahnspitzen stehen bei spandickenbegrenzten Sägeblättern nur 1,1 mm über den Sägeblattkörper hinaus.

Welche Winkel unterscheidet man am Kreissägezahn?

Span-, Keil-, Frei- und Schnittwinkel.

Der Schnittwinkel setzt sich aus Keil- und Freiwinkel zusammen.

Wie wirkt sich ein großer Spanwinkel auf den Schneidvorgang und auf die Schneide des Sägezahnes aus?

Er bewirkt einen ziehenden Schnitt und ist deshalb vorwiegend für Längsschnitte geeignet. Die Standzeit der Schneide wird allerdings wegen der kleinen Keilwinkel geringer.

Der Spanwinkel soll für Längsschnitte in Weichholz 25° bis 30°, in Hartholz 15° bis 20° betragen.

Was versteht man unter dem Spanwinkel am Sägeblattzahn?

Der Spanwinkel ist der Winkel zwischen der Zahnbrust und einer von der Zahnspitze zum Drehpunkt des Kreissägeblatts verlaufenden gedachten Linie.

Der Spanwinkel soll bei Stahlschneiden für Vollholzschnitte 30°, bei Hartmetallschneiden für Schnitte in Spanplatten 20° betragen.
Ein zu kleiner Spanwinkel bewirkt eine schlechte Spanbildung. Außerdem erhöht sich die Rückschlaggefahr und es sind hohe Vorschubkräfte notwendig. Ein zu großer Spanwinkel führt zu einer geringeren Standzeit der Schneide und zu einem unruhigen Lauf des Sägeblattes.

Wie ist der Keilwinkel am Sägezahn bestimmt?

Der Keilwinkel ist der Winkel zwischen Zahnbrust und Zahnrücken.

Der Keilwinkel liegt bei Stahlschneiden für Vollholzschnitte zwischen 42° und 45°, bei Hartmetallschneiden zum Schneiden von Spanplatten zwischen 55° und 58°.
Der Keilwinkel darf nicht zu klein sein, da sonst die Schneide zu schnell stumpf wird und auch leicht ausbrechen kann.

Welches ist der Freiwinkel am Zahn des Kreissägeblatts?

Der Freiwinkel ist der Winkel zwischen Zahnrükken und der Tangente zum Schneidenflugkreis an der Zahnspitze.

Er liegt bei Stahlschneiden zum Schneiden von Vollholz bei 15° bis 18°, bei Hartmetallschneiden zum Schneiden von Spanplatten zwischen 12° und 15°.
Bei zu kleinem Freiwinkel reibt der Schneidenrükken am Holz, die Schneide wird warm und verliert die Schärfe. Ist der Freiwinkel zu groß, neigt die Schneide zum Ausbrechen, hat eine kurze Standzeit und bringt eine verminderte Schnittgüte.

Welche Zahnformen verwendet man bei Kreissägeblättern?

Spitzzahn, Wolfszahn und Dreieckszahn.

Diese Zähne weisen auf Stahlsägeblättern für Längsschnitte einen Geradschliff, bei solchen für Querschnitte einen wechselseitigen Schrägschliff auf.

Was sind Verbundsägeblätter?

Es sind Sägeblätter mit zähharter Trägerscheibe, auf deren Zahnbrust Hartmetallschneiden aufgelötet, aufgeklebt oder aufgeschraubt sind.

Die Hartmetallplättchen sind breiter als die Sägeblattdicke, wodurch ein Schränken der Zähne nicht notwendig ist.

Wozu werden hartmetallbestückte Kreissägeblätter verwendet?

Zur Bearbeitung von Harthölzern, von Trägerplatten, von kunstharzbeschichteten Platten und von Kunststoffen aller Art.

Hartmetallschneiden haben eine längere Standzeit als solche aus anderen Stahlarten.

Welche Schneidenformen sind bei hartmetallbestückten Kreissägeblättern zur Bearbeitung verschiedener Werkstoffe günstig?

Geradschliff für Längsschnitte, wechselseitiger Schrägschliff für Querschnitte, Hohlschliff für die Bearbeitung von beschichtetem Material und Trapezschliff für die Bearbeitung von Kunststoffen.

Als Zahnform wird für Verbundkreissägeblätter der Wolfszahn bevorzugt.

Wie hoch soll die Schnittgeschwindigkeit bei Stahl- und Verbundkreissägeblättern sein?

Bei Stahlkreissägeblättern 60–70 m/s, bei Verbundkreissägeblättern 70–100 m/s.

Ein einwandfreier Schnitt wird nur beim Zusammenwirken von günstiger Schnittgeschwindigkeit, richtiger Zahnform sowie gut geschränkter und geschärfter Sägezähne erreicht.

Wie müssen Kreissägeblätter gekennzeichnet sein?

Bei HM-bestückten Kreissägeblättern sind die maximalen Drehfrequenzen angegeben, Stahlkreissägeblätter müssen nur ein Herstellerzeichen tragen, HSS-Kreissägeblätter müssen mit dem Zeichen HSS gekennzeichnet sein.

HSS-Kreissägeblätter dürfen auf Tischkreissägen nur dann betrieben werden, wenn die hierfür gültigen Schutzvorschriften eingehalten werden.

Welche Arbeitsvorgänge gehören zum Instandhalten von Kreissägeblättern?

Das Schränken bzw. das Stauchen und das Schärfen.

Durch Stauchen mit einem Bolzen entsteht an der Zahnbrust ein Wulst, der die Funktion der Schränkung übernimmt.

Warum muß ein Sägeblatt geschränkt werden?

Durch das Schränken der Zähne wird der Schnitt breiter, das Schnittgut reibt nicht am Sägeblattkörper und kann diesen somit nicht erwärmen. Warmgelaufene Kreissägeblätter können sich verformen.

Verbundkreissägeblätter werden nicht geschränkt, da die Hartmetallplättchen über den Sägeblattkörper überstehen.

Wie weit soll ein Kreissägeblatt geschränkt werden?

Es darf nur das obere Drittel des Sägezahnes geschränkt werden. Dabei soll die Schränkung im allgemeinen je $\frac{1}{3}$ der Sägeblattdicke oder um $\frac{1}{1000}$ des Sägeblattdurchmessers betragen.

Die Schrankweite richtet sich nach der Art des Schnittgutes und dessen Feuchtigkeitsgehalt.

Womit können Kreissägeblätter geschärft werden?

Mit einer passenden Formfeile von Hand oder mit automatischen Sägeblattschärfmaschinen.

Hartmetallbestückte Kreissägeblätter müssen an einer Spezialmaschine geschärft werden.

Worauf ist beim Einspannen eines Kreissägeblattes in die Kreissägemaschine zu achten?

Spannscheiben und Kreissägeblatt müssen sauber sein. Die Bohrung des Sägeblattes muß mit dem Durchmesser des Sägewellenzapfens übereinstimmen, gegebenenfalls ist ein Zentrierring oder ein Zentrierkegel einzusetzen. Die Druckmutter mit Linksgewinde ist leicht anzuziehen.

Bei größeren Kreissägeblättern verhindert ein Mitnehmerzapfen das Gleiten des Sägeblattes zwischen den Spannscheiben bei starker Schnittbelastung.

Durch welche Vorrichtungen wird an der Kreissäge ein unachtsames Hineingreifen in das Sägeblatt verhindert?

Durch eine untere Sägeblattabdeckung unter dem Kreissägetisch, durch den Spaltkeil und die Spanhaube über dem Kreissägetisch.

Die Spanhaube kann entweder mit dem Spaltkeil verbunden sein (bis Baujahr 1979) oder als Schutzhaube an einer oberen beweglichen Halterung befestigt sein (ab Baujahr 1980).

Wie groß muß eine Schutzhaube sein?

Sie muß das Kreissägeblatt einschließlich Spaltkeil auch bei größtmöglicher Schnittiefe bis auf den Maschinentisch verkleiden.

Ab dem Baujahr 1980 ist bei Einsatz von Kreissägeblättern mit einem Durchmesser von mehr als 250 mm eine Schutzhaube zu verwenden.

Welche Aufgabe hat der Spaltkeil zu erfüllen?

Der Spaltkeil hält die Schnittfuge so auseinander, daß das Werkstück von den aufsteigenden Sägeblattzähnen nicht erfaßt und zurückgeschleudert werden kann.

Bei einem zwangsgeführten Spaltkeil ist dessen Abkippen auf das Sägeblatt nicht möglich.

Wie muß der Spaltkeil eingesetzt werden?

Der Abstand zwischen Spaltkeil und Zahnkranz des Kreissägeblattes darf höchstens 10 mm betragen. Außerdem soll der Spaltkeil etwa 2 mm tiefer liegen als der obere Zahnkranz.

Die Dicke des Spaltkeils muß zwischen Sägeblattdicke und Schnittfugenbreite liegen.

Wie muß der Tischeinsatz beiderseits des Sägeblatts beschaffen sein?

Der Tischeinsatz muß aus zerspanbarem Werkstoff bestehen, er muß auswechselbar sein und einen möglichst schmalen Spalt für das Sägeblatt besitzen.

Die Einlage ist zu erneuern, sobald der Spalt neben dem Sägeblatt mehr als 3 mm beträgt.

Welche Vorschriften bestehen für den Parallelanschlag?

Der Parallelanschlag muß bis zur vorderen Sägeblatthälfte verkürzt werden können. Die obere Fläche des Anschlags darf nicht unterbrochen sein.

Bei schrägstellbarem Tisch muß der Parallelanschlag auf der nach unten geneigten Seite benutzt werden können.

In welchen Fällen ist ein Schiebestock zu verwenden?

Beim Schneiden von kurzen und schmalen Werkstücken und wenn der Abstand zwischen Sägeblatt und Parallelanschlag weniger als 12 cm beträgt.

Der Schiebestock sollte etwa 400 mm lang sein.

Was ist beim Schneiden von Querholz zu beachten?

Beim Querschneiden von Werkstücken sind immer Anschläge und Schiebevorrichtungen zu benutzen.

Beim Ablängen von kleinen Holzteilen ist eine Abweisleiste anzubringen, damit die Holzteile nicht durch die aufsteigenden Zähne zurückgeschleudert werden können.

Welche Vorrichtung ist zum Besäumen von Brettern zu verwenden?

Ein Führungsschlitten oder ein Besäumbrett mit einer Führungsleiste.

Diese Vorrichtungen müssen einen vorderen Anschlag besitzen, der das seitliche Verschieben des Brettes verhindert.

5.3.2 Hobelmaschinen

Wozu wird die Abrichthobelmaschine eingesetzt?

Zum Abrichten von Brettern, Bohlen und Kanthölzern, zum Anstoßen von Winkelkanten und zum Fügen.

In besonderen Fällen wird mit dieser Maschine auch gekehlt und gefälzt.

Aus welchen Teilen besteht eine Abrichthobelmaschine?

Aus Ständer, Motor, Messerwelle, vorderem und hinterem Abrichttisch sowie Anschlaglineal und Schutzvorrichtungen.

Zum Anschluß an die Absauganlage ist ein Absaugstutzen angebracht.

Welche Arten von Hobelmessern unterscheidet man?

Streifenhobelmesser (Normalform) und Spiralhobelmesser (Sonderform).

Vorteilhaft ist bei Spiralhobelmessern der ziehende Schnitt und der geräuscharme Betrieb, nachteilig das aufwendigere Schärfen und Einsetzen der Hobelmesser in die Messerwelle.

Wie werden Streifenhobelmesser in der Hobelmesserwelle gehalten?

Sie werden in der Längsnute der Messerwelle mittels einer keilförmigen Druckleiste gehalten, die selbst durch Druckschrauben festgespannt wird.

Die Haltekräfte werden beim Drehen der Messerwelle noch verstärkt, indem sich Hobelmesser und keilförmige Druckleiste infolge der Fliehkraft verspannen.

Wie werden Hobelmesser eingesetzt und eingestellt?

Beim Einsetzen werden die Hobelmesser durch zwei Druckfedern etwas aus der Messerwelle herausgedrückt. Mit einem Einstellapparat, der auf der Messerwelle aufsitzt, wird das Hobelmesser so weit zurückgedrückt, daß es noch 1,1 mm über die Spanbrecherlippen der Druckleiste vorsteht. Die Druckschrauben werden danach von innen nach außen angezogen.

Hobelmesser müssen immer paarweise eingesetzt werden. Bei Messerwellen mit 3 Messern muß mit allen drei Messern gearbeitet werden.

Das Schärfen erfolgt mit Hilfe von Schärfmaschinen im Naß- oder Trockenschliffverfahren als Gradschliff oder Hohlschliff. Entweder wird der Einspannschlitten mit den eingespannten Hobelmessern an der Schleifscheibe hin- und herbewegt, oder die Messer werden mit einem automatisch bewegten Schärfaggregat geschärft.

In Sonderfällen kann der Schärfapparat auch auf die Messerwelle aufgesetzt werden und das Schärfen der Messer in der Messerwelle erfolgen.

Was ist beim Einstellen der Abrichttische zu beachten?

Der Abnahmetisch muß mit seiner Oberkante auf die Höhe des Messerflugkreises der Hobelmesser eingestellt werden. Durch entsprechende Einstellung erreicht man Rund- oder Hohlfugen. Durch die Höheneinstellung des Aufnahmetisches kann die Spanabnahme bestimmt werden.

Der Abstand zwischen Schneidenflugkreis und Tischlippen darf 5 mm nicht überschreiten.

Warum sind Tischlippen häufig kammartig ausgebildet?

Durch das Einschneiden der Tischlippen wird der Lärmpegel der laufenden Messerwelle erheblich herabgesetzt.

Das Einschneiden der Tischlippen darf jedoch nur vom Maschinenhersteller durchgeführt werden.

Welche Unfallschutzvorrichtungen sind an Abrichthobelmaschinen notwendig?

Klappenabdeckung für die Messerwelle oder schwenkbare Messerwellenabdeckung, Fügeleiste und Zuführlade.

Kurze Werkstücke unter 400 mm Länge dürfen nur mit Hilfe einer Zuführlade abgerichtet werden.

Welches sind die wichtigsten Teile einer Dickenhobelmaschine?

Ständer, Messerwelle, Vorschubeinrichtung, Arbeitstisch, Schutzhaube mit Absaugstutzen und Motor.

Der Anbaumotor auf einer Wippe treibt die Maschine mittels Kurzriemen an.

Wie erfolgt der Vorschub in einer Dickenhobelmaschine?

Die mechanisch angetriebene Vorschubeinrichtung hat eine geriffelte Einzugswalze vor der Messerwelle und eine glatte Auszugswalze hinter der Messerwelle. Für den Vorschub sind mehrere Geschwindigkeiten möglich.

Anstelle der geriffelten Einzugswalze kann auch eine Walze mit Gummischalen eingebaut sein. Zur Bearbeitung ungleich dicker Werkstücke können auch Gliedereinzugswalzen verwendet werden.

Wozu dienen die Druckbalken vor und hinter der Messerwelle?

Die Druckbalken haben die Aufgabe, das Arbeitsstück möglichst fest auf den Arbeitstisch zu drücken.

Wegen ungleicher Dicke der Arbeitsstücke werden häufig auch Gliederdruckbalken verwendet.

Warum sind in den Arbeitstisch Tisch- oder Gleitwalzen eingebaut?

Die 0,2 mm bis 0,3 mm über den Arbeitstisch vorstehenden glatten Walzen verhindern weitgehend das Festsitzen nasser oder harzreicher Arbeitsstücke.

Bei Verwendung von Gummi-Einzugswalzen kann auf die Gleitwalzen verzichtet werden.

Welche Vorrichtungen zur Unfallverhütung sind an der Dickenhobelmaschine notwendig?

Schutzhaube zur Abdeckung der Messerwelle und Rückschlagsicherung.

Die Rückschlagsicherung wird auch als Greifer- oder Gliederrückschlagsicherung bezeichnet.

Aus welchen Teilen besteht eine Rückschlagsicherung?

Sie besteht aus bis 15 mm breiten einzelnen Stahlgliedern (Greifern), die nach dem Anheben selbsttätig zurückfallen müssen. Die Greiferschneiden müssen scharfkantig sein und in Ruhestellung mindestens 3 mm unterhalb des Messerflugkreises liegen. Die Greifer müssen gegen das Durchpendeln durch eine Sperrstange gesichert sein.

Die Rückschlagsicherung muß über die ganze Breite der Einschuböffnung reichen.

5.3.3 Fräsmaschinen

Welche Arten von Fräsmaschinen unterscheidet man?

Tischfräsmaschinen, Oberfräsmaschinen, Zinkenfräsmaschinen, Kettenfräsmaschinen und Kantenfräsmaschinen.

Sie dienen zum Herstellen von Holzverbindungen, zum Fräsen von Profilen und zum Ausfräsen von Holz und Holzwerkstoffen nach Schablonen.

Welche wichtigen Arbeiten können mit einer Tischfräsmaschine ausgeführt werden?

Nuten, Fälzen, Abplatten, Kehlen und Profilieren.

Mit Zusatzgeräten ist sie auch zum Graten, Zinken und Zapfenschneiden geeignet.

Welches sind die wichtigsten Teile einer Tischfräsmaschine?

Ständer, Tisch, Anschlaglineal, Schutzvorrichtungen, Frässpindel und Motor.

Zusatzgeräte können noch Schiebetisch, Rolltisch oder automatische Vorschubeinrichtung sein.

Wie kann das Anschlaglineal eingestellt werden?

Das Anschlaglineal wird mittels Schrauben auf dem Tisch befestigt. Zwei Anschlagbacken aus Holz, Aluminium oder Kunststoff sind in Längsrichtung zu verstellen. Der Spalt zwischen den Anschlagbacken wird aus Gründen des Unfallschutzes je nach Arbeitsvorgang mit Zwischenstücken verbunden.

Mit dem Anschlaglineal sind in der Regel die hintere Abdeckung des Werkzeugs und die Späneabsaugung verbunden.

Welche Arten von Fräserdorne werden häufig verwendet?

Fräserdorne für normale Fräsarbeiten, wenn es Werkzeug und Arbeitshöhe zulassen sowie Oberlagerfräserdorne bei der Verwendung von großen und schweren Werkzeugen.

Beim Arbeiten mit Oberlagerfräserdorn muß stets ein Oberlager verwendet werden.

Welche Möglichkeiten gibt es, die Lage der Frässpindel zu verändern?

Die Frässpindel kann in der Höhe verstellt sowie bei verschiedenen Maschinen bis 45° nach vorne und bis 5° nach hinten geschwenkt werden.

Die Lageänderung der Frässpindel kann von Hand mittels Handrad oder elektrisch erfolgen. Die Frässpindel muß nach dem Verstellen durch Hebel, Schraube oder durch eine selbsthemmende Einrichtung blockiert werden.

Wie werden die Fräswerkzeuge aufgesetzt?

Sie werden zwischen Fräserdornringe auf den Fräserdorn gesteckt und durch Festziehen der Fräserdornmutter gehalten.

Der Fräserdorn wird mit einem konischen Teil, dem Fräserdornschaft, in die Frässpindel eingesteckt und mit einer Überwurfmutter festgespannt.

Welche wichtigen Unfallschutzbestimmungen gelten für Fräserdorne an Tischfräsmaschinen?

Der Fräserdorn muß einen Durchmesser von mindestens 30 mm haben. Oberlagerfräserdorne dürfen nur mit Oberlager benützt werden.

Fräserdorne dürfen nur in Betrieb gesetzt werden, wenn die Werkzeuge oder die Zwischenringe fest aufgespannt sind.

Auf welche Weise wird die richtige Drehfrequenz für die verschiedenen Werkzeuge erreicht?

Sie kann mechanisch durch Umlegen des Keilriemens von einer Stufe einer abgestuften Riemenscheibe auf die andere und elektrisch durch polumschaltbare Motoren erfolgen.

Die Fräserspindeln laufen üblicherweise im Linksgang, also gegen den Uhrzeigersinn, sie können jedoch auch für bestimmte Arbeiten auf Rechtsgang geschaltet werden.

Welche Arten von Fräswerkzeugen können unterschieden werden?

Einteilige Werkzeuge, Verbundwerkzeuge, zusammengesetzte Werkzeuge, Werkzeugsätze und Werkzeugpakete.

Nach der Bauart unterscheidet man noch Werkzeuge für Handvorschub, teilmechanischen Vorschub und mechanischen Vorschub.

Was sind einteilige Fräswerkzeuge?

Werkzeuge, bei denen Werkzeugträger und Messer aus einem Stück bestehen.

Beispiele sind Falzköpfe, Nutfräser, Gratfräser oder Profilfräser.

Welche maximale Umfangsgeschwindigkeit ist bei einteiligen Werkzeugen ohne Drehfrequenzangabe zulässig?

Sie darf nicht mehr als 40 m/s betragen.

Die Bohrung des Fräswerkzeuges muß immer mit dem Durchmesser des Fräserdornes übereinstimmen.

Was versteht man unter zusammengesetzten Fräswerkzeugen?

Werkzeuge, die in der Regel aus einem Tragkörper und einem oder mehreren Schneidenträgern mit auswechselbaren Messern zusammengesetzt sind.

Beispiele sind Profil- und Wendemesserköpfe, verstellbare Nut- und Fasefräser.

Welche Vorteile haben zusammengesetzte Fräswerkzeuge gegenüber einteiligen Fräswerkzeugen?

Durch die Möglichkeit, die Messer auszuwechseln, wird der Fräser vielseitiger und wirtschaftlicher.

Nachteilig ist beim einteiligen Fräser, daß er durch das Nachschärfen als Ganzes abgenützt wird.

Wie muß die Messerbefestigung bei zusammengesetzten Fräswerkzeugen ausgebildet sein?

Sie muß formschlüssig sein, damit ein Verrutschen oder Herausfliegen der Messer und Spandickenbegrenzer nicht möglich ist.

Kraftschlüssige Befestigungen sind ab 1.4.1980 nicht mehr zulässig.

Wie hoch darf die Drehfrequenz bei zusammengesetzten Fräswerkzeugen höchstens sein?

Sie darf nicht höher sein, als auf dem Fräswerkzeug angegeben. Trägt das Fräswerkzeug keine Angaben über die zulässige Drehfrequenz, darf es höchstens mit 4500 1/min betrieben werden.

Die Umfangsgeschwindigkeit solcher zusammengesetzten Werkzeuge darf 40 m/s nicht überschreiten.

Was sind Verbundwerkzeuge?

Werkzeuge, bei denen die Werkzeugschneiden z.B. durch Löten unlösbar mit dem Tragkörper verbunden sind. Die Schneiden können aus hochlegiertem Schnellarbeitsstahl oder aus Hartmetall bestehen.

Die maximale Umfangsgeschwindigkeit darf bei hartmetallbestückten Werkzeugen ohne Drehfrequenzangabe nicht mehr als 55 m/s betragen.

Was versteht man unter einem Werkzeugsatz?

Als Werkzeugsatz bezeichnet man mehrere gemeinsam eingespannte Einzelwerkzeuge.

Die Einzelwerkzeuge können einteilige, zusammengesetzte oder Verbundwerkzeuge sein.

Welche Werkzeuge erhalten ein BG-Test-Prüfzeichen?

Werkzeuge, die auf höchstens 1,1 mm spandickenbegrenzt sind, die eine weitgehend kreisrunde Form und eine enge Spanlückenweite aufweisen und deshalb rückschlagarm sind.

Die Werkstücke können solchen Werkzeugen mit der Hand zugeführt werden.

Welche Werkzeuge erhalten das Prüfzeichen BG-Form?

Werkzeuge mit einem Schneidenüberstand von maximal 10 mm, mit begrenzter Spanlückenweite und mit geschlossener Form. Die Werkzeuge müssen rückschlagarm sein.

BG-Form-Werkzeuge dürfen nur bei teilmechanischem und mechanischem Vorschub verwendet werden.

Was versteht man unter teilmechanischem Vorschub?

Beim teilmechanischen Vorschub werden die Werkstücke unter Verwendung mechanischer Spann- und Zuführvorrichtungen vorgeschoben.

Mechanische Spann- und Zuführvorrichtungen sind z.B. Schiebeschlitten oder Vorschubapparate.

Welchen Fräswerkzeugen dürfen die Werkstücke nur mit mechanischem Vorschub zugeführt werden?

Bei nicht spandickenbegrenzten Werkzeugen ist ein mechanischer Vorschub vorgeschrieben. Sie tragen die Aufschrift „Mechanischer Vorschub“.

Unter mechanischem Vorschub versteht man kraftbetriebene Spann- und Zuführvorrichtungen, wie z.B. die Gliederkette an einem Fräs- und Kehlautomaten.

Auf welche Unfallschutzvorschriften ist beim Arbeiten an Tischfräsmaschinen besonders zu achten?

Das Einstellen von Schnitthöhe und -tiefe ist nur bei stillgesetztem Werkzeug vorzunehmen. Das Werkzeug ist bis auf die Schneidstelle mit Schutzvorrichtungen abzudecken. Zum Zuführen der Werkstücke an das Werkzeug sind Vorrichtungen zu verwenden, die Rückschläge verhindern.

Um eine gute Werkstückauflage zu bekommen, ist die Durchtrittsöffnung zwischen Werkzeug und Frästisch durch Einlegeringe so eng wie möglich zu halten.

Für welche Arbeiten werden Oberfräsmaschinen verwendet?

Zum Graten und Nuten, zum Ausfräsen von Vertiefungen und zum Fräsen von Formen nach Schablone.

Es sind Arbeiten, die in senkrechter Richtung als Bohrarbeiten, in waagerechter Richtung als Fräsarbeiten ausgeführt werden.

Welche Werkzeuge verwendet man an der Oberfräsmaschine?

An der Oberfräsmaschine werden ein- oder mehrschneidige Werkzeuge verwendet, die leicht exzentrisch in ein Spannfutter eingesetzt werden.

Das exzentrische Einsetzen ermöglicht einen günstigen Spanauswurf und vermeidet Brandstellen am Werkstück und am Werkzeug.

Wozu dient eine Zinkenfräsmaschine?

Mit einer Zinkenfräsmaschine werden schwalbenschwanzförmige Zinkenverbindungen hergestellt.

Werden entsprechende Vorrichtungen und Werkzeuge eingesetzt, kann man auch nuten oder graten.

Welche Arbeiten können an einer Kettenfräsmaschine ausgeführt werden?

Die Kettenfräsmaschine dient zum Herstellen von rechteckigen Löchern oder Schlitzen, zum Ausfräsen von Schloßkästen an Türen und für ähnliche Aussparungen.

Um die Arbeiten unfallfrei ausführen zu können, müssen der Kettenantriebskopf sowie der freie Teil der Fräskette durch Schutzhauben oder Schutzstangen gegen Berühren gesichert sein.

5.3.4 Bohrmaschinen

Wie kann der Vorschub an Bohrmaschinen erfolgen?

Der Bohrer mit Motor ist beweglich und wird gegen das auf einem feststehenden Tisch befestigte Werkstück geführt, oder das auf einem beweglichen Maschinentisch festgespannte Werkstück wird gegen den Bohrer geführt.

Bei der Herstellung von Langlöchern erfolgt der Vorschub auch quer zur Bohrerachse.

Wozu dient eine Dübellochbohrmaschine?

Sie dient zum rationellen Einbohren von Dübellöchern, Lochreihen oder Beschlägen.

Die Bohrer sind an einem Bohrbalken befestigt und haben einen pneumatischen Vorschub. Der Bohrbalken ist bei Eckdübelungen von 0° bis 90° schwenkbar, wodurch Einstellungszeit gespart werden kann.

Wie werden Langlöcher an Langlochbohrmaschinen hergestellt?

Bei Weichholz wird an den beiden Enden des Langlochs in der ganzen Tiefe je ein Loch gebohrt. Das dazwischenliegende Holz wird durch Querbewegung des Supports jeweils 10 mm tiefer ausgefräst.

Bei Hartholz werden mehrere Löcher nebeneinander in voller Tiefe gebohrt und dann das restliche Holz durch Querbewegung des Bohrers ausgefräst.

5.3.5 Schleifmaschinen

Welche Arten von Schleifmaschinen kann man unterscheiden?

Band-, Kanten-, Teller-, Zylinder- und Breitbandschleifmaschinen.

Je nach Maschinenart gibt es solche mit Handvorschub, mit halbautomatischem und automatischem Vorschub.

Wodurch wird das Schleifband an der Bandschleifmaschine gespannt?

Durch ein verstellbares Spanngewicht oder durch eine Schraubenfeder.

Die Einstellung der Spannung des Schleifbandes erfolgt an der rechten, beweglich gelagerten Schleifbandrolle.

Wie wird der Schleifstaub beim Schleifen an der Bandschleifmaschine entfernt?

Beim Trockenschliff wird der Schleifstaub durch eine Absaugvorrichtung an der linken Schleifbandrolle über eine Staubfanghaube abgesaugt. Beim Naßschliff wird das entstehende Schleifmehl durch die Schleifflüssigkeit abgespült.

Besondere pneumatische Einrichtungen ermöglichen auch das Abblasen des Schleifbandes, wodurch der Schleifeffekt verbessert wird.

Wie erfolgt das Schleifen an Bandschleifmaschinen?

Die Werkstücke werden auf den beweglichen Arbeitstisch gelegt und quer zur Schleifbandrichtung geführt. Außerdem kann der Schleifschuh in Schleifrichtung bewegt werden. Der Schleifschuh drückt das Schleifband auf das Werkstück.

Das Niederdrücken des Schleifschuhs kann von Hand oder pneumatisch erfolgen.

Welche besonderen Schleifeinrichtungen können an einer Bandschleifmaschine vorhanden sein?

Ein oberer schmaler Schleiftisch zum Schleifen schmaler Werkstücke, eine Schleifwalze zum Schleifen geschweifter Teile oder ein Schleifteller mit Auflage zum Schleifen kleiner Teile.

Durch einen Wendeschalter kann das Schleifband je nach Erfordernis einen Rechts- oder Linkslauf erhalten.

Welche Schleifmittel werden an Bandschleifmaschinen verwendet?

Es stehen endlose Schleifbänder mit bestimmter Länge oder Rollware in Längen bis 100 m zur Verfügung. Je nach erforderlicher Oberflächengüte sind grobe bis feinste Körnungen zu verwenden.

Aus Rollenware kann man endlose Bänder selbst herstellen. Dabei kann die Verbindung der Bandenden stumpf, überlappt oder mit Fingerverschluß erfolgen.

Welche Schutzvorrichtungen sind an einer Bandschleifmaschine notwendig?

Verkleidung der Schleifbandrollen und des oberen Bandlaufs, Begrenzung des Fahrbereichs am Schleiftisch, damit die schiebende Hand nicht durch das Schleifband verletzt werden kann, Absaugmöglichkeit für den entstehenden Schleifstaub.

Der Auflagetisch ist so dicht wie möglich an das Schleifband heranzuführen.

Was ist vor Inbetriebsetzen der Bandschleifmaschine zu prüfen?

Ob das Schleifband nicht beschädigt ist, ob das Schleifband einen gleichmäßigen Lauf und die richtige Spannung hat.

Reißt das Schleifband während des Schleifens ein, ist die Maschine sofort abzuschalten und das Band auszuwechseln.

Welche Arbeiten können an einer Kantenschleifmaschine ausgeführt werden?

Es können rechtwinklige oder schräge Längs- oder Hirnholzkanten sowie geschweifte Flächen geschliffen werden.

Auflagetisch und Anschlag sind in Höhe und Schräge verstellbar.

Wie ist die Arbeitsweise einer Zylinderschleifmaschine?

Mehrere Schleifzylinder, mit Schleifmitteln gleicher oder unterschiedlicher Körnung bespannt, schleifen das Werkstück von oben oder von unten auf genaue Dicke. Der Transport der Werkstücke erfolgt mechanisch durch ein Transportband.

Die Schleifzylinder führen eine oszillierende Bewegung aus, damit sich die Schleifmittel nicht zu schnell mit Schleifstaub zusetzen.

Wie unterscheidet sich eine Breitbandschleifmaschine von einer Zylinderschleifmaschine?

Eine Breitbandschleifmaschine hat anstelle von Schleifzylindern ein breites endloses Schleifband, das durch einen Schleifschuh auf das Werkstück gedrückt wird. Hier wird nicht auf genaue Dicke, sondern nur die Oberfläche geschliffen, weshalb mit ihr furnierte Plattenwerkstoffe geschliffen werden können.

Der Vorschub der Werkstücke erfolgt im Durchlaufverfahren mittels gummierter Transportwalzen oder Gummi-Transportbändern.

5.3.6 Handmaschinen

Wozu können Handkreissägen verwendet werden?

Zum Ablängen von Brettern und Bohlen sowie zum Zuschneiden von Furnier-, Tischler- und Spanplatten.

Am Bau kann die Handkreissäge mit entsprechenden Vorrichtungen in eine kleine ortsfeste Tischkreissäge umgebaut werden.

Welche Schutzvorrichtungen sind für Handkreissägen vorgeschrieben?

Feste Sägeblattverkleidung oberhalb und Schwenk-Sägeblattschutz unterhalb des Sägetisches, Spaltkeil bei Schnittiefen von mehr als 18 mm.

Der Abstand zwischen Spaltkeil und Zahnkranz darf nicht mehr als 5 mm betragen.

Welche Einstellmöglichkeiten gibt es bei einer Handkreissäge?

Der Auflagetisch kann bis 45° geneigt werden, die Schnittiefe kann mit dem Tiefenanschlag eingestellt werden, häufig sind die Maschinen auch mit einem Breitenanschlag ausgerüstet.

Durch einen selbsttätigen Rücklaufschutz wird das Kreissägeblatt bei Nichtbenutzung abgedeckt und die Schneiden werden vor Beschädigungen geschützt.

Was ist eine Tauchsäge?

Eine Tauchsäge ist eine Handkreissäge, deren Sägeblatt nach unten unter die Maschinenplatte abgesenkt werden kann.

Die Tauchsäge eignet sich besonders für das Einsetzsägen, wie z.B. zum Sägen von Ausschnitten aus einem Werkstück.

Wozu verwendet man eine Schattenfugensäge?

Zum Abschneiden von eingebauten Wandverkleidungen parallel zur Decke oder von Deckenverkleidungen parallel zur Wand. Dabei entsteht zwischen Wand und Decke eine gleichbreite Schattenfuge.

Da die Maschine ein geringes Gewicht hat, kann sie auch leicht „über Kopf" geführt werden.

Welche Arbeiten können mit einer Stichsäge ausgeführt werden?

Gerade und gekrümmte Sägeschnitte in Holz und Holzwerkstoffen, Kunststoffen, Nichteisenmetallen und dünnen Blechen. Mit Raspeleinsätzen ausgerüstet können auch schmale Oberflächen, wie z.B. Kanten, bearbeitet werden.

Entsprechend der Werkstoffe sind Sägeblätter mit geeigneter Bezahnung zu verwenden.

Für welche Arbeiten können Handhobelmaschinen eingesetzt werden?

Zum Hobeln von Kanten bis 75 mm Breite und zur Herstellung von Fälzen unter Verwendung eines Falzbreitenanschlags.

Handhobelmaschinen werden besonders auf Baustellen verwendet.

Wie müssen die Messer in Handhobelmaschinen eingesetzt sein?

Sie dürfen höchstens 1,1 mm über den Körperflugkreis hinausragen. Außerdem darf der Abstand zwischen Schneidenflugkreis und Tischelippen 5 mm nicht überschreiten.

Mittels eines Einstellknopfes kann die Dicke der Spanabnahme verändert werden.

Welche Arten von Handbohrmaschinen gibt es?

Handbohrmaschine als Normalläufer, als Schnelläufer und als Mehrgangmaschine sowie Handschlagbohrmaschine.

Die Handschlagbohrmaschine ist mit einer Schlageinrichtung ausgestattet und wird zum Bohren von Löchern in Mauerwerk und Beton verwendet.

Welche Handfräsmaschinen gibt es und wozu werden sie verwendet?

Die Umleimer- und Kantenfräse verwendet man z.B. zum Planfräsen von Umleimern und zum Profilieren von Kanten, die Kunststoff- und Furnierfräse zum Abfräsen von überstehenden Kunststoffbelägen und Furnieren, die Handoberfräse z.B. zum Einfräsen gerader oder runder Nuten oder von Gratnuten und zum Fräsen nach Schablonen. Die Kittfräse verwendet man zum Entfernen von Kitt- und Glasresten an Fensterrahmen.

Für Handfräsmaschinen werden der längeren Standzeit wegen meistens Werkzeuge mit Hartmetallschneiden verwendet.

Wie unterscheiden sich die verschiedenen Handschleifmaschinen beim Schleifvorgang?

Die Handschleifmaschine hat ein endloses Schleifband, mit dem nur in einer Richtung geschliffen wird. Beim Schwingschleifer führt der mit Schleifpapier versehene rechteckige Schleifschuh kleine kreisförmige Fibrationsbewegungen aus. Der Tellerschleifer und der Winkelschleifer haben einen runden, mit einem Schleifpapier beklebten Schleifteller, der kreisförmige Schleifbewegungen ausführt.

Handschleifmaschinen haben meist eine Absaugeinrichtung für den Schleifstaub.

Welche Unfallschutzvorschriften sind bei allen Handmaschinen zu beachten?

Handmaschinen müssen stillgelegt werden, bevor sie aus der Hand gelegt werden.
Vor dem Wechsel des Arbeitsplatzes sind die Werkzeuge von Handmaschinen stillzusetzen.
Handmaschinen sind vor dem Werkzeugwechsel und bei Wartungsarbeiten vom elektrischen Netz zu trennen.

Der Schalter muß an der Handmaschine so angebracht sein, daß sie ohne Loslassen des Handgriffs abgeschaltet werden kann.

Was ist beim Arbeiten mit elektrisch betriebenen Handmaschinen zu beachten?

Der Arbeitsplatz muß trocken sein, Arbeiten dürfen nicht im Regen oder Nebel ausgeführt werden, im Freien und auf Baustellen dürfen nur wasserdichte Gummikupplungen verwendet werden, Stromleitungen sind vor Beschädigung zu schützen.

Handmaschinen dürfen nur über den Geräteschalter ein- und ausgeschaltet werden, nie durch Einführen oder Herausziehen des Steckers.

5.4 Pneumatische Anlagen, Werkzeuge und Geräte

5.4.1 Druckluft als Energieträger

Was versteht man unter Druckluft?

Druckluft ist die in einem Behälter stark verdichtete atmosphärische Luft.

Der Druck im Behälter ist bei gleicher Luftmenge um so größer, je höher die Temperatur der Luft und je kleiner der Behälterraum ist.

Wozu wird Druckluft als Energieträger in holzverarbeitenden Betrieben verwendet?

Zum Heften, Nageln, Schrauben, Bohren, Schleifen, Pressen, Transportieren, Reinigen, Spritzen, Schäumen, Versiegeln sowie zum Regeln und Steuern.

Die beim Verdichten von Luft zugeführte Energie wird durch das Entspannen der Luft wieder frei und in mechanische Arbeit umgesetzt.

5.4.2 Drucklufterzeugung

Mit welchen Maschinen wird Druckluft erzeugt?

Druckluft kann mit Hubkolbenverdichtern oder mit Rotationsverdichtern als Vielzellen- oder Schraubenverdichter hergestellt werden.

Verdichter können fahrbar oder ortsfest gebaut sein.

Wie entsteht Druckluft in einem Hubkolbenverdichter?

Die Luft wird durch Hin- und Herbewegen eines Kolbens angesaugt und verdichtet und anschließend in einem Druckluftbehälter gespeichert.

Der Verdichter wird durch einen Elektro- oder Dieselmotor angetrieben.

Wie wird die beim Verdichten der Luft freiwerdende Wärme abgeführt?

Die freiwerdende Wärme wird über luft- oder wassergekühlte Kühlrippen am Verdichtergehäuse und durch einen Nachkühler abgeführt.

Der Nachkühler ist zwischen Verdichter und Druckkessel eingebaut.

Welche Aufgabe hat der Druckluftbehälter (Windkessel)?

Er hat die Aufgabe, die Druckluft zu speichern und die einzelnen Pumpenstöße auszugleichen, so daß die Druckluft unter gleichmäßigem Druck ausströmen kann.

Eine Aussetzregelung schaltet den Motor bei Erreichen des Höchstdruckes ab und bei entsprechendem Druckabfall wieder ein.

Wie wird die Luft in Rotationsverdichtern verdichtet?

Die Verdichtungskammern dieser Kompressoren verkleinern sich bei der Umdrehung des Rotors bzw. der Schraubenwelle in Richtung der Austrittsöffnung so, daß sich die darin befindliche Ansaugluft zu Druckluft verdichtet.

Die Abdichtung der Kammern erfolgt durch einen Ölfilm. Die ölhaltige Druckluft wird nach dem Verdichten durch einen Ölabscheider wieder gereinigt.

Warum benötigt man bei Rotationsverdichtern keinen Druckluftbehälter?

Der Verdichter liefert, durch einen Lufteinlaßregler automatisch gesteuert, nur so viel Druckluft, wie benötigt wird. Außerdem erfolgt hier keine stoßweise Verdichtung.

Es gibt einstufige und zweistufige Verdichter. Die zweite Verdichtungsstufe wird dort benötigt, wo höhere Drücke erforderlich sind.

Warum scheidet sich beim Verdichten von Luft häufig Kondenswasser ab?

1 m^3 verdichtete Luft kann auch nur so viel Feuchtigkeit aufnehmen wie 1 m^3 unverdichtete Luft. Wird nun Luft mit atmosphärischem Druck verdichtet, so wird mehr Luft mit entsprechendem Wasserdampfgehalt in 1 m^3 eingepreßt. Aus diesem Grund muß sich beim Verdichten dieser zusätzliche Wasserdampf beim Abkühlen der Druckluft als Kondensat abscheiden.

Zur Aufnahme des Kondensats befinden sich am Nachkühler, am Druckluftbehälter und an den tiefsten Stellen der Anlage Kondensat-Sammelbehälter.

5.4.3 Druckluftverteilung

Wie erfolgt die Druckluftverteilung?

Sie erfolgt vom Druckluftbehälter aus über das Druckluftnetz mit den Wartungseinheiten zu den Entnahmestellen der Verbraucher.

Die Druckluftleitungen können als Stich- oder Ringleitung verlegt werden.

Was ist bei der Verlegung der Druckluftleitungen zu beachten?

Waagerechte Leitungen müssen in Strömungsrichtung ein Gefälle von 2 % haben, abzweigende Stellen für die Luftentnahmestellen sind an der Rohroberseite anzubringen, Leitungen und Anschlüsse müssen dicht sein.

Die Neigung der Leitungen ist wegen der Ableitung von Kondenswasser erforderlich.

Wie kann Druckluft an den Entnahmestellen entnommen werden?

An den Entnahmestellen sind selbstschließende Schlauchkupplungen angebracht, in die bei Bedarf die Kupplungsstecker der Druckluftschläuche eingedrückt werden können.

Undichte Stellen (Leckagen) an Leitungen und Entnahmestellen sind wegen der Druckverluste und Kosten zu vermeiden.

5.4.4 Druckluftaufbereitung

Woraus besteht eine Druckluft-Wartungseinheit?

Eine Druckluft-Wartungseinheit besteht aus einem Druckluftfilter, einem Druckluftregler und einem Druckluftöler.

Mit Hilfe der Wartungseinheit wird die Druckluft vor dem Einsatz noch aufbereitet.

Warum muß Druckluft vor dem Einsatz noch gereinigt werden?

Die im Netz zur Verfügung stehende Druckluft enthält meist noch Wasser, Öl, Staub, Zunder und Rostteile, die in den beweglichen Pneumatikteilen zu Störungen führen können.

Die Verunreinigungen werden im Druckluftfilter aus der Druckluft abgeschieden, indem die Luft in Rotation versetzt und anschließend gefiltert wird.

Wozu dient ein Luftdruckregler?

Er hat die im Netz vorhandenen geringen Druckschwankungen auszugleichen und konstant zu halten.

Die Regelung erfolgt über eine federgesteuerte Membrane, die wiederum das Ventil betätigt.

Wozu wird ein Druckluftöler benötigt?

Der Druckluft muß etwas Öl zugegeben werden, wenn sie zum Bewegen von Teilen in Werkzeugen oder Steuerungen dient.

Im Druckluftöler wird beim Durchströmen der Druckluft aus einer Düse ein feiner Ölnebel beigemischt.

Mit welchem Gerät kann eine weitgehend trokkene Druckluft hergestellt werden?

Mit dem Drucklufttrockner, der vor oder nach dem Druckluftbehälter eingebaut ist.

Im Drucklufttrockner wird die Luft auf 2,5°C abgekühlt, wobei der größte Teil des Wasserdampfes als Kondenswasser ausgeschieden wird. Noch vorhandenes Öl aus dem Verdichter wird herausgefiltert.

5.4.5 Druckluftwerkzeuge und -geräte

Welche Vorteile bieten Druckluftwerkzeuge?

Sie sind handlich und leicht, unempfindlich gegen Staub und Feuchtigkeit, betriebs- und unfallsicher.

Sie eignen sich besonders, wenn Anforderungen an den Explosionsschutz gestellt werden.

Welche Arten von Druckluftwerkzeugen unterscheidet man?

Drehende Druckluftwerkzeuge wie Druckluft-Schrauber, Druckluft-Bohrmaschinen oder Druckluft-Winkelschleifer sowie schlagende Druckluftwerkzeuge wie Preßluftnagler oder Klammereintreibgeräte.

Zum Spritzen von Lacken werden Spritzpistolen verwendet.

Wie werden die drehenden Druckluftwerkzeuge angetrieben?

Der Antrieb erfolgt durch einen Lamellenmotor, bei dem das Prinzip des Rotationsverdichters umgekehrt wurde.

Die Drehfrequenz kann durch entsprechende Drosselung der Druckluftzufuhr stufenlos geregelt werden.

Welche Aufgabe hat die Druckluft beim Spritzen mit der Spritzpistole?

Die Druckluft wird sowohl als Zerstäuberluft zum Zerstäuben des Spritzgutes als auch als Steuerluft zur Bildung eines Rund- oder Flachstrahles benötigt.

Die Druckluft muß zum Spritzen ölfrei, trocken und sauber sein.

5.4.6 Pneumatische Elemente

Was sind pneumatische Arbeitselemente?

Es sind Druckluftzylinder, welche die in der Druckluft enthaltene statische Energie in Bewegungsenergie umwandeln.

Sie werden zum Spannen, Einpressen, Heben, Zuführen und zum Transportieren verwendet.

Wie unterscheiden sich einfachwirkende und doppeltwirkende Zylinder in der Arbeitsweise?

Beim einfachwirkenden Zylinder wird der Kolben nur im Vorlauf mit Druckluft beaufschlagt, der Rücklauf des Kolbens erfolgt durch eine Rückholfeder. Beim doppeltwirkenden Zylinder wird der Kolben sowohl im Vorlauf wie im Rücklauf durch Druckluft bewegt.

Einfachwirkende Zylinder werden bei kleineren, doppeltwirkende Zylinder bei großen Hublängen eingesetzt.

Was sind pneumatische Steuerelemente?

Es sind Ventile, die Weg und Menge der durchströmenden Druckluft regeln.

Man unterscheidet Wege-, Sperr-, Strom-, Druck- und Absperrventile.

Wozu werden Wegeventile verwendet?

Da Wegeventile Weg und Richtung der Druckluft bestimmen sowie Beginn und Ende des Durchflusses bewirken, werden sie als Steuer- und Entlüftungsventile, als Ein- und Ausschaltventile verwendet.

Man unterscheidet Zweiwege-, Dreiwege-, Vierwege- und Vielwegeventile.

Wie arbeitet ein Sperrventil?

Sperrventile lassen die Druckluft nur in einer Richtung hindurch und sperren sie in der Gegenrichtung. Sie werden deshalb auch Rückschlagventile genannt.

Wird die Luft in der Gegenrichtung nicht ganz gesperrt, sondern über eine Drosselstelle verzögert hindurchgelassen, spricht man von Drosselrückschlagventilen.

Welchen Zweck haben Druckventile?

Druckventile begrenzen die Höhe des Luftdrucks nach oben

Als Druckbegrenzungsventil öffnet es, wenn der maximal eingestellte Druck in der Druckluftanlage überschritten wird (Sicherheitsventil), als Druckregelventil hält es den Arbeitsdruck auf der Verbraucherseite konstant.

6 Betriebsanlage

6.1 Außenanlagen

Welche Einrichtungen einer Betriebsanlage gehören zu den Außenanlagen?

Straßen und Wege, Stellplatz für Kraftfahrzeuge, Holzlagerflächen, Grünflächen sowie die Einfriedung des Grundstücks, die Energieversorgungsleitungen wie elektrische und Telefonleitungen, die Wasserversorgung und -entsorgung sowie die Löscheinrichtungen auf dem Grundstück.

Die Außenanlagen und natürlich auch das Äußere des Betriebes sollten besonders sauber und gepflegt sein, da diese den ersten entscheidenden Eindruck auf den Besucher oder Kunden machen.

Warum kann man Holzverarbeitungsbetriebe nicht überall erstellen?

Holzbearbeitungsbetriebe gehören zu den mäßig störenden Betrieben und dürfen daher nicht in Wohngebieten liegen.

Nach dem Bundesimmissionsschutzgesetz darf die Nachbarschaft nicht durch Lärm, Staub, Gerüche, Rußablagerung oder Rauch belästigt werden. Deshalb können heute Holzverarbeitungsbetriebe nur noch in Industrie- oder Gewerbegebieten errichtet werden. Die Baugrundstücke müssen als solche ausgewiesen sein.

6.2 Gebäude

Welche Räume sind in einem Betriebsgebäude in der Regel unterzubringen?

Werkräume, Lager, Sozial-, Büro- und Nebenräume sowie die betriebstechnischen Räume.

Zu den Werkräumen gehören Maschinenraum, Bankraum bzw. Montageraum und der Oberflächenbehandlungsraum. Zu den Sozialräumen zählen die gesundheitstechnischen Anlagen wie Toilettenräume, Waschräume, Umkleideräume und Aufenthaltsräume bzw. Kantine und wenn erforderlich der Sanitätsraum. Büroräume sind für die Verwaltung vorgesehen und können im einzelnen Räume für den Unternehmer, Meister für die Arbeitsvorbereitung, die Buchhaltung und die Kostenrechnung sein. Zu den betriebstechnischen Räumen gehören Räume für die Unterbringung der Heizung, der elektrischen Stromverteilung, des Wasseranschlusses, der Absaugungsanlage usw.

Wonach richtet sich die Größe der Toiletten und Waschräume im Betrieb?

Nach der Anzahl der männlichen und der weiblichen Beschäftigten im Betrieb. Die Angaben sind in der Arbeitsstättenverordnung festgelegt.

So sind z.B. für bis 10 männliche Beschäftigte eine Toilette, ein Bedürfnisstand und 2 Waschgelegenheiten erforderlich, für bis 25 Beschäftigte 2 Toiletten, 2 Bedürfnisstände und 5 Waschgelegenheiten.

Warum gelten für Oberflächenbehandlungsräume besonders verschärfte Vorschriften?

Wegen der Brand- und Explosionsgefahr der Oberflächenbehandlungsmittel bzw. der besonders hochexplosiblen Lackdämpfe.

Oberflächenbehandlungsräume sind von Nachbarräumen durch feuerbeständige Wände und selbstschließende feuerbeständige Türen abzugrenzen. Gegenüber der Fluchttür muß eine weitere Fluchtmöglichkeit durch eine Tür oder ein ausreichend großes Fenster bestehen. Die gesamte elektrische Installation ist exgeschützt zu verlegen. Wände, Fußböden und Decken sollen leicht zu reinigen sein. Leere Lackgebinde sind sofort zu entfernen. Im Oberflächenbehandlungsraum darf nicht mehr als ein halber Tagesbedarf an Lacken und Verdünnung gelagert werden.

Welche Voraussetzungen werden an die Lagerräume gestellt?

Im allgemeinen muß eine reibungslose Anlieferung und Auslieferung des Lagergutes erfolgen können. Die Teile müssen ordentlich, sauber, übersichtlich gelagert werden. Die Lager sind den einzelnen Fertigungsstellen optimal zuzuordnen, wie das Plattenlager dem Plattenzuschnitt, das Vollholzlager dem Vollholzzuschnitt, das Versandlager der Endmontage usw.

Lager sind Räume zum Bereithalten, Verteilen und Umschlagen von Werkstoffen, Hilfswerkstoffen, Werkzeugen und von fertigen Erzeugnissen. Je nach Lagergut sind sie unterschiedlich auszustatten. Empfindliche Lagergüter müssen in klimatisierten Räumen gelagert werden, lichtempfindliche Güter wie Furniere dürfen nicht dem Sonnenlicht ausgesetzt sein.

6.3 Arbeitsplätze

Durch welche Maßnahmen kann der Arbeitsplatz sicherer werden?

Durch Einhaltung der Unfallverhütungsvorschriften und der Bestimmungen der Arbeitsstättenverordnung sowie durch gute Arbeitsunterweisung. Dadurch fühlt sich der Mensch an seinem Arbeitsplatz sicher und in seiner Arbeitsausübung nicht beeinträchtigt.

Hierzu gehören z.B. das Einsetzen von Spaltkeilen bei Kreissägen, das Einsatzfräsen mit geeigneten Vorrichtungen an der Tischfräse sowie das Tragen von Schutzkleidung. Die Arbeitsstättenverordnung befaßt sich dagegen mit der sicheren Anlage von Treppenhäusern, der Breite von Fluchtwegen und Türen, Beschaffenheit der Fußböden, Stärke der Beleuchtung sowie mit der Ordnung und Sauberkeit am Arbeitsplatz.

Welche Faktoren gehören zur physiologischen Arbeitsplatzgestaltung?

In erster Linie gehören hierzu die Schaffung günstiger Umgebungseinflüsse wie ein behagliches Klima, das der Schwere der Arbeit angepaßt sein sollte, die richtige Beleuchtung, Schutz vor Lärm, Staub und schädigenden Gasen.

Außer den genannten Faktoren muß auch die Schwere der Arbeit der körperlichen Leistungsfähigkeit des Menschen angepaßt sein.

Wann kann man von einem Behaglichkeitsklima in einem Holzbearbeitungsbetrieb sprechen?

Das Klima in einem Holzbearbeitungsbetrieb kann als behaglich angesehen werden, wenn die Lufttemperaturen zwischen 18 °C und 22 °C, die relative Luftfeuchte 50 % bis 60 % und die Luftgeschwindigkeit 0,1 m/s bis 0,2 m/s betragen und der Mensch keiner übermäßigen Wärmestrahlung oder einem stark schwankenden Klima ausgesetzt ist.

Starke Luftgeschwindigkeit und zu trockene Luft führten häufig zu Erkältungskrankheiten. Sehr hohe Luftfeuchtigkeit und hohe Temperaturen ermüden, verursachen Unwohlsein und können sogar zum Kreislaufkollaps führen.

Welche Arbeitsplatztypen sind zu unterscheiden?

Man unterscheidet ortsveränderliche und ortsgebundene Arbeitsplatztypen.

Bei den ortsveränderlichen Arbeitsplätzen sind der Mensch und das Betriebsmittel ortsveränderlich und der Arbeitsgegenstand in der Regel ortsgebunden, wie z.B. beim Einbau einer Wandverkleidung. Der Arbeitsgegenstand kann aber auch ortsveränderlich sein, wie z.B. beim Transport von Werkstücken und Erzeugnissen. Bei den ortsgebundenen Arbeitsplätzen sind Mensch und Betriebsmittel ortsgebunden, der Arbeitsgegenstand ist in der Regel ortsveränderlich, wie z.B. beim Zuschneiden an der Formatkreissäge oder beim Profilieren an der Tischfräse.

Welche Faktoren sind bei der menschengerechten Arbeitsplatzgestaltung zu berücksichtigen?

Bei der Arbeitsplatzgestaltung sind die Körpermaße des Menschen, die Arbeitssicherheit und die physiologisch und psychologisch auf den Menschen einwirkenden Umgebungseinflüsse besonders zu berücksichtigen.

In diesem Zusammenhang spricht man von einer anthropometrischen, sicherheitstechnischen, physiologischen und psychologischen Arbeitsplatzgestaltung.

Was versteht man unter einer anthropometrischen Arbeitsplatzgestaltung?

Die anthropometrische Arbeitsplatzgestaltung befaßt sich mit der Anpassung der Arbeitsplätze an die Körpermaße des Menschen. So sind z.B. die richtige Sitz- und Stehhöhe, der Sehabstand, die optimale Arbeitshöhe und der mögliche Greifraum der Hände im Sitzen oder Stehen zu berücksichtigen.

Das Wort anthropometrisch enthält die beiden Stammwörter „anthropos" der Mensch und „metrisch" das Maß.

Wann sind Räume und Arbeitsplätze ausreichend ausgeleuchtet?

Eine Beleuchtung ist ausreichend, wenn sie der geforderten Sehaufgabe entspricht. Bei feinen Sehaufgaben ist eine höhere Beleuchtungsstärke erforderlich, wie z.B. in Nebenräumen.

Die Beleuchtungsstärke wird in lx (Lux) angegeben. Sie sollte in Bankräumen mindestens 250 lx betragen.

Warum ist der Mensch am Arbeitsplatz auch vor Lärm zu schützen?

Lärm ist gesundheitsschädlich, und es gibt keine Gewöhnung an den Lärm. Je nach Intensität führt Lärm zu akuten Gehörschäden bis zur Taubheit, zur Störung des vegetativen Nervensystems, zu Durchblutungsstörungen usw.

Lärmquellen sind möglichst abzuschirmen. Am Arbeitsplatz ab 90 dB(A) ist Gehörschutz zu tragen.

Welche Faktoren wirken sich psychologisch auf den Menschen am Arbeitsplatz aus?

Saubere, helle Arbeitsräume mit freundlicher Farbgebung wirken positiv auf die Stimmung des arbeitenden Menschen.

Auch das Betriebsklima, das menschliche Zusammenwirken der Arbeitenden im Betrieb, ist von großer Bedeutung für die Motivation der Menschen.

6.4 Fertigungsablauf

In welchen Formen kann in Holzbearbeitungsbetrieben die Fertigung ablaufen?

Man unterscheidet folgende Fertigungsformen: Das Werkbankprinzip, Verrichtungsprinzip, Flußprinzip und das Automationsprinzip.

Das Werkbankprinzip herrscht bei handwerklicher Fertigung vor. Hier hat der Beschäftigte das Erzeugnis noch meistens von Anfang an bis zum Ende zu fertigen. Beim Verrichtungsprinzip sind artgleiche Betriebsmittel räumlich zusammengefaßt, wie z. B. bei der Oberflächenbehandlung. Beim Flußprinzip sind die Arbeitsplätze dem Fertigungsfluß entsprechend angeordnet. Bei der automatischen Fertigung laufen die Teile auf besonderen Transporteinrichtungen von Arbeitsstation zu Arbeitsstation und werden hier automatisch bearbeitet.

6.5 Fördermittel

Welche Aufgabe haben die Fördermittel zu erfüllen?

Fördermittel haben die Aufgabe, die Arbeitskräfte von körperlicher Beanspruchung und von unproduktiver Transportarbeit zu entlasten, die Arbeitsplätze sicherer zu machen, den Materialfluß besser zu gestalten und die Beschädigungen der Erzeugnisse beim Transport auf ein Mindestmaß zu begrenzen.

Fördermittel sind Vorrichtungen, Geräte und Fahrzeuge zum Transportieren bzw. Bewegen von Werkstoffen, Hilfswerkstoffen, Werkstücken, Erzeugnissen und Abfällen.

In welche Gruppen lassen sich die Fördermittel einteilen?

Man unterscheidet Flurförderer, flurfreie Förderer, Stetigförderer, Kräne und pneumatische Förderanlagen.

Je nach Fertigungsablauf, Größe und Gewicht des Fördergutes, Richtung der Förderbewegungen, Gebäudebeschaffenheit sowie Länge und Breite der Förderwege ist das geeignete Fördermittel zu wählen.

Welche Flurförderer werden in Holzbearbeitungsbetrieben am häufigsten verwendet?

Der Handwagen, der Hubwagen, der Hebelroller und der Gabelstapler.

Am häufigsten und auch am vielseitigsten verwendbar ist der Handwagen. Er ist als Platten-, Bügel-, Kasten- oder Rungenwagen sowie mit Sonderaufbauten in den Betrieben anzutreffen. Beim Einsatz von Hubwagen und auch Gabelstaplern sollte man das Fördergut auf Paletten lagern. Zu den Hebelrollern gehören Rollpritschen, die an einem Ende zwei Bockrollen und am anderen Ende zwei Füße besitzen.

Warum sollen beim Handwagen die Laufrollen möglichst groß sein?

Große Laufrollen überwinden Unebenheiten im Boden und auch kleinere Absätze leichter als kleine Laufrollen.

Für schweren Transport haben sich große Rollen mit Vollgummireifen bewährt. Je nach Beweglichkeit des Wagens sind Fahrwerkanordnungen mit 4 Lenkrollen oder mit 2 Bock- und 2 Lenkrollen vorzusehen.

In welcher Abteilung des Betriebes lassen sich Hängebahnen gut einsetzen?

Im Platten- oder Vollholzzuschnitt.

Je nach Lastaufnahmemittel (Greifer oder Vakuumhaltevorrichtung) können z. B. Platten stehend oder liegend durch eine Bedienungsperson aus dem Lager auf die Zuschnittsäge transportiert werden.

Welche Fördermittel gehören zu den Stetigförderern?

Die Rollenbahnen, die Röllchenbahnen, die Band- und Gurtförderer sowie die Schaukelförderer.

Röllchenbahnen sind häufig geringfügig geneigt und somit Schwerkraftförderer. Rollenbahnen werden in der Regel horizontal montiert und dienen als Lager- und Transportebene. Röllchenbahnen und Rollenbahnen können auch angetrieben werden. Sie eignen sich nur zum Transport flächiger Güter. Bandförderer kommen meistens in der Montageabteilung vor. Gurtförderer haben häufig muldenförmige Transportbänder und werden zum Transport von Schüttgütern verwendet. Schaukelförderer sind als Kreisförderer ausgelegt und kommen häufig in Oberflächenbehandlungsräumen zum Einsatz.

Welche Unfallsicherungen müssen bei Rollenbahnen vorgesehen werden?

Die Endrollen in den Rollenbahnen müssen mit einer Auslaufsperre oder Auslaufbremse versehen sein, damit Werkstücksstapel nicht aus Versehen von der Rollenbahn geschoben werden können.

Die Auslaufsicherungen müssen automatisch wirksam werden und dürfen nur beim Übersetzen auf Verschiebebühnen oder auf andere Fördermittel ausgerastet werden.

Wann setzt man Bandförderer ein?

Beim Transport von Kleinteilen, von Möbeln in der Montage, im Versand und für den Transport von Schüttgütern.

Für den Transport von Schüttgütern weisen die Gurtbänder in der Regel eine Muldenform auf.

7 Holzverbindungen

7.1 Breitenverbindungen

Wie können die Fugen bei einer unverleimten Breitenverbindung ausgebildet werden?

Überfälzt, gespundet, gefedert oder überschoben.

Durch die überfälzte, gespundete, gefederte oder überschobene Breitenverbindung kann jedes einzelne Brett in der Breite weiterhin ungehindert arbeiten. Beim Trocknen der Bretter fällt die Fuge nicht auf, weil sie durch die Konstruktion überdeckt wird.

Worin liegt der Unterschied zwischen der gespundeten und der gefederten Fuge?

Bei gespundeten Fugen ist an die eine Brettkante eine Feder und an die andere eine Nut angefräst. Die Breitenverbindung kommt zustande, indem man die Feder des einen Brettes in die Nut des anderen Brettes führt. Bei der gefederten Fuge sind beide Brettkanten genutet und zur Verbindung muß hier eine gesonderte Feder eingesetzt werden.

Beide Breitenverbindungen kommen bei Wand- und Deckenverkleidungen, Haustüraufdoppelungen usw. zur Anwendung. Bei der Herstellung von Nut- und Federbrettern ist der Holzbedarf höher als bei Brettern mit loser Feder. Allerdings bedeutet die gesonderte Herstellung der Feder einen zusätzlichen Zeitaufwand.

Wie stellt man eine überschobene Schalung her?

Die einzelnen Bretter sind an den Kanten so zu nuten, daß die Nutwangen des einen Brettes in die Nuten des anderen Brettes passen.

Durch die überschobene Schalung wird eine besonders ausdrucksvolle, plastische Wirkung der Fläche erzielt.

Worauf ist bei der Holzauswahl für verleimte Breitenverbindungen zu achten?

Bei der Breitenverleimung sind die Schwundrichtung und das Arbeiten des Holzes zu berücksichtigen. Deshalb sollten möglichst nur Seitenbretter oder Mittelbretter bzw. Herzbretter miteinander verleimt werden. Bei Herzbrettern ist die Markröhre herauszuschneiden. Es muß Splintholz an Splintholz und Kernholz an Kernholz geleimt werden. Seitenbretter werden besonders bei frei aufliegenden Flächen, z.B. bei Fachböden, in der Mitte aufgetrennt und gestürzt miteinander verleimt.

Soll die Fladerung der Seitenbretter erhalten bleiben, werden sie unaufgetrennt miteinander verleimt. Da sich solche Flächen sehr stark verziehen, müssen sie durch besondere Konstruktionen dagegen gesichert werden.

Durch welche Konstruktionen können verleimte Vollholzflächen gegen Verziehen gesichert werden?

Durch Gratleisten, durch Hirnleisten oder durch Einbauen in einen Rahmen.

Gratleisten werden in der Vollholzfläche quer zum Faserverlauf eingegratet, Hirnholzleisten an der Stirnseite der Bretter angebracht. Dünnere Vollholzflächen kann man als Füllung in einen aussteifenden Rahmen einnuten.

Wie wird eine Gratverbindung von Hand hergestellt?

Zunächst wird mit dem Grathobel der Grat an der Gratleiste angestoßen. Danach kann die Gratnut auf der Brettunterseite angerissen und diese aus dem Brett ausgearbeitet werden. Als Werkzeuge werden hierfür die Gratsäge und der Grundhobel benutzt. Grat und Gratnut verlaufen nach vorn um etwa 2 mm konisch zu.

Die Gratnut kann auch maschinell mit der Oberfräse hergestellt werden. Dann muß die Gratleiste in die Gratnut eingepaßt werden.

Was ist beim Einbau einer Gratleiste unbedingt zu beachten?

Gratleisten dürfen nicht zu dicht am Brettende eingegratet werden, damit noch genügend Vorholz (Abstand der Gratnut vom Brettende mindestens 50 mm) stehen bleibt. Die Gratschräge sollte nur etwa 75° betragen, damit das Holz nicht abscheren kann. Damit die Vollholzfläche (Querholz) auf den Gratleisten (Längsholz) weiterhin arbeiten kann, dürfen die Gratleisten nicht voll eingeleimt werden d.h. es darf nur in der Gratnut vorn oder an der Gratleiste hinten Leim angegeben werden. Die Tiefe der Gratnut darf nur ¼ bis ⅓ der Materialdicke betragen, damit die Vollholzfläche nicht geschwächt wird.

Je nach konstruktiver Bedeutung der Gratleiste sind liegende und stehende Gratleisten zu unterscheiden.

Wann verwendet man vorwiegend liegende Gratleisten?

Bei stehenden Flächen, wie Brettertüren oder bei Stuhlsitzen, verwendet man liegende Gratleisten.

An den Gratleisten bei Brettertüren können die Langbänder befestigt werden und bei Stuhlsitzen lassen sich in die Gratleisten die Stuhlbeine einbohren und verkeilen.

Durch welche Konstruktionen können Leimfugen bei Breitenverbindungen noch zusätzlich gesichert werden?

Durch Kronenfugen, Dübelungen oder durch eine Feder. Kronenfugen werden mit speziellen Fräsern an die Brettkanten angefräst. Dadurch wird die Leimfuge wesentlich vergrößert. Durch die zusätzliche Sicherung der Leimfugen sind die Fugen stärker belastbar.

Eine Fugensicherung ist besonders bei stark belasteten Arbeitsplatten von Werkbänken oder Metzgertischen erforderlich.

7.2 Kasteneckverbindungen

Auf welche konstruktiven Grundsätze ist bei einer genagelten Eckverbindung aus Vollholz zu achten?

Die Nägel sind möglichst schwalbenschwanzförmig einzuschlagen, damit sie einen größeren Auszugswiderstand haben. Die Nagellänge sollte das 2,5fache der zu befestigenden Holzdicke betragen.

Wenn die Nagelung an einer Seite verdeckt sein soll oder wenn man beim Nagel einen besseren Halt haben will, sollte man die ausgefälzte Nagelung wählen.

Wie können Transportkisten am besten in den Ecken zusammengenagelt werden?

Da Nägel im Hirnholz nur wenig halten, sind in den Kistenecken Latten anzuordnen. Sie werden flachliegend an den Brettenden der einen Seite mit Flachkopfnägeln (DIN 1151) angenagelt. Zur besseren Haltbarkeit legt man die Nägel auf der Rückseite hakenförmig um. Die Bretter der anderen Kistenseite werden dann an die Lattenkante angenagelt.

Da in der Ecke durch die Latte Querholz und Langholz zusammen kommen, darf kein Leim angegeben werden.

Wie stellt man eine gefederte Eckverbindung im Plattenbau her?

Gefederte Eckverbindungen werden maschinell an der Fräse, in besonderen Fällen auch an der Kreissäge hergestellt. In der Regel wird in die aufrechten Teile die Nut eingefräst und an die waagerechten Teile die Feder angeschnitten bzw. angefräst. Die Nuttiefe sollte nicht tiefer als $\frac{4}{10}$ der Brettdicke betragen, die Federdicke nur etwa $\frac{1}{4}$ der Brettdicke.

Besonders bei Außenecken darf die Nut- und Federverbindung nicht zu stramm gehen, weil sonst das Holz oberhalb der Nut abscheren kann.

Warum sollte die Nut nicht tiefer als $\frac{4}{10}$ der Brettdicke betragen?

In der Mitte der Brettdicke befindet sich die sogenannte neutrale Faser, die nicht durchschnitten werden darf. Das Holz wird zu stark geschwächt und biegt sich bei Belastung durch.

In der neutralen Faser heben sich die an den Außenflächen durch Belastung auftretenden Zug- und Druckkräfte auf.

Welche Verbindungsmittel können im Plattenbau bei Kasteneckverbindungen auf Gehrung eingesetzt werden?

Kasteneckverbindungen können auf Gehrung gefedert oder gedübelt werden. Zum Federn kann man eine eingesetzte Sperrholzfeder, Lamellofeder oder Winkelfeder verwenden. Zum Dübeln eignen sich am besten Winkeldübel.

Winkelfedern und Winkeldübel gibt es in Holz oder in Kunststoff.

Welche Vorteile hat eine gedübelte gegenüber einer gefederten Eckverbindung im Plattenbau?

Bei gedübelten Eckverbindungen wird das Material durch die vereinzelt gebohrten Dübellöcher so gut wie überhaupt nicht geschwächt. Währenddessen durchschneidet die durchlaufende Nut beim Federn die Zug- bzw. Druckzone der Platte, so daß diese an Festigkeit verliert. Dübelungen lassen sich außerdem schneller und auch rationeller herstellen als eine Federverbindung.

Federverbindungen haben besonders bei Eckverbindungen aus Vollholz gegenüber Dübelungen den Vorteil, daß sich Flächen nicht so leicht verformen können, weil sie in der Nut gehalten werden.

Warum wird ein Möbelkorpus nur noch selten gegratet?

Das Graten ist eine Eckverbindung für Vollholzflächen, die in der Gratnut gehalten und dadurch am Verformen gehindert werden. Die Herstellung ist aber zeitaufwendig und wird deshalb nur sehr selten angewendet. Als Verbindung von Holzwerkstoffen wie Spanplatten oder Tischlerplatten ist die Dübelverbindung besser geeignet als die Gratverbindung.

Spanplatten können z.B. nicht gegratet werden, weil durch die Gratnut die aussteifende Deckschicht einseitig zerstört wird und der Grat an den Plattenkanten keine ausreichende Festigkeit aufweist.

Welche Vorteile hat eine Zinkenverbindung?

Bei der Montage einer Zinkenverbindung sind keine zusätzlichen Spannvorrichtungen zum Verleimen erforderlich. Außerdem kann eine offene oder halboffene Zinkung dekorativ aussehen.

Mit Ausnahme der Maschinenzinkung müssen die Zinkenverbindungen von Hand hergestellt werden und sind dementsprechend zeitaufwendig.

Warum müssen die Dübellöcher immer 2 bis 3 mm tiefer sein als die Dübellänge?

Damit überschüssiger Leim in den Dübellöchern noch Platz findet.

Wird der Hohlraum (die Luft) in den Dübellöchern nicht berücksichtigt, kann der überschüssige Leim nicht entweichen, die Verbindung nicht dicht werden oder das Holz bei starkem Preßdruck aufplatzen.

Wie kann man Zinken einteilen?

Es gibt zwei Möglichkeiten der Zinkeneinteilung. 1. Die Teilung der Zinkung auf der Mittellinie der Zinken. Hier wird die Schwalbe doppelt so breit wie der Zinken. Die Zinkenbreite beträgt hier etwa die halbe Holzdicke, die Schwalbenbreite entspricht der Holzdicke. Die Zinkenschräge erhält man durch die Verbindung dieser Teilungspunkte mit Hilfspunkten, die auf der Schwalbenmittelachse im Abstand der dreifachen Holzdicke von der Außenkante entfernt liegen. Bei der 2. Möglichkeit der Zinkenteilung wird der Innenriß der Zinkung in gleiche Teile eingeteilt, die etwa der Holzdicke entsprechen. Es müssen eine ungerade Anzahl von Teilen sein. Die Zinkenschräge wird von innen nach außen mit einer Schmiege im Verhältnis 1 : 7 angerissen.

Bei einer richtigen Zinkenteilung sind die Zinken immer schmaler als die Schwalben.

Welche Zinkenarten sind zu unterscheiden?

Man unterscheidet die offene Zinkung, die auch als Zierzinkung ausgebildet werden kann, die halbverdeckte Zinkung und die verdeckte Zinkung, auch Gehrungszinkung genannt. Während diese Zinken von Hand hergestellt werden müssen, gibt es auch Maschinenzinken.

Die offene Zinkung wird dann angewendet, wenn die Zinken als Schmuckelement sichtbar werden sollen. Bei einer Zierzinkung können die Schwalben und Zinken etwas vorstehen und noch besonders bearbeitet werden. Halbverdeckte Zinken wird man anwenden, wenn die Zinkung an einer Fläche nicht sichtbar werden soll, wie z.B. bei Schubkastenvorderstücken sowie bei hohen Regalen oder Kastenmöbeln. Die verdeckte Zinkung wird man heute nur noch selten anwenden, da andere Eckverbindungen auf Gehrung wirtschaftlicher herzustellen sind. Maschinenzinken lassen sich sowohl als offene als auch als halbverdeckte Zinkung herstellen.

Woran kann man die Maschinenzinkung erkennen?

Maschinenzinken werden mit keilförmigen Fräsern mittels besonderer Oberfräsen hergestellt. Durch die Fräserführung entsteht ein runder Schwalbengrund. Dieser ist das sichere Erkennungsmerkmal einer Maschinenzinkung.

Bei einer halbverdeckten Zinkung wird dieser runde Schwalbengrund abgedeckt, so daß diese Zinkung kaum von einer Handzinkung zu unterscheiden ist.

Worin liegt der Unterschied zwischen Fingerzinken und Fingerzapfen?

Fingerzinken werden an den Außenecken angefräst. Diese Verbindung wird mit besonderen Fräsersätzen maschinell hergestellt. Mit Fingerzapfen lassen sich T-förmige Holzverbindungen herstellen, wobei die Zapfenlöcher im durchlaufenden Teil von Hand eingestemmt werden müssen.

Die Zapfen können auch noch verkeilt werden. Es ist darauf zu achten, daß die Keile immer quer zum Faserverlauf der Holzfläche angesetzt werden, da sonst das Holz aufspalten kann.

Warum dürfen Fingerzapfen bei Vollholzkonstruktionen in das Gegenstück nur quer und nicht längs zum Faserverlauf eingestemmt werden?

Wenn die Fingerzapfen senkrecht im Faserverlauf des Holzes übereinanderliegen, haben sie keinen Halt mehr, weil das Holz zwischen den Zapfen abschert.

Häufig wird das Holz zwischen den Zapfen schon bei der Montage herausgeschlagen.

Was versteht man unter lösbaren Kasteneckverbindungen?

Nicht verleimte, sondern mittels besonderen Beschlägen zusammengehaltene und wieder demontierbare Eckverbindungen im Plattenbau. Solche Verbindungen werden besonders bei Mitnahmemöbeln oder bei großen sperrigen Möbeln angewendet.

Als Beschläge können hierfür Exzenterbeschläge, Trapezschrankverbinder, Schrankverbindungsschrauben und Keilverschlüsse verwendet werden.

7.3 Rahmeneckverbindungen

Auf welche Weise können Rahmen an den Ecken verbunden werden?

Rahmenecken können durch Überblattung, durch Schlitz und Zapfen, durch Dübel oder mit falschen Zapfen verbunden werden.

Je nach Ausbildung der Brüstungen können die Rahmenverbindungen stumpf oder auf Gehrung abgesetzt bzw. zugeschnitten werden.

Was ist bei der Holzauswahl der Rahmenhölzer besonders zu beachten?

Rahmen sollte man möglichst aus Herz- oder Mittelbrettern zuschneiden. Dadurch weisen die Rahmenhölzer stehende Jahresringe auf. Sie stehen besser und schwinden nur wenig in der Breite. Das Holz sollte möglichst astfrei sein, weil gerade Flügeläste die Rahmenhölzer verziehen.

Durch das Schwinden der Rahmenhölzer in der Breite können bei einer geschlitzten Verbindung die Zapfenenden bzw. die Hirnenden der Schlitzwangen an den äußeren Rahmenkanten vorstehen oder die Brüstungen undicht werden.

Wann wendet man die Überblattung bei Rahmenverbindungen an?

Die Überblattung wird vorwiegend bei einfachen Arbeiten oder bei sehr schwachen Rahmenhölzern wie bei Zierbekleidung für Zimmertüren angewendet.

Überblattungen sind nur wenig haltbar, besonders diejenigen auf Gehrung, denn sie weisen nur eine geringe Leimfläche auf.

Welche Vorteile hat ein Doppelzapfen gegenüber einem Einfachzapfen?

Doppelzapfen weisen eine Fünftelteilung auf, Einfachzapfen eine Drittelteilung. Bei einem Doppelzapfen stehen 4 Leimflächen an der Rahmenecke zur Verfügung, beim Einfachzapfen dagegen nur zwei. Dadurch sind Rahmenecken mit Doppelzapfen haltbarer als Einfachzapfen.

Doppelzapfen werden besonders bei dicken Rahmenhölzern angewendet.

Welchen Einfluß hat das Fälzen oder Profilieren der inneren Rahmenkanten auf die Teilung der Schlitz- und Zapfenverbindung?

Wenn Rahmen innen gefälzt, profiliert oder genutet werden, ist bei der Schlitzteilung die Lage der Fälze bzw. Nuten zu berücksichtigen. Wird ein Falz z.B. tiefer als ⅔ der Rahmendicke und die Schlitzung gedrittelt, entsteht oben und unten an der Schlitzwange ein Loch. Wird der Falz weniger als ⅔ tief, entsteht im Schlitzgrund ein Loch. Schlitzteilung und Falztiefe bzw. Nutenbreite müssen deshalb aufeinander abgestimmt werden.

Läßt sich bei den Profilen an der Zapfenbrüstung kein Gegenprofil (Konterprofil) anfräsen, muß das Profil auf Gehrung an der Schlitzwange abgesetzt werden.

Was versteht man unter einem falschen Zapfen?

Bei Rahmen können beide zu verbindenden Teile geschlitzt werden. Der Zapfen wird gesondert gefertigt und zum Verleimen in die Schlitze eingesetzt. Diesen losen Zapfen nennt man „Falscher Zapfen".

Die Rahmenecken können stumpf oder auf Gehrung geschnitten werden. Der lose Zapfen ist an den Außenkanten des Rahmens sichtbar.

Wann wendet man gestemmte Rahmeneckverbindungen an?

Wenn die Rahmenverbindung an Außenkanten nicht sichtbar oder der Zapfen verkeilt werden soll, kann der Zapfen eingestemmt werden. Häufig wird bei der gestemmten Rahmenverbindung noch ein Nutzapfen vorgesehen, damit sich das Rahmenstück nicht verziehen kann.

Gestemmte Rahmenverbindungen sind in der Herstellung zeitraubend und werden deshalb nur noch selten angewendet. Früher wurden die Rahmen von Haus- und Zimmertüren gestemmt.

Was versteht man bei der geschlitzten oder gedübelten Rahmenverbindung unter einem Konterprofil?

Ein Konterprofil ist das Gegenprofil, das z. B. an die Brüstung eines Querrahmens angefräst wird und das auf das durchlaufende Profil des aufrechten Rahmens paßt. Durch das Kontern müssen die Innenprofile nicht auf Gehrung zusammengeschnitten werden, da durch das Kontern der Profile in den Ecken eine Gehrungslinie entsteht.

Hinterschnittene Profile lassen sich nicht kontern.

Warum sollte man bei der Dübelung von breiten Rahmen einen Nutzapfen vorsehen?

Trocknen die Friese etwas zusammen, so daß die Brüstungen undicht werden, kann man nicht durch die Verbindung durchsehen.

Nutzapfen stabilisieren die Querstücke in der Verbindung, auch wenn sich beim Bohren der Rahmenhölzer die Dübellöcher etwas versetzt haben.

7.4 Längsverbindungen

Wie lassen sich Werkstücke aus Vollholz in der Länge verbinden?

Durch Schichtverleimung, durch Keilzinkung oder durch falsche Zapfen.

Bei der Schichtverleimung werden einzelne Vollholzlamellen überlappt aufeinandergeleimt. Dieses Verfahren wird besonders beim Treppenbau und bei gekrümmten Teilen angewendet. Keilzinken werden mit besonderen Fräsern hergestellt. Bei sorgfältiger Leimung und Pressung ist diese Verbindung ebenfalls gut haltbar. Keilzinken und falsche Zapfen werden vorwiegend im Fensterbau angewendet.

7.5 Sprossenverbindungen

Wie stellt man Kreuzsprossen her?

Profilierte Sprossen können nur auf Gehrung überblattet werden. Sprossen mit Fasen kann man auch überschoben überblatten.

Am häufigsten wird die Überblattung auf Gehrung angewendet. Hierfür gibt es Gehrungsstanzen, die die Herstellung einer Kreuzsprosse wesentlich vereinfachen.

7.6 Gestellverbindungen

Aus welchen Teilen besteht in der Regel das Fußgestell eines Möbels?

Aus den Zargen und den Möbelfüßen bzw. den Möbelbeinen.

Die Zargen werden an den Ecken mit den Möbelfüßen durch Zapfen oder Dübel verbunden. Die Zargen haben die Aufgabe, das Durchbiegen des Unterbodens am Möbelaufsatz zu verhindern.

Wie können die Zargen mit den Möbelfüßen verbunden werden?

Geeignet ist die Dübelung oder die gezapfte Gestellverbindung. Diese Verbindungen werden fest verleimt. Es gibt neben den verleimten Gestellverbindungen auch lösbare Verbindungen. Diese werden mittels Innenkantenschrauben und Quermutterbolzen hergestellt.

Um die Länge des Zapfens und des Dübels so gut wie möglich auszunutzen, sind diese Verbindungselemente auf Gehrung abzusetzen. Dübel können auch versetzt eingebohrt werden. Damit die Zapfen den Fuß an der Oberkante nicht zu sehr schwächen, müssen sie abgesetzt werden. Häufig wird hier ein Nutzapfen angeordnet.

7.7 Rahmen und Füllungen

Warum sollte man bei Türen aus Rahmen und Füllungen die Füllungen verklotzen?

Die Eckverbindungen eines Rahmens sind in der Regel nicht so steif, daß sie allein die Tür im Winkel halten. Durch das Türgewicht senkt sich der Rahmen häufig an der Schloßseite ab. Um dieses zu vermeiden, sind die Rahmen durch Verklotzen der Füllungen auszusteifen.

Richtiges Verklotzen der Füllungen heißt, die Verklotzungshölzchen in Richtung der Kraftdiagonale anzuordnen. Bei Drehtüren läuft die Kraftdiagonale immer auf das untere Band zu.

Auf welche Weise können Füllungen in den Rahmen eingebaut werden?

Füllungen können in den Rahmen eingenutet, eingefälzt oder eingeleistet bzw. eingestäbt werden.

Füllungen aus Vollholz sind tiefer einzunuten als Füllungen aus Furnierplatte oder Spanplatte, weil diese in der Breite stärker arbeiten können. Eingefälzte Füllungen werden einseitig mit Füllungsstäben eingeleistet. Bei beidseitig eingeleisteten Füllungen wird der Falz durch eine Falzleiste gebildet. Sonderfälle sind überschobene Füllungen oder Füllungen in Kehlstoßrahmen oder Kehlstoßleisten.

Worauf ist beim Zusammenbau von Rahmen besonders zu achten?

Beim Verleimen der Rahmen ist darauf zu achten, daß die Rahmen im Winkel stehen und daß sie nicht windschief sind.

Die Winkelstellung des Rahmens wird durch diagonale Stichmaße kontrolliert. Die Windschiefe kann man durch Fluchten über die Rahmenebene feststellen. Diese Kontrollen müssen sofort beim Verleimen erfolgen. Wenn der Leim ausgehärtet ist, kann man an der Windschiefe oder Winkelstellung des Rahmens nichts mehr ändern.

Warum sollten Füllungsstäbe mit dem Rahmen nicht bündig abschließen?

Weil sich dann Maßungenauigkeiten und die Fuge zwischen Rahmen und Leiste leichter abzeichnen.

Falzstäbe springen deshalb gegenüber dem Rahmen entweder vor oder zurück. Bei nicht vorstehenden Leisten kann man auch einen Schattenfalz vorsehen.

Wann wird man die Füllung im Rahmen verklotzen?

Wenn die Winkelstellung im Rahmen fixiert werden muß.

Eine Verklotzung ist besonders bei Drehtüren erforderlich. Die Verklotzung muß den Rahmen in der Richtung der Kraftdiagonalen aussteifen. Sie verläuft bei Drehtüren auf das untere Band zu.

Warum müssen Vollholzfüllungen vor dem Einbau in den Rahmen gebeizt werden?

Weil Vollholzfüllungen besonders in der Breite schwinden können und der sonst unbehandelte Füllungsteil aus der Nut herausrutschen und sichtbar würde.

Vollholzfüllungen dürfen auch nicht in den Rahmen eingeleimt werden. Sie würden beim Schwinden reißen.

8 Möbelbau

8.1 Möbelbauarten

In welchen Bauarten können Möbel hergestellt werden?

Je nach Beschaffenheit der einzelnen Möbelteile und nach Art ihres Zusammenbaues unterscheidet man den Brett-, Rahmen-, Stollen- und Plattenbau.

Häufig sind die Möbelbauarten nicht eindeutig festgelegt. So gibt es z. B. Möbelkorpusse in Plattenbauweise und deren Türen in Rahmenbauweise.

Worin liegt der Unterschied zwischen der Brett- und der Plattenbauweise bei Möbeln?

Bei der Brettbauweise fertigt man die Möbelteile aus verleimten oder unverleimten Vollholzbrettern. Vielfach werden die Holzverbindungen wie Zinken, Zapfen oder Keile sichtbar gelassen. Bei allen Konstruktionen ist darauf zu achten, daß das Vollholz noch arbeiten kann. Bei der Plattenbauweise bestehen die Möbelteile aus furnierten Tischler- und Holzspanplatten. Die sichtbaren Kanten sind mit Anleimern versehen. Häufig werden die Korpusteile durch Dübel miteinander verbunden.

In Plattenbauweise hergestellte Möbel erhalten entweder einen Sockel oder stehen auf einem Fußgestell, während bei der Brettbauweise meistens die Vollholzseiten als tragendes Element bis zum Boden durchgehen.

Wann bezeichnet man eine Möbelbauart als Rahmenbau?

Wenn die meisten flächigen Möbelteile aus Rahmen mit Füllungen bestehen.

Die Füllungen können aus Vollholz, Furnier-, Tischler- oder Spanplatten sowie aus Glas sein. Sie werden in die Rahmen eingenutet, besser aber eingefälzt und mit Füllungsstäben eingeleistet.

Wann liegt ein Stollenbau beim Möbel vor?

Im Stollenbau sind die Seiten der Möbel mit Stollen versehen. Diese gehen bis zum Boden durch und dienen zugleich als Möbelfüße.

Die Seiten zwischen den Stollen können als Rahmen mit Füllungen oder auch als furnierte Platten ausgebildet sein. Die Möbelfront kann sowohl in Rahmenbauweise, in Brettbauweise oder in Plattenbauweise hergestellt werden.

8.2 Gestaltung des Möbels

Nach welchen Kriterien sollen Möbel gestaltet werden?

Zweckmäßigkeit und Formschönheit sind die wichtigsten Gestaltungskriterien bei Möbeln.

Bei der Zweckmäßigkeit spielen die Körpermaße des Menschen eine wesentliche Rolle, von denen die Maße wie Sitzhöhe, Schreibhöhe im Sitzen oder Stehen, Tischhöhe, Greifhöhe oder Greifraum abhängen. Die Art, Größe und Menge der unterzubringenden Gegenstände wie Kleider, Geschirr, Bücher oder Wäsche oder auch die Transportmöglichkeit des Möbels beeinflussen dessen Ausmaße. Bei der Formschönheit ist auf eine klare Linienführung in der Möbelfront, auf gute Maßverhältnisse und auf eine werkstoffgerechte Verarbeitung zu achten.

Wie tief sollte ein Kleiderschrank sein?

560 mm als Innenmaß.

Ein über den Kleiderbügel gehängter Mantel verlangt mindestens diese Innentiefe des Schrankes.

Wie hoch sollten Tische, Stühle, Sessel und Anrichten sein?

Eßzimmertische sind 720 bis 760 mm hoch, die Sitzhöhe von Stühlen beträgt 420 bis 460 mm, Couchtische sind 400 bis 650 mm hoch, die Sitzhöhe von Sesseln beträgt 380 bis 400 mm, Schreibtische weisen eine Höhe von 720 bis 760 mm auf, Schreibmaschinentische nur 650 bis 680 mm. Die Anrichtenhöhe von Küchenmöbeln sollte 850 bis 900 mm betragen, die von anderen Anrichten zwischen 700 – 900 mm.

Hohe Tische verlangen auch hohe Stühle. Möbel für Damenzimmer sind in der Regel niedriger und auch zierlicher als für Herrenzimmer.

8.3 Möbelteile

Aus welchen Teilen besteht ein Schrankmöbel?

Schrankmöbel bestehen aus Seiten, dem Oberboden, dem Unterboden, der Rückwand und der Inneneinteilung, die aus Mittelseiten und Zwischenböden bzw. Fachböden gebildet werden kann. Der Korpus kann offen bleiben oder durch Türen, Klappen, Rolläden verschlossen werden. Es lassen sich außerdem Auszüge oder Schubkästen in den Schrank einbauen. Das Möbel steht entweder auf einem Fußgestell oder einem Sockel, wenn es nicht frei an der Wand aufgehängt wird.

Schrankmöbel lassen sich auch in die Teilgruppen Korpus, Fußgestell bzw. Sockel und Möbelfront einteilen.

8.3.1 Drehtüren

Welche Bauarten von Drehtüren sind in Bezug auf den Anschluß an die Korpuskanten des Möbels zu unterscheiden?

Man unterscheidet stumpfeinschlagende, stumpfaufschlagende und überfälzte Türen.

Bei stumpfeinschlagenden Türen bildet die Korpuskante einen umlaufenden Rahmen. Sie können gegenüber den Korpuskanten zurückspringen, vorspringen oder auch mit den Korpuskanten bündig sein. Stumpfaufschlagende Türen decken die Korpuskanten vollständig oder teilweise ab. Überfälzte Türen sind etwa 7,5 mm tief ausgefälzt und decken durch die Überfälzung die Luft zwischen Korpus und Tür ab.

Mit welchen Bändern bzw. Scharnieren können stumpfeinschlagende Türen angeschlagen werden?

Mit Zylinderbändern, Stangenscharnieren, Zapfenbändern und besonderen Topfscharnieren.

Bei Zylinderbändern sind die Lappen gekröpft. Für zurückspringende Türen ist die Kröpfung „B", für vorspringende Türen die Kröpfung „C" und bei bündigen Türen sind Zylinderbänder mit geraden Lappen zu verwenden. Stangenscharniere sind auf der gesamten Türhöhe sichtbar. Zapfenbänder sind bei geschlossenen Türen unsichtbar. Von den gekröpften Eckzapfenbändern erscheint die kleine Rolle in den Korpusecken. Stumpfeinschlagende Türen lassen sich mit Topfscharnieren anschlagen. Diese Scharniere sind von außen unsichtbar.

Mit welchen Bändern können überfälzte Türen angeschlagen werden?

Mit Fitschen bzw. Einstemmbändern, Zylinderbändern der Kröpfung „D", Einbohrbändern oder verdeckten Bändern.

Fitschen bzw. Einstemmbänder weisen Lappen auf, die in die Korpuskante und in die Türkante eingestemmt werden müssen. Bei Zylinderbändern sind die Lappen gekröpft (Kröpfung „D"). Sie können eingefräst oder von Hand eingelassen werden. Einbohrbänder weisen Einbohrzapfen auf, die in die Korpus- bzw. Türkante einzubohren sind. Verdeckte Bänder sind Spezialkonstruktionen, die in der Türfront unsichtbar sind.

Womit kann man stumpfaufschlagende Türen anschlagen?

Mit Zylinderbändern, mit Winkelbändern und vor allem mit Topfscharnieren.

Die Zylinderbänder weisen gerade Lappen auf. Hier dreht die Tür seitlich aus, so daß die Möbel nicht dicht aneinandergestellt werden können. Winkelbänder dagegen sind L-förmig gekröpft. Mit ihnen angeschlagene Türen lassen sich um 270° öffnen. In den meisten Fällen werden für stumpfaufschlagende Türen Topfscharniere verwendet. Der Topf des Scharnieres wird rückseitig in die Tür eingebohrt und der Montagearm an der Korpusseite angeschraubt. Topfscharniere sind bei geschlossenen Türen unsichtbar.

Wie läßt sich der Mittelanschluß zweiflügeliger Türen ausbilden?

In der Regel wird die linke Tür durch einen Riegel im Korpus gehalten und die rechte Tür mit einem Aufschraub-, Einsteck- oder Einlaßschloß verschlossen. Der Mittelanschluß kann überfälzt oder mit Schlagleiste ausgebildet sein. Die beiden Türen können auf Haarfuge gegeneinanderschlagen oder eine Schattenfuge aufweisen.

Die Türen können statt mit Riegel und Schloß auch mit Magnetverschlüssen oder Schnäppern zugehalten werden. Beim Anschlagen der Türen mit Topfscharnieren kann man auch Scharniere mit Zuhaltautomatik verwenden.

Aus welchen Teilen besteht ein Möbelband?

Aus der Rolle oder dem Gewerbe, dem Stiftlappen und dem Lochlappen.

Die Lappen können gerade oder gekröpft sein (Kröpfung „B" für stumpfaufschlagende zurückspringende Türen; Kröpfung „C" für stumpfeinschlagende vorspringende Türen; Kröpfung „D" für überfälzte Türen). Die Rolle hat meistens eine zylindrische Form. Deshalb werden diese Bänder auch Zylinderbänder genannt. Sie kann an den Enden mit Zierknöpfen versehen sein

Wann bezeichnet man eine Drehtür als rechte Tür, wann als linke Tür?

Sitzen die Bänder oder Scharniere auf der rechten Seite der Tür, handelt es sich um eine rechte Tür. Sitzen sie auf der linken Seite, ist es eine linke Tür.

Für rechte Türen müssen auch rechte Bänder und rechte Schlösser verwendet werden. Für linke Türen linke Bänder und linke Schlösser.

Bei welchen Bandarten ist unbedingt auf die Öffnungsrichtung der Tür zu achten?

Bei allen Zylinderbändern, ob mit geradem oder gekröpftem Lappen sowie bei Eckzapfenbändern und Fitschen.

Topfscharniere, Scharniere, teils auch Bänder mit geradem Lappen kann man sowohl links als auch rechts verwenden.

Welche Punkte sind bei der Auswahl der Topfscharniere unbedingt zu berücksichtigen?

Topfscharniere sind in ihrer Anschlagsart und in ihrem Öffnungswinkel festgelegt. Normale Topfscharniere lassen nur Öffnungswinkel von etwa 95° zu und sind nur für Türdicken bis 20 mm geeignet. Es gibt Topfscharniere für Anschläge auf der Endseite, hier sind Topfscharniere mit geradem Montagearm geeignet, oder für Anschläge auf der Mittelseite, hier kommen in der Regel Topfscharniere mit gekröpftem Montagearm in Frage. Besondere Topfscharniere sind für Haarfugenanschläge, für stumpfeinschlagende Türen, für dickere oder aufgedoppelte Türen, für Öffnungswinkel von mehr als 95° zu verwenden.

Dementsprechend weisen Topfscharniere gerade oder mehr oder weniger stark gekröpfte Montagearme auf oder sind in der Mechanik aufwendiger.

Wann verwendet man SEPA- oder VICI-Scharniere?

SEPA- oder VICI-Scharniere werden in der Regel dann verwendet, wenn keine Beschläge in der Möbelfront sichtbar sein sollen. Sie können für stumpfeinschlagende, aber auch für stumpfaufschlagende Türen verwendet werden.

SEPA- oder VICI-Scharniere weisen einen gedachten Drehpunkt auf, der bei den Türanschlägen zu berücksichtigen ist.

Worin liegt der Unterschied zwischen einem Möbelband und einem Möbelscharnier?

Ein Möbelband ist aushängbar, ein Scharnier dagegen nicht.

Ein Band besteht in der Regel aus dem Stiftteil und dem Lochteil, ein Scharnier hat meistens ein mehrgliedriges Gewerbe.

Worin liegt der Unterschied zwischen einem Einlaß- und einem Einsteckschloß?

Ein Einlaßschloß wird so in die Rückfront der Tür eingelassen, daß das Schloßblech mit der Türfläche und der Türkante bündig ist. Das Einsteckschloß wird dagegen in die Türkante eingefräst oder eingebohrt. Hier bleibt nur der Stulp des Schlosses sichtbar.

Einlaßschlösser sind stabiler als Einsteckschlösser, allerdings sehen sie bei geöffneter Tür nicht so schön aus, weil sie das Furnierbild der Türinnenfläche unterbrechen.

Welche Angaben muß man bei einer Schloßbestellung machen?

Bei der Bestellung sind die Schloßart, die Drehrichtung der Tür, das Dornmaß und die Schließungsart anzugeben.

Die Schloßart kann ein Einsteck-, Einlaß- oder Aufschraubschloß für Links- und Rechtstüren sein. Das Dornmaß ist der Abstand vom Stulp des Schlosses bis Mitte Dorn. Bei der Schließungsart kann man zwischen einem einfachen Buntbartschloß, einem Zuhaltungsschloß oder einem Zylinderschloß wählen.

Worin liegt der Unterschied zwischen einem Schubstangen- und einem Drehstangenschloß?

Bei einem Schubstangenschloß werden bei der Schließung die Schubstangen in vertikaler Richtung hinter Schließblechen oder in Schließbuchsen bewegt, die am Ober- und Unterboden befestigt oder dort eingelassen sind. Bei Drehstangenschlössern drehen sich die Stangen um ihre Achse, so daß die Schließhaken hinter Bolzen greifen können, die im Ober- und Unterboden eingeschraubt sind.

Beide Schloßarten gibt es zusätzlich noch mit einer Mittelverriegelung am Schloßkasten. Bei Schlössern mit Mittelverriegelung ist das Dornmaß festgelegt und beim Einbau zu berücksichtigen.

Warum kann man beim Verschließen zweiflügeliger Türen mit Stangenschlössern auf einen Riegel an der linken Tür verzichten?

Stangenschlösser verschließen die Türen am Ober- und Unterboden. Dadurch wird auch die linke Tür durch den Überschlag zugehalten.

Bei Riegelschlössern an zweiflügeligen Türen schließt der Riegel des Schlosses in die linke Tür. Wenn diese linke Tür nicht durch Schubriegel gehalten wird, gehen beide Türen auf.

Wie werden Lappenbänder angeschlagen?

Die Lappen der Bänder werden zunächst in der Türkante eingelassen. Auf Linksbänder und Rechtsbänder ist zu achten. Danach legt man die Tür auf den Korpus, bestimmt die Luft der Tür und reißt den Bandsitz auf dem Korpus an. Nun kann auch der Stiftteil eingelassen werden. Erst wenn die Tür gut läuft, schraubt man die Bänder endgültig fest.

Eine Drehtür sollte am oberen Band zur Möbelseite etwas weniger Luft haben als am unteren Band, am Oberboden weniger Luft als am Unterboden. Das Einlassen der Lappen kann von Hand mit dem Stecheisen geschehen oder bei abgerundeten Lappen mit einer Oberfräse.

Wie schlägt man Drehtüren mit Einbohrbändern an?

Einbohrbänder verwendet man vorwiegend für überfälzte Türen. Die Einbohrzapfen des Lochteiles werden in die Türkante, die des Stiftteiles in die Korpuskante eingebohrt.

Für das Anschlagen mit Einbohrbändern gibt es Bohrschablonen. Die Türen werden genau auf dem liegenden Korpus fixiert, die Schablone angesetzt und die Löcher für jedes Band in die Türkante und Korpuskante gebohrt.

Wie werden Drehtüren mit Zapfenbändern angeschlagen?

Vor dem Anbringen der Zapfenbänder muß der Drehpunkt der Tür zeichnerisch ermittelt werden. Dazu zeichnet man den Querschnitt durch die geschlossene und die geöffnete Tür mit dem Anschluß zur Schrankseite. Der Schnittpunkt der eingezeichneten Mittellinien ist der gesuchte Drehpunkt. Nun wird das Lochteil im Unterboden und Oberboden eingelassen. Die Zapfenteile werden in die Türecken eingelassen. Ein Zapfenband kann in der Tür bereits festgeschraubt werden. Das andere, meistens das untere, wird erst befestigt, wenn die Tür eingesetzt ist.

Damit die Tür beim Öffnen seitlich nicht gegen die Lisene schlägt, ist sie an einer Ausnehmung im Unterboden zu arretieren.

Welche Kriterien sind beim Anschlagen von Möbeltüren mit Topfscharnieren zu beachten?

Zunächst wird der Topf des Scharniers in die Türrückseite mittels vom Hersteller gelieferter Schablonen eingebohrt und in der Tür eingesetzt. Danach wird die Montageplatte an die Korpusseite geschraubt. Der Montagearm des Topfscharnieres wird auf der Montageplatte befestigt.

Bei Topfscharnieren besteht meistens noch die Möglichkeit, den Eckabstand der Tür zur Korpusseite und die Luft zwischen Korpuskante und Tür genau einzustellen.

Nach welchen Kriterien beurteilt ein Schreiner eine gut angeschlagene Tür?

Eine Tür darf beim Schließen nicht spannen, beim Öffnen nicht an der Korpuskante entlangstreifen, sie muß im geschlossenen Zustand überall gut anliegen, genügend aber nicht zu viel Luft haben und sich leicht schließen lassen. Sind mehrere Türen eingebaut, müssen alle Türkanten in einer Flucht liegen und die Luft zwischen den Türkanten muß überall gleich sein.

Beim Anschlagen der Türen ist es deshalb wichtig, daß die Schränke gut ausgerichtet sind, im Winkel stehen und die Vorderkanten fluchten.

8.3.2 Schiebetüren

Welche Vor- und Nachteile hat eine Schiebetür gegenüber einer Drehtür?

Vorteile: Schiebetüren benötigen vor dem Schrank keinen Drehraum. Sie können relativ großflächig hergestellt werden. Breite und niedrige Türformate sind als Schiebetüren besonders gut geeignet. Nachteile: Der Schrankraum läßt sich immer nur zu einer Hälfte öffnen.

Schiebetüren werden vorwiegend im Ladenbau verwendet, weil die Drehtüren den Bewegungsraum der Verkäuferinnen bzw. der Kunden stark einengen würden.

Welche Schiebetürarten sind zu unterscheiden?

Man unterscheidet stehende und hängende Schiebetüren, innenliegende oder vor der Front laufende Schiebetüren, gleitende oder rollende Schiebetüren, Holzschiebetüren oder Glasschiebetüren.

Stehende Schiebetüren laufen in Beschlägen an der Unterkante der Schiebetür, hängende Schiebetüren sind an ihrer Oberkante aufgehängt und werden an der Unterkante lediglich gehalten. Beide Arten können sowohl gleitend als auch rollend geführt werden. In der Regel laufen die Schiebetüren im Korpus. Sie können aber auch vor der Front laufen oder gemischt, oben im Korpus und unten vor dem Korpus.

Warum sollen Schiebetüren möglichst ein liegendes Rechteckformat haben?

Schiebetüren im liegenden Rechteckformat laufen besser in den Beschlägen als Schiebetüren im stehenden Rechteckformat. Schlanke hohe Rechteckformate verkanten sehr leicht beim Bewegen.

Diese Regel gilt besonders für stehende Schiebetüren. Sollen hohe Schränke mit Schiebetüren verschlossen werden, sind diese hängend zu führen.

Wie werden stehende Schiebetüren im Korpus geführt?

Stehende Schiebetüren weisen an ihrer Unterkante Laufbeschläge auf und werden an den Oberkanten geführt. Als Laufbeschläge können vorstehende Kunststoffschienen bzw. Fiberschienen und Gleiter oder U-Schienen aus Kunststoff und Rollgleiter bzw. Laufrollen eingebaut werden. Zur Führung können im Oberboden eingefräste Führungsnuten dienen, in denen die an der Oberkante ausgefälzten Schiebetüren laufen, oder besondere Führungsriegel, die an der Kante oder Rückfront der Schiebetür einzulassen sind.

Bei allen Konstruktionen ist zu beachten, daß man die Schiebetüren gut einsetzen und wieder herausnehmen kann. Auch muß gewährleistet sein, daß der Oberboden auch bei großer Spannweite nicht durchhängt, da sonst die Schiebetüren klemmen.

Welche Vorteile haben hängende Schiebetüren?

Da die Laufbeschläge von hängenden Schiebetüren am Oberboden des Schrankes befestigt sind, und als Führung eine Führungsnocke im Unterboden genügt, befinden sich im Unterboden keine störenden Laufschienen wie bei den stehenden Schiebetüren. Außerdem können auch schlanke hochformatige Schiebetüren hängend sicher geführt werden.

Die Dimension der Laufbeschläge sowie die Befestigung beim Einbau in oder an den Oberboden müssen auf das Gewicht bzw. die Belastung durch die Schiebetüren abgestimmt sein.

Wie lassen sich Schiebetüren verschließen?

Da sich Schiebetüren in der Mitte überlappen, läßt sich an dieser Stelle ein Druckzylinderschloß einbauen, dessen Schließzapfen in die hintere Tür oder hinter deren Kante faßt. Außerdem können Schiebetüren mit Flügelriegelschlössern an den Korpuskanten verschlossen werden.

Bei einem Flügelriegelschloß spreizen sich flügelartige Widerhaken oben und unten aus dem Riegel während der Schlüsseldrehung heraus und fassen hinter das Schließblech.

Welche Beschläge sind für Glasschiebetüren geeignet?

Leichte Glasschiebetüren können in U-Schienen aus Kunststoff oder aus Metall mit Kunststoffeinlagen laufen. Für große schwere Schiebetüren verwendet man Laufschuhbeschläge, in die kugelgelagerte Laufrollen eingebaut sind.

Die Laufschuhbeschläge werden an der Unterkante der Glasschiebetüren befestigt. Oben werden die Glasschiebetüren in Doppel U-Schienen aus Metall geführt. Da solche Schiebetüren sehr leicht laufen, müssen von Fall zu Fall Bremsen im Beschlag eingebaut werden, damit die Schiebetüren den Korpus nicht auseinanderschlagen.

8.3.3 Klappen

Wann verwendet man in einem Möbel stehende Klappen?

Stehende Klappen sind an ihrer Unterkante angeschlagen und öffnen von oben nach unten. Sie werden dann eingebaut, wenn man vor dem geöffneten Schrank eine vergrößerte Ablagefläche haben möchte, wie z.B. bei Barschränken, oder wenn die Innenfläche der Klappe gleichzeitig als Schreibfläche genutzt werden soll.

Je nach Belastung oder Größe der Klappe muß diese zusätzlich durch Scheren oder Klappenbremsen im geöffneten Zustand gesichert werden.

Mit welchem Beschlag lassen sich stumpfeinschlagende Klappen anschlagen?

Für stumpfeinschlagende Klappen sind Zapfenbänder geeignet.

Der Anschlag kann so vorgesehen werden, daß die Klappe unter den Boden schlägt oder daß bei besonderer Ausfälzung von Bodenkante und Unterkante der Klappe die Klappenfläche und Bodenfläche des Schrankinnenraumes bündig sind.

Wodurch können stehende Klappen im geöffneten Zustand noch zusätzlich gesichert werden?

Durch Klappenscheren, Klappenbremsen, Klappenbeschläge mit Arretierung oder durch ausziehbare Tragkonsolen.

Besonders Schreibklappen werden durch das Gewicht des aufgestützten Oberkörpers zusätzlich belastet. Diese Last muß durch diese Beschläge oder durch zusätzliche Stützen aufgefangen werden.

Welche Beschläge sind für stumpfaufschlagende Klappen geeignet?

Stangenscharniere, Scharniere, einbohrbare Klappenscharniere.

Stangenscharniere und Scharniere sind bei geöffneter Klappe sichtbar und erlauben keinen bündigen Anschlag der Klappe am Boden. Besonders geeignet sind die einbohrbaren Klappenscharniere, die heute auch aushängbar und verstellbar sind. Hier sind Klappeninnenfläche und Bodenfläche im geöffneten Zustand bündig. Bei allen Klappenanschlägen ist zu berücksichtigen, daß die untere Außenkante der Klappe beim Öffnen herausdreht und somit eine entsprechend breite Fuge unter der Klappenunterkante erforderlich wird.

Mit welchen Schlössern können stumpfaufschlagende Klappen verschlossen werden?

Damit Schlösser bei geöffneter Klappe nicht stören, kommen nur Einlaßschlösser in Frage. Geeignet sind hier das Perfekteinlaßschloß oder das Klappendruckzylinder-Einlaßschloß mit Schließzwang.

Das Perfektschloß faßt hinter einen Schließbolzen, der am Oberboden befestigt ist. Beim Klappen-Druckzylinderschloß mit Schließzwang ist der Schließriegel im geöffneten Zustand bündig in der Schloßplatte versenkt, so daß er nicht stört. Der Schlüssel läßt sich beim geöffneten Schloß nicht abziehen und kann nicht herausfallen.

Was muß man bei der Konstruktion sehr breiter und tiefer Klappen bedenken?

Besonders mit Zapfenbändern angeschlagene Klappen können bei übermäßiger Breite im geöffneten Zustand in der Mitte durchhängen. Sie müssen daher dicker dimensioniert werden. Bei stumpfaufschlagenden Klappen kann man das Durchbiegen durch das Anordnen mehrerer Bänder oder Scharniere verhindern.

Mit der Größe der Klappe erhöht sich auch ihr Gewicht. Deshalb sind besonders stabile Klappenhalterungen vorzusehen. In der Regel sollten Klappen, die mit Zapfenbändern anzuschlagen sind, nicht breiter als 900 mm und nicht tiefer als 500 mm sein.

Wo wird man hängende Klappen anordnen?

Hängende Klappen wird man meistens in Oberschränken einbauen.

Hängende Klappen sind an ihrer Oberkante angeschlagen und schwenken nach oben.

Womit können hängende Klappen angeschlagen werden?

Grundsätzlich sind alle Beschläge, die man auch bei Drehtüren verwenden kann, bei hängenden Klappen einsetzbar. Es gibt auch besondere Scharniere für hängende Klappen, die diese in geöffneter Stellung offen halten. Durch nochmaliges Anheben der Klappen lassen sich diese wieder schließen.

Hängende Klappen können auch durch pneumatische oder mechanische Hochstellstützen in geöffneter Stellung arretiert werden. Bei der Verwendung von normalen Zylinderbändern sind an einer Klappe linke und rechte Bänder zu verwenden, damit diese nicht herausfallen kann.

Womit können liegende Klappen angeschlagen werden?

Bei sichtbarem Anschlag können gerade Scharniere oder auch Stangenscharniere verwendet werden. Soll der Anschlag unsichtbar sein, verwendet man VICI-, SOSS- oder SEPA-Scharniere.

Die Scharniere für einen unsichtbaren Anschlag haben einen gedachten Drehpunkt, der außerhalb des Materials liegt. Die Anschlagsanweisungen sind hier genau zu beachten.

8.3.4 Möbelrolläden

In welcher Weise können Möbelrolläden geführt werden?

Möbelrolläden können senkrecht oder waagerecht laufend geführt werden. Bei den senkrecht laufenden Möbelrolläden kann man zwischen von oben nach unten und den von unten nach oben laufenden Rolläden unterscheiden

Rolläden werden in Nuten geführt. Diese Nuten können mit U-Schienen aus Kunststoff ausgelegt sein. Rolläden werden entweder hinter der Rückwand entlanggeführt oder oben bzw. unten im Schrank aufgerollt.

Welche Schlösser sind zum Verschließen von Möbelrolläden geeignet?

Möbelrolläden verschließt man mit Hakenriegelschlössern.

Hakenriegelschlösser weisen einen Schließhaken und einen Führungsbolzen auf. Der Führungsbolzen sorgt dafür, daß das Schloß richtig zum Schließblech sitzt. Der Hakenriegel schnappt beim Schließen hinter das Schließblech und kann nur mit dem Schlüssel wieder entriegelt werden.

Wie wird ein Rolladen hergestellt?

Rolläden bestehen aus vielen schmalen Leisten, die rückseitig mit einer Jutebahn beleimt werden. Die Jutebahn bildet das Gelenk zwischen den Leisten.

Bei Serienfertigungen können dünne und rückseitig mit Jute beleimte Platten in besonderen Rolladenstanzen in Leisten aufgeteilt werden. An den Rolladen wird ein kräftiges Schloßstück angebracht.

Worauf ist beim Einbau eines Rolladens zu achten?

Rolläden müssen gut durch die Kurven der Rolladennuten laufen. Er ist in der Offenstellung so abzustoppen, daß das Schloßstück nicht auf den Sockel schlagen kann, weil sonst der Rolladen vom Schloßstück abreißt. Der Rolladen muß sich zum Zwecke der Reparatur ausbauen lassen.

Nach unten zu öffnende Rolläden sollten im geschlossenen Zustand in einen besonders verstärkten Boden schließen, damit dieser unter dem Gewicht des Rolladens nicht durchhängt.

8.3.5 Schubkästen

Aus welchen Teilen besteht ein Schubkasten?

Ein Schubkasten besteht aus dem Vorderstück, den Seiten, dem Hinterstück und dem Boden.

Das Vorderstück kann zusätzlich noch aufgedoppelt sein. Am Vorderstück ist die Griff- und Verschlußmöglichkeit für den Schubkasten anzubringen.

Wie kann das Schubkastenvorderstück ausgebildet sein?

Schubkastenvorderstücke können stumpfeinschlagend, stumpfaufschlagend oder aufgedoppelt sein. Stumpfeinschlagende Schubkastenvorderstücke können zurückspringend oder vorspringend im Möbelkorpus liegen.

Häufig sind die Schubkastenvorderstücke wie die Türen auszubilden. Bei stumpfaufschlagenden Türen bildet man auch die Schubkastenvorderstücke stumpfaufschlagend aus. Bei stumpfeinschlagenden und zurückspringenden Türen wird man die Schubkastenvorderstücke in dieser Weise ausführen.

Warum ist bei klassischen Schubkästen das Hinterstück niedriger als die Seiten?

Bei niedrigem Schubkastenhinterstück kann die Luft beim Einschieben des Schubkastens nach vorne entweichen. Dadurch entsteht kein Luftpolster hinter dem Schubkasten. Außerdem werden klassische Schubkasten an der Oberkante und Unterkante der Seiten im Gehäuse geführt, so daß es zweckmäßig ist, diese gegenüber dem Hinterstück vorstehen zu lassen.

Bei hängend geführten Schubkästen kann das Hinterstück so hoch wie die Seiten sein.

Aus welchen Materialien kann ein Schubkastenboden bestehen?

Aus Furnierplatte (FU), Holzfaserhartplatte (HFH) oder kunststoffbeschichteter Holzfaserhartplatte (KH-Platte).

Bei Einbauschränken muß gemäß DIN 18355 der Schubkastenboden bei einer Größe von mehr als 0,25 m^2 aus mindestens 6 mm Furnierplatte bestehen.

Wie lassen sich die Schubkastenseiten mit dem Schubkastenvorderstück verbinden?

Durch Zinken, Dübeln oder Federn.

Bei aufgedoppelten Vorderstücken kann der Kasten offen gezinkt werden, die Zinkung wird durch das Doppel nach vorne abgedeckt. Bei nicht aufgedoppelten Schubkästen, wie für stumpfeinschlagende Schubkastenvorderstücke, wird die halbverdeckte Zinkung angewendet. Die Seiten können auch, besonders bei stumpfaufschlagenden Vorderstücken, direkt in das Vorderstück gedübelt oder gefedert werden. Häufig wird aber ein vierseitiger Kasten zusammengedübelt oder zusammengefedert, an dem ein gesondertes Vorderstück befestigt wird.

Wie wird ein klassischer Schubkasten im Korpus eingebaut?

Ein klassischer Schubkasten benötigt im Gehäuse Laufleisten, Streifleisten und Kippleisten. Von Fall zu Fall sind in dem Korpus an der Vorderkante noch Beistoßleisten einzubauen.

Die Laufleisten gehen in der Regel in voller Tiefe des Schrankes durch. Auf ihnen laufen die Schubkastenseiten. Die Streif- und Kippleisten reichen nur etwa bis zu ⅔ in den Korpus hinein. Die Streifleisten sitzen auf den Laufleisten und geben dem Schubkasten die seitliche Führung. Die Kippleisten sind am Oberboden befestigt und verhindern das Herauskippen des Schubkastens. Liegen mehrere Schubkästen übereinander, kann zwischen den Vorderstücken ein Traverstück eingebaut werden.

Welche Möglichkeiten der Schubkastenführungen gibt es?

Man unterscheidet die klassische Führung, bestehend aus Lauf-, Streif- und Kippleisten und die hängende Schubkastenführung. Hier werden die Schubkästen meistens an Hartholz- oder Kunststoffführungsleisten in den passend dazu genuteten Seiten aufgehängt. In ähnlicher Weise können Schubkästen auch unter Arbeitsplatten gehängt werden.

Neben diesen Führungssystemen können auch besondere mechanische Schubkastenführungen eingesetzt werden.

In welchen Fällen verwendet man mechanische Schubkastenführungen?

Wenn Schubkästen ein ungünstiges Format haben, breiter als tief sind, wenn der spätere Schubkasteninhalt sehr schwer ist, wenn Schubkästen sehr leicht laufen oder bis zum Hinterstück aus dem Gehäuse herausgezogen werden sollen.

Bei den mechanischen Führungen sind Einfachauszüge und Vollauszüge zu unterscheiden. Bei Vollauszügen ist der Schubkasten bis zum Hinterstück aus dem Gehäuse herausziehbar, beim Einfachauszug entsteht Auszugsverlust. Die mechanischen Führungen gibt es mit Kugel-, Roll- oder Gleitführung. Die Montage kann seitlich am oder unter dem Schubkasten erfolgen.

Welche Merkmale weist ein englischer Zug auf?

Das wesentliche Merkmal eines englischen Zuges ist das niedrige Vorderstück, das auch als Griffstück benutzt wird.

Englische Züge werden bevorzugt in Schreibtischen als Papierauszüge oder in Kleiderschränken und Herrenkommoden als Wäscheauszüge eingebaut.

Was ist beim Einbau von Innenschubkästen hinter Türen unbedingt zu beachten?

Die Schubkästen müssen sich aus dem Gehäuse herausziehen lassen, wenn die Türen um 90° geöffnet sind.

Sehr häufig wird nicht darauf geachtet, daß vorstehende Topfscharnierarme oder Türkanten das Herausziehen des Schubkastens behindern oder unmöglich machen. Bei Schubkästen hinter Türen muß deshalb vielfach die Korpusseite um die erforderliche Dicke aufgedoppelt werden.

Welche Schlösser sind zum Verschließen von Schubkästen geeignet?

Bei stumpfeinschlagenden Schubkästen können Einlaß-, Einsteck- und Aufschraubschlösser verwendet werden. Bei stumpfaufschlagenden Schubkästen sind Aufschraubschlösser oder Perfekteinlaßschlösser geeignet.

Aufschraubschlösser stehen im Inneren des Schubkastens vor, sehen nicht schön aus und engen den Nutzraum des Schubkastens ein.

Was läßt sich Grundsätzliches über die Anordnung von Griffen auf dem Schubkastenvorderstück sagen?

Die Griffe bzw. Grifflösungen beeinflussen die Gestaltung des Schubkastens und des ganzen Möbels sehr wesentlich. Deshalb ist die Auswahl und Plazierung des Griffes sehr gefühlvoll und unter Beachtung der gesamten Möbelfront vorzunehmen. So sollen z.B. Knöpfe, Ring- oder Hängegriffe etwas höher als in die rechnerische Mitte des Vorderstückes gesetzt werden, damit sie optisch in der Mitte sitzen.

Bei den Griffen unterscheidet man aufgesetzte Knöpfe, Bügelgriffe, Ringgriffe oder einlaßbare Griffmuscheln sowie durchlaufende Griffleisten bzw. Griffnuten. Diese Beschläge können aus Holz, Metall oder Kunststoff sein.

Was versteht man unter einem Zentralverschluß bei Schubkästen?

Bei einem Zentralverschluß können mit einem Schließzylinder mehrere Schubkästen verschlossen werden.

Beim Zentralverschluß wird mit einem Schließzylinder eine Verschlußstange seitlich oder an den Hinterstücken so bewegt, daß das gesamte übereinanderliegende Schubkastenpaket verriegelt wird.

Wie wirkt sich das Format des Schubkastens auf seine Handhabung aus?

Das Format eines Schubkastens ist dann günstig, wenn die Tiefe größer als die Breite ist. Diese Schubkästen haben eine gute Führung im Gehäuse. Kurze und breite Schubkästen können beim Einschieben verecken oder werden zu weit herausgezogen.

Auch zu hohe Schubkästen können schlecht laufen, wenn die Vollholzseiten eines klassisch geführten Schubkastens quellen oder schwinden.

8.3.6 Fachböden

Wovon hängen die Abmessungen der Fachböden ab?

Dicke und Länge von Fachböden hängen von der Belastung des Bodens ab.

Schwere Gegenstände sind z.B. Bücher, Bettwäsche und Geschirr. Da Fachböden nach der Norm nur 1/250 ihrer Spannweite durchbiegen dürfen, müssen Spannweite und Dicke des Bodens aufeinander abgestimmt sein. Aus diesem Grunde wird man die Bodenauflager nicht mehr als 1 m auseinanderlegen, die Böden dicker und statt aus Spanplatte aus Tischlerplatte anfertigen.

Welche Fachbodentragsysteme erlauben eine Verstellmöglichkeit der Fachböden?

Fachbodenträgerhülsen mit -steckern, nach System 32 angeordnete Reihenbohrungen, Bodenträgerschienen mit Bodenträgersteckern und Bodentragleisten in Zahnleisten.

Fachbodenträgerhülsen werden in Reihen oder übereinander eingebohrt, so daß man die Stecker wahlweise in eine bestimmte Höhe setzen kann. Das System 32 ist eine Reihenbohrung mit 32 mm Bohrlochabstand, die eine entsprechende Aufnahme der Fachbodenträger erlaubt. Bodenträgerschienen gibt es in Metall oder in Kunststoff. Sie können auf die Seite geschraubt oder in die Seite eingelassen werden. Die Schienen erlauben eine sehr feine Verstellmöglichkeit auf der gesamten Schrankhöhe. Zahnleisten und Bodentragleisten werden aus Holz hergestellt.

8.3.7 Rückwände

Welche Aufgabe haben Rückwände im Möbelkorpus?

Rückwände schließen den Möbelkörper rückwärtig ab und haben die Aufgabe, das Möbel im Winkel zu halten.

Rückwände müssen deshalb im Korpus aussteifend befestigt werden.

Wie können Rückwände in den Möbelkorpus eingebaut werden?

Rückwände können in die hinteren Korpuskanten eingefälzt und mit Verbindungsmitteln wie Klammern, Schrauben oder Nägeln befestigt werden. Bei Möbeln und Einbauschränken, die nicht demontierbar sein sollen, kann man die Rückwände noch zusätzlich einleimen. Ist das Möbelstück auch von der Rückfront her sichtbar, wird man die Rückwand einnuten oder die Rückwand wie die Türfront ausbilden und diese auf die Rückfront aufleimen oder in den Korpus einleimen.

Eingenutete Rückwände halten den Möbelkorpus nicht gut im Winkel, wenn sie viel Luft aufweisen und nicht noch zusätzlich eingeleimt sind.

Wie dick müssen Rückwände bei Einbauschränken sein?

Bei Einbauschränken müssen Rückwände aus Furnierplatten mindestens 6 mm dick, bei Spanplatten mindestens 8 mm dick sein.

Diese Vorschrift ist in der DIN 18355 festgelegt worden.

8.3.8 Fußgestelle und Sockel

Wie können Sockel oder Fußgestelle unter einem Möbel befestigt werden?

Sockel oder Fußgestelle können unter den Unterboden geleimt, gedübelt und geschraubt oder mit Nutklötzen befestigt werden. Bei lösbarer Befestigung der Fußgestelle und Sockel ist eine Verschraubung mit Holzschrauben, durchgehenden Flachkopfgewindeschrauben oder Schrauben in Rampamuffen möglich.

Besteht der Unterboden aus Vollholz, dürfen die querliegenden Zargen nicht unter den Boden geleimt werden. Angeleimt wird nur die vordere Zarge, während die hintere und auch die seitlichen Zargen mittels Nutklötzen oder Tischklammern befestigt werden.

Welche Vorteile bieten die Sockelhöhenversteller?

Sockelhöhenversteller werden an den durchgehenden Schrankseiten oder in den Sockelecken so befestigt, daß man mittels Schraubenzieher durch eine Bohrung im Unterboden des Schrankes durch Drehen der Gewindestange die Höhe verstellen kann. Dadurch ist ein Ausrichten des Schrankes möglich. Sie werden besonders bei Einbauschränken eingesetzt, weil man dort nicht mehr von hinten an den Schrank kommen kann.

Die Gehäuse der Sockelhöhenversteller gibt es aus Holz oder aus Metall. Sie sind häufig so ausgebildet, daß man an ihnen auch die Sockelblende befestigen kann.

8.4 Stilgeschichte des Möbels

In welche Stilepochen läßt sich das künstlerische Schaffen in Europa gliedern und zu welcher Zeit fanden diese statt?

Man unterscheidet im wesentlichen folgende Stilepochen: Romanik von 1000 bis 1250, Gotik von 1250 bis 1500, Renaissance von 1500 bis 1600, Barock von 1600 bis 1750, Klassizismus von 1750 bis 1850 und die Gegenwart von 1850 bis heute.

Die Zeitabschnitte, die für die einzelnen Stilepochen angegeben sind, können nur als ungefähre Zeiträume betrachtet werden, da die Übergänge von einer Stilepoche zur anderen nur allmählich erfolgten.

Woran kann man den romanischen Stil erkennen?

Die Bauwerke der Romanik sind schwer und massig. Kubische und einfache Formen sind vorherrschend. Die Fenster weisen Rundbögen auf und liegen tief in den Laibungen. Der Flächenanteil der Fenster gegenüber dem Mauerwerk ist nur gering. Als Schmuckelemente kommen einfache Friese, wie Rundbogenfriese, Rollenfriese oder Schachbrettfriese zur Anwendung. Die Säulenkapitäle haben einfache Würfelform (Würfelkapitäle) oder sind nur wenig mit Pflanzen- oder Tierornamenten geschmückt.

Die Romanik ist die Zeit der Franken und Hohenstaufer, römisches Reich Deutscher Nation, die Zeit der Minnesänger. Die Romanik ist der erste germanische Baustil, beeinflußt durch die römischen und byzantinischen Vorbilder sowie durch christlich religiöses Denken.

Welche Stilmerkmale sind für die Gotik charakteristisch?

Gotische Bauwerke sind feingliedrig, mit betont aufstrebender senkrechter Gliederung, die Wände sind stark durchbrochen, die Fenster haben Spitzbögen mit reichhaltigem Maßwerk, die Decken sind gewölbt (z.B. Kölner Dom).

Die Gotik ist die Zeit der Städtegründung und des aufblühenden Handels und Handwerks. Der Baustil wird geprägt durch das tief religiöse christliche Denken.

Worin unterscheiden sich die Bauwerke der Gotik und die der Renaissance?

Bei gotischen Bauwerken ist die Vertikale vorherrschend, bei Bauwerken der Renaissance die Horizontale. Gotische Fenster weisen Spitzbögen auf, Fenster der Renaissance sind rechteckig mit kleinen Giebeln geschmückt. Gotische Bauwerke sind himmelaufstrebend, meistens religiöse Bauwerke wie Kathedralen und Dome, die der Renaissance meistens bürgerlicher Art wie Paläste und Rathäuser.

Der gotische Stil hat eine eigene Stilrichtung entwickelt, die Renaissance lehnt sich an antike Bauwerke und Ornamente an. In der Renaissance wird die Symmetrie bei Gebäuden und Parkanlagen bevorzugt.

Die Renaissance war stark von der griechischen Kunst und Philosophie beeinflußt. Damit war ein Streben nach lebensbejahendem, edlem Menschentum und Menschenwürde verbunden. Die Renaissance hat den gotischen Stil fast unvermittelt abgelöst.

Woran kann man den Stil des Barock erkennen?

Barockbauten sind prunkhaft und reich gegliedert. Die Wände sind nicht flächig, sondern rund, Ovallinien und Wölbungen sind vorherrschend. Im Inneren der Gebäude, z.B. in Kirchen oder in Residenzen, herrschen üppige Stuckarbeiten sowie Wand- und Deckenmalereien vor. Vergoldungen, Marmor (auch Marmorimitationen) sind überall zu finden. Diese bewegten Linienführungen der Gebäude setzen sich auch im Garten fort. Immer wird auf strenge Symmetrie geachtet.

In der Zeit des Barock wurde der Stilwande durch die unumschränkte Machtentfaltung des Adels und der Kirche sowie dem Drang nach höchster Prachtentfaltung nach dem Dreißigjährigen Krieg bestimmt.

Warum nennt man den Baustil von 1750 bis 1850 den Klassizismus?

Dieser Baustil lehnt sich an die klassischen Vorbilder der Griechen und Römer an. Die Bauformen der Antike werden übernommen.

Der Stilwandel wird durch die Ideen der Aufklärung, wie Freiheit, Gleichheit, Brüderlichkeit, herbeigeführt.

Welche Veränderungen sind an den Bauten der Gegenwart zu beobachten?

Die Zeit der Wissenschaft und Technik sowie der Industrialisierung und Sozialisierung haben mehr und mehr zu einem nüchternen und sachlichen Denken geführt. So sind auch die Bauwerke sehr sachlich, material- und funktionsbetont konstruiert.

Neue Materialien wie Beton, Stahl, Aluminium und Glas erlauben großflächige scheibenartige Konstruktionen.

Welche Merkmale weisen Möbel der Romanik und Möbel der Gotik auf?

Möbel aus der Romanik sind sehr selten anzutreffen, es sind einfache, meist mit Eisenbändern beschlagene Brettkonstruktionen. Die Möblierung der damaligen Zeit bestand in der Hauptsache aus Tisch und Stuhl, Bett und Truhe. Die Möbel waren nur in Burgen und Klöstern verziert. Sie trugen Rundbögen und andere Ornamente aus der Baukunst. Zu dieser Zeit gab es noch keine Tischler.
In der Gotik entwickelte sich die Wohnkultur durch den zunehmenden Wohlstand der Bürger immer weiter. Der Tischler (Schreiner) fertigte jetzt die Möbel. Es kamen zu den Möbeln der Romanik Schreibpulte, Klapp- und Schreibtische und vor allem Schränke hinzu. Als Einzelkonstruktionen waren Nuten, Fälze, Zinken sowie Schlitz und Zapfen anzutreffen. Als Verzierungen wurden Ornamente der gotischen Baukunst übernommen. Spitzbögen und Maßwerk dienten bei Flachschnitzarbeiten als Vorbild. Die Kränze der Schränke waren häufig wie die Zinnen der Burgtürme ausgebildet.

Im süddeutschen Raum wurden die Flächen mit Farbe hinterlegt. Im norddeutschen Raum wurde die Gliederung der Flächen mehr durch Schnitzereien erreicht.

Worin unterscheiden sich Schränke der Renaissance und des Barock?

Die Möbelarten entwickelten sich in der Renaissance zu immer höherer Qualität. Auf bequeme Sitzmöbel und die Verwendung wertvoller Hölzer wurde mehr und mehr Wert gelegt. Renaissancemöbel sind sehr stark gegliedert. Vorherrschend ist wie im Bauwesen die Horizontale. Türen sind häufig quadratisch. Friese sind aus dem Bauwesen entlehnt und werden hier reich geschnitzt. Als Vorbilder für die Ornamente dienen Pflanzen und Tiere. Bei Barockmöbeln werden die Schrankfronten stärker aufgegliedert oder die Flächen reicher bemalt. Die Möbel sind wuchtiger und schwerer. Starke, auch korkenzieherähnlich verdrehte Säulen und wuchtige Schrankgesimse sind die Merkmale der Barockschränke.

Bei beiden Stilrichtungen ist die Symmetrie vorherrschend. Die Schränke waren in der reichhaltigen Verzierung bei einfachen Bürgern nicht anzutreffen.

Woran kann man Möbel des Rokoko erkennen?

Die Möbel des Rokoko wurden leichter, fantasiereicher und spielerischer gestaltet. Sie stehen auf zierlichen, geschwungenen Füßen, die Flächen sind geschweift und auch im Möbelgrundriß sind die Linien bewegt. Die Ornamente und Verzierungen sind häufig nicht mehr symmetrisch, sondern lösen sich einseitig auf.

In den späteren Jahren des Barock entwickelte sich diese Stilepoche zum Rokoko. Eine Stilrichtung, die fast in allen europäischen Ländern vom Adel und von der Kirche angenommen wurde.

Welche eigenen Möbelstile sind in der Zeit des Klassizismus entstanden und welches sind ihre besonderen Merkmale?

Der Louis-Seize-Stil (1750 bis 1800), die Stilrichtung des Empire (1800 bis 1830) und der Biedermeierstil (1830 bis 1850). Der Louis-Seize-Stil entwickelte sich in der Zeit Ludwig des XIV. Die Konstruktionselemente des Möbels werden jetzt gezeigt, die Schönheit des Holzes spielt eine wichtige Rolle, die Beschläge werden als zusätzlicher Schmuck in Bronze oder Messing auf den

Möbeln angebracht. Man verarbeitet vorwiegend Edelhölzer wie Mahagoni. Der Empirestil entstand zur Zeit Napoleons. Die Möbel sind schwer und mit Ornamenten aus der Cäsaren-Zeit wie Helme, Lorbeerkränze, Vasen und Waffen verziert. Mit dem Ende Napoleons wurde auch abrupt mit dem Empirestil gebrochen. Es enstand der gemütliche Biedermeierstil. Einfachheit, Schlichtheit und Klarheit waren hier die Forderung.

Nach dem Abklingen der Biedermeierzeit erlahmten die schöpferischen Kräfte im Kulturschaffen. Man griff auf alte Vorbilder wie die Romanik (Neuromanik), die Gotik (Neugotik) und Renaissance (Altdeutsch) zurück.

Welche Entwicklung nahm das Möbel ab der Zeit des Jugendstils bis heute?

Der Jugendstil (mit Beginn des 20. Jahrhunderts) hatte die Natur als Vorbild und war ein eigener Stil, der den Werkstoff und die Ehrlichkeit seiner Verarbeitung betonen wollte. Diese Stilrichtung konnte sich nicht lange behaupten, war aber wohl Wegbereiter zur späteren sachlichen und zweckmäßigen Stilauffassung. Ornamente und Profile wurden immer weniger verwendet. Die Massenfertigung von Möbeln in der Industrie und die großflächigen Werkstoffe aus Sperrholz oder Spanplatte ermöglichten Möbel aus ebenen großen Flächen.

Spätere Generationen werden sicherlich die Stilgeschichte noch weiter aufgliedern. So ist zu vermuten, daß wir uns im Augenblick in einer weiteren Umstrukturierung des Wohnens befinden, weg von der Nüchternheit und Sachlichkeit und wieder Hinwendung zum gemütlichen Heim und naturbetontem Wohnen.

Von welchem kulturellen Zentrum ging die neue Sachlichkeit in der Architektur aus?

Von dem als Gestaltungsschule gegründetem Bauhaus in Weimar, später in Dessau.

Gestaltungsgrundsatz war das saubere Zusammenwirken der Faktoren Funktion, Werkstoff, Konstruktion und Proportion. Jeder ornamentale Zierrat wurde abgelehnt. Da sich diese Gestaltungsrichtung mehr und mehr mit den sachlich bedingten Forderungen auseinandersetzte, nannte man diese Richtung später die Neue Sachlichkeit.

Was zeichnet die skandinavischen Möbel besonders aus?

Materialgerechte, schlichte aber formschöne Verarbeitung.

Die Skandinavier verarbeiten das Holz bis an die Grenze der möglichen Dimensionen, machten konstruktive Elemente als Schmuckelemente sichtbar und verwendeten holzsympatische, ursprüngliche Oberflächen.

9 Ausbau und Innenausbau

Welche Arbeiten des Tischlers gehören zu den Innenausbauarbeiten?

Zu den Innenausbauarbeiten gehören die in den Gebäuden fest eingebauten Türen, Treppen, Trennwände, Wand- und Deckenverkleidungen sowie die eingebauten Schränke.

Treppen werden häufig auch vom Zimmermann hergestellt.

Worin sind die Vorschriften für die Bauleistungen des Tischlers festgelegt?

In der VOB = Verdingungsordnung für Bauleistungen.

In der VOB sind Richtlinien und Bedingungen sowie Mindestanforderungen für die Ausführung einer einwandfreien Arbeit und die Vertragsbedingungen für Ausschreibungen, Aufmaß und Vergabe festgelegt. Teil A: Allgemeine Bestimmungen über die Vergabe von Bauleistungen (DIN 1960), Teil B: Allgemeine Vertragsbedingungen für die Ausführungen von Bauleistungen (DIN 1961), Teil C: Allgemeine technische Vorschriften für Bauleistungen, hier besonders DIN 18355 – Tischlerarbeiten.

9.1 Maßnehmen am Bau

Was versteht man unter einem Baurichtmaß?

Baurichtmaße sind durch Achtelmeter, Kurzzeichen am, festgelegt. Der achte Teil eines Meters beträgt 12,5 cm. Alle Baurichtmaße sind das Vielfache von 12,5 cm.

Baurichtmaße sind z. B. 12,5; 25; 37,5; 50; 62,5; 75; 87,5; 100; 112,5 cm usw.

Worin unterscheiden sich die Baurichtmaße und die Rohbaumaße (Nennmaße) beim Mauerwerksbau?

Beim Mauerwerksbau sind 1 cm breite Mörtelfugen zu berücksichtigen, so daß die Baurichtmaße hier theoretische Maße sind. Bei Öffnungen erhöhen sich die Rohbaumaße um die eine Fuge, bei Mauervorlagen und Pfeilern verringern sich die Rohbaumaße um eine Fuge.

Bei einem Baurichtmaß von 87,5 cm wäre eine Öffnung im Mauerwerksbau 87,5 cm + 1 cm Fuge = 88,5 cm breit. Dieses Maß ist das Rohbaumaß oder Nennmaß. Eine Mauervorlage bzw. ein Pfeiler mit einem Baurichtmaß von 87,5 cm wäre 87,5 cm – 1 Fuge = 86,5 cm breit.

Welche Bedeutung hat das Baurichtmaß im Innenausbau?

Durch die Baurichtmaße können Einbauteile genormt und besser aufeinander abgestimmt werden. Dies wirkt sich besonders bei Innentüren, Verkleidungsplatten für Decken und Wände aus.

Es gibt z.B. Zimmertüren für die Baurichtmaße 75 × 200 cm, 87,5 × 200 cm, 100 × 200 cm oder Verkleidungsplatten für Decken von 50 × 50 cm, 50 × 100 cm, 62,5 × 62,5 cm oder 62,5 × 100 cm.

Welche Bedeutung hat der Meterriß im Rohbau?

Der Meterriß muß ein Meter über OFF (Oberkante Fertigfußboden) auf den Wänden angezeichnet werden. Durch den Meterriß läßt sich im Rohbau die Höhe des fertigen Fußbodens angeben. Diese Höhe ist z.B. beim Aufmessen von Öffnungen und Einsetzen der Türen im Rohbau außerordentlich wichtig, wenn der endgültige Fußboden noch nicht eingebaut ist.

Der Meterriß wird in der Regel vom Polier an den Wänden angezeichnet. Ist er nicht an der aufzumessenden Öffnung vorhanden, kann er mit einer Schlauchwaage von der angegebenen Stelle aus an eine andere übertragen werden.

Welche Anschlagsarten sind bei Rohbauöffnungen möglich?

Innenanschlag, Außenanschlag und ohne Anschlag.

Beim Innenanschlag werden z.B. Fenster von innen her gegen den Anschlag gesetzt; beim Außenanschlag von außen her. Hat die Maueröffnung keinen Anschlag, kann das Fenster oder die Tür wahlfrei nach außen oder nach innen in die Leibung eingesetzt werden. Rahmen lassen sich im Maueranschlag besser einsetzen und abdichten als in Öffnungen ohne Anschlag.

Mit welchen Hilfsmitteln kann man die Maße auf dem Bau sicher ermitteln?

Das Maßnehmen auf dem Bau kann mit dem Meterstab, dem Bandmaß, dem Richtscheit, der Wasserwaage, der Schlauchwaage, dem Lot und der Schmiege erfolgen.

Die Maße sind in geordneter Reihenfolge in das Maßbuch einzutragen. Besonders hilfreich sind zusätzliche Maßskizzen. Sehr praktisch sind die teleskopartig ausziehbaren Meßstäbe mit eingebauter Libelle, mit denen man sicher die Raumhöhen und auch die Öffnungen kontrollieren kann.

Wie funktioniert eine Schlauchwaage?

Bei einer Schlauchwaage sind zwei Schaugläser mit einem Schlauch verbunden, der mit Wasser gefüllt wird. Da sich der Wasserspiegel in offenen Gefäßen immer auf eine Höhe einpendelt, kann ein Festpunkt an eine andere Stelle übertragen werden. Man hält dabei das eine Ende der Schlauchwaage an den Festpunkt und verfährt mit dem anderen Ende solange in der Höhe, bis sich der Wasserspiegel im Schauglas auf die Höhe des Festpunktes eingestellt hat.

Bei der Benutzung der Schlauchwaage ist darauf zu achten, daß der Schlauch nicht abgeknickt wird und die Gefäße an beiden Enden offen sind.

Wie kann man eine Korbbogenlinie am Rohbau ermitteln?

Da die Grundkonstruktion eines Korbbogens meistens nicht mehr genau festzustellen ist, wird man den Korbbogen auf eine Hartfaserplatte oder dünne Spanplatte am Bau aufreißen.

Es ist wichtig, daß man vor dem Aufreißen des Korbbogens die Widerlagerpunkte ermittelt und festhält und diese auf das Aufmaß überträgt.

Wie wird ein Segmentbogen konstruiert?

Ein Segmentbogen wird durch die Stichhöhe und die Spannweite exakt bestimmt. Verbindet man den Scheitelpunkt des Segmentbogens mit den Widerlagerpunkten und errichtet auf diesen Verbindungslinien die Mittelsenkrechten, so schneiden sich diese Mittelsenkrechten im Mittelpunkt für den Radius des Segmentbogens.

Der Segmentbogen wird häufig auch als Stichbogen bezeichnet.

9.2 Wärme-, Schall- und Brandschutz

9.2.1 Wärmeschutz

Was versteht man unter Wärmeschutz?

Unter Wärmeschutz versteht man alle Maßnahmen zur Verringerung der Wärmeübertragung zwischen der Raumluft und der Außenluft.

Der Wärmeschutz ist abhängig von der Wärmedämmfähigkeit der das Gebäude umschließenden Bauteile.

Was drückt die Wärmeleitfähigkeit aus?

Sie gibt die Wärmemenge in Joule je Sekunde (= Watt) an, die durch eine 1 m^2 große Fläche eines Baustoffs von 1 m Dicke bei einem Temperaturunterschied von 1 Kelvin hindurchgeht.

Die Einheit wird in W/(m·K) angegeben.

Wodurch wird die Wärmeleitfähigkeit eines Baustoffs erhöht?

Sie wird erhöht mit zunehmender Dichte, mit zunehmender Feuchtigkeit und mit abnehmender Porenzahl.

Die Wärmedämmfähigkeit nimmt mit zunehmender Wärmeleitfähigkeit ab.

Was versteht man unter dem Mindestwärmeschutz?

Der Mindestwärmeschutz wird in der DIN 4108 in Form von Mindestwerten des Wärmedurchlaßwiderstandes $1/\Lambda$ oder in Form von Höchstwerten des Wärmedurchgangskoeffizienten k angegeben.

Die Mindestwerte dürfen nicht unterschritten, die Höchstwerte nicht überschritten werden.

Wie wird der Wärmedurchlaßwiderstand $1/\Lambda$ berechnet?

Durch Addition der Einzelwiderstände der Bauteilschichten, z. B.

$$\frac{1}{\Lambda} = \frac{s_1}{\lambda_1} + \frac{s_2}{\lambda_2} + \frac{s_3}{\lambda_3} + \ldots$$

Der Wärmedurchlaßwiderstand von Luftschichten wird nicht berechnet, sondern einer Tabelle entnommen.

Eine Leichtbauwand hat folgenden Aufbau: Außenverschalung aus 18 mm dicken Fichtenholzbrettern (λ = 0,13 W/(m·K)), Innenverkleidung aus Gipskartonplatten, 12,5 mm dick (λ = 0,21 W/(m·K)), Hohlraum 80 mm, mit Mineralwollematten ausgefüllt (λ = 0,04 W/(m·K)). Wie groß ist der Wärmedurchlaßwiderstand dieser Wand?

$$\frac{1}{\Lambda} = \frac{s_1}{\lambda_1} + \frac{s_2}{\lambda_2} + \frac{s_3}{\lambda_3}$$

$$= \frac{0{,}018}{0{,}13} + \frac{0{,}08}{0{,}04} + \frac{0{,}0125}{0{,}21}$$

$$= 0{,}14 + 2{,}0 + 0{,}06 = 2{,}2\ \frac{m^2 \cdot K}{W}$$

Der Wärmedurchlaßwiderstand der Wand beträgt 2,2 $m^2 \cdot K/W$.

Aus welchen Größen setzt sich der Wärmedurchgangswiderstand 1/k zusammen?

Er wird gebildet aus der Summe des inneren und äußeren Wärmeübergangswiderstandes und des Wärmedurchlaßwiderstandes eines Bauteils.

$$\frac{1}{k} = \frac{1}{\alpha_i} + \frac{1}{\Lambda} + \frac{1}{\alpha_a}$$

Der Wärmedurchgangswiderstand gibt den Widerstand an, welcher der Übertragung der Wärme von der warmen Raumluft zur kalten Außenluft entgegengesetzt wird.

Wozu dient der Wärmedurchgangskoeffizient k oder der k-Wert?

Er dient zur Festlegung des Wärmeschutzes der Einzelbauteile und der gesamten Gebäudehülle sowie zur Ermittlung des Transmissionswärmeverlusts.

Den k-Wert erhält man als Kehrwert des Wärmedurchgangswiderstandes.

$$k = \frac{1}{\frac{1}{\alpha_i} + \frac{1}{\Lambda} + \frac{1}{\alpha_a}}$$

Wie groß ist der k-Wert einer Außenwand mit einem Wärmedurchlaßwiderstand $1/\Lambda = 2{,}2\ m^2 \cdot K/W$ und den Wärmeübergangswiderständen $1/\alpha_i = 0{,}13\ m^2 \cdot K/W$, $1/\alpha_a = 0{,}04\ m^2 \cdot K/W$?

$$k = \frac{1}{\frac{1}{\alpha_i} + \frac{1}{\Lambda} + \frac{1}{\alpha_a}}$$

$$= \frac{1}{0{,}13 + 2{,}2 + 0{,}04} = \frac{1}{2{,}37} = 0{,}42\ \frac{W}{m^2 \cdot K}$$

Der k-Wert der Außenwand beträgt 0,42 W/($m^2 \cdot K$).

Welche Vorteile bringt eine gute Wärmespeicherfähigkeit von Innenwänden und Decken?

Bauteile mit guter Wärmespeicherfähigkeit wirken temperaturausgleichend, d.h. im Winter kühlt sich die Raumluft nach dem Abschalten der Heizung nicht so schnell ab, im Sommer bleiben die Räume länger kühl.

Die Wärmespeicherfähigkeit eines Baustoffs nimmt mit steigender Dichte zu.

Wo kann die Wärmedämmschicht bei einer Außenwand angeordnet werden?

Die Dämmschicht kann auf der Außenseite, auf der Innenseite, auf beiden Seiten oder im Innern der Wand angeordnet werden.

Man spricht dann von der Außen- und Innendämmung, von der Mantelbauweise und von der Kerndämmung.

Wie erreicht man eine Wärmedämmung bei Decken?

Eine Wärmedämmschicht kann unter dem schwimmenden Estrich, unter dem Holzfußboden oder an der Unterseite der Decke angebracht werden.

Die Wärmedämmschicht unter dem Fußbodenaufbau dient in der Regel auch dem Trittschallschutz.

Was versteht man unter Wärmebrücken?

Wärmebrücken sind einzelne, örtlich begrenzte Stellen in Außenbauteilen, die eine geringere Wärmedämmung aufweisen als die übrigen Bauteile.

Wärmebrücken sind gegen erhöhte Wärmeabwanderung und evtl. gegen Tauwasserbildung zu dämmen.

Wo kann die Wärmedämmschicht bei Dächern angeordnet werden?

Beim Steildach kann sie unterhalb, zwischen oder auf den Sparren angeordnet werden. Beim Flachdach liegt sie auf der Betondecke oder über der inneren Deckenverschalung.

Bei Kaltdächern ist eine Hinterlüftung oberhalb der Wärmedämmschicht erforderlich.

Welche Schäden können entstehen, wenn sich am oder im Bauteil Tauwasser bildet?

Durch anfallendes Tauwasser kann sich die Wärmedämmung verschlechtern, es können Stahlteile rosten, Holzteile faulen oder verschimmeln, Farbanstriche abblättern und Putze abfallen.

Ein Tauwasseranfall ist deshalb bei Bauteilen unbedingt zu verhindern.

Wie kann eine Tauwasserbildung an der Oberfläche von Bauteilen verhindert werden?

Durch die Anordnung einer ausreichenden Wärmedämmschicht.

Die Temperatur der inneren Oberfläche von Bauteilen muß so hoch sein, daß auch bei großen Temperaturunterschieden der Taupunkt der Raumluft nicht unterschritten wird.

Was versteht man unter Wasserdampfdiffusion?

Wasserdampfdiffusion nennt man die Wanderung des Wasserdampfes der Luft durch die Bauteile hindurch von der Seite des höheren Dampfdrucks zur Seite des niedrigeren Dampfdrucks.

Die Menge des diffundierenden Wasserdampfes ist um so größer, je größer der Druckunterschied zwischen beiden Dampfdrücken ist und je kleiner der Diffusionswiderstand des Bauteils ist.

Wie kann Tauwasser im Innern von Außenbauteilen entstehen?

Tauwasser entsteht, wenn bei der Wasserdampfdiffusion durch den Temperaturabfall von der warmen zur kalten Seite des Bauteils die relative Luftfeuchte 100% überschreitet und damit der Taupunkt der Luft unterschritten wird.

Bei länger andauernder Tauwasserbildung wird der Bauteil durchfeuchtet und der Wärmeschutz verschlechtert.

Wie kann die Tauwasserbildung im Bauteil verhindert werden?

Eine Tauwasserbildung wird verhindert, indem man die Bauteilschichten mit großem Diffusionswiderstand auf der warmen Seite des Bauteils, die wasserdampfdurchlässigeren Bauteilschichten auf der kalten Seite des Bauteils anordnet.

Dadurch wird erreicht, daß in den Bauteil auf der warmen Seite nicht mehr Feuchtigkeit eindringt wie auf der kalten Seite abwandern kann.

Warum sind Außenwände mit Innendämmung besonders durch Tauwasserbildung gefährdet?

Es besteht die Gefahr, daß der diffundierende Wasserdampf hinter der Dämmschicht auf ein kaltes Mauerwerk mit höherem Diffusionswiderstand trifft und dabei der Taupunkt unterschritten wird.

Die Tauwasserbildung kann bei Innendämmung durch die Anordnung einer Dampfsperre auf der warmen Seite der Dämmschicht verhindert werden.

Was ist zu beachten, wenn als Wetterschutz eine dichte Außenwandverkleidung angebracht wird?

Es muß eine Hinterlüftung dieser Außenwandverkleidung vorgesehen werden, da sich der von innen her diffundierende Wasserdampf an der Innenseite der kalten Außenwandverkleidung staut und sich somit Tauwasser bildet.

Der Raum für die Hinterlüftung muß unten und oben an der Wand offen sein, damit der Wasserdampf abgeführt werden kann.

Warum sind Kaltdächer zu belüften?

Eine Belüftung des Dachraumes zwischen Dämmschicht und Dachhaut ist notwendig, damit der diffundierende Wasserdampf abgeführt werden kann.

Eine direkt unter der Dachhaut angebrachte Unterspannbahn sollte möglichst dampfdurchlässig sein.

9.2.2 Schallschutz

Welche Maßnahmen zur Lärmminderung gibt es?

Schalldämmung und Schallschluckung.

Bei der Schalldämmung unterscheidet man die Luft- und Körperschall- bzw. Trittschalldämmung.

Was versteht man unter Schalldämmung?

Schalldämmung ist der Widerstand eines Bauteils gegen den Durchgang von Schallenergie.

Die Schalldämmung bezieht sich immer auf Schallvorgänge zwischen zwei Räumen oder zwischen Räumen und der Außenwelt.

Was versteht man unter Schallschluckung?

Schallschluckung nennt man die Verringerung des Schallpegels in einem Raum durch Umwandlung der Schallenergie in Wärmeenergie oder Bewegungsenergie an Wänden, Decke und Fußboden.

Die Schallschluckung bezieht sich immer auf Luftschallvorgänge innerhalb des lauten Raumes.

Durch welche schalltechnischen Größen wird die Luftschalldämmung bewertet?

Durch das bewertete Schalldämm-Maß R_w und das Luftschallschutzmaß LSM.

Beide Größen werden in dB ausgedrückt.

Was versteht man unter dem Mindestluftschallschutz?

Es ist der Schallschutz, der für einzelne Bauteile vorgeschrieben ist und der mindestens erreicht werden muß.

Die Mindestluftschallschutzwerte sind in der DIN 4109 angegeben.

Wie stellt man die Trittschalldämmung einer Decke fest?

Mit einem genormten Hammerwerk wird auf die Oberseite der Decke geklopft und mit einem Meßgerät der Schallpegel im darunterliegenden Raum gemessen.

Die Meßwerte bei den einzelnen Frequenzen werden in einer Meßkurve zusammengefaßt und mit der Bezugskurve verglichen. Dabei wird das Trittschallschutzmaß festgestellt.

Auf welchen Wegen kann der Schall von einem Raum in den anderen gelangen?

Direkt durch das trennende Bauteil, wie z.B. durch die Wand, über Schallbrücken und über angrenzende Bauteile als Längsleitung.

Schallbrücken sind starre Verbindungen zwischen zwei Schalen, wie z.B. Nägel, Schrauben, die Unterkonstruktion usw.

Wann nennt man eine Wand einschalig?

Wenn die Wand aus einer Schicht besteht (z.B. Betonwand) oder aus mehreren Schichten, wenn diese vollflächig miteinander verbunden sind (z.B. verputzte Wand).

Als einschalige Wände werden auch noch solche mit kleineren Hohlräumen bezeichnet (z.B. Wände aus Hohlblocksteinen).

Unter welchen Voraussetzungen erreichen einschalige Wände einen guten Schallschutz?

Sie müssen schwer und dicht sein, d.h. sie müssen ein hohes Flächengewicht haben und dürfen keine Risse und durchgehenden Löcher aufweisen. Außerdem sollen sie möglichst biegesteif sein.

Gemauerte Wände sind bei Anforderungen an den Schallschutz wegen durchgehender Hohlräume mindestens einseitig zu verputzen.

Was versteht man unter einer zweischaligen Wand?

Es ist eine Wand aus zwei einzelnen, durch eine Luftschicht oder weichfedernde Dämmschicht getrennten Platten (Schalen).

Die Einzelschalen können z.B. aus Gipskartonplatten, Spanplatten, Holzfaserplatten o.ä. bestehen, weshalb diese Wand auch leichte Trennwand genannt wird.

Wann spricht man von einer Vorsatzschale?

Wenn eine dünne, leichte Schale, z.B. eine Spanplatte, vor einer schweren Schale, z.B. einer 115 mm dicken Mauerziegelwand, angebracht wird.

Die dünne Schale wird dabei als Vorsatzschale bezeichnet.

Unter welchen Voraussetzungen erhalten leichte Trennwände einen guten Schallschutz?

Die Schalen sollen möglichst schwer, aber biegeweich sein, der Schalenabstand soll möglichst groß und der Hohlraum soll mit schallschluckendem Material, z.B. Mineralwolle, ausgefüllt sein, alle Fugen müssen dicht sein.

Wie bei einschaligen Wänden sind auch bei zweischaligen Wänden die Schallnebenwege zu berücksichtigen.

Wie kann man den Luftschallschutz bei Decken verbessern?

Durch Anbringen einer Unterdecke, die möglichst federnd an der Unterseite der Decke befestigt wird.

Als Baustoffe für Unterdecken eignen sich z.B. Gipskartonplatten, Spanplatten, verputzte Holzwolle-Leichtbauplatten oder Putz auf Streckmetall.

Wie erreicht man eine ausreichende Trittschalldämmung bei Decken?

Durch Aufbringen eines schwimmenden Estrichs oder eines weichfedernden Bodenbelags auf die Decke.

Ein schwimmender Estrich bewirkt auch eine geringfügige Verbesserung der Luftschalldämmung.

Wie ist ein schwimmender Estrich aufgebaut?

Auf die Rohdecke wird eine Dämmschicht z.B. aus Mineralwolle, Kokosfaser oder Styropor verlegt. Die Dämmschicht wird mit Bitumenpappe oder Kunststoffolie gegen eindringende Feuchtigkeit abgedeckt. Darauf wird dann der Estrich aufgebracht.

Als Estriche werden Zement-, Gips-, Magnesium oder Asphaltestriche verwendet.

Worauf ist bei der Verlegung eines schwimmenden Estrichs besonders zu achten?

Der Estrich darf keine starre Verbindung zum Fußboden oder zur Wand haben.

Eine solche Schallbrücke kann den größten Teil des Trittschallschutzes aufheben.

Wo ist eine Körperschalldämmung vorzusehen?

Zwischen vibrierenden Motoren, Maschinen und Geräten und ihren Befestigungsstellen bzw. Auflagern an Wand oder Boden.

Die Schwingungen werden ohne Dämmung als Körperschall auf Boden oder Decke übertragen und in andere Bauteile weitergeleitet.

Wie kann eine Körperschalldämmung erreicht werden?

Die schwingungserzeugenden Maschinen sind auf Schwingungsisolatoren zu stellen.

Schwingungsisolatoren können aus Hartgummi, Stahlfedern oder ähnlichen Vorrichtungen bestehen.

Wodurch kann man in einem lauten Raum den Lärmpegel senken?

Der Lärmpegel kann durch Anbringen von Schallschluckkonstruktionen an Decke oder Wand gesenkt werden.

Man unterscheidet poröse Schallschlucker und Resonanzschallschlucker.

Was sind poröse Schallschlucker?

Poröse Schallschlucker sind leichte Stoffe mit rauher und poröser Oberfläche, die direkt an der Wand bzw. Decke angebracht werden.

Als Materialien eignen sich dafür Mineralfaserplatten, Holzfaser- und Holzspanplatten mit poriger Oberfläche sowie verschiedene Schaumkunststoffe.

Wie sind Resonanzschallschlucker aufgebaut?

Sie bestehen aus geschlossenporigen, dünnen Platten, die in einem bestimmten Abstand von Wand oder Decke angebracht werden.

Als Plattenmaterial eignen sich dünne Sperrholz-, Spanholz-, Holzfaser- oder Gipskartonplatten.

Wie wird der auf poröse Schallschlucker auftreffende Schall verringert?

Die Luftschallwellen dringen in die Poren des Materials ein, erfahren dort an den Porenwandungen eine Reibung, wodurch ein Teil der Schallenergie in Wärmeenergie umgewandelt wird.

Poröse Schallschlucker absorbieren vorwiegend hohe Töne.

Wie wird der Schallpegel durch Resonanzschallschlucker vermindert?

Die vorgesetzte dichte Platte wird durch die Luftschallwellen in Schwingung versetzt, wobei ein Teil der Schallenergie in Bewegungsenergie umgewandelt wird.

Resonanzschallschlucker absorbieren vorwiegend tiefe Töne.

Durch welche Schallschluckkonstruktion können Töne im mittleren Tonbereich geschluckt werden?

Indem man eine Kombination von porösen Schallschluckern und Resonanzschallschluckern bildet, d.h. poröse Schallschlucker im Abstand von Wand bzw. Decke anbringt.

Häufig werden auch geschlitzte oder gelochte Platten mit Mineralwolle auf der Rückseite verwendet.

9.2.3 Brandschutz

Welche Baustoffklassen unterscheidet man in Bezug auf das Brandverhalten von Baustoffen?

Nichtbrennbare und brennbare Baustoffe. Letztere werden in schwerentflammbare, normalentflammbare und leichtentflammbare Baustoffe eingeteilt.

Die Eingruppierung in eine Baustoffklasse ist entweder durch eine Klassifizierung in der DIN 4102 gegeben oder muß durch eine amtliche Prüfung nachgewiesen werden.

Wie sind die Bauteile in Bezug auf ihr Brandverhalten eingeteilt?

Bauteile werden nach ihrer Feuerwiderstandsdauer und nach Art des Bauteils klassifiziert.

Man unterscheidet die Feuerwiderstandsklasse F für Wände, Decken, Unterzüge und Treppen, die Feuerwiderstandsklasse W für Außenwände, Brüstungen und Schürzen, die Feuerwiderstandsklasse T für Türen, Klappen, Rolläden und Tore, die Feuerwiderstandsklasse L für Lüftungsleitungen und die Feuerwiderstandsklasse G für Verglasungen.

Was versteht man unter Feuerwiderstandsdauer?

Die Feuerwiderstandsauer ist die Zeit in Minuten, während der raumabschließende Bauteile eines Brandabschnitts den Durchgang des Feuers zum Nachbarbrandabschnitt verhindern.

Man unterscheidet je nach Feuerwiderstandsklasse F 30, F 60, F 90, F 120 und F 180.

Was bedeutet die Eingruppierung einer Wand in die Feuerwiderstandsklasse F 90?

Beim Brandversuch hat es mindestens 90 Minuten gedauert, bis das Feuer durch die Wand durchgeschlagen ist. Außerdem hat die Wand den darauffolgenden, für diese Feuerwiderstandsklasse vorgeschriebenen Festigkeitsprüfungen standgehalten.

Eine Wand mit der Feuerwiderstandsklasse F 90 wird auch als feuerbeständig bezeichnet.

Warum werden hinter die Angabe der Feuerwiderstandsklassen F und W noch die Buchstaben A oder B angehängt, z.B. F 90 A?

Der Buchstabe A gibt an, daß dieses Bauteil der Feuerwiderstandsklasse F 90 angehört und aus nichtbrennbaren Baustoffen besteht. Wird der Buchstabe B angehängt, besteht das Bauteil aus brennbaren Baustoffen.

Werden beide Buchstaben angehängt, z.B. F 90 AB, so bedeutet dies, daß die wesentlichen Teile des Bauteils aus nichtbrennbaren Baustoffen bestehen, die unwesentlichen aus brennbaren Baustoffen. Zu den wesentlichen Teilen gehören alle tragenden und aussteifenden Teile und alle diejenigen, die die Standsicherheit der Bauteile bewirken.

Warum sind Stahlbauteile besonders gegen Brandeinwirkung zu schützen?

Stahl ist zwar selbst ein nichtbrennbarer Baustoff, beginnt jedoch wegen seiner hohen Wärmeleitfähigkeit sehr rasch zu glühen und verliert etwa bei 500 °C seine statische Festigkeit.

Deshalb sind statisch wichtige Bauteile aus Stahl wie Stützen, Deckenträger und Dachträger besonders zu schützen.

Wie können Stahlbauteile gegen Brandeinwirkung geschützt werden?

Stahlbauteile können mit nichtbrennbaren Baustoffen ummantelt werden (direkter Schutz) oder durch abgehänge Unterdecken gegenüber dem Feuer abgeschirmt werden (indirekter Schutz).

Stahl kann auch einen Anstrich aus schaumschichtbildenden Brandschutzmitteln erhalten, der bei Brandeinwirkung zu einer 2 – 3 cm dicken schwerentflammbaren Wärmedämmschicht aufschäumt.

Warum sind Holzbauteile gegen Brandeinwirkung zu schützen?

Holz ist ein brennbarer Baustoff. Durch den Abbrand wird der Querschnitt dieser Bauteile geschwächt und es kann zum Einsturz der Baukonstruktion kommen.

Holz sollte deshalb gegen Entflammung und gegen die Flammenausbreitung durch bauliche und chemische Maßnahmen geschützt werden.

Welche vorteilhafte Eigenschaften haben Holzbauteile im Brandfall?

Holz entwickelt beim Verbrennen keine lebensbedrohenden Gase und hat gegenüber Stahl den Vorzug, daß es durch ein charakteristisches Knistern den Zusammenbruch des Bauwerks ankündigt.

Beim Verbrennen des Holzes entsteht an den Außenzonen eine Holzkohleschicht, die als Schutzschicht den weiteren Abbrand stark verzögert.

9.3 Türen

9.3.1 Drehtüren

Wie läßt sich die Drehrichtung bei einer Zimmertür bestimmen?

Die sicherste Bestimmung der Drehrichtung einer Zimmertür erfolgt dann, wenn man sich vor die Anschlagsseite der Tür stellt. Sitzen die Bänder links, so ist es eine DIN-Links-Tür. Sitzen die Bänder rechts, handelt es sich um eine DIN-Rechts-Tür.

Eine DIN-Linkstür wird mit linken Bändern oder Scharnieren angeschlagen, das Schloß ist ein linkes Schloß. Bei einer Rechtstür verwendet man rechte Bänder und ein rechtes Schloß.

Aus welchen Teilen besteht eine Tür mit Futter und Bekleidung?

Eine Tür mit Futter und Bekleidung besteht aus dem Türfutter, der Falzbekleidung, der Zierbekleidung, eventuell einer Schwelle bzw. Schiene und dem Türblatt.

An Beschlägen werden Bänder oder Scharniere, ein Schloß mit Schließblech und die Drückergarnitur benötigt.

In welcher Art können die Türumrahmungen hergestellt werden?

Bei Türumrahmungen unterscheidet man Blockrahmen, Blendrahmen, Zargenrahmen und Futter mit Bekleidungen.

In der Regel bestehen die Türumrahmungen aus Holz, es können aber auch Metallrahmen wie Stahlzargen verwendet werden.

Worin liegt der Unterschied zwischen einer Blockrahmen- und einer Blendrahmentür?

Blockrahmentüren werden in die Maueröffnung putzbündig oder in die Mitte der Mauerdicke gesetzt. Blendrahmentüren dagegen werden in einen Mauerfalz gesetzt und am Maueranschlag befestigt.

Blockrahmen haben einen annähernd quadratischen Querschnitt, Blendrahmen einen weitgehend rechteckigen Querschnitt. Es ist zu berücksichtigen, daß durch die Blockrahmen das lichte Durchgangsmaß der Tür wesentlich geringer wird als das Maß der Maueröffnung.

Welche Möglichkeiten der Falzausbildung zwischen Türblatt und Türumrahmung gibt es?

Stumpfeinschlagend und überfälzt.

Bei stumpfeinschlagenden Türen wird die Luft zwischen Türumrahmung und Türblatt sichtbar. Bei dem überfälzten Türblatt wird die Luft zwischen Tür und Türumrahmung überdeckt.

Welche Bauarten von Türblättern unterscheidet man?

Türblätter können als Brettertüren, als Rahmentüren mit Glasfüllungen oder Holzfüllungen, als Sperrtüren mit oder ohne Glasausschnitte und als aufgedoppelte Türen hergestellt werden.

Während die Brettertüren, Rahmentüren und aufgedoppelten Türen meistens individuell gefertigt werden, kann man die Sperrholztürblätter vorgefertigt im Handel beziehen.

Wie kann man die Rahmenecken bei Rahmentüren verbinden?

Die Ecken von Zimmer- und Haustüren sind wegen der breiten Rahmenfriese durch eingestemmte Zapfen, die von außen verkeilt werden, oder durch Dübelung mit Nutzapfen zu verbinden.

Heute werden die Rahmenecken meistens gedübelt. Der Nutzapfen verhindert ein Undichtwerden der Brüstung.

Mit welchen Bändern können überfälzte Zimmertüren angeschlagen werden?

Mit Einstemmbändern bzw. Fitschen, Einbohrbändern, Aufschraubbändern mit gekröpften Lappen und mit Kombibändern.

Bei Einstemmbändern müssen die Lappen in die Türumrahmung und in das Türblatt eingestemmt und durch Schrauben befestigt werden. Bei Einbohrbändern werden die Einbohrzapfen in die Türumrahmung und in das Türblatt eingebohrt. Die gekröpften Lappen (Kröpfung D) der Aufschraubbänder werden in den Fälzen der Türumrahmung und der Türkante eingelassen und mittels Schrauben befestigt. Bei den Kombibändern weisen die Stiftteile in der Regel Einbohrzapfen auf, die in die Türumrahmung eingebohrt werden müssen, die Lochteile Anschraublappen, die in den Türfalz einzulassen und festzuschrauben sind.

Mit welchen Bändern lassen sich stumpfeinschlagende Zimmertüren anschlagen?

Stumpfeinschlagende Zimmertüren werden vorwiegend mit Scharnieren oder Bändern mit geraden Anschraublappen angeschlagen.

Hierfür gibt es Bänder und Scharniere aus Stahl, Messing, Aluminium oder Edelstahl. Die Scharniere weisen häufig zwischen den Gliedern des Gewerbes Kugellagerringe auf. Für besonders schwere Türen kann man Bänder mit zusätzlichen Tragzapfen einbauen.

Aus welchen Teilen besteht ein Zimmertürschloß?

Ein Zimmertürschloß besteht aus dem Schloßkasten und dem Stulp, dem Riegel und der Falle.

Im Schloßkasten ist die Schließmechanik untergebracht, die durch die Kastenbleche verdeckt wird. In den Kastenblechen befinden sich das Schlüsselloch bzw. die Aussparung für den Schließzylinder und die Nuß für die Aufnahme des 8 mm großen und quadratischen Drückerstifts. Im Stulp liegt oben die Falle, die mit dem Drücker zurückgenommen werden kann und unten der Riegel, der mit dem Schlüssel betätigt wird.

Was versteht man unter einem eingebauten Wechsel bei einem Schloß?

Bei einem eingebauten Wechsel kann mit dem Schlüssel die Falle zurückgenommen werden.

Solche Schlösser müssen dann eingebaut werden, wenn einseitig auf der Tür ein Drücker und auf der anderen Seite ein Knopf angebracht wird, wie es bei Wohnungseingangstüren oder Haustüren üblich ist.

Welche Angaben müssen bei der Bestellung eines Türschlosses gemacht werden?

Art des Schlosses (Zimmertür-, Haustür-, Badezellen-, Aborttürschloß), mit oder ohne Wechsel, Drehrichtung (DIN rechts oder DIN links), Art des Türfalzes (stumpf oder überfälzt), Schließungsart (Schlüssel oder Zylinder) und Dornmaß.

Als Türschlösser werden ausschließlich Einsteckschlösser verwendet. Sie werden in eine in der Türkante eingefräste Tasche eingesteckt und am eingelassenen Stulp festgeschraubt.

Wodurch unterscheidet sich ein Zimmertürschloß von einem Haustürschloß?

Zimmertürschlösser sind leichter gebaut als Haustürschlösser, da sie stabil und einbruchssicher sein müssen. Die Vierkantaussparung für den Drückerstift beträgt bei Zimmertüren 8 mm, bei Haustüren 10 mm. Außerdem wird bei Haustürschlössern immer ein Wechsel eingebaut sein, der bei Zimmertüren nicht erforderlich ist. Einfache Zimmertürschlösser schließen in der Regel eintourig, Haustürschlösser zweitourig. Die Entfernung zwischen Mitte Nuß und Schlüsselloch beträgt bei Zimmertürschlössern 72 mm, bei Haustürschlössern 92 mm. Das Standarddornmaß bei Zimmertüren beträgt 55 mm, bei Haustüren 65 mm.

Für Haustüren gibt es besonders einbruchsichere Schlösser, die z.B. mit aufbohrsicheren und harten Schloßkasten versehen sind oder einen langen Stulp mit zusätzlicher Verriegelung aufweisen.

Wodurch unterscheiden sich ein Schloß für überfälzte Türen und ein Schloß für stumpfeinschlagende Türen?

Bei Schlössern für überfälzte Türen ist der Stulp einseitig versetzt auf dem Schloßkasten angebracht, bei stumpfeinschlagenden Türen liegt er mittig.

Für Zimmertüren gibt es einfache Schlösser, die sowohl für stumpfeinschlagende als auch für überfälzte Türen eingesetzt werden können. Manche Schlösser können auch durch Umstellen der Falle sowohl rechts wie links verwendet werden.

Welche Sicherungsarten können bei Schlössern eingebaut sein?

Zuhaltungen, Besatzungen oder Schließzylinder.

Die einfachste Schließungsart hat das Buntbartschloß. Eine bessere Sicherung erhält man durch Zuhaltungen, die durch zusätzliche Einschnitte im Schlüsselbart betätigt werden müssen oder durch Besatzungsreifen, die im Schloß eingebaut sind, und auf die der Schlüsselbart passen muß. Durch die vielen Schließmöglichkeiten sind Schließzylinder besonders sicher. Hier sind Oval-, Profil- und Rundzylinder zu unterscheiden.

Was versteht man unter einer Generalhauptschlüsselanlage?

Bei einer Generalhauptschlüsselanlage kann man mit dem Generalhauptschlüssel alle Schlösser dieser Anlage öffnen. Mit den Einzelschlüsseln können dagegen nur bestimmte Türen geöffnet werden.

Generalhauptschlüsselanlagen bestehen in der Regel aus dem Generalhauptschlüssel, den Hauptschlüsseln und den Einzelschlüsseln. Sie sind meistens so verteilt, wie es die personelle Hierarchie im Betrieb oder in der Behörde vorgibt. Hausmeister und Chef besitzen einen Generalhauptschlüssel, mit dem alle Türen geöffnet werden können, die Abteilungsleiter Hauptschlüssel, mit denen sie die Türen ihrer Abteilungen öffnen können, und die einzelnen Beschäftigten erhalten die Einzelschlüssel zu der Tür ihres Zimmers.

Wo werden Zentralschloßanlagen eingebaut?

In größeren Wohngebäuden sind Zentralschloßanlagen erforderlich.

Bei Zentralschloßanlagen passen viele Schlüssel in ein Schloß, wie z.B. der Schlüssel einzelner Wohnungsabschlußtüren in das Haustürschloß.

Wann baut man bei Türen ein Lappenschließblech ein?

Lappenschließbleche werden bei stumpfeinschlagenden Türen erforderlich.

Der Lappen des Schließbleches hat die Aufgabe, die Zerstörung des Holzes der Türumrahmung durch die Falle des Schlosses zu verhindern.

Wann verwendet man normale Winkelschließbleche und wann Winkelschließbleche mit schmalem Schenkel?

Bei normalen Winkelschließblechen sind die Schenkel annähernd gleich breit. Dadurch wird das Schließblech durch die überfälzte Tür nicht ganz abgedeckt. Diese Schließbleche werden vorwiegend bei deckend gestrichenen Türen angewendet. Bei Winkelschließblechen mit schmalem Schenkel wird dieser durch den Überschlag der Tür abgedeckt, so daß das Schließblech bei geschlossener Tür unsichtbar ist. Diese Schließbleche sind bei furnierten Naturholztüren erforderlich.

Bei der Anwendung von Schließblechen mit schmalem Schenkel muß ein Schloß mit hochliegendem Riegel verwendet werden.

Wie hoch sollten das Schloß und die Bänder in Zimmertüren eingebaut werden?

Die Drückerhöhe (Mitte Nuß) sollte 1050 mm über Oberkante Fertigfußboden liegen. Das Maß von Mitte Bänder bis zur oberen Türblattkante sollte 250 mm und zur unteren Türblattkante 300 mm betragen.

Weisen die Bänder eine sehr kurze Rolle auf, wie bei Einbohrbändern, sollten die Abstandsmaße der Türbänder zu den Türblattaußenkanten um ca. 50 mm verringert werden. Aus optischen Gründen ist das untere Maß des Bandsitzes größer als das obere.

Was ist bei der Bestellung eines Schlosses zu berücksichtigen, wenn ein Knopfschild an der Außenseite der Tür befestigt wird?

Solche Schlösser müssen einen eingebauten Wechsel haben.

Durch den eingebauten Wechsel kann die Falle mit dem Schlüssel zurückgenommen und die Tür von außen geöffnet werden.

Wie wird eine überfälzte Zimmertür angeschlagen?

Zum Anschlagen gehört das Anbringen der Türbeschläge. Die Tür wird in die Türumrahmung gelegt, die Luft im Falz richtig verteilt und der Sitz der Bänder angerissen. Einbohrbänder können mit Schablonen gleichzeitig in die Türumrahmung und in die Türblattkante eingebohrt werden. Fitschen müssen eingestemmt und befestigt werden. Aufschraubbänder müssen in den Fälzen eingelassen und verschraubt werden. Bei größeren Stückzahlen läßt sich das Einlassen mit Handoberfräsen und besonderen Schablonen durchführen. Das Schloß wird auf der Schloßseite der Tür, das Schließblech an der Türumrahmung eingesetzt. Bei größeren Stückzahlen wird man besondere Schließbleche zum maschinellen Einfräsen verwenden.

Die Türen sind so anzuschlagen, daß sie sich gut öffnen und schließen lassen und daß sie im geschlossenen Zustand gut am Rahmen anliegen. Im Falz an der Bandseite sollte die Luft am oberen Band geringer sein als am unteren Band

Wie wird eine Zimmertür mit Futter und Bekleidung am Bau eingesetzt?

Das Futter mit der hierauf befestigten Falzbekleidung wird in die Maueröffnung eingeschoben und die Bandseite des Futters an der Mauerleibung befestigt. Dabei ist mit der Wasserwaage das Lot zu kontrollieren. Bevor man die Schloßseite des Futters befestigt, hängt man die Tür ein, um die Luft im Falz und die Schließgenauigkeit zu überprüfen. Zum Ausrichten muß man zwischen Mauerleibung und Futter Holzkeile legen. Abschließend wird die Zierbekleidung auf dem Futter befestigt.

Wenn der endgültige Fußbodenbelag noch nicht vorhanden ist, muß man die spätere Oberkante des Fertigfußbodens berücksichtigen. Futtertüren können auch mit PUR-Schaum eingeschäumt werden. Bei diesem Verfahren ist das Futter genau auszurichten und gegen den Expansionsdruck des Schaumes abzustreben.

9.3.2 Schiebetüren

Welche Beschlagsteile gehören zu einer Schiebetür?

Zu einem Schiebetürbeschlag gehören das Laufwerk, die Führungsnocke, die Gummipuffer sowie das Schiebetürschloß mit den Griffmuscheln.

Das Laufwerk kann ein Kugellaufwerk oder ein Rollenlaufwerk sein, das unter dem Sturz oder seitlich am Sturz befestigt wird. An dem Laufwerk wird die Schiebetür aufgehängt. Die Führungsnocke wird auf den Boden geschraubt und soll die Schiebetür in senkrechter Lage führen. Die Gummipuffer stoppen die Schiebetür in ihrer Endstellung in der Mauertasche ab. Das Schiebetürschloß wird auf der Öffnungsseite der Tür eingebaut und mit einem Klappschlüssel betätigt. Er liegt in der Griffmuschel und steht dadurch nicht vor, so daß die Schiebetür ganz ins Futter eingeschoben werden kann.

Woran erkennt man ein Schiebetürschloß?

Schiebetürschlösser weisen einen Zirkelriegel oder einen Flügelriegel auf, die in die Aussparung des Schließbleches greifen und sich hinter dem Schließblech verriegeln. Schiebetürschlösser haben im Stulp häufig auch einen Springgriff, der auf Knopfdruck vorspringt. Mit ihm kann man weit in die Tasche eingeschobene Schiebetürflügel wieder herausziehen.

Bei zweiflügeligen Schiebetüren wird statt des Schließbleches in den zweiten Flügel ein schloßähnlicher Gegenkasten eingebaut, der auch einen Springgriff aufweist.

Wie kann man nach dem Einbau der Schiebetür noch gut zur Wartung an das Laufwerk herankommen?

Die eine Futterseite bzw. Bekleidungsseite der Schiebetürumrahmung muß abnehmbar sein.

Entweder werden das Futter und die Bekleidung aushängbar gestaltet oder lösbar mit Rampaschrauben bzw. Holzschrauben an der Unterkonstruktion befestigt.

Wie wird eine einflügelige Schiebetür auf dem Bau eingesetzt?

Zunächst muß das Laufwerk am Sturz befestigt werden. Es ist exakt waagerecht zu setzen. Läuft die Schiebetür in eine Mauertasche, muß das Laufwerk vor dem Hochmauern der zweiten Schale montiert werden. (Häufig wird das Laufwerk deshalb schon im Rohbau montiert). An das Laufwerk wird die Schiebetür gehängt. Die Luft zwischen Fußboden und Türunterkante kann durch Schrauben im Gehänge genau eingestellt werden. Auf den Fußboden wird die Füh-

rungsnocke geschraubt. Wenn die Tür gut läuft, kann man die beiden Halbfutter und die Türbekleidungen einbauen.

Die Endstellung der Tür ist nicht nur im Laufwerk, sondern auch in der Mauertasche durch Gummipuffer abzustoppen.

9.3.3 Pendeltüren

Mit welchen Bändern lassen sich Pendeltüren anschlagen?

Pendeltüren werden in der Regel mit Bommerbändern angeschlagen. Es gibt aber auch Pendeltürschließer, die entweder im Fußboden (Bodentürschließer) oder auch in der Unterkante der Tür eingelassen werden können.

Bommerbänder haben auf jeder Türseite einen Drehpunkt. Innerhalb des Gewerbes befindet sich jeweils eine gespannte Torsionsfeder, durch die der Türflügel mit Schwung schließt. Diese Torsionsfeder kann mehr oder weniger stark gespannt werden. Pendeltüren, die mit Türschließern angeschlagen sind, bewegen sich dagegen langsamer. Hier wird der Schließmechanismus hydraulisch betätigt.

Warum sollten in Pendeltüren Glasfüllungen eingebaut werden?

Pendeltüren können nach beiden Seiten geöffnet werden. Um Unfälle zu vermeiden, muß man sehen können, ob sich beim Aufstoßen der Tür jemand hinter der Pendeltür befindet.

Das Glas muß bruchsicher sein oder sollte durch quer über die Füllung laufende Griffbretter oder -stangen geschützt sein.

Wie funktioniert ein Pendeltürschloß?

Pendeltürschlösser weisen eine Rollenfalle und einen Riegel auf. Die Rollenfalle rastet schnäpperartig bei den Pendelbewegungen der Tür im Schließblech ein. In der Ruhestellung kann die Tür auch mit dem Schlüssel verschlossen werden, entweder durch einen zusätzlichen Riegel im Schloß oder durch die Arretierung der Rollenfalle.

In den meisten Pendeltürschlössern läßt sich die Rollenfalle durch Drehen einer Schraube im Stulp zurücknehmen.

9.3.4 Falt- und Harmonikatüren

Worin liegt der Unterschied zwischen einer Harmonikatür und einer Falttür?

Bei Harmonikatüren und Falttüren sind mehrere Türflügel mit Bändern aneinander gekoppelt. Sie werden in schiebetürartigen Laufbeschlägen geführt. Während Harmonikatüren in der Mitte der oberen und unteren Kante der einzelnen Türflügel geführt werden, werden Falttüren an den Außenecken der einzelnen Türflügel gehalten. Dadurch sind bei Falttüren die einzelnen Türflügel gleich breit, bei Harmonikatüren dagegen ist an der Wand mit einem etwa halbbreiten Flügel zu beginnen.

Da die Harmonikatüren mittig aufgehängt sind, ist hier die Gewichtsverteilung günstiger als bei Falttüren, bei denen die Türen seitlich aufgehängt werden.

9.3.5 Haustüren

Welche Anforderungen werden an die Funktion, Gestaltung und Konstruktion einer Haustür gestellt?

Haustüren müssen Schutz gegen Witterungseinflüsse und Sicherheit gegen Einbruch bieten. Außerdem sollen sie gestalterisch gut in die Hausfront passen. Die Konstruktion der Haustür muß so ausgeführt werden, daß die Tür dicht schließt und der Schlagregen keine bleibenden Schäden an der Tür verursacht. Die Beschläge sind so kräftig auszuwählen, daß sie das schwere Türblatt tragen und daß die Haustür weitgehend einbruchsicher ist.

Auch der Anschluß des Blendrahmens bzw. Blockrahmens am Mauerwerk muß dicht sein und die Befestigungsmittel müssen dem verstärkten Winddruck standhalten.

Welche Anforderungen werden an den Verschluß der Haustür gestellt?

In Haustüren sind ein schweres Haustürschloß mit Schließzylinder und ein langes Sicherheitsschließblech einzubauen.

Das Haustürschloß soll möglichst aufbohrsicher sein. Den äußeren Türdrücker darf man nicht abschrauben können. Das Schließblech ist in der Regel der schwächste Punkt bei der Sicherung einer Haustür. Daher ist hier ein überlanges Sicherheitsschließblech einzubauen.

Welche Zylinderarten können in ein Haustürschloß eingebaut werden?

Es gibt Profilzylinder, Ovalzylinder und Rundzylinder. Je nach Aussparung im Schloßkasten kann die eine oder andere Zylinderart verwendet werden.

Die Schließzylinder dürfen gegenüber dem Schlüsselschild oder der Schlüsselrosette nicht oder nur ganz minimal vorstehen, damit man die Zylinder nicht mit einem Werkzeug fassen und abdrehen kann.

Welche Aufgabe hat der Wechselstift bei einem Haustürschloß?

Der Wechselstift wird von der Innenseite der Tür in die Vierkantaussparung der Nuß im Haustürschloß gesteckt. Er geht nicht durch, so daß man auch nicht bis auf die Außenseite des Türblattes durchbohren muß. Auf den Wechselstift wird auf der Türinnenseite der Türdrücker befestigt.

Neue Wechselstifte lassen sich auf dem Schloßkasten festschrauben, so daß man an ihm gut den Türdrücker befestigen kann.

Worauf ist beim Einsetzen einer Haustür besonders zu achten?

Die Anschlüsse des Blendrahmens bzw. Blockrahmens am Mauerwerk müssen dicht sein. Die Befestigungsmittel müssen so sicher eingebaut sein, daß sie auch dem verstärkten Winddruck, dem größeren Flügelgewicht sowie der stärkeren Beanspruchung standhalten. Die Höhe der Türschiene ist auf die Fertigfußbodenhöhe und auf die spätere Podesthöhe abzustimmen.

Die Tür ist so einzusetzen, daß sie beim Öffnen etwas ansteigt. Der Türflügel muß gut im Rahmen aufliegen und im Falz überall ausreichend Luft haben.

9.3.6 Schalldämmende Türen

Wo werden schalldämmende Türen benötigt?

In Konzertsälen, Konferenzräumen, Besprechungsräumen, Direktionsräumen, Behandlungsräumen bei Ärzten, Tonstudios usw.

Eine herkömmliche Türe ist hier schalltechnisch unzureichend, da diese nur einen Schalldämmwert von 15 – 20 dB hat.

An welchen Stellen der Tür ist auf die Schalldämmung besonders zu achten?

Beim Türblatt, an den Türfälzen, an der Bodenfuge, am Anschluß des Türfutters an der Wand.

Wird der Schallschutz an einer der Stellen vernachlässigt, kann der Schalldämmwert stark herabgesetzt werden.

Welchen konstruktiven Aufbau können schalldämmende Türblätter haben?

Sie können einschalig aufgebaut sein mit einem Kern aus Röhrenspanplatten, Holzspanplatten oder Holzfaserplatten und mit Deckschichten aus Sperrholz-, Span- oder harten Holzfaserplatten.

Zweischalige Türblätter sind dicker und haben als Kernfüllung eine Mineralfaserplatteneinlage. Die beiden Schalen sind meist mit aufgeklebten Klötzen oder mit angehefteter Bitumenpappe beschwert.

Um einen direkten Schalldurchgang zu verhindern, dürfen in diese Türblätter nur Profilzylinder eingebaut werden.

Wie können die Türfälze gegen den direkten Schalldurchgang abgedichtet werden?

Es können profilierte Dichtungsbänder, Hohl- oder Lippenprofile aus Gummi oder Kunststoff eingesetzt werden.

Die Wirkung der Dichtung ist abhängig von der Art und Befestigung der Dichtung und von der Anzahl der Fälze.

Welche Möglichkeiten bestehen für die Abdichtung der Bodenfuge?

Der Abstand zwischen Fußboden und Türunterkante kann durch einen Türschwellenanschlag, eine Höckerschwelle oder eine automatische Türdichtung abgedichtet werden.

Wichtig ist, daß die Falzdichtung und die Abdichtung an der Türunterkante in der gleichen Ebene liegen, damit an den unteren Türecken kein direkter Schalldurchgang möglich ist.

Wie ist der Hohlraum zwischen Mauerleibung und Türfutter gegen den Schalldurchgang abzudichten?

Der Hohlraum ist mit Mineralwolle gut auszustopfen oder mit Schaumstoff auszuschäumen. Zusätzlich ist am Rand mit dauerelastischem Kitt oder mit fest eingepreßten Schaumgummibändern abzudichten.

Diese Maßnahme darf vor allem beim nachträglichen Einbau von schalldämmenden Türen in vorhandene Türfutter nicht vergessen werden.

9.4 Fenster

9.4.1 Anordnung des Fensters

Worin unterscheiden sich Einzelfenster, Fensterwände und Fassadensysteme?

Einzelfenster werden in die einzelnen Maueröffnungen der Hausfassade eingesetzt. Fensterwände dagegen werden meistens im Stahlbetonskelettbau zwischen die senkrechten Pfeiler eingebaut und nur durch diese getrennt. Fassadensysteme sind flächige vor dem Baukörper hängende Fassaden, die aus Glasflächen und geschlossenen Brüstungs- und auch Pfeilerelementen bestehen.

Einzelfenster sind im Vergleich zur gesamten Fassadenfläche verhältnismäßig klein, bei Fensterwänden bleiben die Rohbaukonstruktionen wie Brüstungen und Pfeiler sichtbar und bei Fassadensystemen ist die gesamte Rohbaukonstruktion durch die vorgehängte Fassade verblendet.

9.4.2 Fensterarten

Wann bezeichnet man ein Fenster als Kippflügelfenster und wann als Klappflügelfenster?

Kippflügelfenster sind am unteren Rahmenholz angeschlagen und gehen nach innen auf. Klappflügelfenster sind am oberen Rahmenholz angeschlagen und gehen nach außen auf.

Reine Kippflügelfenster und Klappflügelfenster werden in der Regel nur als Oberlichtfenster eingebaut.

Worin liegt der wesentliche Unterschied zwischen einem Drehflügelfenster und einem Drehkippfenster?

Drehflügelfenster sind an einem Seitenrahmen angeschlagen und drehen sich um diesen. Drehkippflügelfenster sind eine Kombination von Dreh- und Kippfenster. Durch einen besonderen Beschlag kann die Drehrichtung in eine Kipprichtung umgestellt werden. Durch die Kippstellung des Flügels kann der Raum dauerbelüftet werden, ohne daß durch eine große Öffnung Niederschlag in den Raum dringen kann. Durch Umstellung des Beschlags läßt sich der Flügel aufdrehen, so daß man das Fenster besser putzen und auch eine großflächigere Öffnung zum Belüften erreichen kann.

Drehflügelfenster können so angeschlagen werden, daß sie nach außen oder, wie meistens üblich, nach innen aufgehen. Drehkippflügelfenster gehen dagegen immer nach innen auf.

Wann bezeichnet man ein Fenster als Schwingflügelfenster und wann als Wendeflügelfenster?

Schwingflügelfenster sind an den aufrechten Rahmenhölzern mittig gelagert, so daß sich eine horizontale Drehachse ergibt. Sie öffnen so, daß der untere Teil des Flügels nach außen und der obere Teil des Flügels nach innen dreht. Wendeflügelfenster sind oben und unten so angeschlagen, daß sich eine vertikale Drehachse ergibt. Auch hier dreht ein Teil des Fensterflügels nach außen und ein Teil nach innen. Bei Wendeflügelfenstern kann die Drehachse auch außermittig angeordnet werden.

Beide Fenster lassen sich um nahezu 180° drehen, damit man die Außenfläche vom Raum her gut putzen kann.

Wann werden Kastenfenster eingebaut?

Kastenfenster werden hauptsächlich als Schalldämmfenster eingebaut. Es sind in der Regel zwei Einfachfenster, die durch ein breites Zargenfutter getrennt sind.

Durch den großen Abstand der beiden Glasscheiben wird bei geschlossenen Fenstern eine gute Schalldämmung erzielt.

Wie funktionieren Hebeschiebefenster und Hebeschiebetüren?

Hebeschiebefenster oder Hebeschiebetüren öffnen horizontal. Zum Öffnen müssen sie mit einem Drehgriff angehoben werden. Sie rollen dann trotz des schweren Flügelgewichts sehr leicht auf den Laufschienen.

Schiebefenster oder Hebeschiebetüren wendet man besonders bei sehr großen Fensteröffnungen, wie z.B. zum Balkon oder zur Terrasse hin, an. Sie können als zwei-, drei- oder mehrteilige Abschlüsse hergestellt werden.

Welche Verglasungsarten sind bei Fenstern zu unterscheiden?

Man unterscheidet Fenster mit Einfachverglasung, Isolierverglasung und Doppelverglasung.

Bei Fenstern mit Einfachverglasung sind die Flügelrahmenprofile einteilig und nur mit einer Glasscheibe verglast. Bei Fenstern mit Isolierverglasung sind die Flügelrahmenprofile ebenfalls einteilig, aber mit einer Isolierglasscheibe, die aus zwei oder drei Scheiben bestehen kann, verglast. Bei Fenstern mit Doppelverglasung sind zwei Flügelrahmenprofile miteinander gekoppelt. Jeder einzelne Flügel ist meistens einfach verglast.

Was bedeuten die Abkürzungen EV, IV und DV in Bezug auf die Verglasungsarten der Fenster?

EV ist die Abkürzung für Einfachverglasung, IV für Isolierverglasung und DV für Doppelverglasung.

Die Isolierverglasung wird am häufigsten angewendet. Einfachverglasungen sind für Fenster in Wohnräumen nicht ausreichend wärmedämmend. Doppelfenster werden dann eingesetzt, wenn zu einer besseren Wärmedämmung auch eine gute Schalldämmung kommen soll. Sie erfordern aber einen erhöhten Aufwand an Material und Arbeitszeit.

Welchen Nachteil hat ein einfach verglastes Fenster gegenüber einem Fenster mit Isolierverglasung oder Dopppelverglasung?

Einfach verglaste Fenster sind nicht ausreichend wärmedämmend und schalldämmend. Durch die geringe Wärmedämmung beschlagen Einfachfenster in beheizten Räumen sehr schnell. Isolierverglaste und doppelverglaste Fenster haben eine erhöhte Wärmedämmung. Außerdem müssen hier auch die Fensterrahmen dicker hergestellt werden, so daß hier Doppelfälze und Falzdichtungen angebracht werden können.

Einfachfenster dürfen nur in nichtbewohnten Räumen eingesetzt werden.

9.4.3 Anschlagarten des Fensterrahmens in der Außenwand

Wie kann die Fensterleibung am Rohbau ausgebildet sein?

Die Fensterleibungen können oben und seitlich ohne Anschlag, mit Innenanschlag oder mit Außenanschlag versehen sein.

Der Innenanschlag ist am häufigsten zu finden. Hier läßt sich das Fenster gut einsetzen und gegen Witterungseinflüsse dichten. Von außen wird nur ein geringer Teil des Blendrahmens sichtbar. Beim Außenanschlag werden die Fenster von außen eingesetzt. Da innen noch die Beschläge unterzubringen sind, müssen hier die Blendrahmen verhältnismäßig breit werden. Im Außenanschlag eingesetzte Fenster sitzen nahezu bündig in der Fassade. Fenster in anschlaglosen Maueröffnungen können wahlweise mit der Fassadenfläche bündig oder weiter zurückgesetzt werden. Das Abdichten und Einsetzen der Fenster ist bei anschlagslosen Mauerleibungen nicht so gut möglich wie in Maueröffnungen mit Anschlägen. Im Rohbau lassen sich die Maueröffnungen ohne Anschlag leichter herstellen.

9.4.4 Werkstoffe für Fensterrahmen

Wie muß das Holz für nicht deckend zu streichende Fenster beschaffen sein?

Bei den nicht deckend zu streichenden Fenstern dürfen Fehler nur an unsichtbaren Flächen auftreten. Fehler sind z. B. gesunde festgewachsene Äste bis 10 mm Durchmesser, Harzgallen bis 5 mm Breite und 50 mm Länge, Holzbläue bis 10 % der Oberfläche.

An Ästen dürfen pro Meter Flügelrahmenteil ein Ast, pro Meter Blendrahmenteil 3 Äste auftreten. Unzulässig sind Drehwuchs, Kern-, Wind- und Frostrisse, Insektenbefall, Pilzbefall, Äste in Sprossen und an Verbindungsstellen, Äste am Überschlag, faule oder schwarze Äste sowie jegliche Art von Kettendübelungen.

Wieviel darf der Feuchtigkeitsgehalt des Holzes bei Fenstern betragen?

Ca. 10 bis 12 %.

Bei trockenerem Holz nimmt dies noch Feuchtigkeit auf und quillt; bei feuchterem Holz trocknet das Holz nach und die Fugen an den Eckverbindungen der Rahmen werden undicht. Bei europäischen Holzarten darf der Feuchtigkeitsgehalt des Holzes nicht über 15 %, bei außereuropäischen Holzarten nicht über 12 % betragen

9.4.5 Dichtstoffe

Welche Dichtstoffe können für Verglasungen angewendet werden?

Dichtstoffe für Verglasungen sind formbare Massen, die erhärten, plastisch oder elastisch bleiben sowie vorgeformte plastisch oder elastisch bleibende Dichtungsprofile.

Erhärtender Dichtstoff ist im frischen Zustand formbar und härtet hart und fest aus, z. B. Ölkitt. Plastische Dichtstoffe sind formbar, gehen aber nach Formänderung nicht aus eigener Kraft in ihre Ausgangsform zurück, z. B. Versiegelungsmassen im frischen Zustand. Elastische Dichtstoffe sind formbar und gehen nach ihrer Formänderung wieder in ihre Ausgangsform zurück, z. B. abgebundene Versiegelungsmassen. Dichtungsprofile sind vorgefertigt und werden bei sogenannter Trockenverglasung eingesetzt.

Welche Aufgaben haben die Dichtstoffe zu erfüllen?

Die Dichtstoffe haben die Aufgabe, das Glas in der Umrahmung gegen Luftzug, Wasser, Schall- und Geruchsdurchlaß dicht abzuschließen. Außerdem müssen sie das Glas so einbetten, daß Dehnungen und Schwingungen, Erschütterungen und Vibrationen spannungsfrei ohne Schäden für Glas und Rahmen aufgefangen oder ausgeglichen werden.

Dehnungen und Schrumpfungen können durch Temperaturschwankungen, Erschütterungen und Vibrationen durch Schall- oder Winddruck entstehen.

Wie müssen Glasfälze vor dem Verglasen vorbereitet werden?

Glasfälze müssen ebenfalls wie die Rahmenflächen mit Holzschutzmitteln vorbehandelt sein. Bei lasierten Fenstern ist häufig ein Spezialanstrich in den Glasfälzen zur ausreichenden Haftung des Dichtstoffes erforderlich. Die Glasfälze müssen vor dem Verglasen staubfrei, trocken und frostfrei sein.

Bei Aluminiumfenstern und Kunststoffenstern müssen sogenannte Haftvermittler bei der Verglasung von Dichtstoffen auf die falzbildenden Flächen aufgebracht werden. Bei diesen Fenstern verwendet man jedoch meistens Verglasungsprofile (Trockenverglasung).

Was versteht man unter Trockenverglasung bei Fenstern?

Bei der Trockenverglasung von Fenstern werden nur Dichtungsprofile als Abdichtung eingesetzt.

Trockenverglasungen werden vorwiegend bei Kunststoff- und Metallfenstern angewendet.

9.4.6 Fensterbau

Aus welchen Teilen kann ein mehrteiliges Fenster bestehen?

Aus dem Blendrahmen, den Flügelrahmen und den Beschlägen. Die Fensterfläche kann senkrecht noch durch ein Setzholz oder Pfosten und quer durch einen Kämpfer oder Riegel unterteilt werden. In die Flügel können noch Sprossen eingebaut werden.

Die Fensterflügel werden verglast. Am unteren Blendrahmen wird in der Regel innen eine Fensterbank, auch Fenstersims genannt, eingebaut.

Wie nennt man die einzelnen Teile des Fensterrahmens?

Der Blendrahmen besteht aus dem oberen, dem unteren und den aufrechten Blendrahmenhölzern, die Flügelrahmen aus dem oberen, dem unteren und den aufrechten Flügelrahmenhölzern. In die Flügelrahmenhölzer werden in den Glasfalz noch die Glashalteleisten eingesetzt.

Ist der Blendrahmen senkrecht geteilt, nennt man die senkrechten Hölzer Setzholz oder Pfosten, bei Querteilung Riegel oder Kämpfer. Zur Teilung des Flügelrahmens verwendet man Sprossen.

Welche Arbeitsgänge sind für die Herstellung eines Fensters erforderlich?

Beim Herstellen eines Holzfensters mit Schlitz und Zapfenverbindung werden die einzelnen Arbeitsgänge in folgender Reihenfolge durchgeführt: Maßnehmen am Bau, Aufreißen und Ermitteln der Blend- und Flügelrahmenmaße, Holzauswahl, Holzzuschnitt, Reißen, Herstellen der Zapfenverbindungen und Profilieren des Blend- und Flügelrahmenholzes, Zusammenbau und Verleimung der Blend- und Flügelrahmen, Einpassen der Flügel und Anschlagen am Blendrahmen.

Häufig werden die Fenster noch beim Tischler oder Glaser mit Holzschutzmitteln behandelt und verglast. Je nach Maschinenausstattung kann das Reißen der Eckverbindungen sowie das Einpassen der Flügel in die Blendrahmen entfallen.

Wonach richtet sich bei Holzfenstern die Zapfenstellung?

Die Zapfenstellung muß mit den Fälzen übereinstimmen, damit in den Rahmenecken kein Loch entsteht.

Bei den Flügelrahmen soll die Zapfenfläche mit dem Glasfalz und mit dem Flügelrahmenfälzen in einer Ebene liegen.

Wie hoch ist ein Glasfalz bei Isolierverglasung und bei Einfachverglasung?

18 mm bei Isolierverglasung, 12 mm bei Einfachverglasung.

Isolierglasscheiben benötigen deshalb einen höheren Falz, damit der Randverbund der Isolierglasscheibe durch die Glashalteleiste bzw. durch den Falz noch abgedeckt wird.

Welche Leime sind zum Verleimen von Holzfenstern zu verwenden?

Zum Verleimen von Holzfenstern eignen sich wasserbeständige Leime für dicke Fugen. Diese Leime sind meistens auf der Basis von Harnstoffharz oder Phenolharz aufgebaut. Es gibt aber auch Leime auf der Basis von PVAC.

Die verleimten Flügel- oder Blendrahmen sind in Rahmenpressen unter Druck zu verleimen.

Welche Profilsysteme sind bei Kunststoffenstern zu unterscheiden?

Man unterscheidet bei Kunststoffensterprofilen das Einkammersystem, das Mehrkammersystem und das Einkammersystem mit beigeschlossenen Nebenkammern.

Beim Einkammersystem sind die Profile sehr dickwandig und daher in der Regel sehr stabil. Allerdings ist die Wärmedämmung hier ungünstig. Beim Mehrkammersystem sind die Profile dünnwandig, aber es ergibt sich eine bessere Wärmedämmung. Das Einkammersystem mit beigeschlossenen Nebenkammern weist die Vorteile der Wärmedämmung und der hohen Stabilität auf. Alle drei Kunststoffenster-Profilsysteme werden zusätzlich noch durch ein eingebautes Stahlprofil verstärkt.

Warum müssen die Flügel im Blendrahmen bei Kunststoffenstern mehr Luft haben als bei Holzfenstern?

Kunststoffprofile haben eine große Längenänderung bei Temperaturschwankungen, so daß zwischen Flügel und Blendrahmen ringsum 6 mm Luft bleiben muß.

Da die Kunststoffprofile stark arbeiten, dürfen die Verstärkungsprofile aus Stahl nicht bis in die Gehrungen reichen, sondern müssen 10 mm kürzer sein als die Kunststoffprofile. Kunststoff und Stahl haben unterschiedliche Längenausdehnungen bei Temperaturschwankungen.

Wie wird ein Kunststoffenster hergestellt?

Kunststoffenster werden auf Gehrung zugeschnitten und auf einer Kunststoffschweißmaschine verschweißt. Nach einer Lagerzeit von etwa 2 Stunden wird die beim Zusammenbau

entstandene Schweißraupe mit einem scharfen Stechbeitel entfernt. Danach können die Ecken mit feinem Schleifpapier verschliffen und anschließend mit einer Lammfellscheibe nachpoliert werden.

Wenn die Rahmen fertig sind, werden diese angeschlagen und die Isolierglasscheiben eingesetzt. Meistens erfolgt das Verglasen mittels druckloser Trockenverglasung.

Warum dürfen die Kunststoffprofile nicht auf die genaue Endlänge zugeschnitten werden?

Beim Zuschneiden sind dem Fertigmaß in der Länge etwa 3 mm zuzugeben, weil sich das Profil beim Anschmelzen in der Schweißmaschine um dieses Maß verkürzt.

Die Gehrungsschnitte müssen innerhalb weniger Stunden verschweißt werden, damit die Schnittstellen nicht verschmutzen und die Festigkeit der Schweißfuge garantiert ist.

Welche Arbeitsregeln sind beim Schweißen der Kunststoffensterecken zu beachten?

Die Gehrungen der Rahmenecken müssen sehr genau zugeschnitten werden. Beim Zuschneiden ist 3 mm Material in der Länge zuzugeben. Die Profile sind genau einzuspannen, damit sie sich nicht verdrehen oder verkanten können. Die vorgesehenen aussteifenden Metallprofile sind vor dem Verschweißen in die Profile einzuschieben. Beim Schweißen darf kein Luftzug oder starke Temperaturschwankung vorhanden sein. Das Profil darf nicht zu lange aufgeheizt werden. Preßdauer und Preßdruck sind genau einzuhalten.

Die Preßdauer und die Höhe des Preßdrucks hängen von der Größe und Materialdicke des Kunststoffprofils ab.

Worin liegt der Unterschied zwischen einem Aluminiumfenster und einem Holzaluminiumfenster?

Bei reinen Aluminiumfenstern bestehen die Profile aus Aluminium, die an den Ecken mechanisch durch Eckverbinder oder durch Verschweißen verbunden sind. Bei Holzaluminiumfenstern sind auf die konstruktiv tragenden Holzrahmen außen Aluminiumprofile aufgesetzt.

Holzaluminiumfenster sind in der Regel von der Wärme- und Schalldämmung her günstiger als reine Aluminiumfenster. Bei neueren Aluminiumfenstern wird dieser Nachteil durch Dämmelemente zwischen Außen- und Innenprofilen ausgeschaltet.

Wie werden bei einem Aluminiumfenster die Rahmenecken zusammengebaut?

In die Profile werden Eckwinkel eingeschoben und diese durch Schrauben oder Keilbolzen sowie durch Einpressen oder Einkleben in den Ecken verbunden. Die auf Gehrung zusammengeschnittenen Profile können auch verschweißt oder verklebt werden.

Bei den mechanisch durch Eckwinkel verbundenen Profilen sind die Eckverbindungen zusätzlich noch durch Kleb- oder Dichtstoffe abzudichten.

Wodurch wird die Festigkeit und Oberflächenbeschaffenheit des Aluminiums verbessert?

Die Festigkeit des Aluminiums wird durch Legieren verbessert, die Oberfläche durch Eloxieren widerstandsfähiger gemacht.

Aluminium wird in der Regel mit Magnesium und Silicium legiert. Durch das Eloxieren kann auch die Farbe des Aluminiums an der Oberfläche verändert werden.

Warum müssen die Glasscheiben im Flügelrahmen verklotzt werden?

Um Glasbruch zu vermeiden, dürfen die Glasscheibenkanten an keiner Stelle den Rahmen berühren. Außerdem kann man durch das Verklotzen der Glasscheibe den Rahmen aussteifen.

Bei Holzfenstern werden zum Verklotzen imprägnierte Hartholzklötze verwendet, bei Kunststoff- und Metallfenstern Klötze aus Hartgummi oder Kunststoff. Bei Isolierglasscheiben müssen beide Scheiben unterlegt werden, somit sind hier die Klötze um 2 mm breiter als die Dicke der Isolierglasscheibe zu wählen. Je nach Drehrichtung oder Öffnungsart sind die Scheiben unterschiedlich zu verklotzen. Man unterscheidet bei der Verklotzung die Tragklötze oder Distanzklötze.

Wovon hängt die Dicke der Glasscheiben bei Fenstern ab?

Von der Beanspruchungsart, die sich durch die Windlast, die maximalen Kantenlängen des Fensters, die Erschütterung und die Fensterart ergibt.

Je höher das Gebäude, desto größer ist auch die Windlast auf die Fenster. Je größer das Fenster, desto größer ist die Windbelastung. Je stärker die Erschütterungen durch Beschallung oder Wind und je flacher die Scheiben beim Öffnen liegen, z. B. bei Schwingflügelfenstern, desto größer ist die Beanspruchung der Glasscheiben. Die Glasscheibendicke wird nach diesen Faktoren aus Tabellen ermittelt.

9.4.7 Wärme- und Schalldämmung bei Fenstern

Welche zwei Faktoren bestimmen die Wärmedämmung eines Fensters?

Der k-Wert und der a-Wert eines Fensters.

Der k-Wert des Fensters hängt ab vom k-Wert der Glasscheibe, vom k-Wert des Rahmenmaterials und vom Verhältnis von Glasfläche zu Rahmenfläche.
Der a-Wert bestimmt die Fugendurchlässigkeit des Fensters.

Was gibt der k-Wert des Fensters an?

Der k-Wert gibt diejenige Wärmemenge in J/s (= W) an, die durch 1 m^2 eines Bauteils bei 1 K Temperaturunterschied von der warmen zur kalten Seite hin übertragen wird.

Der Wärmerverlust ist um so geringer, je kleiner der k-Wert ist.

Was gibt der a-Wert eines Fensters an?

Der a-Wert gibt diejenige Luftmenge in m^3 an, die in 1 Stunde durch eine 1 m lange Fuge bei einem Luftdruckunterschied von 0,01 kN/m^2 hindurchtritt.

Je kleiner der a-Wert ist, desto weniger Luft und damit desto weniger Wärme wird übertragen.

Wo haben Fenster eine schalldämmende Funktion zu erfüllen?

Als Außenfenster bei hohem Innen- oder Außenlärm und als Verglasung in Raumtrennwänden zwischen lauten und ruhigen Räumen.

Außenfenster sollen nicht nur den Verkehrslärm von außen nach dem Wohnbereich hin abhalten, sondern auch den Betriebslärm nach außen zur Nachbarschaft hin.

Von welchen Faktoren hängt die Luftschalldämmung eines Fensters ab?

Von der Glasscheibendicke, vom Glasscheibenabstand, von der Randeinspannung, von der Randausbildung, vom Wandanschluß und von der Fugendichtigkeit.

Je dichter der Wandanschluß und je dichter die Fugen in den Fälzen, desto besser ist die Schalldämmung.

Wie wirken sich Glasscheibendicke und Glasscheibenabstand auf die Schalldämmfähigkeit eines Fensters aus?

Je dicker und damit je schwerer die Glasscheiben sind und je größer der Scheibenabstand ist, desto besser ist die Schalldämmung des Fensters.

Es wird empfohlen, bei Doppelscheibenverglasungen unterschiedliche Scheibendicken zu verwenden.

Wie soll die Randeinspannung der Glasscheiben ausgebildet sein?

Die Glasscheiben sollen mit dauerelastischem Dichtungs- und Versiegelungsmaterial oder mit Gummi- oder Kunststoffprofilen elastisch im Glasfalz befestigt werden, damit die Scheiben schwingungsfähig bleiben.

Bei schalldämmenden Konstruktionen sollte kein Leinölkitt zum Einglasen verwendet werden.

Was versteht man unter der Randausbildung bei Doppelscheibenfenstern?

Bei Fenstern mit großem Scheibenabstand, z.B. bei Kastenfenstern, kann die Leibung zwischen den Fenstern als Schallschluckkammer ausgebildet werden. Dabei wird ein schallschluckendes Material, z.B. Mineralwolle, eingebaut und mit einem Lochblech abgedeckt.

Durch eine solche Randausbildung kann der Schalldämmwert des Fensters verbessert werden.

Was ist ein schalldämmendes Lüftungsfenster?

Ein Fenster, mit dem im geschlossenen, d.h. in schalldämmendem Zustand der Raum über Lüftungskanäle belüftet werden kann. Die Lüftungskanäle oberhalb und unterhalb des Fensters sind dabei mit schallschluckendem Material ausgekleidet, weshalb auf diesem Weg kein Schall von außen her in den Raum eindringen kann.

Die Umwälzung der Luft erfolgt in der Regel durch eingebaute Ventilatoren.

9.4.8 Fenstereinbau

Wie weit sollte der Rohbau zum Einsetzen der Fenster fortgeschritten sein?

In der Regel werden die Fenster nach Abschluß der Rohbauarbeiten vor dem Verputzen der Wand eingesetzt.

Nur bei der Verwendung besonderer Fensterzargen kann man Fenster auch nach dem Anbringen des Innen- und Außenputzes einsetzen.

Wie lassen sich die Blendrahmen mit dem Mauerwerk verbinden?

Bei der Blendrahmenbefestigung unterscheidet man die direkte und die indirekte Blendrahmenbefestigung. Bei der direkten Blendrahmenbefestigung wird der Blendrahmen meistens mit Schrauben und Dübeln direkt am Baukörper starr befestigt. Bei der indirekten Befestigung des Blendrahmens verwendet man Flacheisen oder spezielle Maueranker, die am Blendrahmen und am Mauerwerk befestigt werden.

Die indirekte Befestigungsart ist elastischer als die direkte, so daß hier Längenveränderungen des Rahmens besser aufgefangen werden können.

Welche Regeln sind beim Einsetzen des Fensters zu beachten?

Blendrahmen bzw. Fensterzargen sind flucht- und winkelrecht sowie in vorgeschriebener Höhe einzusetzen. Sie sind an den Stellen zu befestigen, an denen die Beschlagsteile sitzen. Die Abstände der Befestigungsstellen sollten nicht mehr als 600 mm, bei Holzfenstern nicht mehr als 800 mm betragen. Der Blendrahmen muß an den Befestigungsstellen satt unterlegt werden. Die Anschlußfuge zwischen Mauerwerk und Blendrahmen muß 10 mm betragen, damit genügend Dämm- und Dichtungsstoff eingebracht werden kann. Zum Abdichten und zur Wärmedämmung verwendet man Mineralfaserstoffe oder Kunststoffschäume. Die Fuge zwischen Blendrahmen und Mauerwerk ist mit elastischen Dichtstoffen zu versiegeln.

Bei Kunststoff- und Metallfenstern sind die vom Systemhersteller vorgeschriebenen Maueranker zu verwenden. Dichtungs- und Dämmarbeiten dürfen grundsätzlich nicht bei Regenwetter durchgeführt werden.

9.4.9 Ganzglaskonstrukionen

Was versteht man unter Ganzglaskonstruktionen?

Ganzglaskonstruktionen sind rahmenlose Verglasungen, wie sie meistens bei Schaufensteranlagen, Windfängen usw. verwendet werden.

Hier sind stehende und hängende Ganzglaskonstruktionen zu unterscheiden.

Worin liegt der Unterschied zwischen einer stehenden und einer hängenden Ganzglaskonstruktion?

Bei stehenden Ganzglaskonstruktionen stehen die Glasscheiben auf einer Unterkonstruktion, z.B. einer Verklotzung. Bei hängenden Konstruktionen werden die Glasscheiben in einer besonderen Klemmvorrichtung hängend getragen.

Hängende Ganzglaskonstruktionen sind schwieriger herzustellen als stehende. Sie haben aber den Vorteil, daß die Scheiben durch ihr Eigengewicht nicht auf Biegung beansprucht werden und bei Glasbruch die Scheiben nicht fallbeilartig herunterfallen, wie es bei den stehenden Ganzglaskonstruktionen der Fall wäre.

Wie müssen die Bewegungsfugen bei Ganzglaskonstruktionen ausgebildet werden?

Die Fugendicke muß zwischen 2 bis 5 mm betragen. Hier ist eine elastische Dichtungsmasse einzubauen. Es kann aber auch ein Metallprofil vorgesehen werden, das die Scheiben einfaßt und das mit elastischer Dichtungsmasse ausgefüllt wird.

Glas dehnt sich bei Erwärmung aus und zieht sich bei Abkühlung zusammen, so daß mindestens alle 20 m eine Bewegungsfuge anzuordnen ist.

Wie können große Glasflächen gegen Winddruck und andere Horizontalkräfte stabilisiert werden?

Große Glasscheiben können sich bei Winddruck bzw. Windsog durchbiegen. Um hier Glasbruch zu vermeiden, werden auf die Scheiben zur Stabilisierung senkrecht verlaufende Glasstreifen einseitig oder beidseitig aufgeklebt.

Die Abmessung der Stabilisierungsstreifen hängt von den Scheibengrößen ab. Die übliche Glasdicke liegt zwischen 15 und 18 mm, die Streifenbreite zwischen 50 und 150 mm. Zur Aussteifung ist die beidseitige Stabilisierung zweckmäßiger als die einseitige.

9.5 Fußböden

Warum sollte bei Holzfußböden aus Riemen die linke Seite des Holzes oben liegen?

Bei Seitenbrettern aus Nadelholz besteht die Gefahr, daß sich die mittleren Jahresringteile auf der rechten Seite des Brettes beim Trocknen des Holzes ablösen und einreißen. Das sieht nicht schön aus und kann zu Verletzungen führen. Allerdings wird man bei Seitenbrettern, bei denen die linke Seite oben liegt, ein Hohlwerden, das sogenannte Schüsseln der Bretter, nicht verhindern können.

Es wäre besser, wenn man nur Holzriemen mit stehenden Jahresringen, also Mittelbretter oder Herzbretter verwenden könnte.

Wie können Trockenunterböden aus Flachpreßplatten hergestellt werden?

Für Trockenunterböden gibt es besondere Flachpreßplatten, die an den Kanten für die Aufnahme von Federn genutet sind. Damit sich die Platten nach dem Verlegen noch ausdehnen können, müssen sie von den aufsteigenden Wänden einen Abstand von 15 mm aufweisen. Beim Verlegen auf Betondecken ist zusätzlich eine Feuchtigkeitssperre einzubauen. Werden sie auf einer Unterkonstruktion aus Latten oder Kanthölzern verlegt, sollten die Fugen der Platten auf der Unterkonstruktion gestoßen werden. Die Plattenstöße sind versetzt anzuordnen. Die Platten werden auf die Unterkonstruktion geschraubt, die Schraubenköpfe sind zu versenken und die Vertiefungen auszuspachteln.

Auf diese Unterböden kann Parkett, Teppich oder PVC verlegt werden. Unterböden aus Holzspanplatten sind in DIN 68771 genormt.

Worin liegt der Unterschied zwischen Parkettstäben, Parkettriemen, Parkettplatten, Parkettdielen und Mosaikparkett?

Bei Parkettstäben ist zwischen Kurzstäben (250 bis 500 mm Länge) und Langstäben (länger als 600 mm) zu unterscheiden. Sie sind 45 bis 80 mm breit, in der Regel 22 mm dick und ringsum zur Aufnahme von Hirnholzfedern genutet. Parkettriemen haben die gleichen Abmessungen wie die Parkettstäbe, jedoch sind sie an einer Längs- und Hirnkante genutet und an der anderen mit einer angefrästen Feder ausgestattet. Parkettplatten und Parkettdielen sind vorgefertigte Parkettelemente, die aus mehreren Schichten aufgebaut sind und als Laufschicht eine fertig versiegelte in Mustern verlegte Hartholzschicht aufweisen. Mosaikparkett besteht aus kleinen Parketthölzern, die etwa 165 mm lang, höchstens 25 mm breit und 8 mm dick sind und die zu Würfelmustern zusammengesetzt sind.

Die dicken Parkettstäbe, Parkettriemen, Parkettplatten, Parkettdielen sind selbsttragend und können auf Lagerhölzern verlegt werden, während das dünne Mosaikparkett vollflächig aufgeklebt werden muß.

Wie können Parkettstäbe verlegt werden?

Parkettstäbe verlegt man meistens auf einem Blindboden, der aus rauhen besäumten Brettern besteht oder auf Unterböden aus Flachpreßplatten. Vor dem Verlegen müssen in die vierseitig genuteten Stäbe Querholzfedern eingeschlagen werden. Die Stäbe werden entweder verdeckt auf den Unterboden genagelt oder bei Verlegung auf einem Estrichboden mit einer Klebmasse (Heiß- oder Kaltasphalt) schubfest aufgeklebt. Damit Parkettstäbe gut in der Klebmasse halten, sind sie an der Unterkante gratartig ausgefräst.

Parkettstäbe können parallellaufend als Schiffsverband, in Gruppen längs- oder querlaufend als Würfelparkett sowie wechselseitig unter 45° schräg als Fischgrätparkett verlegt werden.

Wie wird Mosaikparkett verlegt?

Mosaikparkett wird mit besonderen Klebern auf ebene, flächige Unterböden verklebt.

Als Unterböden sind hier Estrichfußböden oder auch Unterböden aus Flachpreßplatten geeignet.

Welche Aufgaben haben die Sockelleisten (Fußleisten)?

Sockelleisten schützen die Wand beim Reinigen des Fußbodens und verdecken die Fuge zwischen Boden und aufsteigender Wand.

Sockelleisten sollten an der Wand befestigt werden und nicht auf dem Fußboden, damit beim Schwund der Fußbodenfläche die Sockelleiste nicht von der Wand abgezogen wird.

9.6 Leichte Trennwände

Was versteht man unter dem Begriff leichte Trennwände?

Leichte Trennwände sind nichttragende Innenwände mit geringem Gewicht, die man auch wieder herausnehmen oder umsetzen kann, ohne daß dadurch der Baukörper selbst wesentlich beschädigt wird.

Trennwände können als fertige Montageelemente hergestellt werden, die auf dem Bau zwischen Fußboden und Decke gespannt werden. Sogenannte Schalenwände bestehen aus dem tragenden Gerippe, z.B. aus Holzstützen oder Stahlblechstützen, und den daran befestigten Beplankungsflächen aus Furnierplatten, Spanplatten oder Gipskartonplatten.

Welche Grundsätze sind bei der Konstruktion von schalldämmenden Trennwänden zu beachten?

Schalldämmende Trennwände müssen zweischalig ausgebildet sein. Die Schalen sollten möglichst unterschiedlich dick und biegeweich, aber auch schwer sein. Der Zwischenraum ist mit Mineralwolle auszufüllen. Die Anschlüsse am Boden, an der Decke und an den Wänden müssen unbedingt dicht sein.

Die Wand-, Boden- und Deckenanschlüsse dürfen nicht starr sein, sondern müssen mittels Schaumgummi oder elastischen Dichtungsmassen ausgefüllt werden, damit sich die Schwingungen der Trennwand nicht auf die angrenzenden Wände übertragen können.

9.7. Wandtäfelungen

In welchen Bauarten können Wandvertäfelungen hergestellt werden?

Bei den Bauarten der Wandvertäfelungen unterscheidet man Verbretterungen, Verstäbungen, Rahmentäfelungen und Plattentäfelungen.

Verbretterungen (Brettäfelungen) lassen sich aus Nut- und Federbrettern aufbauen. Sie wirken durch ihre Bretteilungen, die durch Schattenfugen, Profile oder Fasen verstärkt werden können. Verstäbungen sind ähnlich wie die Verbretterungen aufgebaut, jedoch bestehen sie aus schmalen Leisten oder sehr schmalen Brettern. Rahmentäfelungen bestehen aus einem Rahmenwerk, in das Füllungen aus Furnierplatte oder Spanplatte, seltener aus Vollholz eingebaut sind. Bei Plattenvertäfelungen sind furnierte Platten auf Rahmen oder einer Unterkonstruktion befestigt. Diese Platten können kleinformatig bis großformatig sein.

Wie werden Wandverkleidungen an den Wänden befestigt?

Wandverkleidungen können an unverputzten, besser aber an verputzten Gebäudewänden angebracht werden. Voraussetzung ist, daß die Wände völlig trocken sind. Die Verkleidungsschale darf nicht unmittelbar auf der Gebäudewand aufliegen, sondern muß einen Abstand von 20 bis 30 mm haben. Dieser Abstand wird durch die Unterkonstruktion erreicht. Die Unterkonstruktion besteht aus mit Holzschutzmitteln imprägnierten Latten. Sie dienen zum Ausgleich von Unebenheiten der Wand und zum Befestigen der Verkleidungsschale.

Der Hohlraum zwischen Täfelung und Wand bildet ein wärmedämmendes Luftpolster. Durch Öffnungen oben und unten an der Täfelung kann sich die Luft hinter der Verkleidungsschale ständig erneuern.

Wann sollte unbedingt eine Luftzirkulation hinter Wandverkleidungen erfolgen?

Eine Luftzirkulation hinter der Verkleidungsschale ist bei Außenwänden unbedingt erforderlich. Sie bewirkt, daß evtl. mit Feuchtigkeit angereicherte Luft wieder abgeführt werden kann.

Eine Luftzirkulation kann nur dann stattfinden, wenn unten an der Sockelleiste und oben am Deckenanschluß ausreichend große Lüftungsschlitze vorgesehen sind.

9.8 Deckenverkleidungen

In welcher Bauart können Deckenverkleidungen hergestellt werden?

Deckenverkleidungen können als Balkendecken, Bretterdecken, Plattendecken oder Kassettendecken hergestellt werden.

Balkendecken weisen vorstehende Balken oder balkenförmige Verkleidungen auf. Die Felder zwischen den Balken können verputzt oder mit Holz verkleidet sein. Bei Bretterdecken ist die ganze Fläche der Decke mit Brettern verkleidet. Die einzelnen Bretter können gespundet, gefedert, überfälzt, überschoben oder überluckt sein. Bei Plattendecken werden in der Regel furnierte Tischler- oder Spanplatten an der Unterkonstruktion befestigt. Die Größe der Platten und die Gliederung durch die Fugen beeinflussen sehr wesentlich das Bild der Deckenverkleidung. Kassettendekken bestehen aus quadratischen oder rechteckigen kassettenförmigen Feldern. Die Kassettenbegrenzungen werden durch Leisten, Rahmen, Zargen oder Scheinbalken gebildet, in denen vertieft angebracht die Füllungen liegen.

Was versteht man unter einer überluckten Brettverkleidung?

Bei einer überluckten Brettverkleidung sind die Bretter so angeordnet, daß die Lücken der unteren Brettlage durch eine obere Brettlage überdeckt werden.

Durch die überluckte Verbretterung ensteht eine sehr plastische Wirkung. Sie wird gern bei Tonnendecken angewendet.

Wie kann die Unterkonstruktion an der Decke befestigt werden?

Bei der Unterkonstruktion für Decken unterscheidet man die direkte Unterkonstruktion und die abgehängte Unterkonstruktion. Die direkte Unterkonstruktion besteht aus Latten, die unmittelbar an der Rohdecke befestigt werden. Die Latten werden mittels kleiner Unterlagen ausgerichtet. Bei abgehängten Decken wird die Unterkonstruktion durch besondere Spannabhänger in einem größeren Abstand von der Decke aufgehängt. Die Anzahl der Abhänger wird durch das Gewicht der Decke bestimmt.

Die Unterkonstruktion wird in Dübel eingeschraubt. Als Schrauben dürfen keine „Spaxschrauben" verwendet werden, weil diese durch das scharfe Gewinde den Dübel zerschneiden. Das Anschießen der Unterkonstruktion ist nicht gestattet. In öffentlichen Gebäuden sind besonders zugelassene Stahldübel für die Befestigung der Unterkonstruktion zu verwenden, weil im Brandfalle die Kunststoffdübel schmelzen und die Decke dann herunterfällt. Abgehängte Dekken können mittels Rundlaser ausgerichtet werden.

Wann wird man Deckenverkleidungen vorwiegend abhängen?

Bei hohen Räumen, in denen die Deckenverkleidung tiefer liegen soll, oder wenn im Luftraum über der Decke Installationen untergebracht werden sollen.

Abgehängte Decken werden am günstigsten mit Metallabhängern wie Schlitzband- oder Federabhänger befestigt, die eine genaue Fixierung der Höhe zulassen.

Worauf ist bei der Befestigung von Deckenverkleidungen unbedingt zu achten?

Die Unterkonstruktion muß besonders sorgfältig befestigt sein. Der Abstand der Befestigungspunkte hängt von dem Querschnitt der Latten und von dem Gewicht der Decke ab. Bei dünneren Latten und hohem Gewicht der Decke ist der Abstand der Befestigungspunkte geringer (ca. 600 mm) zu wählen als bei dickeren Latten (ca. 800 bis 1000 mm). Das Holz der Decke muß be-

sonders trocken sein, da die Luft unter der Decke warm und trocken ist. Werden Nägel für die Befestigung der Verkleidungsschale oder auch der Konterlattung eingesetzt, sind diese schräg und schwalbenschwanzförmig einzuschlagen.

Bei der Befestigung der Deckenverkleidungsschale an der Unterkonstruktion und der Unterkonstruktion an der Rohdecke ist sehr sorgfältig zu verfahren. Alle Befestigungselemente müssen hierfür geeignet, Schrauben auf die Dübeldurchmesser abgestimmt und die Holzquerschnitte dem Deckengewicht entsprechend dimensioniert sein.

9.9 Eingebaute Schränke

Welche Bauarten von Einbauschränken unterscheidet man?

Einbauschränke lassen sich in Wandschränke, Schrankwände und Raumteiler gliedern.

Schrankwände sind vollständige Schrankeinbauten, die vom Fußboden bis zur Decke und von einer Wand bis zur anderen reichen. Wandschränke sind dagegen nur Teileinbauten wie Hängeschränke, die nur einen Teil der Wand bedecken. Raumteiler sind Schränke, die Räume teilen.

Warum dürfen die Rückwände und Seiten der Einbauschränke nicht unmittelbar an der Raumwand anliegen?

Zwischen den Holzteilen der Einbauschränke und dem Mauerwerk muß mindestens ein Zwischenraum von 20 mm vorhanden sein. Besonders bei Außenwänden ist es notwendig, daß dieser Luftzwischenraum belüftet wird. Dies kann durch Luftöffnungen am Sockel und der Deckenblende geschehen.

Wird dieser Luftzwischenraum nicht belüftet, kann es auf den organischen Stoffen wie Tapete und den Holzteilen des Einbauschrankes zu Stockflecken oder Schimmelbildung kommen.

Wie dick müssen die Rückwände in Einbauschränken sein?

In Einbauschränken müssen Rückwände mindestens aus 6 mm dickem Furniersperrholz oder 8 mm dicker Spanplatte bestehen.

Die Bestimmung ist in der DIN 18355 festgelegt.

Welche Vorteile haben eingebaute Schränke gegenüber freistehenden Schränken?

Mit eingebauten Schränken gewinnt man mehr Stauraum als mit freistehenden Schränken. Außerdem lassen sich Staubecken am Fußboden sowie zwischen Wand und Schrank vermeiden.

Eingebaute Schränke können architektonisch stark gegliedert oder flächig schlicht in dem Raum wirken. Bei der Gestaltung der Einbauschränke muß man das übrige Mobiliar und die Größe des Raumes berücksichtigen.

Wie weit muß man mit Holzteilen vom Schornstein entfernt bleiben?

Liegen Schornsteine in der Wand, ist mit allen Holzteilen des Einbauschrankes und natürlich auch der Wandverkleidung ein Abstand von 70 mm einzuhalten.

In Bauordnungen wird auch ein Maß von Innenkante Rauchrohr angegeben, das mindestens 200 mm betragen muß.

Warum sind bei eingebauten Schrankwänden im Sockel und in der Deckenblende Lüftungsschlitze einzubauen?

Die Luft hinter der Rückwand muß sich erneuern können. Dieses kann nur geschehen, wenn eine Luftzirkulation durch vorgesehene Lüftungsschlitze im Sockel und der Deckenblende des Einbauschrankes möglich ist.

Dies ist besonders bei feuchteren Wänden im Neubau und bei Einbauschränken an Außenwänden erforderlich.

Wie muß man große Einbauschränke konstruieren, damit sie leichter zu transportieren und aufzustellen sind?

Einbauschränke werden entweder in kleineren Korpussen gefertigt, die man aufeinander und nebeneinander stellen kann, oder die Schränke bestehen aus lauter Einzelteilen, die mit besonderen Schrankverbindern an Ort und Stelle zusammengebaut werden.

Je mehr Einzelteile der Einbauschrank hat, desto zeitaufwendiger ist der Einbau am Ort und desto schlechter lassen sich die Fronten ausrichten und montieren. Korpusteile mit fertig angeschlagenen Fronten lassen sich dagegen besser aufstellen und ausrichten. Allerdings muß man bei letzteren die Transportmöglichkeit berücksichtigen.

10 Fachmathematik

10.1 Längen und Längenteilungen

Aufgabe 1: Eine Tischplatte hat die Abmessungen 1250 × 825 × 48 mm und soll im Maßstab 1:5 gezeichnet werden. Wie groß sind die einzelnen Maße zu zeichnen?

Merke: 1:5 bedeutet, daß die Abmessungen in der Zeichnung den 5ten Teil der Abmessungen des Werkstücks betragen.

1250 mm : 5 = **250 mm**
825 mm : 5 = **165 mm**
48 mm : 5 = **9,6 mm**

Aufgabe 2: Eine quadratische Tischplatte hat eine Seitenlänge l = 850 mm. Wie groß ist der Umfang U in m und in cm?

Gegeben: $l = 850\ \text{mm} = 85\ \text{cm}$
Gesucht: U
Grundformel: $U = 4\,l$
$\mathbf{U} = 4 \cdot 85\ \text{cm} = \mathbf{340\ cm}$
$\mathbf{U} = 4 \cdot 0{,}85\ \text{m} = \mathbf{3{,}40\ m}$

Aufgabe 3: Für ein Restaurant sind 15 quadratische Tischplatten herzustellen, Seitenlänge der fertigen Platte l = 750 mm, Dicke der Umleimer 8 mm, die auf Gehrung herumgekröpft werden. Wieviel cm (m) Anleimerleisten werden benötigt (ohne Verschnitt)?

Gegeben: $l = 0{,}75\ \text{m} = 75\ \text{cm}$; Stückzahl = 15
Gesucht: l für 15 Stück
Grundformel: $U = 4\,l$; $U \cdot n = 4\,l \cdot n$
$15\,U = 4\,l \cdot 15 = 60\,l$
$\mathbf{15\,U} = 60\,l \cdot 0{,}75\ \text{m} = \mathbf{45\ m} = \mathbf{4500\ cm}$

Aufgabe 4: Es sind 16 rechteckige Tischplatten herzustellen, Länge l_1 = 1640 mm, Breite l_2 = 925 mm. Wieviel m Kunststoffkanten werden benötigt (ohne Verschnitt)?

Gegeben: $l_1 = 1640\ \text{mm} = 1{,}64\ \text{m}$
$l_2 = 925\ \text{mm} = 0{,}925\ \text{m}$; $n = 16$
Gesucht: U für 16 Platten
Grundformel: $U = 2\,l_1 + 2\,l_2 = 2\,(l_1 + l_2)$
$Un = (2\,l_1 + 2\,l_2)\,n = 2n\,(l_1 + l_2)$

$\mathbf{16\,U} = (2 \cdot 1{,}64\ \text{m} + 2 \cdot 0{,}925\ \text{m})\ 16 = \mathbf{82{,}08\ m}$

Aufgabe 5: Der Umfang eines Parallelogramms ist U = 450 mm. Die eine Seite des Parallelogramms ist l_1 = 125 mm lang. Wie lang ist die andere Seite l_2?

Gegeben: $U = 450\ \text{mm}$; $l_1 = 125\ \text{mm}$
Gesucht: l_2
Grundformel: $U = 2\,l_1 + 2\,l_2 = 2\,(l_1 + l_2)$
$\Rightarrow l_2 = \frac{U}{2} - l_1$

$$\mathbf{l_2} = \frac{450\ \text{mm}}{2} - 125\ \text{mm} = \mathbf{100\ mm}$$

Aufgabe 6: Ein Werkstück hat eine Länge von 840 mm. Es soll 12 Bohrungen erhalten. Die äußeren Mittelpunkte der Bohrungen sollen 65 mm von den Enden entfernt liegen. Wie groß ist der Mittenabstand der Bohrungen in mm bei gleichen Mittenabständen der Bohrungen untereinander?

Gegeben: Werkstücklänge $l = 840\ \text{mm}$;
$a = 65\ \text{mm}$; $b = 65\ \text{mm}$;
$y = 12 - 1 = 11$
Gesucht: x
Grundformel: $l = a + yx + b \Rightarrow x = \frac{l - a - b}{x}$

$$\mathbf{x} = \frac{840\ \text{mm} - 130\ \text{mm}}{11} = \mathbf{64{,}5\ mm}$$

Aufgabe 7: Ein Rahmenstück hat eine Breite von 180 mm. Es soll 3 Dübellöcher erhalten, die untereinander und zu den Enden hin die gleichen Mittenabstände aufweisen sollen. Wie groß wird der Abstand x in mm?

Gegeben: $l = 180\ \text{mm}$; $y = 3 + 1 = 4$
Gesucht: x
Grundformel: $l = y \cdot x \Rightarrow x = \frac{l}{y}$

$$\mathbf{x} = \frac{180\ \text{mm}}{4} = \mathbf{45\ mm}$$

Aufgabe 8: Ein Kreissägeblatt hat einen Zahnspitzendurchmesser von d = 320 mm. Welchen Weg in m legt eine Zahnspitze bei einer Umdrehung zurück?

Gegeben: $d = 320\ \text{mm} = 0{,}32\ \text{m}$
Gesucht: U in m
Grundformel: $U = d \cdot \pi$
$\mathbf{U} = 0{,}32\ \text{m} \cdot \pi = \mathbf{1{,}005\ m}$

Aufgabe 9: Zwölf kreisrunde Tischplatten mit dem Radius von 45 cm erhalten Kunststoffumleimer. Wieviel m werden benötigt (ohne Verschnitt)?

Gegeben: Stückzahl $n = 12$; $d = 2 \cdot 45\ \text{cm} = 90\ \text{cm} = 0{,}90\ \text{m}$;
Gesucht: U für 12 Stück
Grundformel: $U = d \cdot \pi$; $U \cdot n = d \cdot \pi \cdot n$

$\mathbf{12\,U} = 0{,}90\ \text{m} \cdot \pi \cdot 12 = \mathbf{33{,}93\ m}$

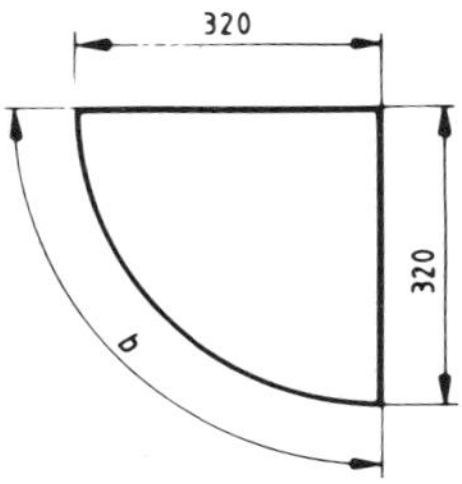

Aufgabe 10: In einem Eckregal haben die Fachböden die Form eines Viertelkreises. Es sind 14 Eckregale herzustellen, die je 4 Böden aufweisen und deren gerade Kantenlinien 320 mm betragen. Wieviel m Kantenmaterial werden für die gebogenen Sichtkanten benötigt?

Gegeben: $r = 320$ mm; $\alpha = 90°$

Gesucht: d; b; Länge des gesamten Kantenmaterials

Grundformel: $b = \frac{d \cdot \pi \cdot \alpha}{360°}$

Gesamtes Kantenmaterial = $b \cdot 14 \cdot 4$

$\boldsymbol{d} = 2 \cdot 320$ mm $= 640$ mm $=$ **0,64 m**

$\boldsymbol{b} = \frac{0{,}64 \text{ m} \cdot \pi \cdot 90°}{360°} =$ **0,502 m**

Gesamtes Kantenmaterial = 0,502 m · 14 · 4 = **28,15 m**

Aufgabe 11: Wie groß ist der Umfang der gezeichneten Tischplatte in m?

Gegeben: $l = 520$ mm $= 0{,}52$ m
$r = 480$ mm $= 0{,}48$ m; damit
$d = 0{,}96$ m

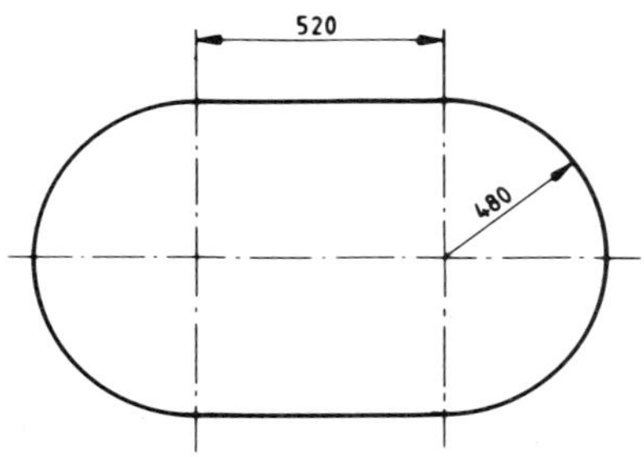

Gesucht: U

Grundformel: $U = d \cdot \pi + 2 \cdot l$

$\boldsymbol{U} = 0{,}96 \text{ m} \cdot \pi + 2 \cdot 0{,}52 \text{ m} =$ **4,056 m**

Aufgabe 12: Für eine Gaststätte sind ellipsenförmige Tische anzufertigen. Die Platten haben eine Länge von 1560 mm und eine Breite von 1050 mm. Wie groß ist der Nettoverbrauch an Anleimern für diese 6 Tischplatten in m?

Gegeben: $d_1 = 1560$ mm $= 1{,}56$ m;
$d_2 = 1050$ mm $= 1{,}05$ m

Gesucht: U für 6 Platten $= 6\,U$

Grundformel: $U = \frac{(d_1 + d_2)\,\pi}{2}$

$\boldsymbol{U} = \frac{(1{,}56 \text{ m} + 1{,}05 \text{ m})\,\pi}{2} =$ **4,10 m**;

6 *U* = 6 · 4,10 m = **24,60 m**

Aufgabe 13: In einem rechtwinkligen Dreieck betragen die Katheten 2450 mm und 1652 mm. Wie lang ist die Hypotenuse?

Gegeben: $a = 2450$ mm; $b = 1652$ mm

Gesucht: c

Grundformel: $c^2 = a^2 + b^2 \Rightarrow c = \sqrt{a^2 + b^2}$

$\boldsymbol{c} = \sqrt{2450^2 + 1652^2} =$ **2955 mm**

Aufgabe 14: Ein rechteckiger Rahmen hat ein lichtes Maß von 760 mm × 1520 mm. Wie groß muß das Stichmaß sein, wenn der Rahmen im Winkel steht?

Gegeben: $a = 760$ mm; $b = 1520$ mm

Gesucht: c

Grundformel: $c^2 = a^2 + b^2; \Rightarrow c = \sqrt{a^2 + b^2}$

$\boldsymbol{c} = \sqrt{760^2 + 1520^2} =$ **1699 mm**

Aufgabe 15: Eine Leiter ist 5,50 m lang und steht so schräg an der Hauswand, daß der Abstand des Leiterfußes von der Hauswand 1,75 m beträgt. Wie weit reicht die Leiter an der Hauswand hinauf?

Gegeben: $c = 5{,}50$ m; $b = 1{,}75$ m

Gesucht: a

Grundformel: $a^2 = c^2 - b^2 \Rightarrow a = \sqrt{c^2 - b^2}$

$\boldsymbol{a} = \sqrt{5{,}50^2 - 1{,}75^2} =$ **5,21 m**

Aufgabe 16: Ein gleichschenkliges Trapez hat eine obere Seite von 4,20 m, eine untere Seite von 6,40 m und eine Höhe von 2,80 m. Wie groß ist der Umfang des gleichschenkligen Trapezes?

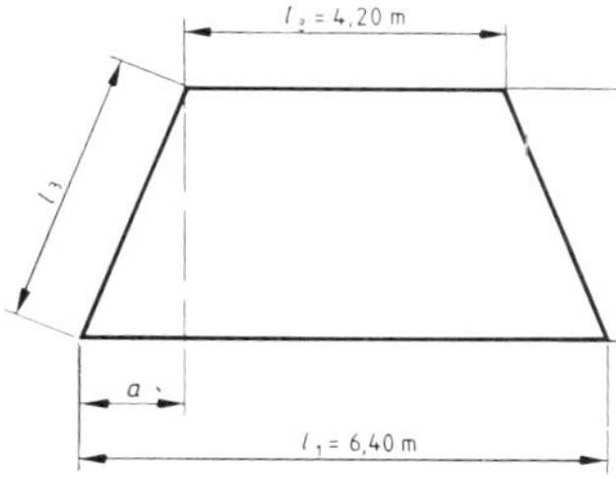

Gegeben: $l_1 = 6{,}40$ m; $l_2 = 4{,}20$ m; $h = 2{,}80$ m
Gesucht: a; l_3; l_4; U
Grundformeln: $U = l_1 + l_2 + l_3 + l_4$;

$$l_4 = \sqrt{h^2 + a^2}$$

$$l_3 = l_4$$

$$a = \frac{l_1 - l_2}{2}$$

$$a = \frac{6{,}40 \text{ m} - 4{,}20 \text{ m}}{2} = 1{,}10 \text{ m}$$

$$\boldsymbol{l_3} = \boldsymbol{l_4} = \sqrt{2{,}80^2 - 1{,}10^2} = \mathbf{3{,}01\ m}$$

$$\boldsymbol{U} = 6{,}40 \text{ m} + 3{,}01 \text{ m} + 4{,}20 \text{ m} + 3{,}01 \text{ m} = \mathbf{16{,}62\ m}$$

Aufgabe 17: Ein Satteldach muß gemäß Bebauungsplan eine Dachneigung von 30° haben, es hat eine Spannweite von 12,50 m. Wie hoch wird das Dach?

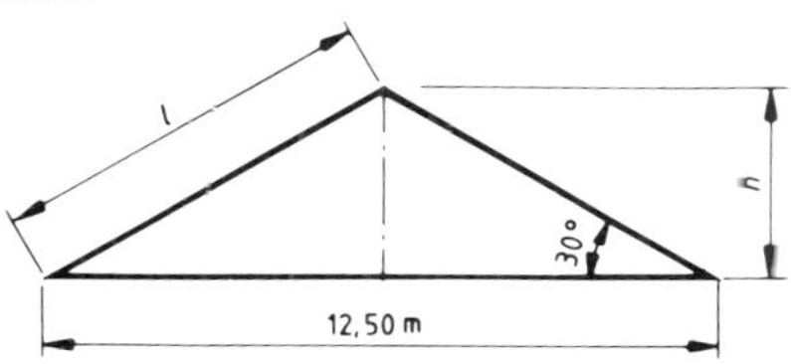

Gegeben: Ankathete $= \frac{12{,}50 \text{ m}}{2} = 6{,}25$ m
$\sphericalangle \alpha = 30°$
Gesucht: h
Grundformel: $\tan \alpha = \frac{\text{Gegenkathete}}{\text{Ankathete}}$

Gegenkathete $= h$; $\tan 30° = 0{,}57735$

$$\tan 30° = \frac{h}{6{,}25 \text{ m}} \Rightarrow h = 6{,}25 \text{ m} \cdot \tan 30°$$

$$\boldsymbol{h} = 6{,}25 \text{ m} \cdot 0{,}57735 = \mathbf{3{,}61\ m}$$

Aufgabe 18: Wie lang sind die Sparren des in Aufgabe 17 genannten Satteldachs?

Gegeben: Ankathete $= \frac{12{,}50 \text{ m}}{2} = 6{,}25$ m
$\sphericalangle \alpha = 30°$
Gesucht: l
Grundformel: $\cos \alpha = \frac{\text{Ankathete}}{\text{Hypotenuse}}$

Hypotenuse $= l$; $\cos 30° = 0{,}86603$

$$\cos 30° = \frac{6{,}25 \text{ m}}{l} \Rightarrow l = \frac{6{,}25 \text{ m}}{\cos 30°}$$

$$\boldsymbol{l} = \frac{\mathbf{6{,}25\ m}}{0{,}86603} = \mathbf{7{,}217\ m}$$

Aufgabe 19: Ein Satteldach hat eine Höhe h = 4,20 m und eine Sparrenlänge l = 6,80 m. Wie groß ist der Traufwinkel?

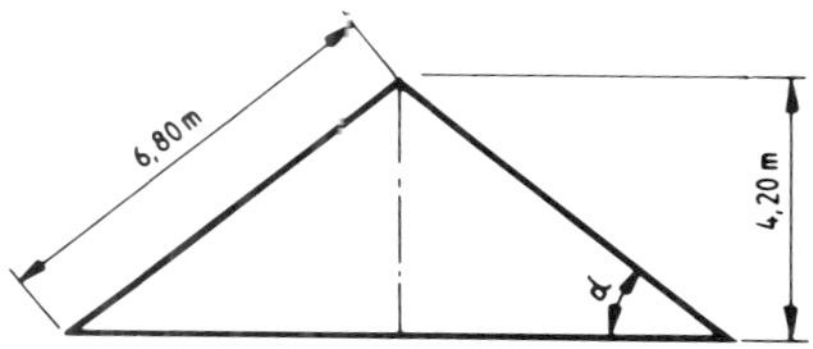

Gegeben: $h = 4{,}20$ m; $l = 6{,}80$ m
Gesucht: Traufwinkel $\sphericalangle \alpha$
Grundformel: $\sin \alpha = \frac{\text{Gegenkathete}}{\text{Hypotenuse}}$

$$\sin \alpha = \frac{4{,}20 \text{ m}}{6{,}80 \text{ m}} = 0{,}61765 \mathrel{\triangle} \sphericalangle \alpha = \mathbf{38°\ 8'\ 40''}$$

Aufgabe 20: Eine Rampe darf nur 7° Neigung aufweisen. Wie lang muß sie sein, um eine 1,20 m hohe Ladefläche zu erreichen?

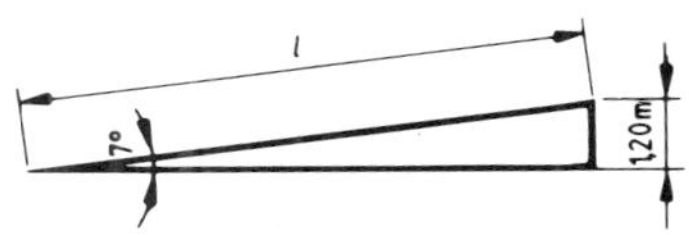

Gegeben: $h = 1{,}20$ m
$\sphericalangle \alpha = 7°$
Gesucht: l
Grundformel: $\sin \alpha = \frac{\text{Gegenkathete}}{\text{Hypotenuse}}$;
Hypotenuse $= l$

$$\sin 7° = \frac{1{,}20 \text{ m}}{l} \Rightarrow \boldsymbol{l} = \frac{1{,}20 \text{ m}}{\sin 7°} = \frac{1{,}20 \text{ m}}{0{,}12187} = \mathbf{9{,}85\ m}$$

Aufgabe 21: Der Umkreis eines 8eckigen Tisches beträgt 1,80 m. Wie groß sind die Seitenkanten und der Umfang des 8eckigen Tisches?

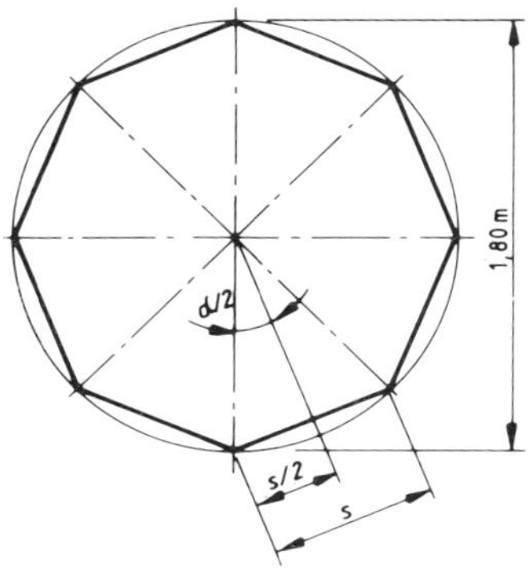

Gegeben: $\alpha = \frac{360°}{8} = 45° \Rightarrow$

$\frac{\alpha}{2} = \frac{45°}{2} = 22{,}5°$

$r = 0{,}90$ m

Gesucht: $\frac{s}{2}$; s; U

Grundformeln: $\sin\frac{\alpha}{2} = \frac{\text{Gegenkathete}}{\text{Hypotenuse}}$

$U = 8s$

$$\sin 22{,}5° = \frac{s/2}{0{,}90\ \text{m}} \Rightarrow s/2 = \sin 22{,}5° \cdot 0{,}90\ \text{m}$$

$s/2 = 0{,}38268 \cdot 0{,}90$ m $= 0{,}3444$ m

$\boldsymbol{s} = 2 \cdot 0{,}3444$ m $=$ **0,6888 m**

$\boldsymbol{U} = 8 \cdot 0{,}6888$ m $=$ **5,51 m**

Aufgabe 22: Eine Tür hat die Kennziffer 8×16. Wie groß sind das Baurichtmaß und das Nennmaß der Tür bei Fugenmauerwerk?

Gegeben: Kennziffer; *am* (Achtelmeter) = 12,5 cm

Gesucht: Baurichtmaß; Nennmaß

Grundformeln: Baurichtmaß = Kennziffer × *am*

Nennmaß = Baurichtmaß + Fugen

Baurichtmaß = (8 · 12,5 cm) · (16 · 12,5 cm) = **100 cm · 200 cm**

Nennmaß = (100 cm + 1 cm) × (200 cm + 0,5 cm)* = **101 cm × 200,5 cm**

* Da das Maß der Türhöhe von OK Fertigfußboden gerechnet wird, kann nur oben am Sturz die halbe Fuge addiert werden.

Aufgabe 23: Ein Fenster hat die Kennziffer 14×11. Wie groß sind das Baurichtmaß und das Nennmaß?

Gegeben: Kennziffer; *am* (Achtelmeter) = 12,5 cm

Gesucht: Baurichtmaß; Nennmaß

Grundformeln: Baurichtmaß = Kennziffer × *am*

Nennmaß = Baurichtmaß + Fugen

Baurichtmaß = (14 · 12,5 cm) · (11 · 12,5 cm) = **175 cm · 137,5 cm**

Nennmaß = (175 cm + 1 cm) · (137,5 cm + 1 cm) = **176 cm · 138,5 cm**

Nennmaßbreite = **176 cm**

Nennmaßhöhe = **138,5 cm**

10.2 Flächen

Aufgabe 1: Eine Fläche ist 152 320 cm² groß. Wieviel m² sind dies?

Gegeben: 152 320 cm^2

Gesucht: m^2

Grundformel: 1 m^2 = 10 000 cm^2

152 320 cm^2 · 1/10 000 = **15,232 m²**

Aufgabe 2: Für ein Restaurant sind 27 quadratische Tischplatten aus 38 mm Spanplatte herzustellen. Das Zuschnittmaß beträgt l = 78 cm. Wie groß ist der Nettoverbrauch an Spanplatten?

Gegeben: l = 78 cm = 0,78 m; Stückzahl 27

Gesucht: A; Nettoverbrauch

Grundformel: $A = l^2$

$\boldsymbol{A}$ = $(0{,}78\ \text{m})^2$ = **0,6084 m²**

Nettoverbrauch = 27 · 0,6084 m^2 = **16,43 m²**

Aufgabe 3: Der Flächeninhalt A eines Quadrates beträgt 9082,09 cm². Wie groß ist seine Seitenlänge in mm?

Gegeben: A = 9082,09 cm^2 = 908 209 mm^2

Gesucht: l

Grundformel: $A = l^2 \Rightarrow l = \sqrt{A}$

$\boldsymbol{l} = \sqrt{908\,209\ \text{mm}^2}$ = **953 mm**

Aufgabe 4: Ein Raum soll mit Parkettfußboden ausgelegt werden. Er hat eine Breite von 4,76 m und eine Länge von 6,51 m. Wieviel m² Parkettfußboden sind zu verlegen und wieviel Parkettplatten in der Größe von 25 cm × 25 cm werden benötigt?

Gegeben: l = 6,51 m; b = 4,76 m

Plattenmaß 25 cm × 25 cm

Gesucht: A; Stückzahl der Parkettplatten

Grundformel: $A = l \times b$

$A = 6{,}51\ \text{m} \cdot 4{,}76\ \text{m} = \mathbf{30{,}99\ m^2}$

$$\textbf{Parkettplatten} = \frac{6{,}51\ \text{m}}{0{,}25\ \text{m}} \cdot \frac{4{,}76\ \text{m}}{0{,}25\ \text{m}} = 26 \cdot 19 = \textbf{494 Stück}$$

Aufgabe 5: Eine Schranktür soll ein Format im Verhältnis 3:5 bekommen. Die Breite beträgt 45 cm. Welchen Flächeninhalt *A* hat die Tür in m²?

Gegeben: Breite = 45 cm = 0,45 m; Seitenverhältnis $b : h = 3 : 5$

Gesucht: h; A

Grundformel: $A = b \cdot h$

aus $\frac{b}{h} = \frac{3}{5}$ folgt $h = \frac{b \cdot 5}{3}$

$\boldsymbol{h} = \frac{45\ \text{cm}}{3} \cdot 5 = \mathbf{75\ cm}$

$\boldsymbol{A} = 0{,}45\ \text{m} \cdot 0{,}75\ \text{m} = \mathbf{0{,}3375\ m^2} \approx \mathbf{0{,}34\ m^2}$

Aufgabe 6: Eine parallelogrammförmige Treppenwange wird 23 cm breit zugeschnitten, sie ist 5,83 m lang. Wie groß ist der Nettoverbrauch in m²?

Gegeben: $l = 5{,}83$ m; $h = 0{,}23$ m

Gesucht: A

Grundformel: $A = l \cdot h$

$\boldsymbol{A} = 5{,}83\ \text{m} \cdot 0{,}23\ \text{m} = \mathbf{1{,}341\ m^2} \approx \mathbf{1{,}34\ m^2}$

Aufgabe 7: Ein Dreieck hat eine Grundlinie von $l = 1{,}26$ m und eine Höhe von $h = 0{,}87$ m. Wie groß ist der Flächeninhalt?

Gegeben: $l = 1{,}26$ m; $h = 0{,}87$ m

Gesucht: A

Grundformel: $A = \frac{l \cdot h}{2}$

$\boldsymbol{A} = \frac{1{,}26\ \text{m} \cdot 0{,}87\ \text{m}}{2} = \mathbf{0{,}5481\ m^2} \approx \mathbf{0{,}55\ m^2}$

Aufgabe 8: Ein Dreieck hat bei einem Flächeninhalt von 17,94 cm² eine Grundlinie von 78 mm. Wie groß ist seine Höhe?

Gegeben: $A = 17{,}94\ \text{cm}^2$; $l = 78$ mm

Gesucht: h

Grundformel: $A = \frac{l \cdot h}{2} \Rightarrow h = \frac{2A}{l}$

$\boldsymbol{h} = \frac{2 \cdot 1794\ \text{mm}^2}{78\ \text{mm}} = \mathbf{46\ mm}$

Aufgabe 9: Die Länge *l* der Grundlinie eines Dreiecks verhält sich zu seiner Höhe *h* wie 2:1. Wie groß werden *h* und *l*, wenn der Flächeninhalt des Dreiecks 4806 mm² beträgt?

Gegeben: $A = 4806\ \text{mm}^2$; $l : h = 2:1$

Gesucht: l und h

Grundformel: $A = \frac{l \cdot h}{2}$;

aus $\frac{l}{h} = \frac{2}{1}$ folgt $l = 2 \cdot h$

für l wird $2 \cdot h$ eingesetzt

$A = \frac{2 \cdot h \cdot h}{2} = \frac{2 \cdot h^2}{2} = h^2 \Rightarrow h = \sqrt{A}$

$\boldsymbol{h} = \sqrt{4806\ \text{mm}^2} = \mathbf{69{,}33\ mm}$

$\boldsymbol{l} = 2 \cdot h = \mathbf{138{,}66\ mm}$

Probe: $A = \frac{l \cdot h}{2} = \frac{138{,}66\ \text{mm} \cdot 69{,}33\ \text{mm}}{2}$
$= 4806\ \text{mm}^2$

Aufgabe 10: Der Fußboden einer trapezförmigen Bühne ist mit Dielen zu belegen. Die schmale Seite beträgt $l_1 = 12{,}26$ m, die breite Seite $l_2 = 16{,}30$ m und die Breite $b = 8{,}45$ m. Wieviel m² Fußboden sind zu belegen?

Gegeben: $l_1 = 12{,}26$ m; $l_2 = 16{,}30$ m; $b = 8{,}45$ m

Gesucht: A

Grundformel: $A = \frac{l_1 + l_2}{2} \cdot b$

$\boldsymbol{A} = \frac{12{,}26\ \text{m} + 16{,}30\ \text{m}}{2} \cdot 8{,}45\ \text{m} = \mathbf{120{,}67\ m^2}$

Aufgabe 11: Ein Trapez hat einen Flächeninhalt von 780 mm² und eine Breite von 26 mm. Wie lang ist die zweite seiner parallelen Seiten l_2, wenn die Länge der ersten $l_1 = 37$ mm beträgt?

Gegeben: $A = 780\ \text{mm}^2$; $b = 26$ mm; $l_1 = 37$ mm

Gesucht: l_2

Grundformel: $A = \frac{l_1 + l_2}{2} \cdot b \Rightarrow l_2 = \frac{2 \cdot A}{b} - l_1$

$\boldsymbol{l_2} = \frac{2 \cdot 780\ \text{mm}^2}{26\ \text{mm}} - 37\ \text{mm} = \mathbf{23\ mm}$

Aufgabe 12: Die trapezförmigen Stirnwände eines ausgebauten Dachgeschosses sind 2380 mm hoch, an der Decke 3820 mm und am Fußboden 5250 mm breit. Wieviel m² Verbretterung ist für die Verkleidung der beiden Stirnflächen erforderlich?

Gegeben: $b = 2380$ mm; $l_1 = 3820$ mm; $l_2 = 5250$ mm

Gesucht: A

Grundformel: $A = \frac{l_1 + l_2}{2} \cdot b$

$\mathbf{A} = \frac{3{,}82\ \text{m} + 5{,}25\ \text{m}}{2} \cdot 2{,}38\ \text{m} = \mathbf{10{,}79\ m^2}$

$\mathbf{2A} = 10{,}79\ \text{m}^2 \cdot 2 = \mathbf{21{,}58\ m^2}$ Verbretterung

Aufgabe 13: Ein Treppenabgang wird mit Spanplatte verschalt. Wieviel m² Spanplatte ist erforderlich?

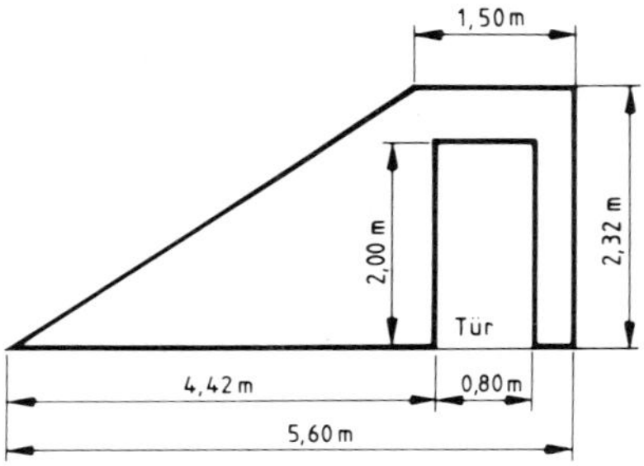

Gegeben: h; l

Gesucht: A für Dreieck
A für Rechteck – Tür

Grundformeln: $A_{\triangle} = \frac{l \cdot h}{2}$; $A_{\square} = l \cdot h$

$A_{\text{Dreieck}} = \frac{(5{,}60 - 1{,}50) \cdot 2{,}32\ \text{m}}{2} = 4{,}756\ \text{m}^2$

$A_{\text{Rechteck}} - A_{\text{Tür}} = (1{,}50\ \text{m} \cdot 2{,}32\ \text{m}) - (2{,}00\ \text{m} \cdot 0{,}80\ \text{m}) = 3{,}48\ \text{m}^2 - 1{,}60\ \text{m}^2 = 1{,}88\ \text{m}^2$

$\mathbf{A_{Verschalung}} = 4{,}756\ \text{m}^2 + 1{,}88\ \text{m}^2 = \mathbf{6{,}636\ m^2}$

Aufgabe 14: Acht parallel besäumte Bretter l = 2,32 m; b = 0,16 m sollen zu einer Fläche zusammengeleimt werden. Wie groß wird die Fläche?

Gegeben: $l = 2{,}32$ m; $b = 0{,}16$ m; n = 8

Gesucht: A

Grundformel: $A = l \cdot b \cdot n$

$\mathbf{A} = 2{,}32\ \text{m} \cdot 0{,}16\ \text{m} \cdot 8 = \mathbf{2{,}97\ m^2}$

Aufgabe 15: Parallel besäumte Bretter haben die Länge von l = 1,78 m und die Breite 9 cm, 10 cm, 11,5 cm, 12 cm und 14 cm. Wie groß ist die aus diesen Brettern zusammengelegte Fläche?

Gegeben: $l = 1{,}78$ m; $b_1 = 0{,}09$ m; $b_2 = 0{,}10$ m; $b_3 = 0{,}115$ m; $b_4 = 0{,}12$ m; $b_5 = 0{,}14$ m

Gesucht: A

Grundformel: $A = l \cdot (b_1 + b_2 + b_3 \ldots)$

$\mathbf{A} = 1{,}78\ \text{m} \cdot (0{,}09\ \text{m} + 0{,}10\ \text{m} + 0{,}115\ \text{m} + 0{,}12\ \text{m} + 0{,}14\ \text{m}) = \mathbf{1{,}006\ m^2}$

Aufgabe 16: Ein kiefernes Brett hat die Länge von 4,25 m und eine mittlere Breite von 29 cm. Wieviel m² können hierfür in Rechnung gestellt werden?

Gegeben: $l = 4{,}25$ m; $b_m = 0{,}29$ m

Gesucht: A

Grundformel: $A = l \cdot b$

$\mathbf{A} = 4{,}25\ \text{m} \cdot 0{,}29 = \mathbf{1{,}233\ m^2}$

Aufgabe 17: Eine 50 mm dicke Eichenbohle hat eine Länge von 3,25 m und ist in der Mitte auf der Schmalseite 420 mm und auf der Breitseite 465 mm breit. Wieviel m² können für diese Bohle berechnet werden?

Gegeben: $l = 3{,}25$ m; $b_{m1} = 420$ mm; $b_{m2} = 465$ mm

Gesucht: A

Grundformel: $A = \frac{b_{m1} + b_{m2}}{2} \cdot l$

$\mathbf{A} = \frac{0{,}42\ \text{m} + 0{,}465\ \text{m}}{2} \cdot 3{,}25\ \text{m} = \mathbf{1{,}438\ m^2}$

Aufgabe 18: Kreisrunde Tischplatten mit einem ∅ von 95 cm sind beidseitig mit dem gleichen Furnier zu furnieren. Wie groß ist der Nettoverbrauch in m² an Furnier?

Gegeben: $d = 95$ cm $= 0{,}95$ m

Gesucht: A; $2A$

Grundformel: $A = \frac{d^2 \cdot \pi}{4}$

$\mathbf{A} = \frac{0{,}95^2 \cdot \pi}{4} = \mathbf{0{,}709\ m^2}$

$\mathbf{2 \cdot A} = 2 \cdot 0{,}709\ \text{m}^2 = \mathbf{1{,}418\ m^2}$ (Nettoverbrauch)

Aufgabe 19: Aus einer quadratischen Platte mit einer Kantenlänge von 1,20 m sind kreisrunde Tischplatten mit einem Durchmesser von 1,18 m herauszuschneiden. Wie groß ist der Flächeninhalt der Tischplatte und wie groß der Abfall (Verschnitt)?

Gegeben: $l = 1{,}20$ m; $d = 1{,}18$ m

Gesucht: A der Tischplatte und des Verschnitts

Grundformeln: $A_{\square} = l^2$; $A_{\bigcirc} = \frac{d^2 \cdot \pi}{4}$;

$$\text{Verschnitt} = A_{\square} - A_{\bigcirc}$$

$$\boldsymbol{A_{\square}} = (1{,}20\ \text{m})^2 = \mathbf{1{,}44\ m^2}$$

$$\boldsymbol{A_{\bigcirc}} = \frac{1{,}18^2 \cdot \pi}{4} = \mathbf{1{,}094\ m^2}$$

Verschnitt $= 1{,}44\ \text{m}^2 - 1{,}094\ \text{m}^2 = \mathbf{0{,}346\ m^2}$

Aufgabe 20: Eine kreisrunde Lichtkuppel sollte zur ausreichenden Beleuchtung mindestens 8 m² groß sein. Welchen Durchmesser in m muß diese Lichtkuppel haben?

Gegeben: $A = 8\ \text{m}^2$

Gesucht: d

Grundformel: $A = \frac{d^2 \cdot \pi}{4} \Rightarrow d = \sqrt{\frac{4A}{\pi}}$

$$\boldsymbol{d} = \sqrt{\frac{4 \cdot 8\ \text{m}^2}{\pi}} = \mathbf{3{,}19\ m}$$

Aufgabe 21: Für ein Eckregal sind 6 Fachböden in der Form eines Viertelkreises herzustellen; der Radius beträgt 340 mm. Wie groß ist der Nettoverbrauch an Spanplatten in m²?

Gegeben: $r = 340\ \text{mm} = 0{,}34\ \text{m};\ \alpha = 90°;$ $n = 6$

Gesucht: $A;\ An$

Grundformel: $A = \frac{r^2 \cdot \pi \cdot \alpha}{360°};$

$$An = \frac{r^2 \cdot \pi \cdot \alpha}{360°} \cdot n$$

$$\boldsymbol{An} = \frac{0{,}34^2 \cdot \pi \cdot 90°}{360°} \cdot 6 = \mathbf{0{,}545\ m^2}$$

Aufgabe 22: Die Treppenstufen einer Spindeltreppe haben einen Winkel an der Spindel von 25°. Der innere Durchmesser der Treppenstufe beträgt 280 mm, der äußere 2200 mm. Wie groß ist der Flächeninhalt einer Stufe und aller für die Spindeltreppe erforderlichen 15 Stufen?

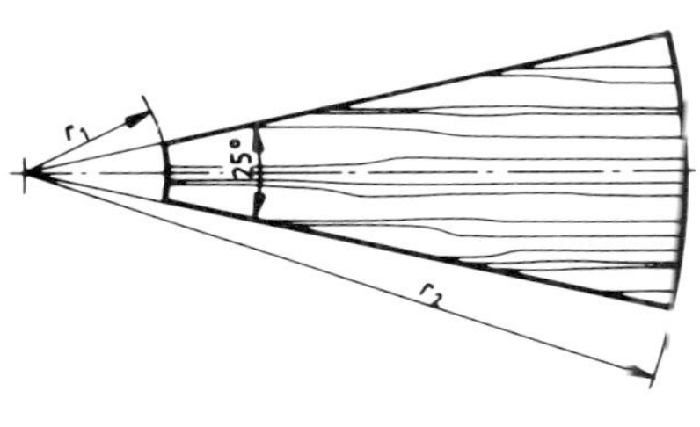

Gegeben: $\sphericalangle\ \alpha = 25°;\ r_1 = 140\ \text{mm};$ $r_2 = 1100\ \text{mm};\ n = 15$

Gesucht: An

Grundformel: $A_{1,2} = \frac{r^2 \cdot \pi \cdot \alpha}{360°};\ An = A_1 - A_2$

$$A_1 = \frac{(1{,}10\ \text{m})^2 \cdot \pi \cdot 25°}{360°} = \mathbf{0{,}26398\ m^2}$$

$$A_2 = \frac{(0{,}14\ \text{m})^2 \cdot \pi \cdot 25°}{360°} = \mathbf{0{,}00428\ m^2}$$

$$\boldsymbol{An} = (0{,}26398\ \text{m}^2 - 0{,}00428\ \text{m}^2) \cdot 15 = \mathbf{3{,}896\ m^2}$$

Aufgabe 23: Für eine Stichbogentür ist aus Multiplexplatten die Mauerlehre zu fertigen. Der Stichbogen hat eine Spannweite von 2,10 m und eine Stichhöhe von 0,42 m. Wieviel Material wird erforderlich, wenn die Stichbogenlehre zweischalig angefertigt wird?

Gegeben: $s = 2{,}10\ \text{m};\ h = 0{,}42\ \text{m}$

Gesucht: $A;\ 2A$

Grundformel: $A \approx \frac{2}{3} \cdot s \cdot h$

$$\boldsymbol{A} \approx \frac{2}{3} \cdot 2{,}10\ \text{m} \cdot 0{,}42\ \text{m} = \mathbf{0{,}588\ m^2}$$

$$\mathbf{2A = 1{,}176\ m^2}$$

Aufgabe 24: Ein elliptischer Konferenztisch ist 2,50 m lang und 1,80 m breit. Wie groß ist die Tischfläche?

Gegeben: $r_1 = \frac{1{,}80\ \text{m}}{2} = 0{,}90\ \text{m};$

$r_2 = \frac{2{,}50\ \text{m}}{2} = 1{,}25\ \text{m};$

Gesucht: A

Grundformel: $A = r_1 \cdot r_2 \cdot \pi$

$$\boldsymbol{A} = 0{,}90\ \text{m} \cdot 1{,}25\ \text{m} \cdot \pi = \mathbf{3{,}534\ m^2}$$

Aufgabe 25: Wie groß ist die Fläche der skizzierten Tischplatte (in m²)?

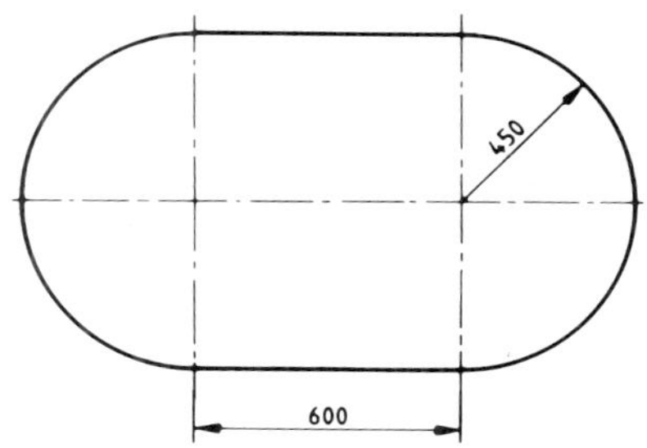

Gegeben: $b = 0{,}90\ \text{m};\ l = 0{,}60\ \text{m};\ r = 0{,}45\ \text{m}$

Gesucht: $A_{Kreis};\ A_{Rechteck};\ A_{gesamt}$

Grundformeln: $A_{Kreis} = r^2 \cdot \pi;\ A_{Rechteck} = l \cdot b$

$A_{Kreis} = (0{,}45\ m)^2 \cdot \pi = 0{,}636\ m^2$

$A_{Rechteck} = 0{,}6\ m \cdot 0{,}9\ m = 0{,}54\ m^2$

$\boldsymbol{A_{gesamt}} = 0{,}636\ m^2 + 0{,}54\ m^2 = \mathbf{1{,}176\ m^2}$

Aufgabe 26: Wie groß ist die Fläche in m² der skizzierten Tischplatte?

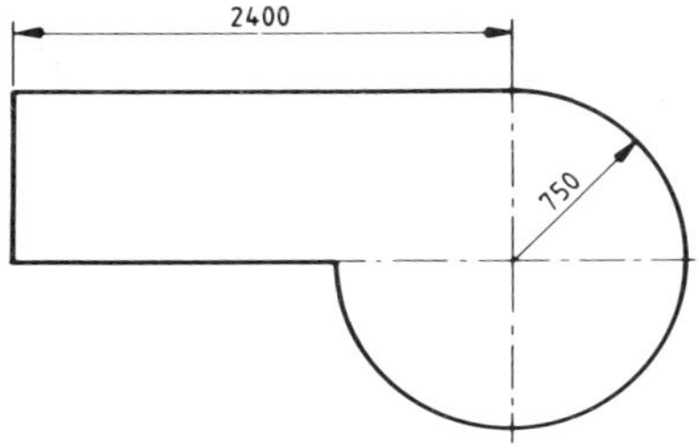

Gegeben: $l = 2{,}40\ m;\ b = 0{,}75\ m;\ r = 0{,}75\ m;\ \alpha = 270°$

Gesucht: $A_{Kreisausschnitt};\ A_{Rechteck};\ A_{gesamt}$

Grundformeln: $A_{Kreisausschnitt} = \dfrac{r^2 \cdot \pi \cdot \alpha}{360°}$

$A_{Rechteck} = l \cdot b$

$A_{Kreisausschnitt} = \dfrac{0{,}75\ m^2 \cdot \pi \cdot 270°}{360°} = 1{,}325\ m^2$

$A_{Rechteck} = 2{,}40\ m \cdot 0{,}75\ m = 1{,}80\ m^2$

$\boldsymbol{A_{gesamt}} = 1{,}325\ m^2 + 1{,}80\ m^2 = \mathbf{3{,}125\ m^2}$

Aufgabe 27: Wie groß ist die Fläche in m² der skizzierten Tischplatte?

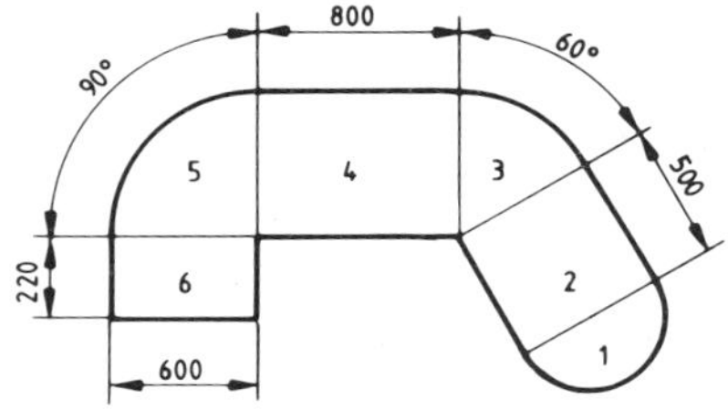

Gegeben: $l_2 = 500\ mm;\ l_4 = 800\ mm;\ l_6 = 220\ mm;\ b = d_1 = r_3 = r_5 = 600\ mm$

Gesucht: A_{gesamt}

Grundformeln: $A_{Kreisausschnitt} = \dfrac{r^2 \cdot \pi \cdot \alpha}{360°}$

$A_{Rechteck} = l \cdot b$

$A_1 = \dfrac{0{,}3^2 \cdot \pi \cdot 180°}{360°} = 0{,}1414\ m^2$

$A_{2,4,6} = (0{,}5\ m + 0{,}8\ m + 0{,}22\ m) \cdot 0{,}6\ m = 0{,}9120\ m^2$

$A_{3,5} = \dfrac{0{,}6^2 \cdot \pi \cdot (60° + 90°)}{360°} = 0{,}4712\ m^2$

$\boldsymbol{A_{Gesamt}} = 0{,}1414\ m^2 + 0{,}9120\ m^2 + 0{,}4712\ m^2 = \mathbf{1{,}5246\ m^2}$

Aufgabe 28: Wie groß ist der Flächeninhalt in m² der skizzierten Thekenseite?

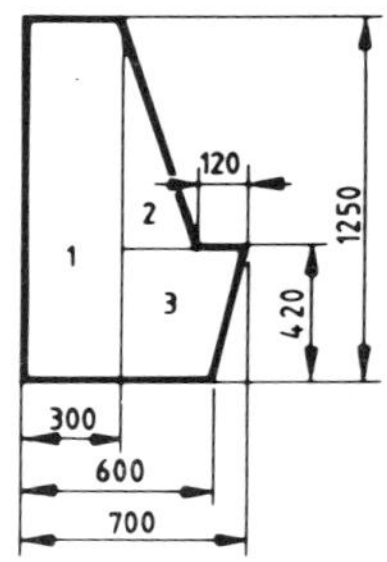

Gegeben: Maße siehe Skizze!

Gesucht: $A_1;\ A_2;\ A_3;\ A_{gesamt}$

Grundformeln: $A_1 = l \cdot b$

$A_2 = \dfrac{l \cdot b}{2}$

$A_3 = \dfrac{l_1 + l_2}{2} \cdot h$

$A_1 = 0{,}3\ m \cdot 1{,}25\ m = 0{,}375\ m^2$

$A_2 = \dfrac{(1{,}25\ m - 0{,}42\ m) \cdot (0{,}7\ m - 0{,}12\ m - 0{,}3\ m)}{2} = 0{,}116\ m^2$

$A_3 = \dfrac{(0{,}60\ m - 0{,}30\ m) + (0{,}70\ m - 0{,}30\ m)}{2} \cdot 0{,}42\ m = 0{,}147\ m^2$

$\boldsymbol{A_{Gesamt}} = 0{,}375\ m^2 + 0{,}116\ m^2 + 0{,}147\ m^2 = \mathbf{0{,}638\ m^2}$

10.3 Rauminhalte

Aufgabe 1: Ein Blechkanister hat die Abmessungen 240 mm × 180 mm × 360 mm. Wieviel Liter faßt er? (Die Metallwandungen bleiben unberücksichtigt.)

Gegeben: $a = 240$ mm; $b = 180$ mm; $h = 360$ mm

Gesucht: V in dm^3

Grundformeln: $V = A \cdot h_k$; $A = a \cdot b$; $1\,l = 1\,dm^3$

$V = 2{,}4\ dm \cdot 1{,}8\ dm \cdot 3{,}6\ dm = 15{,}55\ dm^3 = \mathbf{15{,}55\ l}$

Aufgabe 2: Ein runder Kanister hat die Abmessungen $d = 320$ mm, $h = 380$ mm. Wieviel Liter faßt er, wenn man auf volle Liter abrundet?

Gegeben: $d = 3{,}2$ dm; $h = 3{,}8$ dm

Gesucht: V in dm^3

Grundformeln: $V = A \cdot h_k = \frac{d^2 \cdot \pi \cdot h_k}{4}$; $1\,dm^3 = 1\,l$

$$V = \frac{(3{,}2\ dm)^2 \cdot \pi \cdot 3{,}8\ dm}{4} = 30{,}56\ dm^3 \approx \mathbf{30\ Liter}$$

Aufgabe 3: Eine 6eckige Vollholzsäule hat eine Länge von 2,75 m und die Breite der Sechseckfläche beträgt 160 mm. Wieviel m^3 Holz sind dies?

Gegeben: $h_k = 2{,}75$ m; $s = 0{,}16$ m

Gesucht: A; h; V

Grundformeln: $A_{Sechseck} = \frac{s \cdot h}{2} \cdot 6$

$$h = \sqrt{\left(\frac{s}{2}\right)^2 - s^2}$$

$$V = A \cdot h_k$$

$$h = \sqrt{\left(\frac{0{,}16}{2}\right)^2 + 0{,}16^2} = 0{,}1788\ m$$

$$A_{Sechseck} = \frac{0{,}16\ m \cdot 0{,}1789\ m}{2} \cdot 6 = 0{,}0859\ m^2$$

$V = 0{,}0859\ m^2 \cdot 2{,}75\ m = \mathbf{0{,}236\ m^3}$

Aufgabe 4: Eine Pyramide hat eine rechteckige Grundfläche mit $l = 800$ mm, $b = 1200$ mm und eine Körperhöhe $h_k = 1860$ mm. Wie groß ist der Rauminhalt in m^3?

Gegeben: $l = 800$ mm; $b = 1200$ mm; $h_k = 1860$ mm

Gesucht: A; V

Grundformeln: $A = l \cdot b$; $V = \frac{A \cdot h_k}{3}$

$A = 0{,}8\ m \cdot 1{,}2\ m = 0{,}96\ m^2$

$$V = \frac{0{,}96\ m^2 \cdot 1{,}86\ m}{3} = \mathbf{0{,}595\ m^3}$$

Aufgabe 5: Ein Rundholzstamm hat einen mittleren Durchmesser von 0,82 m und eine Länge von 4,50 m. Wie groß ist das Volumen des Stammes?

Gegeben: $d_m = 0{,}82$ m; $l = 4{,}50$ m

Gesucht: A_m; V

Grundformel: $A_m = \frac{d_m^2 \cdot \pi}{4}$; $V \approx A_m \cdot l$

$$A_m = \frac{(0{,}82\ m)^2 \cdot \pi}{4} = 0{,}528\ m^2$$

$V \approx 0{,}528\ m^2 \cdot 4{,}50\ m = \mathbf{2{,}376\ m^3}$

Aufgabe 6: Ein Sägewerk kauft folgende Stämme auf:

	mittlerer Durchmesser	Länge
Stamm 1:	48 cm	5,50 m
Stamm 2:	52 cm	4,80 m
Stamm 3:	64 cm	5,20 m
Stamm 4:	83 cm	3,80 m

Wieviel m^3 sind dies insgesamt?

Gegeben: d_m; l

Gesucht: A_m; V_{Gesamt}

Grundformel: $A_m = \frac{d_m^2 \cdot \pi}{4}$; $V \approx A_m \cdot l$

Stamm 1: $A_m = \frac{(0{,}48\ m)^2}{4} \cdot \pi = 0{,}181\ m^2$;

$V_1 = 0{,}181\ m^2 \cdot 5{,}50\ m = 0{,}996\ m^3$

Stamm 2: $A_m = \frac{(0{,}52\ m)^2}{4} \cdot \pi = 0{,}212\ m^2$;

$V_2 = 0{,}212\ m^2 \cdot 4{,}80\ m = 1{,}019\ m^3$

Stamm 3: $A_m = \frac{(0{,}64\ m)^2}{4} \cdot \pi = 0{,}322\ m^2$;

$V_3 = 0{,}322\ m^2 \cdot 5{,}20\ m = 1{,}674\ m^3$

Stamm 4: $A_m = \frac{(0{,}83\ m)^2}{4} \cdot \pi = 0{,}541\ m^2$;

$V_4 = 0{,}541\ m^2 \cdot 3{,}80\ m = 2{,}056\ m^3$

$\mathbf{V_{Gesamt} = 5{,}745\ m^3}$

Aufgabe 7: Wie groß ist das Volumen des Zyklonabscheiders in m^3? (Die Materialdicke des Mantels bleibt unberücksichtigt.)

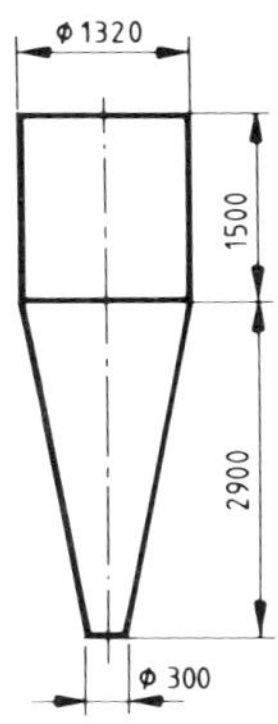

Gegeben: $d_1 = 1{,}32$ m; $h_{k1} = 1{,}50$ m
$d_2 = 0{,}30$ m; $h_{k2} = 2{,}90$ m

Gesucht: $V_{Zylinder}$; $V_{Kegelstumpf}$; V_{Gesamt}

Grundformeln: $V_{Zylinder} = A \cdot h_{k1}$; $A = \frac{d_1^2 \cdot \pi}{4}$

$$V_{Kegelstumpf} = \frac{\pi \cdot h_{k2}}{12} \cdot (d_1^2 + d_2^2 + d_1 \cdot d_2)$$

$$A = \frac{(1{,}32\text{ m})^2 \cdot \pi}{4} = 1{,}368\text{ m}^2$$

$$V_{Zylinder} = 1{,}368\text{ m}^2 \cdot 1{,}50\text{ m} = 2{,}052\text{ m}^3$$

$$V_{Kegelstumpf} = \frac{\pi \cdot 2{,}90\text{ m}}{12} \cdot [(1{,}32\text{ m})^2 + (0{,}3\text{ m})^2 + 1{,}32\text{ m} \cdot 0{,}3\text{ m}] = 1{,}692\text{ m}^3$$

$$\mathbf{V_{Gesamt}} = 2{,}052\text{ m}^2 + 1{,}692\text{ m}^3 = \mathbf{3{,}744\text{ m}^3}$$

Aufgabe 8: Ein Zimmermann kauft folgende Balken und Kanthölzer ein.
5 Stück 25 cm × 16 cm × 5,00 m
2 Stück 14 cm × 14 cm × 2,80 m
6 Stück 12 cm × 8 cm × 3,60 m
Wieviel m³ müssen für diese Hölzer berechnet werden?

Gegeben: l; b; d; n

Gesucht: V; V_n; $V_{ges.}$

Grundformel: $V = b \cdot d \cdot l$; $V_n = b \cdot d \cdot l \cdot n$

$V_n = 0{,}25\text{ m} \times 0{,}16\text{ m} \times 5{,}00\text{ m} \times 5 = 1{,}00\text{ m}^3$

$V_n = 0{,}14\text{ m} \times 0{,}14\text{ m} \times 2{,}80\text{ m} \times 2 = 0{,}11\text{ m}^3$

$V_n = 0{,}12\text{ m} \times 0{,}08\text{ m} \times 3{,}60\text{ m} \times 6 = 0{,}21\text{ m}^3$

$\mathbf{V_{ges.}} = 1{,}00\text{ m}^3 + 0{,}11\text{ m}^3 + 0{,}21\text{ m}^3 = \mathbf{1{,}32\text{ m}^3}$

Aufgabe 9: Eine 75 mm dicke Bohle ist 5,20 m lang, hat auf der linken Seite eine mittlere Breite von 0,52 m und auf der rechten Seite von 0,59 m. Wieviel m³ Volumen hat diese Bohle?

Gegeben: $l = 5{,}20$ m; $b_{m1} = 0{,}52$ m;
$b_{m2} = 0{,}59$ m; d = 0,075 m

Gesucht: V

Grundformel: $V = \frac{b_{m1} + b_{m2}}{2} \cdot l \cdot d$

$$\mathbf{V} = \frac{(0{,}52\text{ m} + 0{,}59\text{ m})}{2} \cdot 5{,}20\text{ m} \cdot 0{,}075\text{ m} = \mathbf{0{,}216\text{ m}^3}$$

Aufgabe 10: Ein Nußbaumstamm ist 2,80 m lang und wird in 45 mm dicke Bohlen eingeschnitten. Es können folgende Bohlen gewonnen werden:
1. $b_{m1} = 12$ cm; $b_{m2} = 18$ cm
2. $b_{m1} = 18{,}5$ cm; $b_{m2} = 24$ cm
3. $b_{m1} = 24$ cm; $b_{m2} = 28$ cm
4. $b_{m1} = 25$ cm; $b_{m2} = 28$ cm
5. $b_{m1} = 18$ cm; $b_{m2} = 25$ cm
6. $b_{m1} = 13$ cm; $b_{m2} = 18$ cm

Wieviel m³ können berechnet werden?

Gegeben: $l = 2{,}80$ m; b_{m1} und b_{m2} der Bohlen 1 bis 6; $d = 45$ mm

Gesucht: V_{ges}

Grundformel: $V_{ges} = \left(\frac{b_{m1} + b_{m2}}{2} + \frac{b_{m1} + b_{m2}}{2} \ldots\right) l \cdot d$

$$V_{ges} = \left(\frac{0{,}12\text{ m} + 0{,}18\text{ m}}{2} + \frac{0{,}185\text{ m} + 0{,}24\text{ m}}{2} + \frac{0{,}24\text{ m} + 0{,}28\text{ m}}{2} + \frac{0{,}25\text{ m} + 0{,}28\text{ m}}{2} + \frac{0{,}18\text{ m} + 0{,}25\text{ m}}{2} + \frac{0{,}13\text{ m} + 0{,}18\text{ m}}{2}\right) \cdot 2{,}80\text{ m} \cdot 0{,}045\text{ m}$$

$$\mathbf{V_{ges}} = 1{,}2575\text{ m} \cdot 2{,}80\text{ m} \cdot 0{,}045\text{ m} = \mathbf{0{,}158\text{ m}^3}$$

10.4 Prozent-, Zins- und Mischungsrechnen

Aufgabe 1: Ein Seitenbrett hatte vor dem Trocknen eine Breite von 520 mm, nach dem Trocknen nur noch 495 mm. Wieviel % betrug der Schwund?

Gegeben: Feuchtemaß = 520 mm
Trockenmaß = 495 mm

Gesucht: Schwundmaß; Schwund in %

Grundformel: Schwundmaß = Feuchtemaß − Trockenmaß

$$\text{Schwund in \%} = \frac{\text{Schwundmaß in mm} \cdot 100\,\%}{\text{Feuchtemaß in mm}}$$

Schwundmaß = 520 mm − 495 mm = **25 mm**

$$\textbf{Schwund in \%} = \frac{25\text{ mm} \cdot 100\,\%}{520\text{ mm}} = \mathbf{4{,}8\,\%}$$

Aufgabe 2: Ein Probestück wog vor der Holztrocknung 42 g, das Darrgewicht beträgt 35 g. Wie hoch ist die Holzfeuchte in %?

Gegeben: Naßgewicht = 42 g;
Darrgewicht = 35 g

Gesucht: Holzfeuchte in %

Grundformel: $\text{Holzfeuchte in \%} = \frac{(\text{Naßgew.} - \text{Darrgew.}) \cdot 100\,\%}{\text{Darrgewicht}}$

$$\textbf{Holzfeuchte in \%} = \frac{(42\text{ g} - 35\text{ g}) \cdot 100\,\%}{\mathbf{35\text{ g}}} = \mathbf{20\,\%}$$

Aufgabe 3: Wie groß ist der maximale Schwund eines 30 cm breiten Seitenbrettes in mm, wenn von einem Mittelwert von 8 % Schwund ausgegangen werden kann?

Gegeben: Feuchtemaß = 30 cm; Schwund = 8 %

Gesucht: Schwundmaß

Grundformel: $\text{Schwund in \%} = \dfrac{\text{Schwundmaß} \cdot 100\,\%}{\text{Feuchtemaß}}$

$\Rightarrow \text{Schwundmaß} = \dfrac{\text{Schwundmaß in \%} \cdot \text{Feuchtemaß}}{100\,\%}$

$$\textbf{Schwundmaß} = \frac{8\,\% \cdot 300\text{ mm}}{100\,\%} = \mathbf{24\text{ mm}}$$

Aufgabe 4: Ein Kernbrett ist bei 24 % Holzfeuchte 280 mm breit. Es wird auf 10 % Holzfeuchte heruntergetrocknet. Der maximale Schwund in Richtung der Markstrahlen (Breite des Brettes) beträgt 4 %. Wie groß ist der tatsächliche Schwund des Brettes?

Gegeben: Länge = 280 mm; Holzfeuchtedifferenz = 14 %; maximaler Schwund = 4 %

Gesucht: tatsächlicher Schwund in mm

Grundformeln: $\text{tatsächlicher Schwund in \%} = \dfrac{\text{Holzfeuchtediff.} \cdot \text{max. Schwund}}{30\,\%}$

$\text{tatsächlicher Schwund in mm} = \dfrac{\text{Länge in mm} \times \text{tats. Schwund in \%}}{100\,\%}$

$$\textbf{tats. Schwund in \%} = \frac{14\,\% \cdot 4\,\%}{30\,\%} = \mathbf{1{,}87\,\%}$$

$$\textbf{tats. Schwund in mm} = \frac{280\text{ mm} \cdot 1{,}87\,\%}{100\,\%} = \mathbf{5{,}2\text{ mm}}$$

Aufgabe 5: Ein 4,50 m langer Kiefernstamm hat einen mittleren Durchmesser von 520 mm. Aus ihm können folgende 50 mm dicke Bohlen geschnitten werden:
2 Stück 500 mm, 2 Stück 450 mm, 2 Stück 390 mm und 2 Stück 280 mm breit. Wie groß ist der Einschnittverlust in m³ und in %?

Gegeben: $d_m = 520$ mm; $l = 4{,}50$ m; b und d der Bohlen

Gesucht: Blockmaß, Würfelmaß, Einschnittverlust in m³ und in %

Grundformeln: Blockmaß $V = A_m \cdot l$; Würfelmaß $V_{ges} = A_{ges} \cdot l$

Einschnittverlust in m² = Blockmaß in m² − Würfelmaß in m²

$$\text{Einschnittverlust in \%} = \frac{\text{Verschnitt in m}^3 \cdot 100\,\%}{\text{Blockmaß in m}^3}$$

$$\text{Blockmaß } V = \frac{(0{,}52\text{ m})^2 \cdot \pi}{4} \cdot 4{,}50\text{ m} = 0{,}956\text{ m}^3$$

Würfelmaß $V_{ges} = 2 \cdot (0{,}5\text{ m} + 0{,}45\text{ m} + 0{,}39\text{ m} + 0{,}28\text{ m}) \cdot 0{,}05\text{ m} \cdot 4{,}50\text{ m} = 0{,}729\text{ m}^3$

$$\textbf{Einschnittverl. in m}^3 = 0{,}956\text{ m}^3 - 0{,}729\text{ m}^3 = \mathbf{0{,}227\text{ m}^3}$$

$$\textbf{Einschnittverl. in \%} = \frac{0{,}227\text{ m}^3 \cdot 100\,\%}{0{,}956\text{ m}^3} = \mathbf{23{,}74\,\%}$$

Aufgabe 6: Das Blockmaß eines Buchenstammes beträgt 1,24 m³, das Würfelmaß 0,89 m³. Wie groß ist der Einschnittverlust?

Gegeben: Blockmaß = 1,24 m³; Würfelmaß = 0,89 m³

Gesucht: Einschnittverlust in m³ und in %

Grundformeln: Einschnittverlust in m³ = Blockmaß − Würfelmaß

$$\text{Einschnittverl. in \%} = \frac{\text{Einschnittverl. in m}^3 \cdot 100\,\%}{\text{Blockmaß}}$$

$$\textbf{Einschnittverlust in m}^3 = 1{,}24\text{ m}^3 - 0{,}89\text{ m}^3 = \mathbf{0{,}35\text{ m}^3}$$

$$\textbf{Einschnittverlust in \%} = \frac{0{,}35\text{ m}^3 \cdot 100\,\%}{1{,}24\text{ m}^3} = \mathbf{28{,}23\,\%}$$

Aufgabe 7: Der Einschnittverlust beim Einschneiden von 22 mm dicken Brettern beträgt 35 %. Wieviel m³ Schnittholz läßt sich aus einem 4,50 m langen und 38 cm dicken Stamm gewinnen?

Gegeben: Einschnittverlust 35 %; $l = 4{,}50$ m; $d_m = 0{,}38$ m

Gesucht: Würfelmaß in m³

Grundformel: $\text{Einschnittverlust in \%} = \dfrac{\text{Verschnitt in m}^3 \cdot 100\,\%}{\text{Blockmaß in m}^3}$

$\Rightarrow \text{Verschnitt in m}^3 = \dfrac{\text{Einschnittverlust in \%} \cdot \text{Blockmaß m}^3}{100\,\%}$

Würfelmaß in m³ = Blockmaß in m³ − Verschnitt in m³

$$\textbf{Verschnitt in m}^3 = \frac{35\,\%}{100\,\%} \cdot \frac{(0{,}38\text{ m})^2}{4} \cdot \pi \cdot 4{,}50\text{ m} = \mathbf{0{,}178\text{ m}^3}$$

$$\textbf{Würfelmaß in m}^3 = 0{,}510\text{ m}^3 - 0{,}178\text{ m}^3 = \mathbf{0{,}332\text{ m}^3}$$

Aufgabe 8: Aus einem parallel besäumten Brett, Länge 2,50 m, Breite 15 cm, werden 6 Rahmenhölzer, Länge 750 mm, Breite 65 mm, geschnitten. Wie groß ist der Verschnitt in %?

Gegeben: Rohholzmenge, Fertigholzmenge

Gesucht: Verschnitt in m² und in %

Grundformel: $\text{Verschnitt in \%} = \dfrac{\text{Verschnitt in m}^2 \cdot 100\,\%}{\text{Fertigholzmenge}}$

Rohholzmenge = 0,15 m · 2,50 m = **0,375 m²**
Fertigholzmenge = 6 · 0,065 m · 0,75 m = **0,293 m²**

Verschnitt in m² = 0,375 m² − 0,293 m² = **0,082 m²**

$$\textbf{Verschnitt in \%} = \frac{0{,}082\ \text{m}^2 \cdot 100\,\%}{0{,}293\ \text{m}^2} = \textbf{28,16\,\%}$$

Aufgabe 9: Es sind 20 Platten 0,42 m × 0,75 m und 12 Platten 0,38 m × 0,56 m zuzuschneiden. Wieviel m² des Plattenmaterials sind mindestens zu bestellen, wenn man von 15 % Verschnitt ausgeht?

Gegeben: Maße der Fertigholzmenge, Verschnittprozentsatz = 15 %

Gesucht: Rohholzmenge

Grundformel: $\text{Rohholzmenge in m}^2 = \dfrac{\text{Fertigholzmenge} \cdot (\text{Verschnittprozents.} + 100\,\%)}{100\,\%}$

Fertigholzmenge = 20 · 0,42 m · 0,75 m + 12 · 0,38 m · 0,56 m
= 8,85 m²

$$\textbf{Rohholzmenge in m}^2 = \frac{8{,}85\ \text{m}^2 \cdot 115\,\%}{100\,\%} = \textbf{10,18 m}^2$$

Aufgabe 10: Es ist eine 2,40 m² große Fläche zu furnieren. Wieviel m² Furnier sind bei einem Verschnittprozentsatz von 40 % zu berechnen?

Gegeben: Fertigmenge = 2,40 m²; Verschnittprozentsatz = 40 %

Gesucht: Rohmenge Furnier (beidseitig)

Grundformel: $\text{Rohmenge in m}^2 = \dfrac{\text{Fertigholzmenge} \cdot (\text{Verschnittprozents.} + 100\,\%) \cdot 2}{100\,\%}$

$$\textbf{Rohmenge in m}^2 = \frac{2{,}40\ \text{m}^2 \cdot 140\,\%}{100\,\%} \cdot 2 = \textbf{6,72 m}^2$$

Aufgabe 11: Aus einer quadratischen Platte mit einer Kantenlänge von 1,50 m soll eine kreisrunde Tischplatte mit einem Durchmesser d = 1,45 m zugeschnitten werden. Wie groß ist der Verschnitt in %?

Gegeben: Maße der Rohholzmenge; Maße der Fertigholzmenge

Gesucht: Verschnitt in m² und in %

Grundformel: $\text{Verschnitt in \%} = \dfrac{\text{Verschnitt in m}^2 \cdot 100\,\%}{\text{Fertigholzmenge in m}^2}$

Rohholzmenge in m² = $l \cdot b$
= 1,50 m · 1,50 m = 2,25 m²

$$\text{Fertigholzmenge in m}^2 = \frac{(1{,}45\ \text{m})^2}{4} \cdot \pi = 1{,}65\ \text{m}^2$$

Verschnitt in m² = 2,25 m² − 1,65 m² = **0,60 m²**

$$\textbf{Verschnitt in \%} = \frac{0{,}60\ \text{m}^2 \cdot 100\,\%}{1{,}65\ \text{m}^2} = \textbf{36,28\,\%}$$

Aufgabe 12: Eine Firma stellte 480 Stühle her, 12 Stück davon sind Ausschuß und können nicht ausgeliefert werden. Wieviel % sind dies?

Gegeben: Grundwert = 480 Stühle; Prozentwert = 12 Stühle

Gesucht: Prozentsatz

Grundformel: $\text{Prozentsatz} = \dfrac{\text{Prozentwert} \cdot 100\%}{\text{Grundwert}}$

$$\textbf{Prozentsatz} = \frac{12\ \text{Stühle} \cdot 100\,\%}{480\ \text{Stühle}} = \textbf{2,5\,\%}$$

Aufgabe 13: Ein Motor hat einen Wirkungsgrad von 85 % und gibt eine Leistung von 200 kW ab. Welche Leistung muß ihm zugeführt werden?

Gegeben: Prozentsatz = 85 %; Prozentwert = 200 kW

Gesucht: Grundwert

Grundformel: $\text{Prozentw.} = \dfrac{\text{Grundw.} \cdot \text{Prozents.}}{100\,\%}$

$$\Rightarrow \text{Grundw.} = \frac{\text{Prozentw.} \cdot 100\,\%}{\text{Prozentsatz}}$$

$$\textbf{Grundwert} = \frac{200\ \text{kW} \cdot 100\,\%}{85\,\%} = \textbf{235 kW}$$

Aufgabe 14: Ein Tischler kauft eine Handmaschine für 380,00 DM, als guter Kunde erhält er 15 % Rabatt. Wieviel DM spart er?

Gegeben: Grundwert = 380,00 DM; Prozentsatz = 15 %

Gesucht: Prozentwert

Grundformel: $\text{Prozentwert} = \dfrac{\text{Grundwert} \cdot \text{Prozentsatz}}{100\,\%}$

$$\textbf{Prozentwert} = \frac{380\ \text{DM} \cdot 15\,\%}{100\,\%} = \textbf{57,00 DM}$$

Aufgabe 15: Laut Preisliste kostet eine Maschine 1250,00 DM. Da es sich um ein Vorführmodell handelt, bekommt der Kunde die Maschine für 900,00 DM. Wie groß war der Nachlaß in %?

Gegeben: Grundwert = 1250,00 DM

Gesucht: Prozentwert; Prozentsatz

Grundformel: Prozentwert = = Grundwert − verm. Grundwert

$$\text{Prozentwert} = \frac{\text{Grundwert} \cdot \text{Prozentsatz}}{100\,\%}$$

$$\Rightarrow \text{Prozentsatz} = \frac{\text{Prozentwert} \cdot 100\,\%}{\text{Grundwert}}$$

Prozentwert = 1250,00 DM − 900,00 DM = 350,00 DM

$$\textbf{Prozentsatz} = \frac{350\text{ DM} \cdot 100\,\%}{1250\text{ DM}} = \mathbf{28\,\%}$$

Aufgabe 16: Für eine Lieferung werden einschließlich Mehrwertsteuer 8240,00 DM bezahlt. Die Mehrwertsteuer beträgt 14 %. Wie hoch war der Listenpreis?

Gegeben: Vermehrter Grundwert = 8240,00 DM; Mehrwertsteuer (Prozentsatz) = 14 %

Gesucht: Listenpreis (Grundwert)

Grundformel: Grundwert =

$$\frac{\text{vermehrter Grundwert} \cdot 100\,\%}{100\,\% + \text{Prozentsatz}}$$

$$\textbf{Grundwert} = \frac{8240\text{ DM} \cdot 100\,\%}{114\,\%} = \mathbf{7228{,}07\ DM}$$

Aufgabe 17: Welchen Zinswert bringen 480,00 DM in 2,5 Jahren, wenn der Zinssatz 3,5 % beträgt (ohne Zinseszinsen)?

Gegeben: Kapital = 480,00 DM; Zinssatz = 3,5 %; Laufzeit = 2,5 Jahre

Gesucht: Zinswert

Grundformel: Zinsen =

$$\frac{\text{Kapital} \cdot \text{Zinssatz} \cdot \text{Laufzeit}}{100\,\%}$$

$$\textbf{Zinsen} = \frac{480\text{ DM} \cdot 3{,}5\,\% \cdot 2{,}5\text{ Jahre}}{100\,\%} = \mathbf{42{,}00\ DM}$$

Aufgabe 18: Wie hoch ist der Zinssatz, wenn 13600,– DM in 255 Tagen 297,50 DM Zinsen bringen?
(Beim Zinsrechnen wird das Jahr mit 12 Monaten oder mit 360 Tagen angesetzt)

Gegeben: Kapital = 13600,– DM; Zinsen = 297,50 DM; Laufzeit = 225 Tage

Gesucht: Zinssatz

Grundformel: $\text{Zinssatz} = \frac{\text{Zinsen} \cdot 100\,\%}{\text{Kapital} \cdot \text{Laufzeit}}$

$$\textbf{Zinssatz} = \frac{297{,}50\text{ DM} \cdot 100\,\% \cdot 360\text{ Tage}}{13\,600\text{ DM} \cdot 225\text{ Tage}} = \mathbf{3{,}5\,\%}$$

Aufgabe 19: Jemand kauft festverzinsliche Wertpapiere zum Nennwert von 12000,– DM und legt diese 5 Jahre fest an. Sie werden zu 7,5 % verzinst. Wieviel Zinsen bringen die Wertpapiere in dieser Zeit ohne Berechnung der Zinseszinsen?

Gegeben: Kapital = 12000 DM; Zinssatz = 7,5 %; Laufzeit = 5 Jahre

Gesucht: Zinsen

Grundformel: Zinsen =

$$\frac{\text{Kapital} \cdot \text{Zinssatz} \cdot \text{Laufzeit}}{100\,\%}$$

$$\textbf{Zinsen} = \frac{12\,000\text{ DM} \cdot 7{,}5\,\% \cdot 5\text{ Jahre}}{100\,\%} = \mathbf{4500{,}–\ DM}$$

Aufgabe 20: Beim Ansetzen einer Leimflotte sind zu einem Gewichtsteil Leim 3,5 Gewichtsteile Wasser zuzugeben. Wie viele Gewichtsteile Leimpulver und wie viele Gewichtsteile Wasser sind zu mischen, wenn man 12 kg Leimflotte erhalten will?

Gegeben: Gesamtmenge der Mischung = 12 kg; Anteil der Stoffmenge = 1; Gesamtanteile = 4,5

Gesucht: Stoffmenge in Gewichtseinheit

Grundformel: Stoffmenge eines Stoffes in Gewichtseinheit =

$$\frac{\text{Gesamtm. der Mischung} \cdot \text{Anteil der Stoffmenge}}{\text{Gesamtanteile}}$$

$$\textbf{Stoffm. des Leimpulvers} = \frac{12\text{ kg} \cdot 1}{4{,}5} =$$

= **2,67 kg Leimpulver**
+ **9,33 kg Wasser**
= **12,00 kg Leimflotte**

Aufgabe 21: Ein SH-Lack benötigt 10 % Härter (Mischungsverhältnis 1 : 10). Wieviel Liter Lack und wieviel Liter Härter werden benötigt, um eine gebrauchsfähige Lackmenge von 15 Litern zu erhalten?

Gegeben: Gesamtmenge = 15 Liter; Anteil der Stoffmenge = 1 bzw. 10; Gesamtanteile = 11

Gesucht: Stoffmenge des Lackes und Stoffmenge des Härters

Grundformel: Stoffmenge eines Stoffes in Gewichtseinheiten =

$$\frac{\text{Gesamtm. der Mischung} \cdot \text{Anteil der Stoffmenge}}{\text{Gesamtanteile}}$$

$$\textbf{Stoffmenge des Lackes} = \frac{15\text{ l} \cdot 10}{11} = \mathbf{13{,}64\ l\ Lack}$$

$$\textbf{Stoffmenge des Härters} = \frac{15\text{ l} \cdot 1}{11} = \mathbf{1{,}36\ l\ Härter}$$

Aufgabe 22: Leimpulver und Streckmittel sollen miteinander im Verhältnis 5:1 vermischt werden. Es werden insgesamt 25 kg dieser Mischung benötigt. Das Leimpulver kostet 2,80 DM/kg, das Streckmittel 0,52 DM/kg. Wieviel kostet 1 kg dieser Mischung, wieviel 25 kg?

Gegeben: Anteil 1 der Mischung = 5; Anteil 2 der Mischung = 1; Gesamtanteile 6; Preisanteil 1 = 2,80 DM/kg; Preisanteil 2 = 0,52 DM/kg

Gesucht: Preis der Mischung

Grundformel: Preis der Mischung =

$$\frac{\text{Anteil 1} \times \text{Preis 1} + \text{Anteil 2} \times \text{Preis 2}}{\text{Gesamtanteile}}$$

$$\textbf{Preis der Mischung} = \frac{5 \cdot 2{,}80\,\text{DM/kg} + 1 \cdot 0{,}52\,\text{DM/kg}}{6} = \mathbf{2{,}42\,DM/kg}$$

Gesamtkosten = 2,42 DM/kg · 25 kg = **60,50 DM**

Aufgabe 23: Drei verschiedene Stoffe müssen im Verhältnis 2:4:5 gemischt werden. Die Gesamtmenge der Mischung soll 10 kg betragen. Wieviel kg sind von jedem Stoff erforderlich?

Gegeben: Anteile = 2:4:5; Gesamtanteile = 11; Gesamtmenge = 10 kg

Gesucht: Mengen der einzelnen Stoffe

Grundformel: Stoffmenge eines Stoffes in Gewichtseinheiten =

$$\frac{\text{Gesamtm. der Mischung} \times \text{Anteil des Stoffes}}{\text{Gesamtanteile}}$$

$$\textbf{Menge des 1. Stoffes} = \frac{10\,\text{kg} \cdot 2}{11} = \mathbf{1{,}82\,kg}$$

$$\textbf{Menge des 2. Stoffes} = \frac{10\,\text{kg} \cdot 4}{11} = \mathbf{3{,}64\,kg}$$

$$\textbf{Menge des 3. Stoffes} = \frac{10\,\text{kg} \cdot 5}{11} = \mathbf{4{,}54\,kg}$$

Gesamtmenge **10,00 kg**

10.5 Massen-, Kraft- und Druckberechnungen

Aufgabe 1: Wie groß ist die Masse von 1 m^3 Wasser bei einer Temperatur von 4 °C?

Gegeben: Volumen = 1 m^3; Temperatur = 4 °C

Gesucht: Masse m

Grundformel: m = 1 kg ≙ 1 dm^3 = 1 l Wasser bei 4 °C

1 m^3 Wasser = 1000 dm^3 Wasser ≙ **1000 kg = 1 t**

Aufgabe 2: Wieviel kg sind eine Masse von 275 g?

Gegeben: m = 275 g

Gesucht: m in kg

Grundformel: 1 kg = 1000 g

275 g = 275 g : 1000 g/kg = **0,275 kg**

Aufgabe 3: Wieviel mg (Milligramm) hat eine Masse von 0,0082 kg?

Gegeben: m = 0,0082 kg

Gesucht: m in mg (Milligramm)

Grundformel: 1 kg = 1000 g; 1 g = 1000 mg

0,0082 kg · 1000 g/kg = 8,2 g · 1000 mg/g = **8200 mg**

Aufgabe 4: Wie groß ist die Gewichtskraft einer Masse von 85,6 kg (auf der Erde)?

Gegeben: m = 85,6 kg

Gesucht: F_g (Gewichtskraft)

Grundformel: 1 kg Masse ≙ 10 N (Newton) Gewichtskraft

85,6 kg · 10 N/kg = **856 N**

Aufgabe 5: Wie groß ist die Masse eines Eichenholzstammes mit einem mittleren ∅ von 840 mm und einer Länge von 3,50 m, wenn lufttrockenes Eichenholz eine Dichte von 0,75 kg/dm^3 hat?

Gegeben: l = 3,50 m; d_m = 0,84 m; ϱ = 0,75 kg/dm^3 (t/m^3)

Gesucht: V; m

Grundformeln: $m = \varrho \cdot V$; $V = \frac{d_m{}^2 \cdot \pi \cdot l}{4}$

$$\mathbf{V} = \frac{(0{,}84\,\text{m})^2 \cdot \pi \cdot 3{,}50\,\text{m}}{4} = \mathbf{2{,}31\,m^3}$$

$$\mathbf{m} = 0{,}75\,\text{t/m}^3 \cdot 2{,}31\,\text{m}^3 = \mathbf{1{,}733\,t}$$

Aufgabe 6: Ein zylindrisches Gegengewicht aus Blei soll 5 cm lang und dabei 1,8 kg schwer sein. Welchen Durchmesser muß es erhalten, wenn die Dichte des Werkstoffs 11,34 g/cm^3 beträgt?

Gegeben: m = 1,8 kg; l = 5 cm; ϱ = 11,34 g/cm^3

Gesucht: d

Grundformeln: $m = \varrho \cdot V$; $V = \frac{d^2 \cdot \pi}{4} \cdot l$

Einsetzen und umstellen:

$$m = \varrho \cdot \frac{\pi \cdot d^2}{4} \cdot l \Rightarrow d^2 = \frac{4 \cdot m}{\pi \cdot \varrho \cdot l}$$

$$\Rightarrow d = \sqrt{\frac{4\,m}{\pi \cdot \varrho \cdot l}}$$

$d = \sqrt{\frac{4 \cdot 1800\text{ g}}{\pi \cdot 11{,}34\text{ g/cm}^3 \cdot 5\text{ cm}}} \approx \sqrt{40{,}42\text{ cm}^2}$

$\boldsymbol{d} \approx \mathbf{6{,}36\text{ cm}}$

Aufgabe 7: Ein Maschinengehäuse aus Gußeisen mit einer Dichte von $\varrho_G = 7{,}25\text{ g/cm}^3$ hat eine Masse von 21,75 kg. Was würde dasselbe Gehäuse aus einer Aluminiumlegierung mit einer Dichte von $\varrho_{Al} = 2{,}65\text{ g/cm}^3$ wiegen und wieviel % würde die Gewichtsersparnis bringen?

Gegeben: $m_G = 21{,}75\text{ kg}$; $\varrho_G = 7{,}25\text{ g/cm}^3$
$\varrho_{Al} = 2{,}65\text{ g/cm}^3$

Gesucht: m_{AL} und die Gewichtseinsparung in %

Grundformel: $m_G = \varrho_G \cdot V \Rightarrow V = \frac{m_G}{\varrho_G}$

$m_{AL} = \varrho_{AL} \cdot V$ einsetzen

$m_{AL} = \varrho_L \cdot \frac{m_G}{\varrho_G}$

$\boldsymbol{m_{AL}} = 2{,}65\text{ g/cm}^3 \cdot \frac{21750\text{ g}}{7{,}25\text{ g/cm}^3} = 7950\text{ g} = \mathbf{7{,}95\text{ kg}}$

Gewichtsersparnis = 21,75 kg − 7,95 kg = **13,8 kg**

Gewichtsersparnis in % $= \frac{13{,}8\text{ kg} \cdot 100\,\%}{21{,}75} =$
$= \mathbf{63{,}45\,\%}$

Aufgabe 8: Eine Schraubenmutter soll mit einem Schraubenschlüssel, Länge = 30 cm, so fest angezogen werden, daß beim Andrehen ein Drehmoment von $M = 45$ Nm erzeugt wird. Welche Kraft muß am Ende des Schraubenschlüssels wirken?

Gegeben: $r = 30$ cm; $M = 45$ Nm

Gesucht: F

Grundformel: $M = F \cdot r \Rightarrow F = \frac{M}{r}$

$\boldsymbol{F} = \frac{45\text{ Nm}}{0{,}3\text{ m}} = \mathbf{150\text{ N}}$

Aufgabe 9: Ein Schraubenschlüssel hat eine Länge von 275 mm. Ein Geselle dreht die Schrauben mit einer Kraft von 180 N an. Wie groß ist das Drehmoment in Nm?
Wie groß wird das Drehmoment, wenn der Geselle auf den Schraubenschlüssel eine Verlängerung anbringt, so daß er insgesamt eine Länge von 950 mm erhält?

Gegeben: $r = 275$ mm; $r = 950$ mm; $F = 180$ N

Gesucht: M

Grundformel: $M = F \cdot r$

$\boldsymbol{M} = 180\text{ N} \cdot 0{,}275\text{ m} = \mathbf{49{,}5\text{ Nm}}$;
$\boldsymbol{M} = 180\text{ N} \cdot 0{,}950\text{ m} = \mathbf{171\text{ Nm}}$

Aufgabe 10: Um eine Maschine mit einer Gewichtskraft von 12 000 N anheben zu können, wird eine 2,50 m lange Eisenstange 15 cm weit unter die Maschine geschoben. Wieviel Kraft ist am Ende der Eisenstange erforderlich, um die Maschine anheben zu können?

Gegeben: $F_1 = 12\,000$ N; $r_1 = 0{,}15$ m;
$r_2 = 2{,}50$ m

Gesucht: F_2

Grundformeln: $F_1 \cdot r_1 = F_2 \cdot r_2 \Rightarrow F_2 = \frac{F_1 \cdot r_1}{r_2}$

$\boldsymbol{F_2} = \frac{12\,000\text{ N} \cdot 0{,}15\text{ m}}{2{,}50\text{ m}} = \mathbf{720\text{ N}}$

Aufgabe 11: Welche Kraft wirkt an den Schneiden einer Kneifzange, wenn die Schneiden vom Drehpunkt 35 mm entfernt sind und die angreifende Kraft 350 N beträgt und diese auf den Zangengriffen 180 mm entfernt vom Drehpunkt einwirkt?

Gegeben: $F_1 = 350$ N; $r_1 = 180$ mm;
$r_2 = 35$ mm

Gesucht: F_2

Grundformel: $F_1 \cdot r_1 = F_2 \cdot r_2 \Rightarrow F_2 = \frac{F_1 \cdot r_1}{r_2}$

$\boldsymbol{F_2} = \frac{350\text{ N} \cdot 180\text{ mm}}{35\text{ mm}} = \mathbf{1800\text{ N}}$

Aufgabe 12: Vater, mit einer Gewichtskraft von 750 N, will mit seinem Sohn, mit einer Gewichtskraft von 420 N, auf einem 4,80 m langen Balken wippen. Wo muß sich die Unterlage als Drehpunkt befinden, damit die beiden auf der Wippe im Gleichgewicht sind?

Gegeben: $F_1 = 750$ N; $F_2 = 420$ N;
$r_1 + r_2 = 4{,}80$ m

Gesucht: r_1; r_2

Grundformel: $F_1 \cdot r_1 = F_2 \cdot r_2$

wenn $r_1 = x$ dann ist $F_1 \cdot x = F_2 \cdot (4{,}80\text{ m} - x)$

$750\text{ N} \cdot x = 420\text{ N} \cdot (4{,}80\text{ m} - x)$
$750\text{ N} \cdot x = 2016\text{ Nm} - 420\text{ N} \cdot x$
$1170\text{ N} \cdot x = 2016\text{ Nm}$
$x = \frac{2016\text{ Nm}}{1170\text{ N}}$
$x = 1{,}723\text{ m}$

$\boldsymbol{r_1} = \mathbf{1{,}723\text{ m}}$; $\boldsymbol{r_2} = 4{,}80\text{ m} - 1{,}723\text{ m} = \mathbf{3{,}077\text{ m}}$

Probe: $750\text{ N} \cdot 1{,}723\text{ m} = 420\text{ N} \cdot 3{,}077\text{ m}$
$1292\text{ Nm} = 1292\text{ Nm}$

Aufgabe 13: Bei einem Balken auf zwei Stützen mit einem Auflagerabstand von 4,25 m greift im Abstand von 1,50 m vom linken Auflager eine Last von 12 000 N an. Wie hoch werden hierdurch die Auflager A und B belastet?

Gegeben: $F_1 = 12\,000$ N; $r_1 = 1{,}50$ m; $r_2 = 4{,}25$ m

Gesucht: F_A und F_B

Grundformeln: $F_1 \cdot r_1 = F_B \cdot r_2$

(bei angen. Drehpunkt in F_A) $\Rightarrow F_B = \frac{F_1 \cdot r_1}{r_2}$

$$\boldsymbol{F_B} = \frac{12\,000\ \text{N} \cdot 1{,}50\ \text{m}}{4{,}25\ \text{m}} = \mathbf{4235{,}3\ N}$$

$$\boldsymbol{F_A} = 12\,000\ \text{N} - 4235{,}3\ \text{N} = \mathbf{7764{,}7\ N}$$

Aufgabe 14: Bei einem Balken auf zwei Stützen mit einem Auflagerabstand von 4,20 m und einem über F_B hinausgehenden Kragarm, greifen 1,50 m vom linken Auflager *A* entfernt 18 000 N und auf dem Kragarm von F_B 1,25 m entfernt 10 000 N an. Wie hoch werden durch die Einzelkräfte die Auflager *A* und *B* belastet?

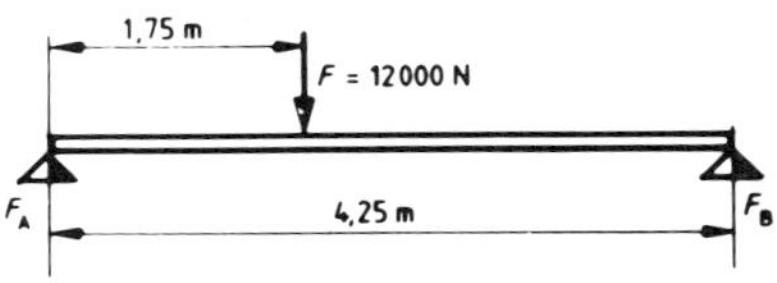

Gegeben: $F_1 = 18\,000$ N; $F_2 = 10\,000$ N; $r_1 = 1{,}50$ m; $r_3 = 4{,}20$ m

Gesucht: F_A und F_B; r_2

Grundformel: $F_1 \cdot r_1 + F_2 \cdot r_2 = F_B \cdot r_3$

(bei angenommenem Drehpunkt in F_A)

$$\Rightarrow F_B = \frac{F_1 \cdot r_1 + F_2 \cdot r_2}{r_3}$$

$$r_2 = 4{,}20\ \text{m} + 1{,}25\ \text{m} = 5{,}45\ \text{m}$$

$$\boldsymbol{F_B} = \frac{18\,000\ \text{N} \cdot 1{,}50\ \text{m} + 10\,000\ \text{N} \cdot 5{,}45\ \text{m}}{4{,}20\ \text{m}} = \mathbf{19\,405\ N}$$

(bei angenommenem Drehpunkt in F_B)

$$\boldsymbol{F_A} = \frac{18\,000\ \text{N} \cdot 2{,}70\ \text{m} - 10\,000\ \text{N} \cdot 1{,}25\ \text{m}}{4{,}20\ \text{m}} = \mathbf{8595\ N}$$

Aufgabe 15: Zum gleichmäßigen Fortbewegen einer Werkzeugkiste auf waagerechter Strecke ist eine Reibungskraft von $F_R = 240$ N erforderlich. Die Kiste muß 5,10 m weit verschoben werden. Wie groß ist die Reibungsarbeit W_R in Nm?

Gegeben: $F_R = 240$ N; s = 5,10 m

Gesucht: W_R in Nm

Grundformel: $W_R = F_R \cdot s$

$$\boldsymbol{W_R} = 240\ \text{N} \cdot 5{,}10\ \text{m} = \mathbf{1224\ Nm}$$

Aufgabe 16: Zwei Gesellen heben beim Verladen einen Schrank mit der Masse $m = 95$ kg, $h = 1{,}35$ m hoch. Welche Hubarbeit W_H in Nm haben sie zusammen verrichtet?

Gegeben: $m = 95$ kg; $h = 1{,}35$ m

Gesucht: W_H

Grundformel: $W_H = F_G \cdot h$

$$\boldsymbol{W_H} = 950\ \text{N} \cdot 1{,}35\ \text{m} = \mathbf{1282{,}5\ Nm}$$

Aufgabe 17: Eine schiefe Ebene ist 1,60 m hoch und 12 m lang. Welche Kraft ist erforderlich, um einen beladenen Handhubwagen mit der Gewichtskraft von 1800 N nach oben zu bewegen? Die Reibung der Räder soll unberücksichtigt bleiben!

Gegeben: $h = 1{,}60$ m; $l = 12$ m; $F_G = 1800$ N

Gesucht: F

Grundformel: $W_1 = W_2$; $F \cdot l = F_G \cdot h \Rightarrow F = \frac{F_G \cdot h}{l}$

$$\boldsymbol{F} = \frac{1800\ \text{N} \cdot 1{,}60\ \text{m}}{12\ \text{m}} = \mathbf{240\ N}$$

Aufgabe 18: Bei einem Schraubstock hat der Hebel die Armlänge von 320 mm und das Gewinde die Steigung von 6,5 mm. Mit welcher Kraft wird das Werkstück eingespannt, wenn mit der Handkraft von $F_1 = 80$ N an dem Hebel gedreht wird?

Gegeben: $r = 320$ mm; $h = 6{,}5$ mm; $F_1 = 80$ N

Gesucht: F_2

Grundformel: $F_1 \cdot 2r \cdot \pi = F_2 \cdot h \Rightarrow F_2 = \frac{F_1 \cdot 2r \cdot \pi}{h}$

$$\boldsymbol{F_2} = \frac{80\ \text{N} \cdot 2 \cdot 320\ \text{mm} \cdot \pi}{6{,}5\ \text{mm}} = \mathbf{24\,746\ N}$$

Aufgabe 19: Bei einem Türspanner weist das Gewinde der Gewindestange eine Steigung von 6 mm auf. Beim Einspannen eines Werkstückes wird an dem Hebelarm eine Kraft F_1 von 100 N gedreht. Wie lang muß der Hebel des Türspanners sein, um einen Druck von 30 000 N erzeugen zu können?

Gegeben: $h = 6$ mm; $F_1 = 100$ N; $F_2 = 30\,000$ N

Gesucht: r

Grundformel: $F_1 \cdot 2r \cdot \pi = F_2 \cdot h \Rightarrow r = \frac{F_2 \cdot h}{F_1 \cdot 2 \cdot \pi}$

$$\boldsymbol{r} = \frac{30\,000\ \text{N} \cdot 6\ \text{mm}}{100\ \text{N} \cdot 2 \cdot \pi} = \mathbf{286\ mm}$$

Aufgabe 20: Mit einem Schraubknecht kann eine Kraft von 5000 N erzeugt werden. Die Leimfläche ist 120 mm × 240 mm groß. Wie groß ist der Preßdruck *p* in N/cm²?

Gegeben: $F = 5000\,\text{N}$; $A = 120\,\text{mm} \times 240\,\text{mm}$

Gesucht: p

Grundformel: $p = \frac{F}{A}$

$$\boldsymbol{p} = \frac{5000\,\text{N}}{12\,\text{cm} \cdot 24\,\text{cm}} = \mathbf{17{,}36\,N/cm^2}$$

Aufgabe 21: Ein Hydraulikzylinder hat einen Durchmesser von 8 cm. Der Kolben mit gleichem Durchmesser soll mit einer Kraft von 1000 N arbeiten. Wie groß muß der Flüssigkeitsdruck sein?

Gegeben: $d = 8\,\text{cm}$; $F = 1000\,\text{N}$

Gesucht: A; p

Grundformeln: $A = \frac{d^2 \cdot \pi}{4}$; $p = \frac{F}{A}$

$$A = \frac{(8\,\text{cm})^2 \cdot \pi}{4} = 50{,}26\,\text{cm}^2;$$

$$\boldsymbol{p} = \frac{1000\,\text{N}}{50{,}26\,\text{cm}^2} = \mathbf{19{,}9\,N/cm^2 \approx 2\,bar}$$

Aufgabe 22: Eine hydraulische Furnierpresse hat 4 Kolben mit einem Durchmesser von 180 mm. Wie groß ist die maximale Gesamtkraft der Presse, wenn der Preßdruck 200 bar beträgt?

Gegeben: $d = 180\,\text{mm}$; $n = 4$;
$P_{max} = 200\,\text{bar} \mathrel{\widehat{=}} 2000\,\text{N/cm}^2$

Gesucht: A_k; F

Grundformeln: $A_k = \frac{d^2 \cdot \pi \cdot n}{4}$;

$P_{max} = \frac{F_{max}}{A_k} \Rightarrow F_{max} = P_{max} \cdot A_k$

$$A_k = \frac{(18\,\text{cm})^2 \cdot \pi \cdot 4}{4} = 1017{,}88\,\text{cm}^2$$

$$\boldsymbol{F_{max}} = 2000\,\text{N/cm}^2 \cdot 1017{,}88\,\text{cm}^2 = 2\,035\,760\,\text{N} = \mathbf{2035{,}76\,kN}$$

Aufgabe 23: Folgende Flächen sollen in der Furnierpresse mit einem Druck von 2 bar (20 N/cm²) gepreßt werden: 1 Stück 800 mm × 1200 mm; 2 Stück 380 mm × 400 mm. Wie groß muß die erforderliche Pressenkraft in N sein?

Gegeben: Preßflächen $A_W = 1 \times 80\,\text{cm} \times 120\,\text{cm} + 2 \times 38\,\text{cm} \times 40\,\text{cm}$
Preßdruck $P_W = 2\,\text{bar} \mathrel{\widehat{=}} 20\,\text{N/cm}^2$

Gesucht: Pressenkraft F_W; A_W

Grundformel: $P_W = \frac{F_W}{A_W} \Rightarrow F_W = P_W \cdot A_W$

$$A_W = 80\,\text{cm} \cdot 120\,\text{cm} + 2 \cdot 38\,\text{cm} \cdot 40\,\text{cm} = 12\,640\,\text{cm}^2$$

$$\boldsymbol{F_W} = 20\,\text{N/cm}^2 \cdot 12\,640\,\text{cm}^2 = \mathbf{252\,800\,N = 252{,}8\,kN}$$

Aufgabe 24: Eine hydraulische Furnierpresse hat 6 Kolben mit einem Kolbendurchmesser von je 12 cm, die Druckplattengröße beträgt 2500 mm × 1250 mm. Wie groß muß der maximale Pumpendruck der Pumpe in bar sein, wenn Werkstücke in der Druckplattengröße noch mit einem Preßdruck von 3 bar furniert werden sollen?

Gegeben: $d = 12\,\text{cm}$; $p = 6$ Stück;
$l = 2500\,\text{mm}$; $b = 1250\,\text{mm}$;
$P_p = 3\,\text{bar} \mathrel{\widehat{=}} 30\,\text{N/cm}^2$

Gesucht: A_W; A_k; F_{max}; P_{max}

Grundformeln: $A_W = l \cdot b$; $A_k = \frac{d^2 \cdot \pi \cdot n}{4}$

$F_{max} = A_W \cdot P_p$; $P_{max} = \frac{F_{max}}{A_k}$

$$A_W = 250\,\text{cm} \cdot 125\,\text{cm} = 31\,250\,\text{cm}^2$$

$$A_k = \frac{(12\,\text{cm})^2 \cdot \pi \cdot 6}{4} = 678{,}58\,\text{cm}^2$$

$$F_{max} = 31\,250\,\text{cm}^2 \cdot 30\,\text{N/cm}^2 = 937\,500\,\text{N}$$

$$\boldsymbol{P_{max}} = \frac{937\,500\,\text{N}}{678{,}58\,\text{cm}^2} = 1381{,}56\,\text{N/cm}^2 = \mathbf{138{,}16\,bar}$$

Aufgabe 25: Ein einfachwirkender Zylinder hat einen Kolbendurchmesser von 60 mm. Wie groß ist die Kolbenkraft, wenn mit einem Betriebsdruck von 7 bar gearbeitet wird und für die Federkraft und Reibung ein Verlust von 12 % zu berücksichtigen ist?

Gegeben: $d_K = 60\,\text{mm}$; $p = 7\,\text{bar} \mathrel{\widehat{=}} 70\,\text{N/cm}^2$; $\eta = 0{,}88$

Gesucht: F_K

Grundformel: $F_K = A_K \cdot p \cdot \eta$

$$F_K = \frac{(6\,\text{cm})^2}{4} \cdot \pi \cdot 70\,\text{N/cm}^2 \cdot 0{,}88$$

$$\boldsymbol{F_K} = \mathbf{1741{,}7\,N}$$

10.6 Mechanik der Holzbearbeitungsmaschinen

Aufgabe 1: Ein 2,55 m langes Brett durchläuft eine Hobelmaschine in 42 Sekunden. Wie groß ist die Vorschubgeschwindigkeit in m/min?

Gegeben: $t = 42\,\text{s}$; $s = 2{,}55\,\text{m}$

Gesucht: v

Grundformel: $v = \frac{s}{t}$

42 s : 60 s/min = 0,7 min

$\mathbf{v} = \frac{2{,}55\ \text{m}}{0{,}7\ \text{min}} = \mathbf{3{,}64\ m/min}$

Aufgabe 2: Ein Vorschubapparat an einer Tischfräse läßt sich auf eine Vorschubgeschwindigkeit von 8 m/min einstellen. Wie lange benötigt man zum Fräsen von 28 Leisten mit einer Länge von 2200 mm, wenn diese lückenlos aneinandergereiht zugeführt werden?

Gegeben: v = 8 m/min; s = 28 · 2,20 m

Gesucht: t

Grundformel: $v = \frac{s}{t} \Rightarrow t = \frac{s}{v}$

$\mathbf{t} = \frac{28 \cdot 2{,}20\ \text{m}}{8\ \text{m/min}} = \mathbf{7{,}7\ min}$

Aufgabe 3: Wieviel Meter Profilleisten lassen sich pro Stunde an einer Fräsmaschine fräsen, wenn der Vorschubapparat auf 12 m/min eingestellt wird?

Gegeben: v = 12 m/min; t = 60 min

Gesucht: s

Grundformel: $v = \frac{s}{t} \Rightarrow s = v \cdot t$

$\mathbf{s}$ = 12 m/min · 60 min = **720 m**

Aufgabe 4: Die Drehfrequenz einer Tischfräse beträgt 6000 1/min, der Flugkreisdurchmesser des aufgespannten Fräsers 140 mm. Wie groß ist die Schnittgeschwindigkeit des Fräsers?

Gegeben: n = 6000 1/min; d = 140 mm = 0,14 m

Gesucht: v

Grundformel: $v = \frac{d \cdot \pi \cdot n}{60\ \text{s/min}}$

$\mathbf{v} = \frac{0{,}14\ \text{m} \cdot \pi \cdot 6000\ \text{1/min}}{60\ \text{s/min}} = \mathbf{44\ m/s}$

Aufgabe 5: Ein Arbeitnehmer hat verbotenerweise ohne Spaltkeil an der Kreissäge gearbeitet. Das Kreissägeblatt hat einen Durchmesser von 420 mm, die Drehfrequenz der Kreissäge beträgt 4500 1/min. Wie groß ist die Geschwindigkeit eines Holzstücks, das von den Kreissägezähnen hochgeschleudert wird in km/h?

Gegeben: n = 4500 1/min; d = 420 mm = 0,42 m

Gesucht: v in km/h

Grundformel: $v = \frac{d \cdot \pi \cdot n \cdot 60\ \text{min/h}}{1000\ \text{m/km}}$

$\mathbf{v} = \frac{0{,}42\ \text{m} \cdot \pi \cdot 4500\ \text{1/min} \cdot 60\ \text{min/h}}{1000\ \text{m/km}} = \mathbf{356\ km/h}$

Aufgabe 6: Die Schnittgeschwindigkeit beim Fräsen soll 50 m/s betragen. Wie hoch muß die Drehfrequenz eingestellt werden, wenn mit einem Fräser mit einem Durchmesser von 125 mm gearbeitet wird?

Gegeben: v = 50 m/s; d = 125 mm = 0,125 m

Gesucht: n

Grundformel: $v = \frac{d \cdot \pi \cdot n}{60\ \text{s/min}}$

$\Rightarrow n = \frac{v \cdot 60\ \text{s/min}}{d \cdot \pi}$

$\mathbf{n} = \frac{50\ \text{m/s} \cdot 60\ \text{s/min}}{0{,}125\ \text{m} \cdot \pi} = 7639 \sim \mathbf{7500\ 1/min}$

Aufgabe 7: Zum Anschlagen von Schlitzen an Rahmenhölzern wird eine Schlitzscheibe von 250 mm Durchmesser aufgelegt. Die Schnittgeschwindigkeit soll 55 m/s betragen. Wie groß muß die Drehfrequenz sein?

Gegeben: v = 55 m/s; d = 250 mm = 0,25m

Gesucht: n

Grundformel: $v = \frac{d \cdot \pi \cdot n}{60\ \text{s/min}}$

$\Rightarrow n = \frac{v \cdot 60\ \text{s/min}}{d \cdot \pi}$

$\mathbf{n} = \frac{55\ \text{m/s} \cdot 60\ \text{s/min}}{0{,}25\ \text{m} \cdot \pi} = \mathbf{4200\ 1/min}$

Aufgabe 8: Die Drehfrequenz eines Motors beträgt 2850 1/min, der Durchmesser der Riemenscheibe auf dem Motor 110 mm. Wie groß muß der Durchmesser der getriebenen Scheibe sein, wenn an der Werkzeugwelle eine Drehfrequenz von 6000 1/min verlangt wird?

Gegeben: d_1 = 110 mm; n_1 = 2850 1/min; n_2 = 6000 1/min

Gesucht: d_2

Grundformel: $d_1 \cdot n_1 = d_2 \cdot n_2 \Rightarrow d_2 = \frac{d_1 \cdot n_1}{n_2}$

$\mathbf{d_2} = \frac{110\ \text{mm} \cdot 2850\ \text{1/mm}}{6000\ \text{1/min}} = \mathbf{52{,}25\ mm}$

Aufgabe 9: Der E-Motor einer Bandsäge hat eine Drehfrequenz von 2800 1/min, der Durchmesser seiner Riemenscheibe beträgt 125 mm. Wie groß ist die Drehfrequenz der Bandsägerollen, wenn die untere Rolle durch eine Riemenscheibe mit einem Durchmesser von 350 mm angetrieben wird?

Gegeben: $d_1 = 125$ mm; $n_1 = 2800$ 1/min; $d_2 = 350$ mm

Gesucht: n_2

Grundformel: $d_1 \cdot n_1 = d_2 \cdot n_2 \Rightarrow n_2 = \frac{d_1 \cdot n_1}{d_2}$

$$\boldsymbol{n_2} = \frac{125 \text{ mm} \cdot 2800 \text{ 1/min}}{350 \text{ mm}} = \textbf{1000 1/min}$$

Aufgabe 10: Die in Aufgabe 9 beschriebene Bandsäge hat einen Rollendurchmesser von 80 cm. Wie groß ist die Schnittgeschwindigkeit der Bandsäge?

Gegeben: $d = 80$ cm $= 0{,}8$ m; $n = 1000$ 1/min

Gesucht: v

Grundformel: $v = \frac{d \cdot \pi \cdot n}{60 \text{ s/min}}$

$$\boldsymbol{v} = \frac{0{,}8 \text{ m} \cdot \pi \cdot 1000 \text{ 1/min}}{60 \text{ s/min}} = 41{,}9 \text{ m/s} \sim \textbf{42 m/s}$$

Aufgabe 11: Eine Oberfräse läuft mit einer Drehfrequenz von 18 000 1/min, die angetriebene Scheibe hat einen Durchmesser von 62 mm. Der Motor erreicht mit Umformer eine Drehfrequenz von 5700 1/min. Wie groß muß die Riemenscheibe des Motors sein, um die hohe Drehfrequenz des Fräsers zu erreichen?

Gegeben: $d_2 = 62$ mm; $n_2 = 18\,000$ 1/min; $n_1 = 5700$ 1/min

Gesucht: d_1

Grundformel: $d_1 \cdot n_1 = d_2 \cdot n_2 \Rightarrow d_1 = \frac{d_2 \cdot n_2}{n_1}$

$$\boldsymbol{n_1} = \frac{62 \text{ mm} \cdot 18\,000 \text{ 1/min}}{5700 \text{ 1/min}} = \textbf{196 mm}$$

Aufgabe 12: Wie groß ist die Schnittgeschwindigkeit des Fräsers mit einem Schneidenflugkreis-Durchmesser von 12 mm in der in Aufgabe 11 beschriebenen Oberfräse?

Gegeben: $d = 12$ mm $= 0{,}012$ m; $n = 18\,000$ 1/min

Gesucht: v

Grundformel: $v = \frac{d \cdot \pi \cdot n}{60 \text{ s/min}}$

$$\boldsymbol{v} = \frac{0{,}012 \text{ m} \cdot \pi \cdot 18\,000 \text{ 1/min}}{60 \text{ s/min}} = \textbf{11,3 m/s}$$

Aufgabe 13: Bei einem doppelten Riementrieb betragen die Durchmesser der Riemenscheiben $d_1 = 120$ mm; $d_2 = 420$ mm; $d_3 = 90$ mm; $d_4 = 320$ mm. Wie groß ist die notwendige Drehfrequenz n_1, wenn die Drehfrequenz $n_4 = 600$ 1/min betragen soll?

Gegeben: d_1; d_2; d_3; d_4; n_4

Gesucht: n_1

Grundformeln: $d_1 \cdot n_1 = d_2 \cdot n_2 \Rightarrow n_1 = \frac{d_2 \cdot n_2}{d_1}$

$d_3 \cdot n_3 = d_4 \cdot n_4 \Rightarrow n_3 = \frac{d_4 \cdot n_4}{d_3}$

$$n_3 = \frac{320 \text{ mm} \cdot 600 \text{ 1/min}}{90 \text{ mm}} = 2133 \text{ 1/min}$$

$n_3 = n_2$ da beide Scheiben auf einer Welle

$$\boldsymbol{n_1} = \frac{420 \text{ mm} \cdot 2133 \text{ 1/min}}{120 \text{ mm}} = \textbf{7465 1/min}$$

Aufgabe 14: Der Motor eines Vorschubapparates hat eine Drehfrequenz von 720 1/min. Diese Drehfrequenz wird über zwei Zahnräder mit 8 und mit 94 Zähnen auf die Antriebswelle einer Gummiwalze übertragen. Wie groß ist die Drehfrequenz der Gummiwalze?

Gegeben: $z_1 = 8$; $z_2 = 94$; $n_1 = 720$ 1/min

Gesucht: n

Grundformel: $z_1 \cdot n_1 = z_2 \cdot n_2 \Rightarrow n_2 = \frac{z_1 \cdot n_1}{z_2}$

$$\boldsymbol{n_2} = \frac{8 \cdot 720 \text{ 1/min}}{94} = \textbf{61,28 1/min}$$

Aufgabe 15: Die in der Aufgabe 14 angetriebenen Gummiwalzen des Vorschubapparats haben einen Durchmesser von 12 cm. Wie groß ist die Vorschubgeschwindigkeit?

Gegeben: $n = 61{,}3$ 1/min; $d = 0{,}12$ m

Gesucht: v

Grundformel: $v = d \cdot \pi \cdot n$

$\boldsymbol{v} = 0{,}12 \text{ m} \cdot \pi \cdot 61{,}3 \text{ 1/min} = \textbf{23,1 m/min}$

Aufgabe 16: Die Messerwelle einer Abrichte hat vier Schneiden und läuft mit einer Drehfrequenz von 4500 1/min. Der Messerschritt darf für eine saubere Oberfläche nur 0,4 mm betragen. Mit welcher Vorschubgeschwindigkeit müssen die Werkstücke über die Maschine geschoben werden?

Gegeben: $n = 4500$ 1/min; $z = 4$; $e = 0{,}4$ mm

Gesucht: v

Grundformel: $v = z \cdot n \cdot e$

$\boldsymbol{v} = 4 \cdot 4500\ 1/\text{min} \cdot 0{,}4\ \text{mm} = 7200\ \text{mm/min} = \mathbf{= 7{,}2\ m/min}$

Aufgabe 17: Ein Fräser mit zwei Schneiden darf auf der Fräse mit einer Drehfrequenz von 10 000 1/min laufen. Wie groß ist der Messerschritt, wenn mit einer Vorschubgeschwindigkeit von 8 m/min gearbeitet wird?

Gegeben: $n = 10\,000\ 1/\text{min};\ z = 2;\ v = 8\ \text{m/min}$

Gesucht: e

Grundformel: $v = z \cdot n \cdot e \Rightarrow e = \frac{v}{z \cdot n}$

$\boldsymbol{e} = \frac{8\ \text{m/min}}{2 \cdot 10\,000\ 1/\text{min}} = 0{,}0004\ \text{m} = \mathbf{0{,}4\ mm}$

Aufgabe 18: Ein RS-Sägeblatt hat 24 Zähne. Die Drehfrequenz beträgt 3000 1/min. Wie groß ist der Messerschritt bei einem Vorschub von 9 m/min?

Gegeben: $n = 3000\ 1/\text{min};\ v = 12\ \text{m/min};\ z = 24$

Gesucht: e

Grundformel: $v = z \cdot n \cdot e \Rightarrow e = \frac{v}{z \cdot n}$

$\boldsymbol{e} = \frac{12\ \text{m/min}}{3000\ 1/\text{min} \cdot 24} = 0{,}00016\ \text{m} \approx \mathbf{0{,}17\ mm}$

Aufgabe 19: Jemand hebt eine Last von 500 N in 1,5 Sekunden auf einen 0,9 m hohen Maschinentisch. Wie groß ist seine Leistung?

Gegeben: $F = 500\ \text{N};\ s = 0{,}9\ \text{m};\ t = 1{,}5\ \text{s}$

Gesucht: P

Grundformel: $P = \frac{W}{t} = \frac{F \cdot s}{t}$

$\boldsymbol{P} = \frac{500\ \text{N} \cdot 0{,}9\ \text{m}}{1{,}5\ \text{s}} = \mathbf{300\ \frac{Nm}{s}}$

Aufgabe 20: Wie groß ist die Hubleistung eines Lastaufzuges in kW, der bei einer Bruttogewichtskraft von 4000 N mit 0,5 m/s hochfährt?

Gegeben: $F = 4000\ \text{N};\ v = 0{,}5\ \text{m/s}$

Gesucht: P

Grundformel: $P = F \cdot v$

$\boldsymbol{P} = 4000\ \text{N} \cdot 0{,}5\ \text{m/s} = 2000\ \frac{\text{Nm}}{\text{s}} \triangleq 2000\ \text{W} = \mathbf{2\ kW}$

Aufgabe 21: Ein Elektromotor wird mit einer Pumpenkraft von 120 N am Umfang einer Scheibe mit einem Durchmesser von 25 cm abgebremst. Dabei wird eine Drehzahl von $n = 1440$ 1/min gemessen. Wie groß ist die abgegebene Leistung des Motors in Watt?

Gegeben: $n = 1440\ 1/\text{min};\ d = 0{,}25\ \text{m};\ F = 120\ \text{N}$

Gesucht: $v;\ P$

Grundformeln: $v = d \cdot \pi \cdot n;\ P = F \cdot v$

$v = 0{,}25\ \text{m} \cdot \pi \cdot 1440\ 1/\text{min} = 1131\ \text{m/min}$

$\boldsymbol{P} = \frac{120\ \text{N} \cdot 1131\ \text{m/min}}{\mathbf{60\ s/min}} = 2262\ \text{Nm/s} \triangleq \mathbf{2262\ W}$
$= 2{,}26\ \text{kW}$

10.7 Grundlagen der Elektrotechnik

Aufgabe 1: Beim Einschalten einer Glühlampe an 220 Volt fließen $I = 0{,}45$ A. Wie groß ist der elektrische Widerstand in Ohm?

Gegeben: $U = 220\ \text{V};\ I = 0{,}45\ \text{A}$

Gesucht: R

Grundformel: $R = \frac{U}{I}$

$\boldsymbol{R} = \frac{220\ \text{V}}{0{,}45\ \text{A}} = 489\ \frac{\text{V}}{\text{A}} = \mathbf{489\ \Omega}$

Aufgabe 2: Der Widerstand der Heizdrähte in einer elektrischen Heizplatte beträgt 80 Ohm. Welcher Strom fließt bei einem Anschluß an 220 V?

Gegeben: $U = 220\ \text{V};\ R = 80\ \Omega$

Gesucht: I

Grundformel: $R = \frac{U}{I} \Rightarrow I = \frac{U}{R}$

$\boldsymbol{I} = \frac{220\ \text{V}}{80\ \text{V/A}} = \mathbf{2{,}75\ A}$

Aufgabe 3: Welche Spannung liegt an einem Widerstand von 55 Ω, der einen Strom von 4 A aufnimmt?

Gegeben: $R = 55\ \Omega;\ I = 4\ \text{A}$

Gesucht: U

Grundformel: $R = \frac{U}{I} \Rightarrow U = R \cdot I$

$\boldsymbol{U} = 55\ \frac{\text{V}}{\text{A}} \cdot 4\ \text{A} = \mathbf{220\ V}$

Aufgabe 4: Eine Fotolampe trägt den Aufdruck 300 W/4 A. Wie groß ist die zulässige Spannung?

Gegeben: $P = 300\ \text{W};\ I = 4\ \text{A}$

Gesucht: U

Grundformel: $U = \frac{P}{I}$

$$U = \frac{300\ \text{W}}{4\ \text{A}} = 75\,\frac{\text{W}}{\text{A}} = \mathbf{75\ V}$$

Aufgabe 5: Ein kleiner Lötkolben hat eine Leistung von 30 Watt bei einer Stromstärke von 0,272 A. Für welche Spannung ist dieser Kleinlötkolben gebaut?

Gegeben: $P = 30$ W; $I = 0{,}272$ A
Gesucht: U
Grundformel: $U = \frac{P}{I}$

$$U = \frac{30\ \text{W}}{0{,}272\ \text{A}} \sim \mathbf{110\ V}$$

Aufgabe 6: Ein Gleichstrommotor nimmt bei Nennlast an 440 Volt einen Strom von 13,2 Ampere auf. Wie groß ist die Leistungsaufnahme des Motors?

Gegeben: $U = 440$ V; $I = 13{,}2$ A
Gesucht: P
Grundformel: $P = U \cdot I$

$\mathbf{P} = 440\ \text{V} \cdot 13{,}2\ \text{A} = \mathbf{5808\ W}$

Aufgabe 7: Bei Vollast hat ein Gleichstrommotor eine Leistungsaufnahme von 8 kW. Welche elektrische Arbeit nimmt er auf, wenn er unter Belastung 3 Stunden und 30 Minuten läuft?

Gegeben: $t = 3{,}5$ h; $P = 8$ kW
Gesucht: W
Grundformel: $W = P \cdot t$

$\mathbf{W} = 8\ \text{kW} \cdot 3{,}5\ \text{h} = \mathbf{28\ kWh}$

Aufgabe 8: Ein elektrisches Kunststoffschweißgerät hat einen Widerstand von 605 Ohm. Es wird 12 Minuten an 220 Volt angeschlossen. Wie groß ist die elektrische Leistung und die elektrische Arbeit?

Gegeben: $U = 220$ V; $R = 605\ \Omega$
Gesucht: I; P; W
Grundformeln: $R = \frac{U}{I} \Rightarrow I = \frac{U}{R}$; $P = U \cdot I$; $W = P \cdot t$

$$I = \frac{220\ \text{V}}{605\ \text{V/A}} = 0{,}364\ \text{A}$$

$\mathbf{P} = 220\ \text{V} \cdot 0{,}364\ \text{A} = \mathbf{80\ W}$; $\mathbf{W} = 80\ \text{W} \cdot 0{,}2\ \text{h} = \mathbf{16\ Wh}$

Aufgabe 9: Ein Wechselstrommotor liegt an der Spannung 220 V. Die Stromstärke beträgt 8 A. Der Leistungsfaktor ist mit $\cos\varphi = 0{,}8$ angegeben. Wie groß ist die elektrische Arbeit und Leistung, wenn der Motor $t = 30$ Minuten lang läuft?

Gegeben: $U_{eff} = 220$ V; $I_{eff} = 8$ A; $\cos\varphi = 0{,}8$; $t = 30$ min
Gesucht: P und W
Grundformeln: $P = U_{eff} \cdot I_{eff} \cdot \cos\varphi$; $W = P \cdot t$

$\mathbf{P} = 220\ \text{V} \cdot 8\ \text{A} \cdot 0{,}8 = \mathbf{1408\ W} \mathrel{\hat{=}} \mathbf{1{,}408\ kW}$

$\mathbf{W} = 1{,}408\ \text{kW} \cdot 0{,}5\ \text{h} = \mathbf{0{,}704\ kWh}$

Aufgabe 10: Ein Drehstrommotor nimmt 4650 Watt auf und gibt 4 kW ab. Wie groß ist sein Wirkungsgrad?

Gegeben: $P_{ab} = 4000$ W; $P_{zu} = 4650$ W
Gesucht: η
Grundformel: $\eta = \frac{P_{ab}}{P_{zu}}$

$$\eta = \frac{4000\ \text{W}}{4650\ \text{W}} = \mathbf{0{,}86} = \mathbf{86\ \%}$$

Aufgabe 11: Ein Elektromotor mit einem Wirkungsgrad von 90 % gibt 30 kW ab. Wie groß ist seine zugeführte Leistung?

Gegeben: $\eta = 0{,}9$; $P_{ab} = 30$ kW
Gesucht: P_{zu}
Grundformel: $\eta = \frac{P_{ab}}{P_{zu}} \Rightarrow P_{zu} = \frac{P_{ab}}{\eta}$

$$\mathbf{P_{zu}} = \frac{30\ \text{kW}}{0{,}9} = \mathbf{33{,}33\ kW}$$

Aufgabe 12: Wie groß ist die Nennleistung eines Motors, der bei einem Wirkungsgrad von 75 % 750 W aufnimmt?

Gegeben: $\eta = 0{,}75$; $P_{zu} = 750$ W
Gesucht: P_{ab}
Grundformel: $\eta = \frac{P_{ab}}{P_{zu}} \Rightarrow P_{ab} = \eta \cdot P_{zu}$

$\mathbf{P_{ab}} = 750\ \text{W} \cdot 0{,}75 = \mathbf{562{,}5\ W}$

10.8 Kostenrechnen – Kalkulation

Aufgabe 1: Durch Tarifvertrag hat sich der Ecklohn von 13,50 DM auf 14,00 DM erhöht. Wieviel % betrug die Lohnerhöhung?

Gegeben: bisheriger Lohn = 13,50 DM; neuer Lohn = 14,00 DM
Gesucht: Lohnerhöhung in %
Grundformel: Lohnerhöhung in % = $\frac{\text{Lohnerhöhung in DM} \times 100\ \%}{\text{bisheriger Lohn}}$

Lohnerhöhung in % $= \frac{(14{,}00 \text{ DM} - 13{,}50 \text{ DM}) \cdot 100\,\%}{13{,}50} = \mathbf{3{,}7\,\%}$

Aufgabe 2: Für die Montage von Beschlägen erhält ein Arbeitnehmer eine Vorgabezeit von 1,8 min/Werkstück. Wie hoch ist der Geldakkordsatz, wenn der Tariflohn 14,40 DM beträgt und für Akkordarbeit ein Zuschlag von 15 % zu zahlen ist?

Gegeben: Vorgabezeit = 1,8 min/Stck; Tariflohn = 14,40 DM/h

Gesucht: Geldakkordsatz

Grundformel: Geldakkordsatz = $\frac{\text{Tariflohn} + 15\,\%\ \text{Zuschlag}}{\text{Stck/h}}$

$\text{Zuschlag} = \frac{15\,\% \cdot 14{,}40 \text{ DM/h}}{100\,\%} = 2{,}16 \text{ DM/h}$

$\text{Stck/h} = \frac{60 \text{ min/h}}{1{,}8 \text{ min/Stck}} = 33{,}33 \text{ Stck/h}$

Geldakkordsatz $= \frac{14{,}40 \text{ DM/h} + 2{,}16 \text{ DM/h}}{33{,}33 \text{ Stck/h}} = \mathbf{0{,}497\ DM/Stck}$

Aufgabe 3: Der in der Aufgabe 2 genannte Arbeitnehmer fertigt in der Woche 1500 Stück. Wie hoch ist sein Bruttogeldakkord?

Gegeben: Mengenleistung = 1500 Stück; Geldakkordsatz = 0,49 DM/Stück

Gesucht: Brutto-Geldakkordlohn

Grundformel:
Brutto-Geldakkordlohn = Mengenleistung × Geldakkordsatz

Brutto-Geldakkordlohn =
1500 Stck · 0,49 DM/Stck = **735 DM**

Aufgabe 4: Die normale Arbeitszeit im Betrieb beträgt 40 Stunden. Wie hoch ist der Zeitgrad eines Arbeiters, der in der Woche 2200 Teile gefertigt hat, für die eine Vorgabezeit von 1,30 Minuten/Stück gegeben wurde?

Gegeben: Vorgabezeit = 1,30 min/Stck; Stückzahl = 2200 Stck in 40 Stunden

Gesucht: Gebrauchte Zeit je Einheit; Zeitgrad

Grundformel:

$\text{Zeitgrad} = \frac{\text{Vorgabezeit je Einheit}}{\text{gebrauchte Zeit je Einheit}}$

gebrauchte Zeit je Einheit = $\frac{40 \text{ h} \cdot 60 \text{ min/h}}{2200 \text{ Stck}} = 1{,}09 \text{ min/Stck}$

Zeitgrad $= \frac{1{,}30 \text{ min/Stck}}{1{,}09 \text{ min/Stck}} = \mathbf{1{,}19}$

Aufgabe 5: Ein Arbeitnehmer hat laut Wochenkarte im Monat März 180 Stunden gearbeitet. Er hat einen Stundenlohn von 13,20 DM. 12 Stunden hiervon sind Mehrarbeitsstunden, die mit einem Zuschlag von 25 % zu berechnen sind. Der Arbeitgeber muß noch für die Lohnsteuer 416,20 DM, für Kirchensteuer 8 % der Lohnsteuer, für Krankenversicherung 5 % vom Bruttolohn, für Rentenversicherung 9 % vom Bruttolohn und für die Arbeitslosenversicherung 2,2 % vom Bruttolohn einbehalten. Wie hoch ist der Nettolohn des Arbeitnehmers im März?

Gegeben: Stundenlohn, geleistete Stunden, Lohnsteuerabzug und Prozentsätze für Zuschläge und Abzüge.

Gesucht: Nettolohn

Grundformel: Nettolohn = Bruttolohn – gesetzliche Abzüge

Bruttolohn = 13,20 DM/h · 180 h + 13,20 DM/h · 12 h · 25/100
= 2376,– DM + 39,60 DM = 2415,60 DM

gesetzliche Abzüge:

Lohnsteuer	=	416,20 DM
Kirchensteuer 8 % von 416,20 DM	=	33,30 DM
Krankenvers. 5 % von 2415,60 DM	=	120,78 DM
Rentenvers. 9 % von 2415,60 DM	=	217,40 DM
AL-Vers. 2,2 % v. 2415,60 DM	=	53,14 DM
Summe der Abzüge	=	840,82 DM

Nettolohn = 2415,60 DM – 840,82 DM
= **1574,78 DM**

Aufgabe 6: Die Aufrechnung der Jahresfertigungslöhne in einem Holzverarbeitungsbetrieb ergab insgesamt 356 000,– DM, die Summe der Jahresgemeinkosten 580 000,– DM. Welchen Gemeinkostensatz muß der Unternehmer bei seiner Kalkulation berücksichtigen?

Gegeben: Jahresgemeinkosten = 580 000,– DM; Jahresfertigungslöhne = 356 000,– DM.

Gesucht: Gemeinkostensatz in %

Grundformel:
Gemeinkostensatz in % = $\frac{\text{Jahresgemeinkosten in DM} \cdot 100\,\%}{\text{Jahresfertigungslöhne in DM}}$

Gemeinkostens. in % $= \frac{580\,000 \text{ DM} \cdot 100\,\%}{356\,000 \text{ DM}} = \mathbf{163\,\%}$

Aufgabe 7: Eine Hobelmaschine darf in sieben Jahren abgeschrieben werden. Sie kostet 38 000,– DM. Wie hoch sind die Abschreibungen pro Jahr?

Gegeben: Anschaffungswert = 38 000,– DM; Nutzungsdauer = 7 Jahre

Gesucht: Abschreibungssatz in %; Abschreibung pro Jahr

Grundformel: Abschreibung =

$$\frac{\text{Anschaffungswert in DM} \times \text{Abschreibungs. in \%}}{100\,\%}$$

$$\text{Abschreibungssatz in \%} = \frac{100\,\%}{7\ \text{Jahre}} = 14{,}29\ \%/\text{Jahr}$$

$$\textbf{Abschreibung} = \frac{38\,000\ \text{DM} \cdot 14{,}29\ \%/\text{Jahr}}{100\,\%} = $$

$$= \mathbf{5430{,}20\ DM/Jahr}$$

Aufgabe 8: Die Selbstkosten eines kalkulierten Erzeugnisses betragen 14350,– DM. Für Wagnis und Gewinn werden im Betrieb 15 % gerechnet, und die Mehrwertsteuer beträgt 14 %. Wie hoch ist der Angebotspreis einschließlich Mehrwertsteuer?

Gegeben: Selbstkosten = 14 350,– DM; Wagnis und Gewinn 15 %; Mehrwertsteuer = 14 %

Gesucht: Angebotspreis

Grundformeln:
Angebotspreis = Nettopreis + Mehrwertsteuer
Nettopreis = Selbstkostenpreis + Wagnis und Gewinn

$$\text{Nettopreis} = 14350\ \text{DM} + \frac{14350\ \text{DM} \cdot 15\,\%}{100\,\%} =$$

$$= 16502{,}50\ \text{DM}$$

$$\textbf{Angebotspr.} = 16502{,}50\ \text{DM} + \frac{16502{,}50\ \text{DM} \cdot 14\,\%}{100\,\%}$$

$$= \mathbf{18812{,}85\ DM}$$

10.9 Wärmeschutz

Aufgabe 1: Eine Außenwand besteht aus 30 cm dickem Lochziegelmauerwerk, 20 mm dickem Außenputz und 15 mm dickem Innenputz. Innen sind außerdem noch eine 25 mm dicke Polystyrol-Hartschaumschicht und eine 16 mm dicke Wandvertäfelung angebracht. Die Wärmeleitfähigkeit für Leichtlochziegel beträgt 0,35 W/mK, für Putz 0,7 W/mK, für Polystyrol-Hartschaum 0,04 W/mK und für Sperrholz 0,14 W/mK.
Wie groß sind der Wärmedurchlaßwiderstand und der k-Wert dieses Bauteils?

Gegeben: $a;\ \lambda;\ \frac{1}{\alpha_i} = 0{,}13\,\frac{m^2\,K}{W};$

$\frac{1}{\alpha_a} = 0{,}04\,\frac{m^2\,K}{W}$ (Tabellenwerte)

Gesucht: Wärmedurchlaßwiderstand $\frac{1}{\Lambda}$; k-Wert

Grundformeln:

$$\text{Wärmedurchlaß-widerstand}\ \frac{1}{\Lambda} = \frac{s_1}{\lambda_1} + \frac{s_2}{\lambda_2} + \frac{s_3}{\lambda_3} \ldots \left[\frac{m^2\,K}{W}\right]$$

$$\text{Wärmedurchgangs-widerstand}\ \frac{1}{K} = \frac{1}{\alpha_i} + \frac{1}{\Lambda} + \frac{1}{\alpha_a}$$

$$\text{Wärmedurchgangs-koeffizient k} = \frac{1}{\frac{1}{k}} \left[\frac{W}{m^2\,K}\right]$$

$$\textbf{Wärmedurchlaß-widerstand}\ \frac{1}{\Lambda} = \frac{0{,}02}{0{,}7} + \frac{0{,}30}{0{,}35} + \frac{0{,}015}{0{,}7} + \frac{0{,}025}{0{,}04} + \frac{0{,}016}{0{,}14} \left[\frac{m^2\,K}{W}\right] = \mathbf{1{,}6464\,\frac{m^2K}{W}}$$

$$\text{Wärmedurch-gangs-widerstand}\ \frac{1}{k} = 0{,}13 + 1{,}6464 + 0{,}04 \left[\frac{m^2\,K}{W}\right]$$

$$= 1{,}8164\,\frac{m^2\,K}{W}$$

$$\textbf{Wärmedurch-gangszahl k} = \frac{1}{1{,}8164\,\frac{m^2\,K}{W}} = \mathbf{0{,}55\,\frac{W}{m^2\,K}}$$

Aufgabe 2: Eine Betonwand ist 25 cm dick, sie hat einen Außenputz von 20 mm, innen eine Schicht mit 50 mm dicken Polystyrol-Hartschaumplatten und eine 20 mm dicke Holzverkleidung. Die Wärmeleitfähigkeit für Beton beträgt 2,1 W/mK, für Außenputz 0,87 W/mK, für Polystyrol-Hartschaumplatten 0,04 W/mK, für Sperrholz 0,14 W/mK. Wie groß sind der Wärmedurchlaßwiderstand und der k-Wert der Wand?

Gegeben: $d;\ \lambda;\ \frac{1}{\alpha_i} = 0{,}13\,\frac{m^2\,K}{W};$

$\frac{1}{\alpha_a} = 0{,}04\,\frac{m^2\,K}{W}$ (Tabellenwerte)

Gesucht: $\frac{1}{\Lambda}$; k-Wert

Grundformeln:

$$\text{Wärmedurchlaß-widerstand}\ \frac{1}{\Lambda} = \frac{s_1}{\lambda_1} + \frac{s_2}{\lambda_2} + \frac{s_3}{\lambda_3} \ldots \left[\frac{m^2\,K}{W}\right]$$

$$\text{Wärmedurchgangs-widerstand}\ \frac{1}{k} = \frac{1}{\alpha_i} + \frac{1}{\Lambda} + \frac{1}{\alpha_a}$$

$$\text{k-Wert} = \frac{1}{\frac{1}{k}} \left[\frac{W}{m^2\,K}\right] = \frac{1}{\frac{1}{\alpha_i} + \frac{1}{\Lambda} + \frac{1}{\alpha_a}}$$

$$\textbf{Wärmedurchlaß-widerstand}\ \frac{1}{\Lambda} = \frac{0{,}02}{0{,}87} + \frac{0{,}25}{2{,}1} + \frac{0{,}05}{0{,}04} + \frac{0{,}02}{0{,}14} \cdot \left[\frac{m^2\,K}{W}\right] = \mathbf{1{,}535\,\frac{m^2K}{W}}$$

$$\textbf{k-Wert} = \frac{1}{0{,}13 + 1{,}535 + 0{,}04 \left[\frac{m^2\,K}{W}\right]}$$

$$= \frac{1}{1{,}705\,\frac{m^2\,K}{W}} = \mathbf{0{,}587\,\frac{W}{m^2\,K}}$$

11 Programmierte Testaufgaben

Hinweise für die Bearbeitung

Die Aufgaben dienen zur raschen Überprüfung des Wissens in der heute vielfach verwendeten Form der Auswahlantworten. Von den vorgegebenen Antworten ist **jeweils nur eine richtig.** Werden mehr Antworten angekreuzt, so gilt diese Aufgabe als nicht gelöst. Die Arbeitszeit für jede Aufgabe im Abschnitt Fachkunde soll etwa 1 Minute und für jeden Lösungsschritt im Abschnitt Fachrechnen etwa 3 Minuten betragen.

Für die Kennzeichnung der richtigen Antworten sind **Markierungsblätter** (Seite 202) vorgesehen.

Zur **Auswertung der Aufgaben** werden diese zunächst mit dem Lösungsschlüssel 206 verglichen. Nicht richtig gelöste Aufgaben werden farbig gekennzeichnet. Mit Hilfe des Bewertungsschlüssels Seite 208 kann dann die erreichte Punktzahl bzw. Note ermittelt werden. Zur Leistungsverbesserung wird empfohlen, für alle nicht richtig gelösten Aufgaben die zugehörigen Abschnitte im Fachkunde- und Prüfungsbuch zu bearbeiten und dann die programmierte Aufgabe erneut zu lösen.

30 Was bedeutet der Aufdruck „FU 8" auf einer Platte?

a) Furniersperrholz, 8-fach verleimt
b) Flachpreßplatte, 8 mm dick
c) Flachpreßplatte, Unterseite glatt, 8 mm dick
d) Furniersperrholz, 8 mm dick
e) Keine der Antworten ist richtig

Markierungsblatt

	30	31	32	33	34													
a	○	○	○	○	○	○	○	○	○	○	○	○	○	○	○	○	○	**a**
b	○	○	○	○	○	○	○	○	○	○	○	○	○	○	○	○	○	**b**
c	○	○	○	○	○	○	○	○	○	○	○	○	○	○	○	○	○	**c**
d	⊗	○	○	○	○	○	○	○	○	○	○	○	○	○	○	○	○	**d**
e	○	○	○	○	○	○	○	○	○	○	○	○	○	○	○	○	○	**e**

Zur Erleichterung der Bearbeitung und der anschließenden Kontrolle anhand des Lösungsschlüssels können die Aufgaben- und Markierungsblätter aus dem Buch herausgetrennt werden.

Anstelle des Feldes im Markierungsblatt kann auch in der Aufgabe durch Ankreuzen des Kennbuchstabens (a...e) die richtige Lösung markiert werden.

Zur **Auswertung der Aufgaben** werden diese zunächst mit dem Lösungsschlüssel 206 verglichen. Nicht richtig gelöste Aufgaben werden farbig gekennzeichnet. Mit Hilfe des Bewertungsschlüssels Seite 208 kann dann die erreichte Punktzahl bzw. Note ermittelt werden. Zur Leistungsverbesserung wird empfohlen, für alle nicht richtig gelösten Aufgaben die zugehörigen Abschnitte im Fachkunde- und Prüfungsbuch zu bearbeiten und dann die programmierte Aufgabe erneut zu lösen.

11.1 Chemische Grundlagen

1 Welcher der nachfolgend genannten Vorgänge ist ein chemischer Vorgang?

a) Verflüssigung eines Gases
b) Veränderung der Aggregatzustände
c) Veränderung der Lage eines Körpers
d) Veränderung der Form eines Körpers
e) Umwandlung eines Stoffes in einen anderen

2 Welcher Stoff ist für eine Oxidation immer erforderlich?

a) Kohlenstoff
b) Wasserstoff
c) Sauerstoff
d) Stickstoff
e) Schwefel

3 Was versteht man unter Polymerisation?

a) Eine Zusammenlagerung gleichartiger Moleküle zu Makromolekülen
b) Ein Verfahren zur Vervielfältigung
c) Ein Zerlegen einer chemischen Verbindung in viele kleine Elemente
d) Ein Veredeln von Aluminiumoberflächen
e) Vielschichtiger Auftrag feinster Edelmetalle

4 Welche der aufgeführten Eigenschaften besitzen Säuren <u>nicht</u>?

a) Säuren sind Verbindungen von Wasserstoff mit einem Nichtmetalloxid
b) Säuren färben blaues Lackmus-Papier rot
c) Säuren zersetzen Metalle
d) Der pH-Wert bei Säuren liegt über 7
e) Säuren leiten den elektrischen Strom

5 Welche der aufgeführten Behauptungen über Laugen ist falsch?

a) Laugen verfärben gerbstoffhaltige Hölzer dunkel
b) Laugen sind für den Menschen ungefährlich
c) Laugen färben rotes Lackmuspapier blau
d) Laugen haben eine ätzende Wirkung
e) Mit Laugen kann man alte Lackanstriche entfernen

6 Was versteht man unter Osmose?

a) Der einseitige Bewuchs der Baumrinde mit Moos
b) Das Zusammenbringen von Lösungen oder Gasen verschiedener Konzentration
c) Die Durchwanderung eines weniger konzentrierten Stoffes zu einem konzentrierteren Stoff durch eine poröse Membran
d) Das Aufsteigen von Flüssigkeiten in engen Gefäßen
e) Keine der genannten Anworten ist richtig

7 Was versteht man unter Legierungen?

a) Die erstarrte Lösung verschiedener Metalle
b) Die Oberflächenveredelung von Aluminium
c) Das Überziehen eines minderen Metalls mit einem Edelmetall
d) Das Ausschmelzen von reinen Metallen aus Erzen
e) Die Verbesserung der Eigenschaften der Metalle durch Erhitzen

11.2 Werkstoffe und Werkstoffverarbeitung

1 In welchem Teil des Baumes findet vorwiegend das Dickenwachstum des Baumes statt?

a) Markröhre
b) Kambiumschicht
c) Frühholzzone
d) Bastschicht
e) Markstrahlen

2 Welchen Vorgang nennt man Assimilation?

a) Die Aufnahme der Nährsalze durch die feinen Haarwurzeln aus dem Boden
b) Den Transport der Nährsalze in den Leitgefäßen des Baumes
c) Das Verdunsten des Wassers aus den Poren der Blätter
d) Die Abgabe des Kohlendioxids und des Wassers nach der Umwandlung der Mineralstoffe aus den Poren der Blätter
e) Die Umwandlung der anorganischen Stoffe in organische Stoffe in den Blättern mit Hilfe des Blattgrüns und des Sonnenlichts

3 Bei welcher Holzart sind im Radialschnitt die Markstrahlen als Spiegel besonders gut zu erkennen?

a) Esche
b) Eiche
c) Eibe
d) Nußbaum
e) Fichte

4 Welcher Wuchsfehler des Baumes verursacht windschief verzogene Bretter?

a) Drehwuchs
b) Zwieselung
c) Krummschaftigkeit
d) Exzentrischer Wuchs
e) Abholzigkeit

5 Warum wird beim Schwinden die zur Stammitte liegende Brettseite rund?

a) Weil sich die Holzzellen in Richtung der Markstrahlen am stärksten zusammenziehen
b) Weil das Holz in Richtung der Jahresringe am stärksten arbeitet und zur linken Seite eines Brettes hin die meisten geschlossenen Jahresringe liegen
c) Weil sich die meisten Splintholzzellen an der Außenseite des Brettes befinden
d) Weil die linke Seite des Brettes größerer Sonneneinstrahlung oder beim Einbau wie z. B. bei Deckenverkleidungen der trockeneren Raumluft ausgesetzt ist
e) Weil Seitenbretter besonders viele stehende Jahresringe aufweisen

6 Was versteht man unter der Festigkeit eines Werkstoffes?

a) Widerstand gegen Eindringen eines anderen Körpers
b) Grenze der Formbarkeit
c) Beständigkeit gegen Korrosion
d) Grenze der Elastizität
e) Innerer Widerstand gegen äußere Belastung

7 Bei welcher Holzverbindung spielt die Schubfestigkeit des Holzes keine wesentliche Rolle?

a) Bei der Gratung
b) Bei der Zinkung
c) Bei der Verkeilung
d) Beim Vorholz an Verstrebungen
e) Bei der Schlitz- und Zapfenverbindung

8 Welche Rolle spielt beim Schwinden des Holzes der Fasersättigungsbereich?

Der Fasersättigungsbereich bedeutet, daß...

a) das Holz nur noch 17 % Holzfeuchte aufweist
b) die Zellwände frei von Wasser sind
c) die Zellhohlräume vollständig mit Wasser angefüllt sind
d) die Zellhohlräume und Zellwände vollständig mit Wasser angefüllt sind
e) nur noch die Zellwände Wasser enthalten und nach weiterer Verdunstung das Holz schwindet

9 Welcher Holzschädling zerstört besonders alte Möbel oder Kunstgegenstände?

a) Der Hausbock
b) Der Scheibenbock
c) Der Borkenkäfer
d) Der Klopfkäfer oder gewöhnliche Nagekäfer
e) Die Holzwespe

10 Bei welcher Holzart treten häufig Harzgallen auf?

a) Eibe
b) Tanne
c) Erle
d) Fichte
e) Zirbelkiefer

11 Warum kann die Holzfeuchte mit einem elektrischen Feuchtemeßgerät ermittelt werden?

a) Weil der im Holz vorhandene Kohlenstoff den elektrischen Strom leitet
b) Weil die Zellulose besonders im trockenen Zustand den elektrischen Strom leitet
c) Weil das im feuchten Holz enthaltene Wasser den elektrischen Strom leitet
d) Weil im feuchten Holz ein höherer Induktionsstrom entsteht
e) Keine der genannten Antworten ist richtig

12 Welche Formel ist zur Errechnung der Holzfeuchte nach der Ermittlung des Darrgewichts richtig?

a) $\text{Holzfeuchte} = \frac{\text{Darrgewicht}}{\text{Naßgewicht}} \cdot 100\,\%$

b) $\text{Holzfeuchte} = \frac{\text{Naßgewicht} - \text{Darrgewicht}}{\text{Darrgewicht}} \cdot 100\,\%$

c) $\text{Holzfeuchte} = \frac{\text{Naßgewicht}}{\text{Darrgewicht}} \cdot 100\,\%$

d) $\text{Holzfeuchte} = \frac{\text{Darrgewicht} - \text{Naßgewicht}}{\text{Naßgewicht}} \cdot 100\,\%$

e) $\text{Holzfeuchte} = \frac{\text{Naßgewicht} - \text{Darrgewicht}}{\text{Naßgewicht}} \cdot 100\,\%$

13 Wann wird mit Sicherheit bei der künstlichen Holztrocknung eine Verschalung eintreten?

a) Wenn das zu trocknende Holz zu naß ist
b) Wenn vor der Trocknung zu stark gesprüht wurde
c) Wenn das zu trocknende Holz bereits zu sehr vorgetrocknet wurde
d) Wenn das Holz zu lange getrocknet wird
e) Wenn das Holz zu schnell getrocknet wird

14 Wieviel Prozent Holzfeuchte muß Holz in zentralbeheizten Räumen haben?

a) Unter 6 %
b) 8 bis 10 %
c) 12 bis 18 %
d) ca. 15 %
e) möglichst 0 %

15 Was versteht man unter Thermoplaste?

a) Nichthärtbare Kunststoffe
b) Kunststoffe zur Wärmedämmung
c) Gehärtete Kunststoffe
d) Plastische Wärmemeßstoffe
e) Temperaturfühler bei der Holztrocknung

16 Welche besonderen Eigenschaften weisen Silikone auf?

a) Wasserabstoßend und temperaturbeständig
b) Wenig alterungsbeständig
c) Besonders billig
d) Mit Wasser vermischbar
e) Idealer Untergrund für Lacke

17 Welche Eigenschaften haben Duroplaste?

a) Sie sind nach der ersten Verformung nicht mehr rückformbar
b) Leicht brennbar
c) Sie sind durch Wärme beliebig oft formbar
d) Sie sind mit Lösungsmitteln leicht aufzulösen
e) Können spanend nicht bearbeitet werden

18 Welche Eigenschaft besitzt ein Kondensationsleim?

a) Der mit Härter angesetzte Leim ist über lange Zeit gebrauchsfähig
b) Er bindet unter Zugabe von Härtern schnell ab
c) Er darf nicht mit Wasser verdünnt werden
d) Er härtet weich-elastisch aus
e) Die Leimfuge ist nicht feuchtfest

19 Was versteht man unter dem Begriff Topfzeit?

a) Die Leimflotte muß innerhalb der angegebenen Topfzeit nach dem Ansetzen verbraucht werden
b) Die Leimflotte muß mindestens die angegebene Topfzeit im Leimtopf ziehen, bevor sie verwendet werden kann
c) Härter und Leim müssen mindestens die angegebene Topfzeit lang gemischt sein, ehe die Leimflotte gebrauchsfertig ist
d) Die Topfzeit ist der zulässige Zeitunterschied zwischen dem Auftrag des Leimes und des Härters
e) Keine der genannten Antworten ist richtig

20 Warum sollte man keine Kondensationsharzleime zum Aufleimen von Hochdruck-Schichtstoffplatten auf Spanplatten verwenden?

a) Weil Kondensationsharzleime auf den Spanplatten nicht mehr abbinden
b) Weil Kondensationsharzleime zu spröde aushärten und Spannungen zwischen Leim und Trägerplatte nicht ausgeglichen werden können
c) Weil der Härter, der bei Kondensationsleimen angegeben werden muß, von den Schichtstoffplatten nicht aufgenommen werden kann
d) Weil der stark säurehaltige Kondensationsharzleim mit der Zeit die Zellulosebahnen der Schichtstoffplatten zerstört
e) Weil sich durch den Kondensationsharzleim die Oberschicht der Spanplatte ablösen kann

21 Warum müssen Holzflächen für eine Verleimung staub- und fettfrei sein?

a) Damit die Flächen ausreichend benetzt werden können und eine ausreichende Adhäsion zwischen Holz und Leim stattfinden kann
b) Damit eine ausreichende Kohäsion der Leimmoleküle untereinander stattfinden kann
c) Weil Fett und Staub die chemischen Abbindevorgänge des Leimes wesentlich beeinträchtigen
d) Weil der Leim an diesen Stellen immer flüssig bleiben würde
e) Damit sich an diesen Stellen keine Leimwülste oder starke Erhebungen ergeben

22 Welcher Leim gehört zu den natürlichen Leimen?

a) PVAC-Leim
b) Melaminharzleim
c) Harnstoffharzleim
d) Glutinleim
e) Phenolharzleim

23 Welche Eigenschaften weisen Kondensationsharzleime nicht auf?

a) Sie härten besonders durch Zusatz von Härter und unter Einwirkung von Wärme aus
b) Leimfugen sind feuchtfest
c) Leime werden von Schimmelpilzen befallen und sind nicht wärmebeständig
d) Sie können zum Furnieren verwendet werden
e) Keine der genannten Antworten ist richtig

24 Bei welcher Furnierherstellungsart entsteht ein zusammenhängendes Furnierband?

a) Bei der Herstellung von Messerfurnieren
b) Bei der Herstellung von Sägefurnieren
c) Bei der Herstellung von Schälfurnieren durch exzentrisches Schälen
d) Bei der Herstellung von Schälfurnieren durch radiales Schälen
e) Keine der genannten Antworten ist richtig

25 Welche der genannten Furnierarten bezieht sich auf die Verwendung und nicht auf die Herstellung?

a) Absperrfurnier
b) Sägefurnier
c) Schälfurnier
d) Messerfurnier
e) Radialschälfurnier

26 Wie läßt sich Leimdurchschlag beim Furnieren verhindern?

a) Indem man das Furniergut möglichst heiß verpreßt
b) Indem man dickflüssige Leimflotte möglichst dünn auf der Trägerplatte angibt
c) Indem man beim Pressen Papierlagen beilegt
d) Indem man die Leimflotte möglichst dünnflüssig auf der Trägerplatte angibt
e) Indem man den Furnier vorher anfeuchtet, um die Holzporen zu schließen

27 Warum müssen beim Furnieren einer Möbeltür zum Beispiel die Fasern des Furniers auf beiden Seiten des Trägermaterials in der gleichen Richtung laufen?

a) Weil sich so die Spannungen zwischen Außen- und Innenfurnier ausgleichen und die Tür besser stehen bleibt
b) Weil es gestalterisch besser aussieht
c) Damit man beim Zusammensetzen des Furniers eine Größe und ein Format hat und somit Zeit spart
d) Weil sich die Möbeltür durch diesen Aufbau besser anschlagen läßt
e) Weil sich die Möbeltür durch diesen Aufbau leichter schleifen läßt

28 Was versteht man unter Absperren des Holzes?

a) Das Beleimen einer Spanplatte mit Absperrfurnier
b) Das Halten einer Vollholzplatte durch Gratleisten
c) Das Aufleimen von Absperrfurnieren auf eine Vollholzfläche in der Weise, daß die Richtung der Holzfasern rechtwinklig zueinander liegen
d) Das Aufeinanderleimen von Absperrfurnieren derart, daß alle Holzfasern in einer Richtung liegen
e) Das Furnieren von Flachpreßplatten

29 Warum muß Furniersperrholz in Bezug auf Furnierdicke, Lagenzahl und die Faserrichtung immer symmetrisch aufgebaut werden?

a) Das Furniersperrholz würde sich sonst verziehen
b) Die Herstellung aus unterschiedlichen Furnierlagen wäre zu teuer
c) Ungleiche Lagen ergeben beim Pressen der Platte nachteilige Quetschzonen
d) Verschiedene und unsymmetrisch angeordnete Furnierlagen beeinträchtigen die Festigkeit der Furnierplatte
e) Nur so kann Furniersperrholz wirtschaftlich hergestellt werden

30 Was bedeutet der Stempelaufdruck AW 100 auf den Holzwerkstoffen?

a) Die Konstruktionsverleimung ist wasserfest
b) Die Flachpreßplatte ist wetterfest
c) Die Sperrholzplatte ist wetterfest verleimt
d) Das Furniersperrholz ist feuchtfest verleimt
e) Außensperrholz mit einer Fugenfestigkeit von 100 N/mm^2

31 Was bedeutet der Aufdruck „FU 8" auf einer Platte?

a) Furniersperrholz, 8fach verleimt
b) Flachpreßplatte, 8 mm dick
c) Faserplatte, Unterseite glatt, 8 mm dick
d) Furniersperrholz, 8 mm dick
e) Keine der Antworten ist richtig

32 Welchen Vorteil hat eine Flachpreßplatte gegenüber einer Tischlerplatte?

a) Die Platte kann stärker auf Biegung beansprucht werden
b) Schrauben haben einen besseren Halt
c) Beim Zuschnitt spielt die Richtung der Holzfaser keine Rolle, dadurch entsteht weniger Verschnitt
d) Die Platte ist leichter
e) Beim Pressen in der Furnierpresse spielt die Höhe des Preßdrucks keine Rolle

33 Woran erkennt man Holzspanplatten, die im Flachpreßverfahren hergestellt worden sind?

a) Die Holzspäne stehen rechtwinklig zur Außenfläche
b) Der Plattenquerschnitt zeigt einen einschichtigen homogenen Aufbau
c) Die Holzspäne liegen parallel zu den Außenflächen
d) Die Holzspanplatten kommen furniert in den Handel
e) Keine der genannten Antworten ist richtig

34 Welchen Zahlenaufdruck muß ein Schleifband haben, das zum groben Schleifen von Vollholz auf der Bandschleifmaschine eingesetzt werden soll?

a) 60
b) 120
c) 280
d) 150
e) 100

35 Welches der genannten Schleifmittel wird nicht künstlich hergestellt?

a) Elektrokorund
b) Siliziumkarbid
c) Glas
d) Bornitrid
e) Quarz

36 Wann entsteht beim Beizen ein negatives Beizbild?

a) Wenn man mit chemischen Beizen wie Vor- und Nachbeize beizt
b) Wenn man zum Beizen das Holz vorher wässert
c) Wenn man zum Beizen Farbstoffbeizen verwendet
d) Wenn durch die Inhaltstoffe die harten Spätholzzonen dunkler werden als die weicheren Frühholzzonen
e) Wenn man vor dem Beizen die Vor- und Nachbeize im Verhältnis 3:2 mischt.

37 Warum müssen die zu beizenden Holzflächen vorher gewässert werden?

a) Durch das Wässern quellen Porenränder und heruntergedrückte Holzfasern auf und können nach dem Trocknen abgeschliffen werden
b) Durch das Wässern werden die im Holz enthaltenen Inhaltstoffe gleichmäßiger auf der Fläche verteilt, so daß die Beizung gleichmäßiger wird
c) Harze werden durch das Wasser ausgewaschen
d) Mit Kondensationsharzleim furnierte Flächen müssen vor dem Beizen mit warmem Wasser ausgewaschen werden
e) Keine der genannten Antworten ist richtig

38 Wodurch entsteht die Bleichwirkung des Wasserstoffperoxids (H_2O_2)?

a) Der Wasserbestandteil im Wasserstoffperoxid wäscht die Farbstoffe aus
b) Der Wasserstoff im Wasserstoffperoxid bildet mit den Holzinhaltstoffen ein stark bleichendes Salz
c) Wasserstoffperoxid spaltet sich in H_2O und O auf. Der freiwerdende Sauerstoff hat starke Bleichwirkung
d) Wenn man dem Wasserstoffperoxid noch verdünnte Salzsäure zugibt, wird der Farbstoff zerstört
e) Keine der genannten Antworten ist richtig

39 Was versteht man unter dem Begriff Viskosität?

a) Zähflüssigkeit
b) Zuckergehalt einer Flüssigkeit
c) Alterungsbeständigkeit
d) Temperaturbeständigkeit
e) Zusätze zum Eindicken einer Flüssigkeit

40 Bei welchem Oberflächenbehandlungsverfahren entsteht der meiste Lackverlust

a) Beim Gießen
b) Beim Spritzen
c) Beim Tauchen
d) Beim Walzen
e) Beim Pinselauftrag

41 Welche der genannten Eigenschaften besitzt eine Hochdruck-Schichtstoffplatte?

a) Die harte Oberfläche ist völlig kratzfest
b) Bei Erwärmung ist sie leicht verformbar
c) Durch den ausgehärteten Kunststoff ist die Schichtstoffplatte völlig formstabil
d) Beim Zuschnitt muß auf die Bearbeitungsrichtung der Platte keine Rücksicht genommen werden
e) Die melaminharzbeschichtete Oberfläche ist widerstandsfähig gegen Öle, Fette und Laugen

42 **Hartmetalle werden hergestellt durch...**

a) Druckguß
b) Vakuumguß
c) Pressen und Sintern
d) Strangguß
e) Kokillenguß

43 **Welchen Vorgang bezeichnet man als Sintern?**

a) Verschmelzen pulverförmiger Stoffe
b) Kohlenstoffentzug bei der Stahlherstellung
c) Zusammenbacken pulverförmiger Stoffe unter Druck und bei hohen Temperaturen
d) Verschmelzen sehr feingemahlener Erze und Kohlen bei großer Hitze
e) Keine der genannten Antworten ist richtig

44 **Aus welchen Metallen ist Messing legiert?**

a) Kupfer und Zinn
b) Kupfer und Aluminium
c) Kupfer und Blei
d) Kupfer und Zink
e) Kupfer und Silber

45 **Welches der genannten Verfahren gehört nicht zu den Korrosionsschutzverfahren von Metallen?**

a) Emaillieren
b) Oxidieren
c) Eloxieren
d) Plattieren
e) Galvanisieren

46 **Welches der genannten Verbindungsmittel wird nur stellenweise eingenutet?**

a) Lamellofeder
b) Winkelfeder
c) Querholzfeder
d) Langholzfeder
e) Kunststoffeder

47 **Welche Eckverbindung ist für Flachpreßplatten ungeeignet?**

a) Dübelung
b) Zinkung
c) Lamello-Federn
d) Auf Gehrung gefedert
e) Das Faltsystem

48 **Welche Dübelart wird nicht als Verbindungsmittel im Möbelbau verwendet?**

a) Spreizdübel
b) Winkeldübel
c) Quelldübel
d) Riffeldübel
e) Kunststoff-Winkeldübel

49 **Welche Schrauben befinden sich in dem Paket mit der Aufschrift „4 × 20 DIN 97 MS"?**

a) Senkholzschraube mit Kreuzschlitz in Messing
b) Linsensenkholzschraube mit Schlitz in Messing
c) Halbrundholzschraube in Messing
d) Senkholzschraube mit Schlitz in Messing
e) Maschinenschraube 4 mm Durchmesser und 20 mm lang

50 **Welcher der genannten Stoffe ist in dem geschmolzenen Gemenge zur Glasherstellung prozentual am meisten vorhanden?**

a) Dolomit
b) Quarzsand
c) Kalkstein
d) Natriumsulfat
e) Natriumkarbonat

51 **Was versteht man unter einem Float- oder Schwimmverfahren?**

a) Ein besonderes Lackauftragsverfahren
b) Ein Ausdruck aus der Holzflößerei
c) Ein Verfahren zur Herstellung von Ornamentglas
d) Ein Verfahren zur Herstellung von Fenster- und Spiegelglas
e) Ein Verfahren zur Herstellung von Glaswolle

52 **Welches Herstellungsverfahren ist für die Herstellung von Flachglas ungeeignet?**

a) Mundblasverfahren
b) Ziehverfahren
c) Walzverfahren
d) Gießverfahren
e) Schwimmverfahren

11.3 Physikalische Grundlagen

1 **Die Einheit der Masse ist:**

a) 1 kp
b) 1 dm^3
c) 1 m^3
d) 1 kg
e) 1 N

2 **Was versteht man unter der Dichte eines Körpers?**

a) Das Verhältnis des Rauminhaltes zur Gewichtskraft
b) Masse pro Rauminhalt
c) Rauminhalt dividiert durch Volumen
d) Rauminhalt dividiert durch Masse
e) Das Verhältnis der Gewichtskraft zum Rauminhalt

3 **Womit stellt man die Masse eines Körpers fest?**

a) Federwaage
b) Balkenwaage
c) Meßschieber
d) Stahlbandmaß
e) Meßzylinder

4 **Die Einheit der Kraft ist?**

a) 1 bar
b) 1 kg
c) 1 N
d) 1 kg/dm^3
e) 1 J

5 **Was versteht man unter dem Begriff Energie?**

a) Fähigkeit zur Bewegung
b) Wirksame Leistung
c) Fähigkeit, Kraft auszuüben
d) Große Leistungsfähigkeit
e) Fähigkeit, mechanische Arbeit zu verrichten

6 **Welchen Abstand bezeichnet man beim Hebel als Hebelarm?**

a) Zwischen den beiden Kräften
b) Zwischen Wirkungslinie und Angriffspunkt
c) Zwischen Angriffspunkt und Drehpunkt
d) Zwischen Wirkungslinie und Drehpunkt
e) Keine der genannten Antworten ist richtig

7 **Durch welche Merkmale wird die Wirkung einer Kraft vollständig beschrieben?**

a) Wirkungslinie, Angriffspunkt
b) Größe, Angriffspunkt, Richtung
c) Größe, Angriffspunkt, Formänderung
d) Bewegungsrichtung, Pfeillänge
e) Wirkungslinie, Richtung

8 **Unter welcher Voraussetzung befindet sich ein Hebel im Gleichgewicht?**

a) Wenn die beiden Hebelarme gleich lang sind
b) Wenn die Gewichte auf beiden Hebeln gleich groß sind
c) Wenn die Summe der rechtsdrehenden Momente so groß ist wie die Summe der linksdrehenden Momente
d) Wenn am längeren Hebelarm die große Kraft wirkt
e) Beim einseitigen Hebel

9 **Was versteht man unter dem Begriff Kohäsion?**

a) Die Zähflüssigkeit eines Schmiermittels
b) Das Erstarren einer Schmelze
c) Die Zusammenhangskraft der Teilchen eines Stoffes
d) Die Oxidation von Eisen
e) Haftung eines Klebstoffes auf einer Oberfläche

10 **Was versteht man unter Geschwindigkeit?**

a) Zeit pro Wegeinheit
b) Weg pro Zeiteinheit
c) Weg mal Zeiteinheit
d) Zeit mal Wegeinheit
e) Keine der genannten Antworten ist richtig

11.4 Grundlagen der Elektrotechnik

1 **Wie lautet das Ohmsche Gesetz?**

a) $I = \frac{R}{U}$
b) $R = U \cdot I$
c) $W = P \cdot I$
d) $I = \frac{U}{R}$
e) $P = \frac{W}{t}$

2 **In welcher Einheit wird die elektrische Arbeit gemessen?**

a) Volt
b) Kilowatt
c) Newton
d) Kilowattstunde
e) Ampere

3 **Von welcher Spannung ab besteht für den menschlichen Körper Lebensgefahr?**

a) 12 V
b) 24 V
c) 50 V
d) 110 V
e) 220 V

4 **Welche Aufgabe hat eine Sicherung zu erfüllen?**

a) Den Menschen vor gefährlicher Berührungsspannung zu schützen
b) Das Kraftwerk vor Überlastung zu schützen
c) Ein gefährliches Überschreiten der zulässigen Stromstärke zu verhindern
d) Elektrogeräte vor zu hoher Spannung zu schützen
e) Ein gefährliches Überschreiten der zulässigen Betriebsspannung zu verhindern

5 **Warum sind Holzbearbeitungsmaschinen mit Drehstrommotoren mit einer „Stern-Dreieck-Schaltung" ausgerüstet?**

a) Die Stern-Dreieck-Schaltung soll die Maschine vor zu hohen Drehfrequenzen schützen
b) Bei der Schalterstellung „Stern" kann man mit der Maschine arbeiten, bei der Stellung „Dreieck" wird der Motorschutzschalter betätigt und der Elektromotor dadurch ausgeschaltet
c) Bei der Schalterstellung „Stern" wird die Maschine zum Anlassen erst mit 380 Volt versorgt, beim Arbeiten mit der Schalterstellung „Dreieck" nur noch mit 220 Volt
d) Damit man besondere Holzbearbeitungsmaschinen auf eine höhere Drehfrequenz umschalten kann
e) Damit beim Anlassen des Motors die Motorwicklungen nicht durchbrennen, wird zunächst auf „Stern" geschaltet und der Motor mit 220 Volt versorgt und zum Arbeiten mit der Maschine auf „Dreieck" (380 V) umgeschaltet

6 **Welche Aufgabe hat ein Motorschutzschalter zu erfüllen?**

a) Den Motor vor zu hoher Spannung zu schützen
b) Das Stromnetz vor Überlastung zu schützen
c) Die Maschine vor Überlastung zu schützen
d) Den Motor vor Überlastung zu schützen
e) Den Menschen vor zu hoher Berührungsspannung zu schützen

11.5 Fertigungsmittel

1 **Welches der genannten Teile ist nicht fest mit der Hobelbank verbunden?**

a) Beilade
b) Hinterzange
c) Vorderzange
d) Bankknecht
e) Bankplatte

2 **Wie nennt man die Spannzange, die man mit dem rechten Zangenschlüssel öffnen und schließen kann?**

a) Rechte Zange
b) Vorderzange
c) Hinterzange
d) Beilade
e) Zugschraube

3 **Wie ist der Nonius einer Schieblehre eingeteilt, mit dem man $\frac{1}{10}$ mm genau ablesen kann?**

a) 10 mm sind in 9 gleiche Teile geteilt
b) 9 mm sind in 10 gleiche Teile geteilt
c) 19 mm sind in 10 gleiche Teile geteilt
d) 20 mm sind in 19 gleiche Teile geteilt
e) Keine der genannten Antworten ist richtig

4 **Welche Auswirkungen hat ein zu kleines Hobelmaul?**

a) Das Hobelmaul verstopft und das Hobeleisen kann nicht mehr schneiden
b) Das Holz reißt beim Hobeln stärker ein, weil die Spanbrechkante nicht richtig zur Wirkung gelangt
c) Die Schneide des Hobeleisens wird schneller stumpf
d) Der Hobel ist für feine Putzarbeiten ungeeignet
e) Der Hobelspan wird dadurch feiner und dünner

5 **Welche Aussage über die Winkel an einer Werkzeugschneide ist richtig?**

a) Spanwinkel = Schnittwinkel + Freiwinkel
b) Schnittwinkel = Spanwinkel + Freiwinkel
c) Keilwinkel = Schnittwinkel − Spanwinkel
d) Schnittwinkel = Keilwinkel + Freiwinkel
e) Freiwinkel = Spanwinkel − Schnittwinkel

6 **Welcher Bohrer ist zum Ausbohren von Ästen geeignet?**

a) Forstnerbohrer
b) Scheibenschneider
c) Zentrumbohrer
d) Schneckenbohrer
e) Spitzbohrer

7 **Welches Handwerkzeug wird nicht zur Herstellung einer Gratverbindung verwendet?**

a) Gratsäge
b) Grathobel
c) Grundhobel
d) Gratzieher
e) Stecheisen

8 **Welche dieser Formeln ist für die Berechnung der Schnittgeschwindigkeit richtig?**

a) $v = \frac{d \cdot \pi \cdot 60}{n}$ $\frac{m}{s}$
b) $v = \frac{d \cdot \pi \cdot n}{1000}$ $\frac{m}{s}$
c) $v = \frac{d \cdot \pi \cdot n}{60 \cdot 1000}$ $\frac{m}{s}$
d) $v = \frac{d \cdot \pi \cdot n \cdot 100}{60}$ $\frac{m}{s}$
e) $v = \frac{d \cdot \pi}{n \cdot 60}$ $\frac{m}{s}$

9 **Welche Auswirkung kann eine zu hohe Schnittgeschwindigkeit bei der maschinellen Holzbearbeitung haben?**

a) Die Werkzeugschneiden schneiden besser und bleiben dadurch länger scharf
b) Die bearbeiteten Flächen werden rauh
c) Es können keine Brandflächen auf dem Holz entstehen
d) Durch überhöhte Fliehkraft können Maschinenlager und auch Werkzeuge zerstört werden
e) Keine der genannten Antworten ist richtig

10 **Welches Sägeblatt ist besonders rückschlagarm?**

a) Sägeblatt mit Wolfszahnung
b) Hartmetallbestücktes Sägeblatt
c) Spandickenbegrenztes Sägeblatt
d) Hobelkreissägeblatt
e) Keines der genannten Kreissägeblätter

11 **Warum muß bei einer Kreissäge hinter dem Kreissägeblatt ein Spaltkeil eingebaut sein?**

a) Damit die Sägezähne vor zu starker Abnutzung geschützt werden
b) Weil er das Hineingreifen ins laufende Sägeblatt verhindert
c) Weil er den Werkstücken, besonders beim Verdecktschneiden, eine gute Führung gewährt
d) Weil er beim Ablängen kurzer Werkstücke den Abweiskeil ersetzt
e) Weil er beim Sägen das Klemmen und Hochschleudern des Werkstückes verhindert

12 **Wann ist ein Maschinenwerkzeug spandickenbegrenzt?**

a) Wenn man mit dem Werkzeug nur 1,4 mm dicke Späne abtrennen kann

b) Wenn der Abstand zwischen Schneidenspitze und Abweiser nur 0,6 mm beträgt

c) Wenn der Abstand zwischen Schneidenflugkreis und Abweiserflugkreis höchstens 1,1 mm beträgt

c) Wenn es mit sehr hoher Drehfrequenz laufen darf

e) Wenn die Schnittwinkel der Werkzeugschneiden möglichst klein sind

13 **Welche Bedeutung hat das Prüfzeichen BG-Test auf den Maschinenwerkzeugen?**

a) Das Werkzeug darf nur bei einem teilmechanischen Vorschub eingesetzt werden

b) Das Werkzeug wurde von der Bundesregierung zur Benutzung freigegeben

c) Die Berufsgenossenschaft hat beim Werkzeughersteller erwirkt, daß das Werkzeug den Bestimmungen entsprechend geändert wird

d) Das Werkzeug ist spandickenbegrenzt und formschlüssig sowie rückschlagarm

e) Das Werkzeug hat den Warentest bestanden und darf auch in Hobbymaschinen eingesetzt werden

14 **Welche Vorrichtung muß man zum Abrichten kurzer Werkstücke auf der Abrichthobelmaschine benutzen?**

a) Zuführlade

b) Fügeleiste

c) Hilfsanschlag

d) Schiebestock

e) Abweiskeil

15 **Welche Teile gehören zur technischen Ausstattung einer Dickenhobelmaschine?**

a) Spaltkeil, Breitenanschlag, Linksgewinde, Spannbacke

b) Höhenverstellung, Fräserdorn, Anlaufring, Linkslauf, Rechtslauf

c) Fügeleiste, Aufnahmetisch, Abnahmetisch, Anschlag

d) Druckbalken, Einzugswalze, gegliederte Rückschlagsicherung

e) Obere und untere Sägeblattführung, Laufrollen, Spannrad

16 **Welches der genannten Teile gehört <u>nicht</u> zur Drucklufterzeugungsanlage?**

a) Druckluftzylinder

b) Druckluftbehälter

c) Nachkühler

d) Verdichter

e) Sicherheitsventil

17 **Was versteht man unter einer Wartungseinheit bei der Druckluftverteilung?**

a) Ein schriftlicher Wartungsplan

b) Einen Windkessel, in dem die Druckluft vor dem Verbrauch gespeichert wird

c) Einen Kondensatsammelbehälter

d) Ein Gerät, das aus Druckluftfilter, Drucklufttöler, Regler und Manometer besteht

e) Die gesamten Filter, Abscheider, Nachkühler und Sicherheitsventile an der Drucklufterzeugungsanlage

11.6 Betriebsanlage

1 **Welcher Arbeitsplatz gehört zu den ortsveränderlichen Arbeitsplätzen?**

a) Das Anbringen von Fußleisten auf der Baustelle

b) Das Ablängen der Rahmenschenkel auf der Kreissägemaschine

c) Das Einlegen des Furniergutes in die Furnierpresse

d) Das Fügen von Kanten an der Abrichthobelmaschine

e) Das Einlassen von Beschlägen an der Hobelbank

2 **Was versteht man gemäß der Arbeitsstättenverordnung unter gesundheitstechnischen Anlagen?**

a) Sanitätskasten in genügender Menge
b) Liege zum Ausruhen
c) Sozialräume wie Toiletten-, Wasch-, Umkleide-, Sanitäts- und Pausenräume
d) Feuerlöscheinrichtungen
e) Keine der genannten Antworten ist richtig

3 **Warum sollen Schleifstaub und Hobelspäne gesondert abgesaugt und gelagert werden?**

a) Weil sonst die Gefahr einer Staubexplosion gegeben ist
b) Weil Schleifstaub und Hobelspäne miteinander verklumpen
c) Damit man zum Verbrennen Hobelspäne und Schleifstaub getrennt in den Kessel einblasen kann
d) Weil der Schleifstaub die Filter unnötig verstopfen würde
e) Weil durch den Schleifstaub zwischen den Hobelspänen nach längerem Lagern Fäulnis entsteht

4 **Welches der genannten Fördermittel gehört nicht zu den Flurförderern?**

a) Gabelstapler
b) Handwagen
c) Hubwagen
d) Hebelroller und Rollpritsche
e) Hängebahn

5 **Welche Vorschrift gilt ganz besonders für Oberflächenbehandlungsräume?**

a) Der Fluchtweg muß 1,10 m breit sein
b) Die elektrische Installation ist explosionsgeschützt zu verlegen
c) Der Fußboden muß jeden Abend gefegt werden
d) Der Raum muß beheizt werden können
e) Die Türen sollten möglichst geöffnet bleiben, um bei Gefahr besser fliehen zu können

11.7 Holzverbindungen

1 **Welche der genannten Breitenverbindungen wird in der Regel nur verleimt hergestellt?**

a) Überfälzte Fuge
b) Gespundete Fuge
c) Überschobene Schalung
d) Kronenfuge
e) Gefederte Fuge

2 **Welche Eckverbindung im Plattenbau muß auch heute noch von Hand hergestellt werden?**

a) Dübelung
b) Gratung
c) Nut- und Federverbindung
d) Auf Gehrung gefederte Verbindung
e) Die Zierzinkung

3 **Was versteht man unter einem Konterprofil?**

a) Mißlungene Profilierung
b) An der Brüstung des Querstücks ist das Gegenprofil zu den aufrechten Rahmen angefräst
c) Das Profil muß an den inneren Rahmenecken auf Gehrung abgesetzt werden
d) Der Rahmen ist auf Gehrung zusammengeschnitten, so daß das Profil an der Rahmeninnenseite herumlaufen kann
e) Keine dieser Antworten ist richtig

4 **Wie sind Füllungen im Rahmen richtig zu verklotzen?**

a) Die Füllungen sind so zu verklotzen, daß die Kraftdiagonale auf das untere Band zuläuft
b) Die Füllungen sind fest einzustäben
c) Die Füllungen sind ganz stramm einzupassen
d) Die Füllungen sind so zu verklotzen, daß die Kraftdiagonale auf das obere Band zuläuft
e) Die Fuge zwischen Rahmen und Füllung ist mit dauerelastischem Kitt auszufüllen

11.8 Möbelbau

1 **Welcher der genannten Begriffe gehört nicht zu den Möbelbauarten?**

a) Brettbau
b) Rahmenbau
c) Einzelmöbelbau
d) Stollenbau
e) Plattenbau

2 **Für welchen Türanschlag werden Bänder mit der Kröpfung „B" verwendet?**

a) Stumpf aufschlagende Türen
b) Überfälzte Türen
c) Stumpf einschlagende und zurückspringende Türen
d) Stumpf einschlagende und vorspringende Türen
e) Stumpf einschlagende und mit den Korpuskanten bündige Türen

3 **Mit welchem Scharnier oder Band können stumpf aufschlagende Türen angeschlagen werden?**

a) Topfscharnier
b) Bänder, Kröpfung D 7,5 mm
c) Zapfenband
d) Scharnier, Kröpfung B
e) Gekröpftes Zapfenband

4 **Welche Angabe ist bei der Bestellung von gekröpften Möbelbändern unbedingt erforderlich?**

a) Anzahl der Schraubenlöcher in den Lappen
b) Länge des Bandes
c) Durchmesser der Rolle
d) Material des Bandes
e) Rechts- oder Linksband

5 **Mit welchem Schloß kann man Möbelschiebetüren nicht verschließen?**

a) Riegel-Einsteckschloß
b) Druckzylinder-Schloß
c) Flügelriegel-Schloß
d) Hakenriegel-Schloß
e) Alle Schlösser sind geeignet

6 **Welches Konstruktionsteil benötigt man für eine hängende Schubkastenführung?**

a) Streifleiste
b) Kippleiste
c) Laufrahmen
d) Traverse
e) Führungsleiste

7 **Welches Gestaltungselement gehört nicht zum Baustil der Gotik?**

a) Maßwerk
b) Die betonte Waagerechte
c) Die betonte Senkrechte
d) Spitzbogenfenster
e) Kreuzrippengewölbe

8 **Welche Merkmale sind bei Möbeln des Biedermeierstils anzutreffen?**

a) Geschweifte Fronten, starke Verzierungen, asymmetrische Schmuckelemente
b) Wuchtige Kranzgesimse, schmückende Elemente, vielfach verkröpfte Profilleisten
c) Einfache schlichte Formen, zierliche Profilstäbe, schmale Adern
d) Zöpfe, Troddeln, Lorbeerkränze, Waffen, Urnen
e) Keines der genannten Gestaltungselemente trifft auf den Biedermeierstil zu

11.9 Ausbau und Innenausbau

1 **Welche der nachstehend aufgeführten Behauptungen ist falsch?**

a) Das Nennmaß ist gleich dem tatsächlichen Maß
b) Das Baurichtmaß ist ein theoretisches Maß bei Mauerwerksbauten und beträgt ein Vielfaches von 12,5 cm
c) Baurichtmaß und Rohbaumaß sind bei Betonbauten identisch
d) Baurichtmaß und Rohbaumaß sind bei Mauerwerksbauten gleich groß
e) Rohbaumaß ist gleich dem in der Zeichnung eingetragenen Maß

2 **Was gibt der Meterriß beim Maßnehmen auf dem Bau an?**

a) Die Höhe 1 Meter über Oberkante Rohfußboden

b) Den Verlauf der horizontalen Stromleitungen

c) Der Abstand vom Meterriß zur Unterkante Fertigdecke soll ein Meter betragen

d) Die Höhe 1 Meter über Oberkante Fertigfußboden

e) Die Höhe der Brüstungen und des Handlaufes bei Treppen von der Oberkante Rohdecke

3 **Bei welcher Türrahmenausbildung wird die lichte Durchgangsbreite der Tür am kleinsten?**

a) Blockrahmen

b) Blendrahmen

c) Futter und Bekleidungen

d) Zargenrahmen

e) Stahlzargen

4 **Woran kann man bei Zimmertüren feststellen, ob es sich um eine Links- oder Rechtstür nach DIN handelt?**

a) Wenn das Schloß links sitzt, ist es eine Linkstür

b) Betrachtet man die Tür von der Seite her, nach der sie aufgeht und sitzen die Bänder links, ist es eine Linkstür

c) Schlägt die Tür nach rechts in den Raum, ist es eine Rechtstür

d) Am Schloß. Wird zum Schließen der Schlüssel nach rechts gedreht, handelt es sich um eine Rechtstür

e) Keine der genannten Angaben ist richtig

5 **Wie hoch soll der Drücker bei Zimmertüren angebracht werden?**

a) 120 cm

b) 110 cm

c) 105 cm

d) 100 cm

e) 95 cm

6 **Für welche Türen benötigt man ein Lappenschließblech?**

a) Überfälzte Zimmertüren

b) Blockrahmentüren

c) Stumpf einschlagende Zimmertüren

d) Haustüren

e) Blendrahmentüren

7 **Welche Angaben sind bei einer Schloßbestellung nicht unbedingt erforderlich?**

a) DIN links oder DIN rechts

b) Schließungsart wie Zuhaltungen oder Zylinder

c) Eingebauter Wechsel

d) Schloßart wie Haustürschloß, Zimmertürschloß usw.

e) Schloßkasten vernietet oder verschraubt

8 **Welche Schloßart bietet für Türen die geringste Sicherung?**

a) Besatzungsschloß

b) Zuhaltungsschloß

c) Buntbartschloß

d) Schloß mit Profilzylinder

e) Schloß mit Rundzylinder

9 **Welche Bänder sind zum Anschlagen von Pendeltüren geeignet?**

a) Kombibänder

b) Einbohrbänder

c) Einstemmbänder

d) Paumelles-Aufschraubbänder

e) Bommerbänder

10 **Welches von den genannten Fenstern geht nach außen auf?**

a) Dreh-Kipp-Flügelfenster

b) Kippflügelfenster

c) Schiebefenster

d) Klappflügelfenster

e) Keines der genannten Fenster

11 **Warum werden Fenster heute vorwiegend mit Isolierglasscheiben verglast?**

a) Wegen der besseren Wärmedämmung

b) Wegen der besseren Aussteifung der Fensterflügel

c) Wegen der enorm verbesserten Schalldämmung

d) Um stärkeren Winddruck aufnehmen zu können

e) Um schädliche UV-Strahlung abzuschirmen

11.10 Fachmathematik
Längen und Längenteilungen

Längen

1 **Eine rechteckige Platte, Länge = 850 mm, hat einen Umfang U = 2,8 m. Wie lang ist die Breite der Platte in cm?**

a) 50 cm
b) 55 cm
c) 40 cm
d) 60 cm
e) 65 cm

2 **Der Rahmen einer Heizkörperverkleidung hat die Länge *l* = 110 cm. Die Rahmenstücke (rechts und links) sind je 55 mm breit. Der Rahmen soll 20 Leisten von je 18 mm Breite erhalten. Wie groß werden bei gleichmäßiger Verteilung die lichten Abstände der Leisten untereinander und zum Außenrahmenstück?**

a) 33 mm
b) 31,5 mm
c) 30 mm
d) 35 mm
e) 28 mm

3 **Ein Werkstück hat eine Länge von 44 cm, es soll sieben Bohrungen erhalten. Die äußeren Mittelpunkte der Bohrungen sollen 5,5 cm von den Enden entfernt liegen. Wie groß ist der Mittenabstand der Bohrungen in cm bei gleichen Mittenabständen der Bohrungen?**

a) 5,5 cm
b) 4,7 cm
c) 6,2 cm
d) 4,1 cm
3) 4,5 cm

4 **Wie groß ist der Umfang der gezeichneten Tischplatte in m?**

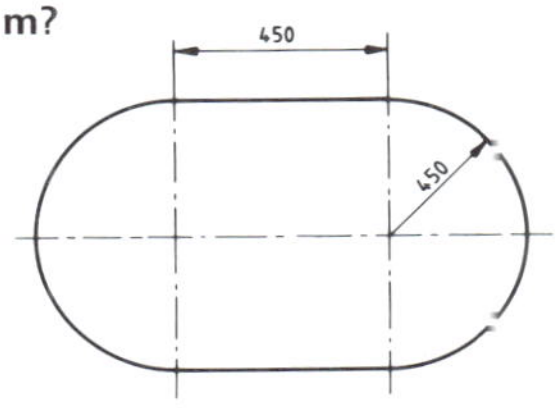

a) 2,31 m
b) 4,20 m
c) 4,12 m
d) 3,73 m
e) 3,52 m

5 **Eine Firma hat 25 ellipsenförmige Tischplatten herzustellen, die einen großen Durchmesser von 1,35 m und einen kleinen Durchmesser von 0,95 m aufweisen. Wie groß ist der Nettoverbrauch an Umleimern für die 25 Tischplatten in m?**

a) 80,34 m
b) 10,21 m
c) 9,028 m
d) 3,612 m
e) 90,275 m

6 **Der Durchmesser eines Kreises beträgt d = 0,75 m. Wie groß ist die Bogenlänge für einen Kreisausschnit mit einem ∢ von 72°?**

a) 47,1 cm
b) 37,8 cm
c) 0,48 m
d) 63,2 cm
e) 2,356 m

7 **Welche der Längenverhältnisse der Seiten bilden kein rechtwinkliges Dreieck?**

a) 3:4:5
b) 1,5:2:2,5
c) 2:3,5:4,8
d) 2,1:2,8:3,5
e) 1,2:1,6:2,0

8 **Die Katheten in einem rechtwinkligen Dreieck betragen 2,20 m und 1,40 m. Wie groß ist die Hypotenuse?**

a) 2,50 m
b) 1,803 m
c) 2,753 m
d) 2,607 m
e) 2,803 m

Flächen

9 **Ein Wohnzimmer, 6,25 m lang und 4,75 m breit, soll einen Parkettfußboden aus 25 cm × 25 cm Parkettplatten erhalten. Wieviel Parkettplatten werden benötigt?**

a) 475
b) 50
c) 47,5
d) 500
e) 420

10 **Es ist eine Dachgaube zu verbrettern. Wie groß ist der Nettoverbrauch an Nut- und Federbrettern? (Maße siehe Skizze)**

a) 4,5 m²
b) 4,2 m²
c) 2,1 m²
d) 1,8 m²
e) 2,5 m²

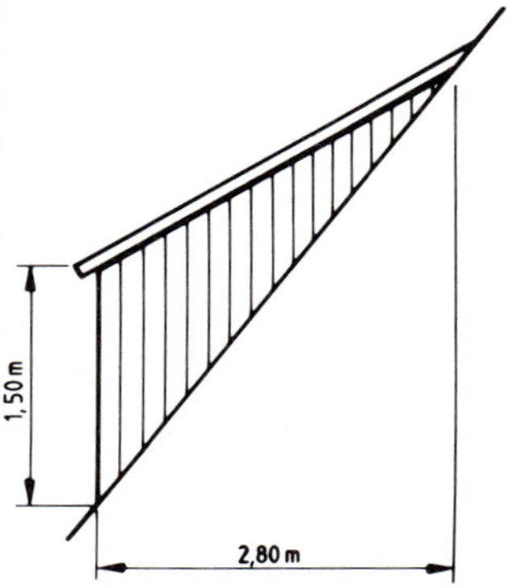

11 **Ein konisches Brett ist unten 34 cm und oben 20 cm breit. Seine Länge beträgt 2,80 m. Wie groß ist der Flächeninhalt des Brettes?**

a) 7,560 m²
b) 0,756 m²
c) 1,756 m²
d) 0,076 m²
e) 2,340 m²

12 **Eine unbesäumte Bohle mißt in der Mitte auf der Schmalseite 41 cm und auf der Breitseite 47 cm und ist 3,00 m lang. Wie groß ist der anrechenbare Flächeninhalt der Bohle?**

a) 13,2 m²
b) 0,23 m²
c) 0,13 m²
d) 2,31 m²
e) 1,32 m²

13 **Ein Stammtisch soll einen Durchmesser von 1,60 m haben. Wie groß ist der Flächeninhalt?**

a) 8,04 m²
b) 2,56 m²
c) 2,01 m²
d) 5,02 m²
e) 3,20 m²

14 **Eine Kreisöffnung soll $A = 7 m^2$ betragen. Wie groß muß der Radius r des Kreises in m sein?**

a) 2,23 m
b) 1,49 m
c) 2,98 m
d) 0,66 m
e) 1,20 m

15 **Ein Hersteller hat 24 ellipsenförmige Tischplatten zu fertigen mit einem großen Durchmesser von 1,10 m und einem kleinen Durchmesser von 0,84 m. Wie groß ist der Nettoverbrauch an Furnier bei beidseitiger Furnierung?**

a) 17,40 m²
b) 7,25 m²
c) 34,80 m²
d) 1,45 m²
e) 20,48 m²

16 **Für eine Gaststätte sind 18 Tischplatten in den nebenstehenden Maßen aus 32 mm dicker Spanplatte herzustellen. Wie groß ist der Nettoverbrauch an Spanplatte?**

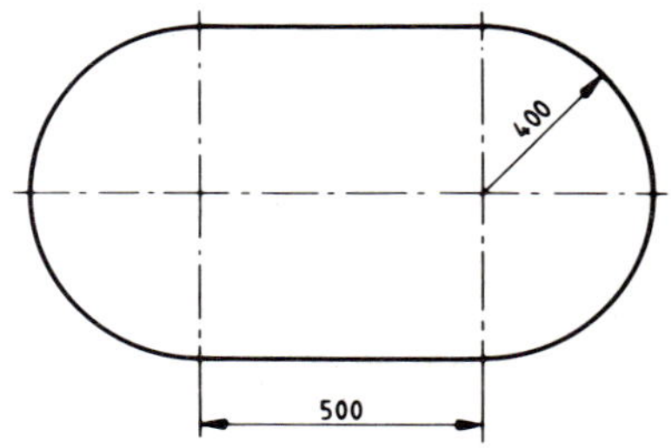

a) 12,643 m²
b) 0,702 m²
c) 16,243 m²
d) 0,902 m²
e) 15,334 m²

Rauminhalte

17 **Wieviel m³ sind 650 000 cm³?**

a) 65 m³
b) 650 m³
c) 6,5 m³
d) 0,65 m³
e) 6500 m³

18 **Ein Gebinde (siehe Abbildung) ist zu ¾ mit Lösungsmittel gefüllt. Wieviel Liter Lösungsmittel stehen zur Verfügung? (Die Metallwandungen bleiben unberücksichtigt)**

a) 1,428 l
b) 1,904 l
c) 1,142 l
d) 2,041 l
e) 1,536 l

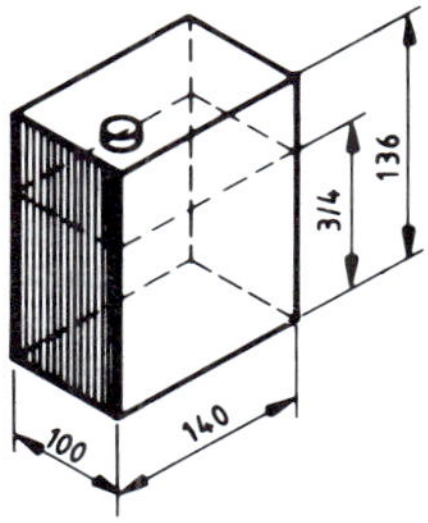

19 **Wie groß ist das Volumen des abgebildeten Körpers in dm^3? (Angegebene Maße in mm)**

a) 15,26 dm^3
b) 28,26 dm^3
c) 14,13 dm^3
d) 12,10 dm^3
e) 18,85 dm^3

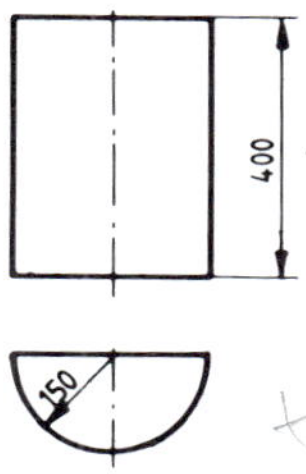

20 **40 besäumte Bretter sind 22 cm breit, 4,5 m lang und 26 mm dick. Wieviel m^3 sind dies?**

a) 10,296 m^3
b) 4,6021 m^3
c) 0,0257 m^3
d) 2,4032 m^3
e) 1,0296 m^3

21 **Eine Eichenbohle hat eine obere mittlere Breite b_{m1} = 39 cm und eine untere mittlere Breite b_{m2} = 46 cm sowie eine Länge von 5,50 m und eine Dicke von 50 mm. Wieviel m^3 kann man für diese Bohle berechnen?**

a) 0,1168 m^3
b) 0,2262 m^3
c) 1,1681 m^3
d) 0,0834 m^3
e) 0,4321 m^3

22 **Ein kegelförmiger Meßbecher hat am oberen Skalenstrich einen Durchmesser d = 15 cm. Welche Höhe h_k muß der Skalenstrich haben, damit genau V = 1 Liter (dm^3) angezeigt wird.**

a) 175,85 mm
b) 192,18 mm
c) 210,15 mm
d) 116,99 mm
e) 169,77 mm

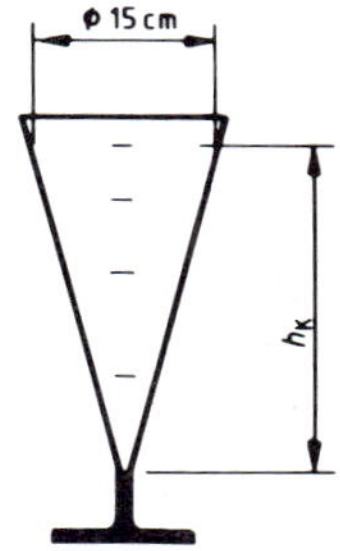

23 **Ein Rundholzstamm hat einen mittleren Durchmesser d_m = 82 cm und eine Länge von 7,70 m. Wieviel m^3 hat dieser Rundholzstamm?**

a) 9,660 m^3
b) 4,521 m^3
c) 19,321 m^3
d) 3,961 m^3
e) 15,843 m^3

Prozent-, Zins- und Mischungsrechnung

24 **Die reinen Baukosten für eine Schreinerei waren mit 850 000 DM veranschlagt. Die tatsächlichen Kosten betrugen 920 000 DM. Um wieviel Prozent sind die Baukosten höher als veranschlagt?**

a) 6,33 %
b) 7,77 %
c) 8,24 %
d) 10,82 %
e) 9,24 %

25 **Welche Formel ist für die Berechnung der Holzfeuchtigkeit in Prozent richtig?**

a) Holzfeuchte in % = $\frac{(\text{Naßgew. in g} - \text{Darrgew. in g}) \times 100\,\%}{\text{Darrgewicht in g}}$

b) Holzfeuchte in % = $\frac{\text{Gewichtsverlust in g}}{\text{Darrgewicht in g} \times 100\,\%}$

c) Holzfeuchte in % = $\frac{\text{Darrgewicht in g} \times 100\,\%}{\text{Naßgewicht in g}}$

d) Holzfeuchte in % = $\frac{\text{Naßgewicht in g}}{\text{Darrgewicht in g}} \times 100\,\%$

e) Holzfeuchte in % = $\frac{\text{Darrgewicht in g}}{(\text{Naßgew. in g} - \text{Darrgew. in g})} \times 100\,\%$

26 **Wie hoch ist die Holzfeuchtigkeit in %, wenn das Naßgewicht der Proben 38 g und das Darrgewicht 30 g beträgt?**

a) 15,34 %

b) 78,94 %

c) 26,60 %

d) 12,66 %

e) 21,05 %

27 **Welche Formel ist zur Berechnung des Schwunds von Hölzern in % richtig?**
Schwund in % =

a) $\frac{\text{Feuchtemaß in mm} \times 100\,\%}{\text{Schwundmaß in mm}}$

b) $\frac{\text{Schwundmaß in mm}}{\text{Feuchtemaß in mm} \times 100\,\%}$

c) $\frac{\text{Schwundmaß in mm}}{\text{Feuchtemaß in mm}} \times 100\,\%$

d) $\frac{\text{Feuchtemaß in mm}}{\text{Schwundmaß in mm} \times 100\,\%}$

e) $\frac{(\text{Feuchtemaß} - \text{Schwundmaß}) \times 100\,\%}{\text{Feuchtemaß in mm}}$

28 **Wie groß ist der gesamte Schwund in Prozent eines Seitenbrettes aus Eichenholz, wenn die Breite im Feuchtemaß 250 mm und der Schwund 18 mm beträgt?**

a) 11,3 %

b) 13,8 %

c) 0,14 %

d) 7,2 %

e) 92,8 %

29 **Welche Formel ist zur Berechnung des tatsächlichen Schwunds in mm richtig?**
Tatsächlicher Schwund in mm =

a) $\frac{\text{Länge in mm} \times \text{tatsächl. Schwund in \%}}{100\,\%}$

b) $\frac{\text{Länge in mm}}{\text{tatsächlicher Schwund in \%} \times 100\,\%}$

c) $\frac{\text{tatsächlicher Schwund in \%}}{\text{Länge in mm}} \times 100\,\%$

d) $\frac{\text{tatsächlicher Schwund in \%}}{\text{Länge in mm} \times 100\,\%}$

e) Keine der genannten Formeln ist richtig

30 **Welche Formel zur Berechnung des tatsächlichen Schwunds in Prozent ist richtig?**
Tatsächlicher Schwund in % =

a) $\frac{\text{Holzfeuchtediff.} \times \text{maximaler Schwund}}{\text{maximaler Schwund} \times 30\,\%}$

b) $\frac{\text{Holzfeuchtediff.} \times \text{max. Schwund} \times 30\,\%}{100\,\%}$

c) $\frac{\text{Holzfeuchtediff.} \times \text{maximaler Schwund}}{30\,\%}$

d) $\frac{\text{maximaler Schwund} \times 30\,\%}{\text{maximaler Schwund}}$

e) $\frac{\text{Holzfeuchtedifferenz} \times 30\,\%}{\text{maximaler Schwund}}$

31 **Ein Seitenbrett ist 180 mm breit und hat im Holzschuppen 15 % Holzfeuchte. Es soll auf 8 % heruntergetrocknet werden. Der maximale Schwund beträgt bei dieser Holzart 9 %. Wie groß ist der tatsächliche Schwund in %?**

a) 2,1 %

b) 18,9 %

c) 3,8 %

d) 23 %

e) 0,23 %

32 **Ein Kernbrett weist bei 18 % Holzfeuchte 200 mm auf. Es soll auf 10 % heruntergetrocknet werden. Der maximale Schwund in Richtung der Markstrahlen beträgt bei dieser Holzart 4 %. Wie groß ist der tatsächliche Schwund des Brettes in mm?**

a) 1,87 mm

b) 0,533 mm

c) 2,13 mm

d) 10,22 mm

e) 5,23 mm

33 **Ein aufrechtes Rahmenstück einer Außentür ist aus Kernbrettern gefertigt und ist 200 mm breit. Es hat bei der Verarbeitung eine Holzfeuchte von 15 %. Durch Sonneneinstrahlung trocknet das Rahmenstück auf 8 % Holzfeuchte herunter. Der maximale Schwund bei dieser Holzart und in radialer Richtung beträgt 4 %. Wie groß ist der tatsächliche Schwund in mm?**

a) 1,87 mm

b) 2,00 mm

c) 0,5 mm

d) 12,3 mm

e) 1,42 mm

34 Welche Formel zur Ermittlung des Rundholzverschnitts in Prozent ist richtig?

Rundholzverschnitt in % =

a) $\dfrac{\text{Blockmaß in m}^3}{\text{Verschnitt in m}^3 \times 100\,\%}$

b) $\dfrac{\text{Blockmaß in m}^3}{\text{Verschnitt in m}^3} \times 100\,\%$

c) $\dfrac{\text{Verschnitt in m}^3}{\text{Blockmaß in m}^3 \times 100\,\%}$

d) $\dfrac{\text{Verschnitt in m}^3 \times 100\,\%}{\text{Blockmaß in m}^3}$

e) Keine der genannten Formeln ist richtig

35 Ein Rundholzstamm von 5,00 m Länge und einem mittleren Durchmesser d_m = 50 cm wird in 60 mm dicke Bohlen mit den in der Zeichnung angegebenen mittleren Breiten eingeschnitten. Wie groß ist das Blockmaß in m³?

a) 0,142 m³

b) 0,982 m³

c) 9,823 m³

d) 1,421 m³

e) 2,524 m³

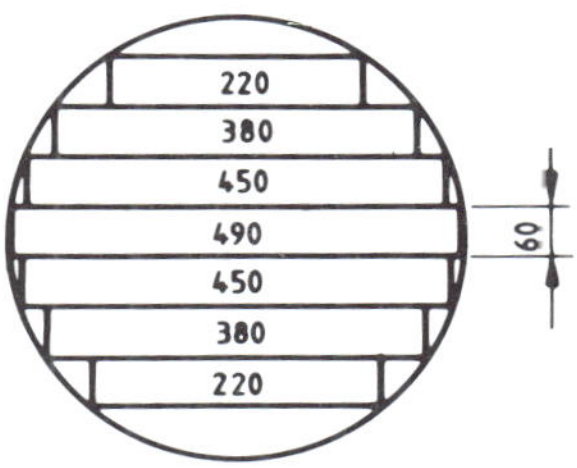

36 Wie groß ist das Würfelmaß der in Aufgabe 35 angegebenen Bretter in m³?

a) 0,663 m³

b) 0,902 m³

c) 1,881 m³

d) 0,777 m³

e) 3,428 m³

37 Wie groß ist der Rundholzverschnitt in Prozent des in Aufgabe 35 angegebenen Stammes?

a) 20,87 %

b) 4,91 %

c) 25,86 %

d) 12,26 %

e) 15,33 %

38 Welche Formel für die Berechnung des Verschnitts von Schnittholz oder Holzwerkstoffen in % ist richtig?

Verschnitt in % =

a) $\dfrac{\text{Fertigholzmenge in m}^2 \times 100\,\%}{\text{Verschnitt in m}^2}$

b) $\dfrac{\text{Verschnitt in m}^2 \times 100\,\%}{\text{Fertigmenge in m}^2 + \text{Verschnitt in m}^2}$

c) $\dfrac{\text{Verschnitt in m}^2 \times 100\,\%}{\text{Fertigholzmenge in m}^2}$

d) $\dfrac{\text{Fertigholzmenge in m}^2}{\text{Verschnitt in m}^2 \times 100\,\%}$

e) $\dfrac{\text{Verschnitt in m}^2 \times 100\,\%}{\text{Rohholzmenge in m}^2}$

39 Aus einer quadratischen Platte mit einer Seitenlänge a = 1,25 m wird eine kreisrunde Tischplatte mit dem Durchmesser d = 1,20 m zugeschnitten. Wie groß ist der Verschnitt in Prozent?

a) 35,22 %

b) 26,16 %

c) 38,22 %

d) 27,66 %

e) 18,35 %

**40 Für einen Einbauschrank werden folgende Türen aus 19 mm Spanplatte zugeschnitten:
2 Stück 420 mm × 620 mm und
2 Stück 420 mm × 1520 mm.
Wie groß ist der Verschnitt in m², wenn für Plattenwerkstoffe im Betrieb 18 % Verschnitt gerechnet werden?**

a) 0,324 m²

b) 0,162 m²

c) 0,052 m³

d) 0,531 m³

e) 1,797 m³

41 Bei einem Innenausbau sind 4,45 m² Holzwerkstoffplatten zu furnieren. Wieviel m² Furnier sind zu berechnen, wenn 42 % Verschnitt gerechnet werden und beide Seiten den gleichen Furnier erhalten?

a) 9,90 m²

b) 18,12 m²

c) 13,35 m²

d) 3,96 m²

e) 14,06 m²

42 **Der Stundenlohn eines Gesellen beträgt 17,50 DM. Er soll auf 18,10 DM angehoben werden. Wie hoch war die Lohnerhöhung in %?**

a) 3,31 %
b) 1,03 %
c) 3,42 %
d) 5,22 %
e) 8,33 %

43 **Welche Formel ist zur Berechnung der Zinsen richtig?**
Zinsen in DM =

a) $\frac{\text{Kapital} \times \text{Zeit in Monaten} \times 12}{100 \times \text{Zinssatz}}$
b) $\frac{\text{Kapital} \times \text{Zinssatz} \times 12}{100 \times \text{Zeit in Monaten}}$
c) $\frac{\text{Zinssatz} \times \text{Zeit in Monaten} \times 12 \times 100}{\text{Kapital}}$
d) $\frac{\text{Zinssatz} \times 100 \times 12}{\text{Kapital} \times \text{Zeit in Monaten}}$
e) $\frac{\text{Kapital} \times \text{Zinssatz} \times \text{Zeit in Monaten}}{100 \times 12}$

44 **Wieviel Zinsen bringen 5600,– DM Kapital in 9 Monaten, wenn der Zinsfuß 6,5 % beträgt? (Ohne Zinseszinsen)**

a) 125,35 DM
b) 154,80 DM
c) 273,— DM
d) 485,33 DM
e) 929,93 DM

45 **Welche Formel zur Berechnung der Zeit in Tagen ist bei der Zinsberechnung richtig?**
Zeit in Tagen =

a) $\frac{\text{Kapital} \times \text{Zinssatz} \times 360}{\text{Zinsen} \times 100}$
b) $\frac{\text{Kapital} \times \text{Zinssatz} \times 100}{\text{Zinsen} \times 360}$
c) $\frac{\text{Kapital} \times \text{Zinsen} \times 100}{\text{Zinssatz} \times 360}$
d) $\frac{\text{Zinsen} \times 100 \times 360}{\text{Kapital} \times \text{Zinssatz}}$
e) $\frac{\text{Zinsen} \times \text{Zinssatz} \times 100 \times 360}{\text{Kapital}}$

46 **In wieviel Tagen bringt ein Kapital von 12600,– DM, das mit 6 % angelegt ist, 588,– DM Zinsen?**

a) 100 Tage
b) 280 Tage
c) 344 Tage
d) 357 Tage
e) 463 Tage

47 **Drei verschiedene Stoffe sollen nach Gewichtsteilen im Verhältnis 2:3:4 gemischt werden. Die Gesamtmenge der Mischung soll 4,5 kg betragen. Wieviel kg sind von jedem Stoff erforderlich?**

a) 0,9 kg/1,5 kg/2,1 kg
b) 2,25 kg/1,5 kg/1,125 kg
c) 1,0 kg/1,5 kg/2,0 kg
d) 0,8 kg/1,2 kg/2,5 kg
e) Keine dieser Antworten ist richtig

48 **5 kg Leim werden 20 % Streckmittel zugesetzt. 1 kg Leim kostet 6,50 DM, 1 kg Streckmittel 1,25 DM. Wieviel kostet 1 kg des gestreckten Leimes?**

a) 5,63 DM/kg
b) 7,75 DM/kg
c) 6,75 DM/kg
d) 5,95 DM/kg
e) 8,23 DM/kg

Masse, Kraft, Druck

49 **Ein Balken aus Fichte, Dichte = 0,48 kg/dm³, hat einen Querschnitt von 12 cm mal 20 cm. Er hat die Masse m = 63,36 kg. Welche Länge muß dann der Balken haben?**

a) 6,20 m
b) 5,70 m
c) 8,20 m
d) 5,50 m
e) 3,80 m

50 **Welche Grundformel für die Berechnungen am zweiarmigen Hebel ist richtig?**

a) $F_2 \cdot r_1 = F_1 \cdot r_2$
b) $F_1 \cdot r_1 = F_2 - r_2$

c) $F_1 \cdot r_1 = F_2 \cdot r_2$

d) $F_1 + r_1 = F_2 + r_2$

e) $F_1 : r_1 = F_2 : r_2$

51 Ein zweiarmiger Hebel mit den Hebelarmen $r_1 = 65$ mm und $r_2 = 520$ mm wird am kurzen Hebelarm mit $F_1 = 8000$ N belastet. Welche Kraft F_2 muß am langen Hebelarm wirken, um das Gleichgewicht herzustellen?

a) 120N

b) 800N

c) 1000N

d) 1200N

e) 1450N

52 Mit einer 1,80 m langen Stange soll eine Maschine mit einer Gewichtskraft von 8000N gehoben werden. Der Angriffspunkt der Stange an der Maschine liegt 0,30 m vom Stangenende entfernt. Wie groß muß die Kraft für das Anheben der Maschine am anderen Stangenende sein?

a) 1333,33N

b) 1600,00N

c) 6666,66N

d) 1142,85N

e) 1200,00N

53 Ein Lehrling hebt 50 gleiche Bretter von je 3,2 kg Masse h = 75 cm hoch. Wie groß ist seine Hubarbeit in Nm?

a) 24 Nm

b) 30 Nm

c) 120 Nm

d) 600 Nm

e) 1200 Nm

54 Ein Kran hebt eine Maschine mit der Gewichtskraft G = 22 kN 4,5 m hoch. Welche Arbeit wird dabei verrichtet?

a) 22000 Nm

b) 24450 Nm

c) 26500 Nm

d) 90000 Nm

e) 99000 Nm

55 Wie groß ist die Leistung, wenn die in Aufgabe 54 genannte Maschine in t = 50s gehoben wird?

a) 0,440 kW

b) 0,980 kW

c) 1,980 kW

d) 2,420 kW

e) 20,420 kW

56 Wie groß muß die Antriebsleistung des Motors sein, wenn der Wirkungsgrad des Krans $\eta = 0{,}7$ beträgt? (Angaben aus Aufgabe 54)

a) 1,386 kW

b) 2,83 kW

c) 13,86 kW

d) 3,21 kW

e) 1,42 kW

57 Welche Formel ist für die Berechnung des Preßdrucks richtig?

a) $p = F \cdot A$

b) $p = F + A$

c) $p = \frac{F}{A}$

d) $p = \frac{A}{F}$

e) $p = \frac{2 \cdot A}{F}$

58 Eine zu furnierende Fläche ist 500 mm × 800 mm groß. Das Furniergut soll mit 2 bar gepreßt werden. Wie groß ist die erforderliche Preßkraft?

a) 20 kN

b) 80 kN

c) 200 kN

d) 800 kN

e) 400 kN

59 Ein Druckluftzylinder hat einen inneren Kolbendurchmesser von d = 6 cm. Der Arbeitsdruck beträgt 8 bar = 80N/cm². Wie groß ist die Kolbenkraft F ohne Berücksichtigung der Rückholfeder?

a) 226 N

b) 452 N

c) 4520 N

d) 1130 N

e) 2261 N

Mechanik

60 **Welche Formel zur Berechnung der Geschwindigkeit ist richtig?**

a) $v = \frac{s}{t}$

b) $v = \frac{t}{s}$

c) $v = t \cdot s$

d) $v = s + t$

e) $v = s - t$

61 **Ein Werkstück ist 2,4 m lang und durchläuft eine Maschine in ⅔ min. Wie groß ist die Geschwindigkeit in m/min?**

a) 1,60 m/min

b) 2,75 m/min

c) 3,60 m/min

d) 3,06 m/min

e) 1,80 m/min

62 **Welche Formel zur Berechnung der Schnittgeschwindigkeit in m/s ist richtig?**

a) $v = \frac{d \cdot n}{\pi \cdot 60}$

b) $v = \frac{d \cdot \pi}{n \cdot 60}$

c) $v = \frac{d \cdot \pi \cdot 60}{n}$

d) $v = \frac{d \cdot \pi \cdot n}{60}$

e) $v = \frac{d \cdot 60}{\pi \cdot n}$

63 **Die Drehfrequenz einer Hobelwelle beträgt n = 4500 1/min, ihr Flugkreisdurchmesser ist d = 125 mm. Wie groß ist die Schnittgeschwindigkeit v in m/s?**

a) 2,98 m/s

b) 29,45 m/s

c) 9,37 m/s

d) 1767,14 m/s

e) 29452,43 m/s

64 **Ein Fräser von 120 mm Durchmesser soll eine Schnittgeschwindigkeit von 40 m/s erhalten. Welche Drehfrequenz n in 1/min muß die Fräse haben?**

a) 39,27 1/min

b) 106,10 1/min

c) 1047 1/min

d) 6366 1/min

e) 8420 1/min

65 **Welche Formel für die Berechnung des Riementriebs ist richtig?**

a) $d_1 : n_1 = d_2 : n_2$

b) $d_1 + n_1 = d_2 : n_2$

c) $d_1 : n_1 = d_2 : n_1$

d) $d_1 \cdot n_2 = d_2 \cdot n_1$

e) $d_1 \cdot n_1 = d_2 \cdot n_2$

66 **Die Drehfrequenz des Motors beträgt n_1 = 2880 1/min, die Riemenscheibe des Motors weist einen Durchmesser von 180 mm auf. Wie groß muß der Durchmesser der getriebenen Riemenscheibe sein, wenn die Drehfrequenz des Werkzeugs 6000 1/min betragen soll?**

a) 75,5 mm

b) 100 mm

c) 375 mm

d) 86,4 mm

e) 92,6 mm

67 **Der Fräsdorn hat eine Drehfrequenz von 9000 1/min, die zum Dorn gehörende Riemenscheibe für Flachriemen besitzt einen Durchmesser von 85 mm. Der Motor erreicht eine Drehfrequenz von 2880 1/min. Wie groß muß der Durchmesser der Riemenscheibe des Motors sein?**

a) 265 mm

b) 380 mm

c) 150 mm

d) 182 mm

e) 125 mm

68 **Welche Formel zur Berechnung des Messerschritts „e" ist richtig?**

Messerschritt e =

a) $\frac{\text{Schneidenzahl des Werkzeugs} \times \text{Drehfrequenz pro Min.}}{\text{Vorschubgeschwindigkeit pro Min.}}$

b) $\frac{\text{Vorschubgeschwindigkeit pro Min.}}{\text{Schneidenzahl des Werkzeugs} \times \text{Drehfrequenz pro Min.}}$

c) $\frac{\text{Vorschubgeschwindigkeit pro Minute} \times \text{Schneidenzahl}}{\text{Drehfrequenz pro Minute}}$

d) $\frac{\text{Drehfrequenz pro Minute} \times \text{Schneidenzahl des Werkzeugs}}{\text{Vorschubgeschwindigkeit pro Min.}}$

e) $\frac{\text{Drehfrequenz pro Minute}}{\text{Schneidenzahl des Werkzeugs} \times \text{Vorschubgeschwindigkeit/min}}$

69 Eine Messerwelle hat zwei Schneiden und läuft mit einer Drehfrequenz von n = 6000 1/min. Die Vorschubgeschwindigkeit wird auf v = 4,5 m/min eingestellt. Wie groß ist der Messerschritt?

a) 0,375 mm
b) 0,75 mm
c) 1,5 mm
d) 1,05 mm
e) 2,10 mm

70 Eine Dickenhobelmesserwelle hat vier Schneiden und läuft mit einer Drehfrequenz von n = 6000 1/min. Die Vorschubgeschwindigkeit wird auf v = 8 m/min eingestellt. Wie groß ist der Messerschritt?

a) 0,08 mm
b) 0,167 mm
c) 0,333 mm
d) 0,668 mm
e) 1,326 mm

71 Welche der genannten Formeln der Berechnung der Leistung ist nicht richtig?

a) $\text{Leistung} = \frac{\text{Kraft} \times \text{Weg}}{\text{Zeit}}$
b) Leistung = Kraft × Geschwindigkeit
c) $\text{Leistung} = \frac{\text{Kraft}}{\text{Geschwindigkeit}}$
d) $\text{Leistung} = \frac{\text{Arbeit}}{\text{Zeit}}$
e) $P = \frac{F \cdot s}{t}$

72 Jemand hebt eine Last von F_G = 400 N in 3 Sekunden 1,5 m hoch auf seine Schulter. Wie groß ist die Leistung P?

a) $89 \frac{\text{Nm}}{\text{s}}$
b) $360 \frac{\text{Nm}}{\text{s}}$
c) $800 \frac{\text{Nm}}{\text{s}}$
d) $400 \frac{\text{Nm}}{\text{s}}$
e) $200 \frac{\text{Nm}}{\text{s}}$

73 Ein Baukran hat eine Leistung von P = 40 Kilowatt, die Hubgeschwindigkeit beträgt 1,5 m/s. Wie groß ist die mögliche Lastaufnahme F_G?

a) 10,24 kN
b) 13,32 kN
c) 60,00 kN
d) 26,67 kN
e) 32,43 kN

74 Ein Baukran kann eine Last von F_G = 18000 N in 15 Sekunden 12 m hochheben. Wie groß ist die abgegebene Leistung P des Motors?

a) 10,3 Kilowatt
b) 14,4 Kilowatt
c) 22,5 Kilowatt
d) 31,6 Kilowatt
e) 36,4 Kilowatt

Grundlagen der Elektrotechnik

75 Eine elektrische Heizplatte ist an U = 220 Volt angeschlossen. Der Widerstand der Heizdrähte in der Platte beträgt R = 88 Ω. Wie groß ist die Stromstärke I?

a) 40 A
b) 0,4 A
c) 3,6 A
d) 2,5 A
e) 25 A

76 Bei U = 380 Volt fließt durch einen Widerstand die Stromstärke I = 0,76 A. Wie groß ist der Widerstand?

a) 500 Ω
b) 288,8 Ω
c) 456 Ω
d) 304 Ω
e) Keine der genannten Antworten ist richtig

77 An einer Steckdose mit der Wechselspannung U_{eff} = 220 V wird ein Kunststoffschweißgerät mit einem Widerstand von R = 550 Ω angeschlossen. Wie groß ist die Leistung P in Kilowatt?

a) 0,968 kW
b) 4,42 kW
c) 0,50 kW
d) 11,3 kW
e) 0,893 kW

78 Wie groß ist die Arbeit in Kilowattstunden des in Aufgabe 77 angegebenen Kunststoffschweißgeräts bei einer Einschaltzeit von 90 Minuten?

a) 0,442 kWh
b) 0,630 kWh
c) 0,750 kWh
d) 1,339 kWh
e) 1,452 kWh

79 **Die Wirkleistung eines E-Motors beträgt P_{zu} = 1,4 kW. Der Wirkungsgrad ist $\eta = 0,85$. Wie groß ist seine Nennleistung?**

a) 0,61 kW
b) 0,83 kW
c) 1,19 kW
d) 1,65 kW
e) 2,15 kW

80 **Wie groß ist die Nennleistung eines Drehstrommotors unter Berücksichtigung der Phasenverschiebung und des Leistungsfaktors, wenn U = 380 V; I = 15A; $\cos\varphi = 0,7$; $\eta = 0,85$ betragen?**

a) 2,42 kW
b) 3,39 kW
c) 9,57 kW
d) 5,87 kW
e) 6,92 kW

Kostenrechnen und Kalkulation

81 **Der Tischlergeselle Klein hat einen Stundenlohn von 13,90 DM. Er hat laut Wochenzettel am Montag 9h, Dienstag 9h, Mittwoch 8,5h, Donnerstag 8h, Freitag 6h gearbeitet. Wie hoch war sein Wochenlohn?**

a) 562,95 DM
b) 530,55 DM
c) 520,70 DM
d) 381,30 DM
e) 375,25 DM

82 **Wie groß ist der Minutenfaktor bei einer Leistungslohnberechnung, wenn der Ecklohn 12,50 DM/h beträgt?**

a) 0,2083 DM/min
b) 0,2395 DM/min
c) 0,2563 DM/min
d) 0,1876 DM/min
e) 0,1772 DM/min

83 **Für das Verleimen von Schubkästen in einer besonderen Vorrichtung erhält ein Arbeiter 0,75 DM/Stck. Er verleimt in der Woche 940 Schubkästen. Wie hoch ist sein Brutto-Geldakkordlohn in dieser Woche?**

a) 705,– DM
b) 820,25 DM
c) 926,30 DM
d) 640,33 DM
e) 1022,40 DM

84 **Ein Arbeiter erhält für Fräsarbeiten an der Maschine 1,2 min/Werkstück. Wie hoch ist sein Brutto-Geldakkord, wenn er in der Woche 2400 Stück fertigt, der Geldakkordsatz 11,20 DM beträgt und für Akkordarbeit ein Zuschlag von 15 % gewährt wird.**

a) 488,22 DM
b) 521,32 DM
c) 373,33 DM
d) 429,12 DM
e) 903,17 DM

85 **Tischlergeselle Meißner hat einen Stundenlohn von 13,10 DM. Er hat 50 Stunden in der Woche gearbeitet, davon sind 4 Überstunden mit 25 % und 4 Überstunden mit 50 % Zuschlag zu berechnen. Außerdem erhält er eine Zulage von 180,– DM. Wieviel bekommt er in dieser Woche ausgezahlt?**

a) 694,30 DM
b) 874,30 DM
c) 848,10 DM
d) 835,00 DM
e) 655,00 DM

86 **Ein Arbeitnehmer erhält ein Grundgehalt von 2750,– DM und hat davon 537,80 DM Lohnsteuer abzuführen, die Kirchensteuer beträgt 8 % der Lohnsteuer. Weitere Abzüge sind Krankenversicherung 4,5 %, Rentenversicherung 9 %, Arbeitslosenversicherung 2,2 %, Beträge an die Bausparkasse 75,– DM, Rückzahlungsrate auf einen Vorschuß 50,– DM. Wieviel bekommt der Arbeitnehmer ausgezahlt?**

a) 1117,07 DM
b) 1079,36 DM
c) 1034,57 DM
d) 1612,43 DM
e) 1144,21 DM

87 **Die Jahresgemeinkosten eines Betriebes betragen insgesamt 482000,– DM, die Jahresfertigungslöhne 254000,– DM. Wie hoch ist der Gemeinkostensatz in %?**

a) 37,07 %
b) 32,40 %
c) 52,69 %
d) 230,12 %
e) 189,76 %

88 **Eine Holzbearbeitungsmaschine kostet 36000,– DM. Sie hat nach der AfA-Tabelle eine Nutzungsdauer von 8 Jahren. Wie hoch ist die Abschreibung der Maschine pro Jahr in DM?**

a) 4500,– DM
b) 3600,– DM
c) 5000,– DM
d) 4800,– DM
e) 1250,– DM

89 **Wie hoch ist der Zinsverlust pro Jahr der in Aufgabe 88 angegebenen Maschine, wenn die Verzinsung mit 8 % vom Mittelwert der Anschaffungskosten anzusetzen ist?**

a) 2880,– DM
b) 1880,– DM
c) 1220,– DM
d) 1630,– DM
e) 1440,– DM

Wärmeschutz

90 **Eine Außenwand hat von außen nach innen folgenden Aufbau: 4 mm dicke Aluminiumverkleidung, Luftschicht 30 mm, Wärmedämmung 50 mm, Stahlbeton 300 mm. Die Wärmeleitfähigkeit beträgt für Aluminium 203 W/mK, für die Wärmedämmung 0,04 W/mK, für Stahlbeton 2,1 W/mK. Der Wärmedurchlaßwiderstand ist bei einer 30 mm senkrechten Luftschicht mit 0,16 m²K/W anzusetzen. Wie groß ist der Wärmedurchlaßwiderstand dieses Bauteiles?**

a) $1{,}58\ \frac{m^2\,K}{W}$
b) $1{,}31\ \frac{m^2\,K}{W}$
c) $1{,}40\ \frac{m^2\,K}{W}$
d) $1{,}76\ \frac{m^2\,K}{W}$
e) $1{,}83\ \frac{m^2\,K}{W}$

91 **Wie groß ist der k-Wert der in Aufgabe 90 beschriebenen Wand?**

a) $0{,}830\ \frac{W}{m^2\,K}$
b) $1{,}730\ \frac{W}{m^2\,K}$
c) $0{,}571\ \frac{W}{m^2\,K}$
d) $0{,}641\ \frac{W}{m^2\,K}$
e) $0{,}592\ \frac{W}{m^2\,K}$

11.11 Fachzeichnen

1 **Welche Linie ist nach DIN 15 für die Angabe des Schnittverlaufs vorgeschrieben?**

a)
b)
c)
d)
e)

2 **In welcher Linienbreite ist eine Maßlinie zu zeichnen, wenn die Zeichnung in der Liniengruppe 0,5 gefertigt wird?**

a) 0,7
b) 0,5
c) 0,35
d) 0,25
e) 0,18

3 **In welchem der Bilder ist das Durchmessermaß normgerecht eingetragen?**

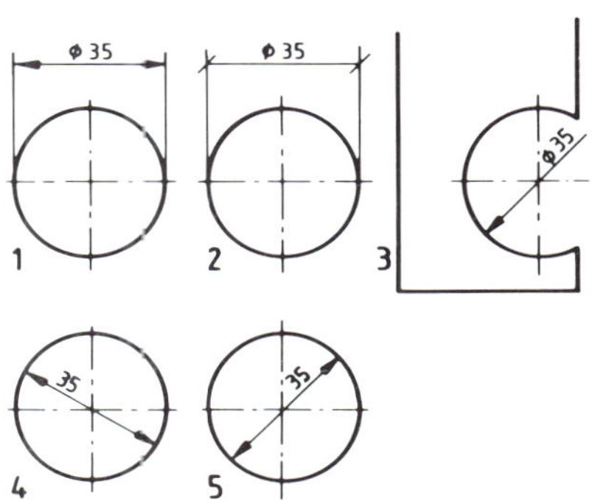

a) Nur Bilder 1 und 2
b) Nur Bilder 3, 4 und 5
c) Nur in Bild 3
d) Nur Bilder 3 und 4
e) In allen Bildern

4 Welche Bedeutung hat der Punkt hinter der Maßzahl 9?

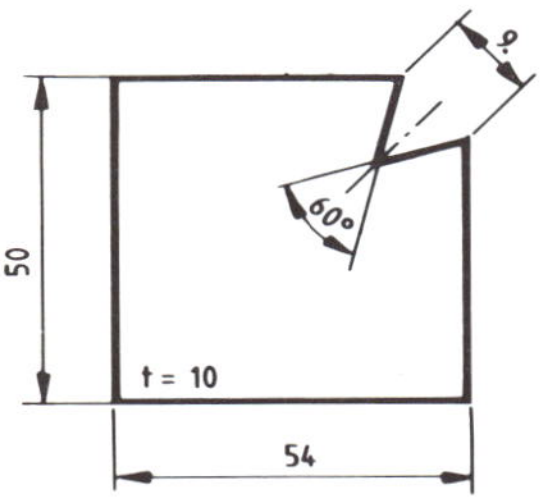

a) Das Maß wird besonders geprüft
b) Eine Verwechslung mit 6 soll vermieden werden
c) Der Punkt kennzeichnet die symmetrische Lage der Kerbe
d) Die Kerbe ist nicht maßstäblich dargestellt
e) An die Lagetoleranz der Kerbe werden besondere Anforderungen gestellt

5 Mit welchem Verbindungsmittel ist die Laufleiste an der Korpusseite befestigt?

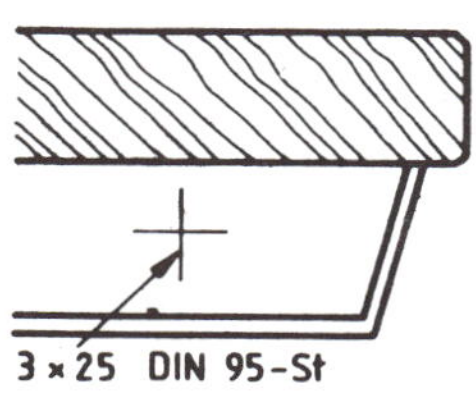

a) Mit einer Senkholzschraube, Schaftdurchmesser 3 mm, 25 mm lang, aus Stahl
b) Mit einem Nagel, Kopfdurchmesser 3 mm, 25 mm lang, aus Stahl
c) Mit einer Linsensenkholzschraube, Schaftdurchmesser 3 mm, 25 mm lang, aus Stahl
d) Mit einer Halbrundholzschraube, Schaftdurchmesser 3 mm, 25 mm lang, aus Stahl
e) Mit einer Heftklammer, 3 mm breit, 25 mm lang, aus Stahl

6 Was bedeutet die Abkürzung FU 5 in der Zeichnung?

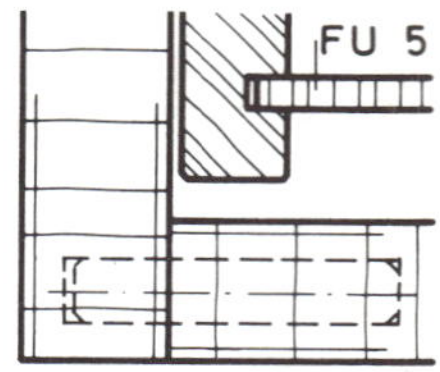

a) Furnierlagen 5fach
b) Furnierdicke 5/10 mm
c) Nute ist 5 mm tief
d) Furniersperrholz, 5 mm dick
e) Keine der genannten Angaben ist richtig

7 Welcher Schnitt gibt die genaue Angabe über die Schubkastenführung an?

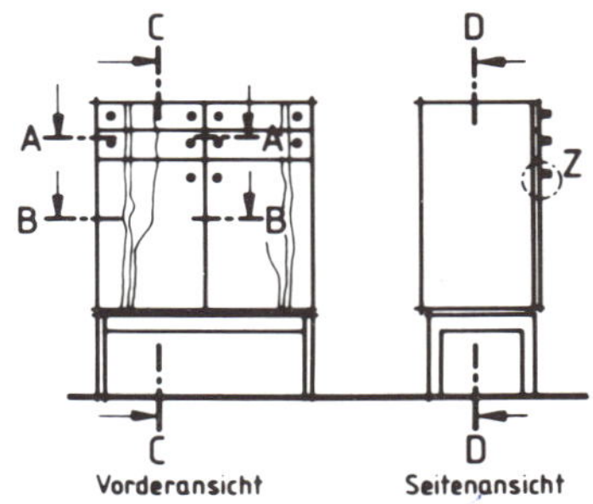

a) Schnitt A – A
b) Schnitt B – B
c) Schnitt C – C
d) Schnitt D – D
e) Keiner der genannten Schnitte

8 Welches Konstruktionsteil ist in der Zeichnung eines klassischen Schubkastens falsch dargestellt?

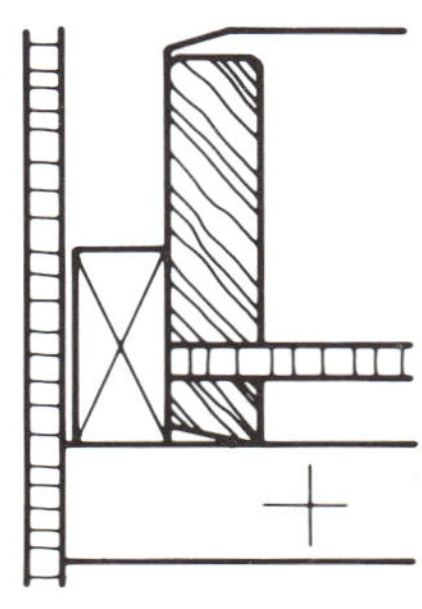

a) Die Rückwand
b) Der Stoppklotz
c) Der Schubkastenboden
d) Das Schubkastenhinterstück
e) Die Befestigung der Laufleiste

9 Womit ist die gezeichnete Korpusecke verbunden?

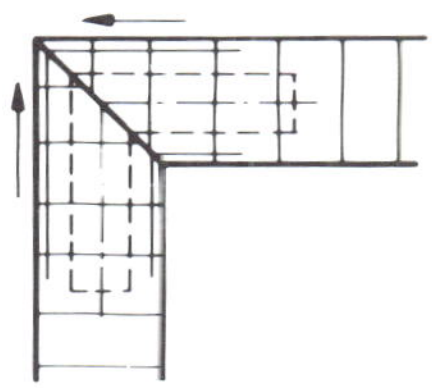

a) Mit einer Winkelfeder aus Holz
b) Mit einer Winkelfeder aus Kunststoff
c) Mit Winkeldübel
d) Auf Gehrung gezinkt
e) Keine der Angaben ist richtig

10 Die gezeichnete Platte besteht aus 19 mm dicker furnierter Spanplatte. Welche Angabe ist falsch?

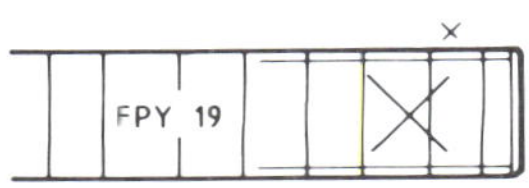

a) Die Angabe FPY 19
b) Das Kreuz auf der Platte
c) Die Angabe 19
d) Das Kreuz in der Platte
e) Die Begleitlinien

11 Welche Bedeutung haben die drei abgestuften Linien in der Ansicht?

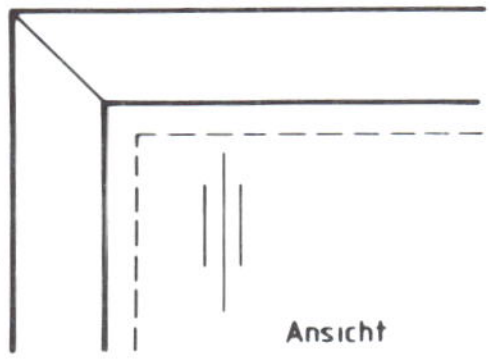

a) Hier handelt es sich um eine Tür
b) Die Bänder sitzen auf der rechten Seite
c) Die Platte bleibt roh
d) Der Schrank erhält eine Rückwand
e) Das Frontteil wird aufrecht furniert

12 Welche Bedeutung hat das Einrahmen der Maßzahl 400?

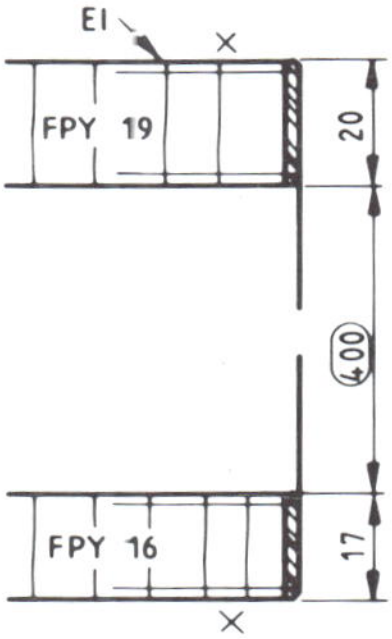

a) Das Maß wird vom Auftraggeber nachgeprüft
b) Das Maß ist nicht maßstäblich gezeichnet
c) Das Maß muß nicht unbedingt eingehalten werden
d) Es handelt sich um ein Kettenmaß
e) Das Maß gibt eine Ausschnitthöhe an

13 Welche Bedeutung hat das unterstrichene Maß?

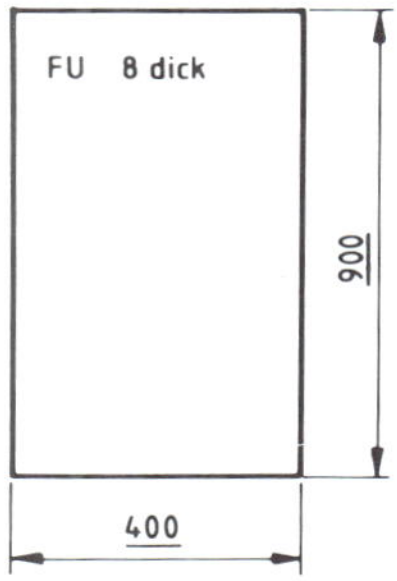

a) Das Maß ist besonders wichtig und wird überprüft
b) Das Werkstück ist nicht maßstabsgerecht gezeichnet
c) Damit das Maß besonders gut auffällt
d) Gibt die Richtung des Messens an
e) Keine der genannten Angaben ist richtig

14 **Die Maße 40 und 50 sind in Klammern gesetzt. Welche der genannten Behauptungen trifft nicht zu?**

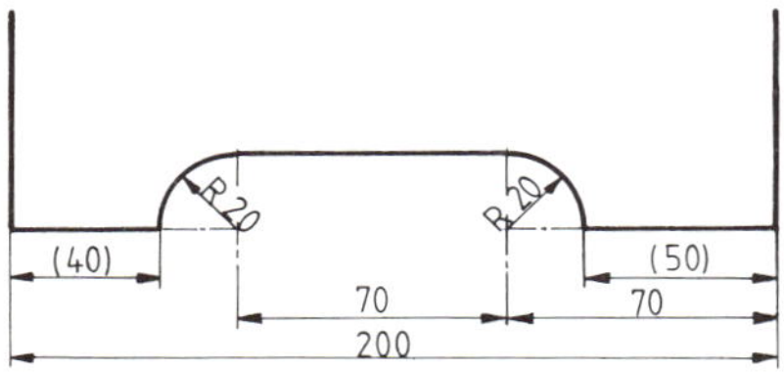

a) Die Maße brauchen nicht eingehalten werden

b) Die Maße sind überbestimmt und ergeben sich

c) Es handelt sich bei den Maßen um Hilfsmaße

d) Es sind Maße einer Maßkette

e) Die Maße können rechnerisch ermittelt werden

15 **Welche Aussage ist zu der Bemaßung richtig?**

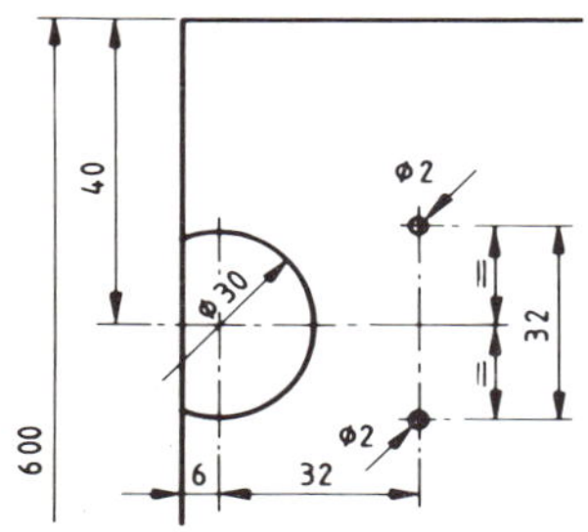

a) Bei Durchmesser 30 muß der zweite Pfeil gezeichnet werden

b) Die Gleichheitszeichen sind falsch

c) Die Positionen für die Bohrungen sind nicht genau angegeben

d) Das Durchmesserzeichen vor der Maßzahl 30 ist unnötig

e) Keine der genannten Anworten ist richtig

16 **Welche der genannten Behauptungen in Bezug auf die Bezugslinien ist falsch?**

a) Bezugslinien enden in Werkstoffen mit einem Pfeil

b) Bezugslinien enden auf Körperkanten mit einem Pfeil

c) Bezugslinien enden auf Maßlinien ohne Punkt und ohne Pfeil

d) Bezugslinien enden in Werkstoffen mit einem Punkt

e) Bezugslinien enden zur Angabe von Oberflächenmaterialien mit einem Pfeil

17 **Welche Angabe ist richtig?**
Das eingezeichnete Band ist ein:

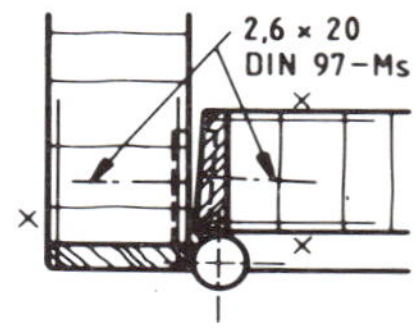

a) Stangenscharnier

b) Zylinderband mit geraden Lappen

c) Zylinderband Kröpfung D

d) Zylinderband Kröpfung C

e) Zylinderband Kröpfung B

18 **Folgende Angabe kann bei der Zeichnung des furnierten Stabsperrholzes nicht richtig sein!**

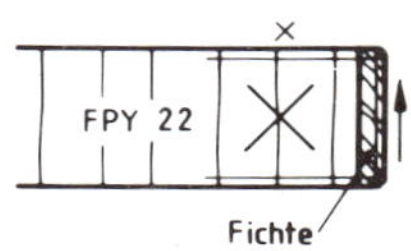

a) Die Kreuze auf der Platte

b) Der Pfeil an der Kante

c) Die Bezeichnung FPY

d) Die Begleitlinien am Anleimer

e) Das Kreuz in der Platte

19 **Welche Verhältnisgleichung entspricht dem goldenen Schnitt?**
(G = m + M)

a) M : m = m : G

b) m : M = M : G

c) G : m = M : m

d) m : M = G : m

e) m : G = M : G

20 **In welchem Bild ist die Verschraubung normgerecht dargestellt?**

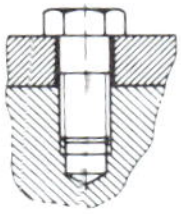

Bild 1

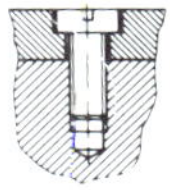

Bild 2

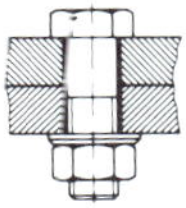

Bild 3

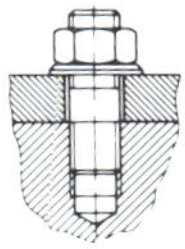

Bild 4

a) Nur in Bild 1
b) Nur in Bild 2
c) Nur in Bild 3
d) Nur in Bild 4
e) in allen vier Bildern

21 **Welche Ansicht in Pfeilrichtung ist richtig? (verdeckte Kanten sind nicht gezeichnet)**

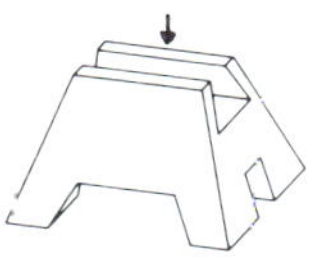

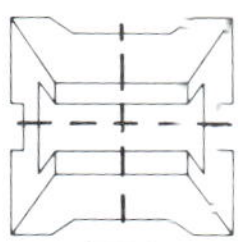

Bild 1

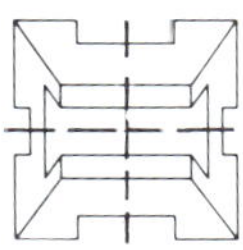

Bild 2

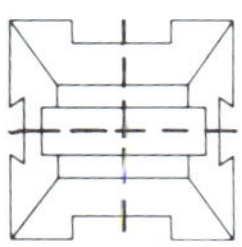

Bild 3

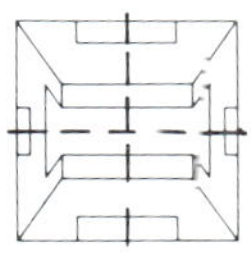

Bild 4

a) Bild 1
b) Bild 2
c) Bild 3
d) Bild 4
e) Keines der Bilder

22 **Welche Draufsicht ist richtig, wenn die unteren Nuten ganz durch das Werkstück durchlaufen?**

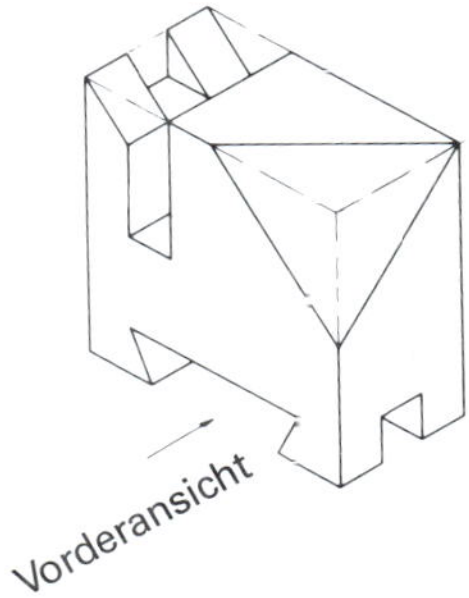

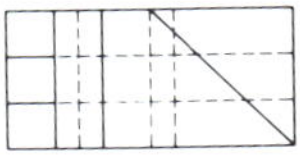

Bild 1

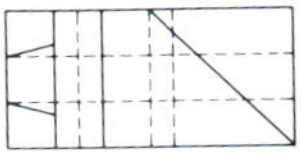

Bild 2

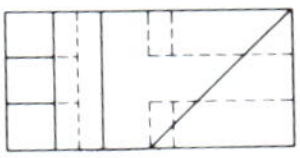

Bild 3

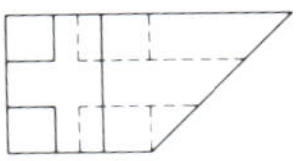

Bild 4

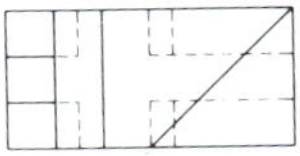

Bild 5

a) Bild 1
b) Bild 2
c) Bild 3
d) Bild 4
e) Bild 5

12 Lösungen

12.1 Markierungsblätter für Testaufgaben

Markierungsblatt zum Teil 11.1 — Chemische Grundlagen

	1	2	3	4	5	6	7											
a	○	○	○	○	○	○	○	○	○	○	○	○	○	○	○	○	○	a
b	○	○	○	○	○	○	○	○	○	○	○	○	○	○	○	○	○	b
c	○	○	○	○	○	○	○	○	○	○	○	○	○	○	○	○	○	c
d	○	○	○	○	○	○	○	○	○	○	○	○	○	○	○	○	○	d
e	○	○	○	○	○	○	○	○	○	○	○	○	○	○	○	○	○	e

Markierungsblatt zum Teil 11.2 — Werkstoffe und Werkstoffverarbeitung

	1	2	3	4	5	6	7	8	9	10	11	12	13	14	15	16	17	
a	○	○	○	○	○	○	○	○	○	○	○	○	○	○	○	○	○	a
b	○	○	○	○	○	○	○	○	○	○	○	○	○	○	○	○	○	b
c	○	○	○	○	○	○	○	○	○	○	○	○	○	○	○	○	○	c
d	○	○	○	○	○	○	○	○	○	○	○	○	○	○	○	○	○	d
e	○	○	○	○	○	○	○	○	○	○	○	○	○	○	○	○	○	e

	18	19	20	21	22	23	24	25	26	27	28	29	30	31	32	33	34	
a	○	○	○	○	○	○	○	○	○	○	○	○	○	○	○	○	○	a
b	○	○	○	○	○	○	○	○	○	○	○	○	○	○	○	○	○	b
c	○	○	○	○	○	○	○	○	○	○	○	○	○	○	○	○	○	c
d	○	○	○	○	○	○	○	○	○	○	○	○	○	○	○	○	○	d
e	○	○	○	○	○	○	○	○	○	○	○	○	○	○	○	○	○	e

	35	36	37	38	39	40	41	42	43	44	45	46	47	48	49	50	51	
a	○	○	○	○	○	○	○	○	○	○	○	○	○	○	○	○	○	a
b	○	○	○	○	○	○	○	○	○	○	○	○	○	○	○	○	○	b
c	○	○	○	○	○	○	○	○	○	○	○	○	○	○	○	○	○	c
d	○	○	○	○	○	○	○	○	○	○	○	○	○	○	○	○	○	d
e	○	○	○	○	○	○	○	○	○	○	○	○	○	○	○	○	○	e

	52																	
a	○	○	○	○	○	○	○	○	○	○	○	○	○	○	○	○	○	a
b	○	○	○	○	○	○	○	○	○	○	○	○	○	○	○	○	○	b
c	○	○	○	○	○	○	○	○	○	○	○	○	○	○	○	○	○	c
d	○	○	○	○	○	○	○	○	○	○	○	○	○	○	○	○	○	d
e	○	○	○	○	○	○	○	○	○	○	○	○	○	○	○	○	○	e

Markierungsblatt zum Teil 11.3 — Physikalische Grundlagen

	1	2	3	4	5	6	7	8	9	10								
a	○	○	○	○	○	○	○	○	○	○	○	○	○	○	○	○	○	a
b	○	○	○	○	○	○	○	○	○	○	○	○	○	○	○	○	○	b
c	○	○	○	○	○	○	○	○	○	○	○	○	○	○	○	○	○	c
d	○	○	○	○	○	○	○	○	○	○	○	○	○	○	○	○	○	d
e	○	○	○	○	○	○	○	○	○	○	○	○	○	○	○	○	○	e

Markierungsblatt zum Teil 11.4 — Grundlagen der Elektrotechnik

	1	2	3	4	5	6												
a	○	○	○	○	○	○	○	○	○	○	○	○	○	○	○	○	○	a
b	○	○	○	○	○	○	○	○	○	○	○	○	○	○	○	○	○	b
c	○	○	○	○	○	○	○	○	○	○	○	○	○	○	○	○	○	c
d	○	○	○	○	○	○	○	○	○	○	○	○	○	○	○	○	○	d
e	○	○	○	○	○	○	○	○	○	○	○	○	○	○	○	○	○	e

Markierungsblatt zum Teil 11.5 — Fertigungsmittel

	1	2	3	4	5	6	7	8	9	10	11	12	13	14	15	16	17	
a	○	○	○	○	○	○	○	○	○	○	○	○	○	○	○	○	○	a
b	○	○	○	○	○	○	○	○	○	○	○	○	○	○	○	○	○	b
c	○	○	○	○	○	○	○	○	○	○	○	○	○	○	○	○	○	c
d	○	○	○	○	○	○	○	○	○	○	○	○	○	○	○	○	○	d
e	○	○	○	○	○	○	○	○	○	○	○	○	○	○	○	○	○	e

Markierungsblatt zum Teil 11.6 — Betriebsanlage

	1	2	3	4	5													
a	○	○	○	○	○	○	○	○	○	○	○	○	○	○	○	○	○	a
b	○	○	○	○	○	○	○	○	○	○	○	○	○	○	○	○	○	b
c	○	○	○	○	○	○	○	○	○	○	○	○	○	○	○	○	○	c
d	○	○	○	○	○	○	○	○	○	○	○	○	○	○	○	○	○	d
e	○	○	○	○	○	○	○	○	○	○	○	○	○	○	○	○	○	e

Markierungsblatt zum Teil 11.7 — Holzverbindungen

	1	2	3	4														
a	○	○	○	○	○	○	○	○	○	○	○	○	○	○	○	○	○	a
b	○	○	○	○	○	○	○	○	○	○	○	○	○	○	○	○	○	b
c	○	○	○	○	○	○	○	○	○	○	○	○	○	○	○	○	○	c
d	○	○	○	○	○	○	○	○	○	○	○	○	○	○	○	○	○	d
e	○	○	○	○	○	○	○	○	○	○	○	○	○	○	○	○	○	e

Markierungsblatt zum Teil 11.8 — Möbelbau

	1	2	3	4	5	6	7	8										
a	○	○	○	○	○	○	○	○	○	○	○	○	○	○	○	○	○	a
b	○	○	○	○	○	○	○	○	○	○	○	○	○	○	○	○	○	b
c	○	○	○	○	○	○	○	○	○	○	○	○	○	○	○	○	○	c
d	○	○	○	○	○	○	○	○	○	○	○	○	○	○	○	○	○	d
e	○	○	○	○	○	○	○	○	○	○	○	○	○	○	○	○	○	e

Markierungsblatt zum Teil 11.9 — Ausbau und Innenausbau

	1	2	3	4	5	6	7	8	9	10	11							
a	○	○	○	○	○	○	○	○	○	○	○	○	○	○	○	○	○	a
b	○	○	○	○	○	○	○	○	○	○	○	○	○	○	○	○	○	b
c	○	○	○	○	○	○	○	○	○	○	○	○	○	○	○	○	○	c
d	○	○	○	○	○	○	○	○	○	○	○	○	○	○	○	○	○	d
e	○	○	○	○	○	○	○	○	○	○	○	○	○	○	○	○	○	e

Markierungsblatt zum Teil 11.10 — Fachmathematik

	1	2	3	4	5	6	7	8	9	10	11	12	13	14	15	16	17	
a	○	○	○	○	○	○	○	○	○	○	○	○	○	○	○	○	○	a
b	○	○	○	○	○	○	○	○	○	○	○	○	○	○	○	○	○	b
c	○	○	○	○	○	○	○	○	○	○	○	○	○	○	○	○	○	c
d	○	○	○	○	○	○	○	○	○	○	○	○	○	○	○	○	○	d
e	○	○	○	○	○	○	○	○	○	○	○	○	○	○	○	○	○	e
	18	19	20	21	22	23	24	25	26	27	28	29	30	31	32	33	34	
a	○	○	○	○	○	○	○	○	○	○	○	○	○	○	○	○	○	a
b	○	○	○	○	○	○	○	○	○	○	○	○	○	○	○	○	○	b
c	○	○	○	○	○	○	○	○	○	○	○	○	○	○	○	○	○	c
d	○	○	○	○	○	○	○	○	○	○	○	○	○	○	○	○	○	d
e	○	○	○	○	○	○	○	○	○	○	○	○	○	○	○	○	○	e
	35	36	37	38	39	40	41	42	43	44	45	46	47	48	49	50	51	
a	○	○	○	○	○	○	○	○	○	○	○	○	○	○	○	○	○	a
b	○	○	○	○	○	○	○	○	○	○	○	○	○	○	○	○	○	b
c	○	○	○	○	○	○	○	○	○	○	○	○	○	○	○	○	○	c
d	○	○	○	○	○	○	○	○	○	○	○	○	○	○	○	○	○	d
e	○	○	○	○	○	○	○	○	○	○	○	○	○	○	○	○	○	e

Markierungsblatt zum Teil 11.10 — Fachmathematik (Fortsetzung)

	52	53	54	55	56	57	58	59	60	61	62	63	64	65	66	67	68	
a	○	○	○	○	○	○	○	○	○	○	○	○	○	○	○	○	○	a
b	○	○	○	○	○	○	○	○	○	○	○	○	○	○	○	○	○	b
c	○	○	○	○	○	○	○	○	○	○	○	○	○	○	○	○	○	c
d	○	○	○	○	○	○	○	○	○	○	○	○	○	○	○	○	○	d
e	○	○	○	○	○	○	○	○	○	○	○	○	○	○	○	○	○	e

	69	70	71	72	73	74	75	76	77	78	79	80	81	82	83	84	85	
a	○	○	○	○	○	○	○	○	○	○	○	○	○	○	○	○	○	a
b	○	○	○	○	○	○	○	○	○	○	○	○	○	○	○	○	○	b
c	○	○	○	○	○	○	○	○	○	○	○	○	○	○	○	○	○	c
d	○	○	○	○	○	○	○	○	○	○	○	○	○	○	○	○	○	d
e	○	○	○	○	○	○	○	○	○	○	○	○	○	○	○	○	○	e

	86	87	88	89	90	91												
a	○	○	○	○	○	○	○	○	○	○	○	○	○	○	○	○	○	a
b	○	○	○	○	○	○	○	○	○	○	○	○	○	○	○	○	○	b
c	○	○	○	○	○	○	○	○	○	○	○	○	○	○	○	○	○	c
d	○	○	○	○	○	○	○	○	○	○	○	○	○	○	○	○	○	d
e	○	○	○	○	○	○	○	○	○	○	○	○	○	○	○	○	○	e

Markierungsblatt zum Teil 11.11 — Fachzeichnen

	1	2	3	4	5	6	7	8	9	10	11	12	13	14	15	16	17	
a	○	○	○	○	○	○	○	○	○	○	○	○	○	○	○	○	○	a
b	○	○	○	○	○	○	○	○	○	○	○	○	○	○	○	○	○	b
c	○	○	○	○	○	○	○	○	○	○	○	○	○	○	○	○	○	c
d	○	○	○	○	○	○	○	○	○	○	○	○	○	○	○	○	○	d
e	○	○	○	○	○	○	○	○	○	○	○	○	○	○	○	○	○	e

	18	19	20	21	22													
a	○	○	○	○	○	○	○	○	○	○	○	○	○	○	○	○	○	a
b	○	○	○	○	○	○	○	○	○	○	○	○	○	○	○	○	○	b
c	○	○	○	○	○	○	○	○	○	○	○	○	○	○	○	○	○	c
d	○	○	○	○	○	○	○	○	○	○	○	○	○	○	○	○	○	d
e	○	○	○	○	○	○	○	○	○	○	○	○	○	○	○	○	○	e

12.2 Lösungen zu den programmierten Testaufgaben

Lösungen zum Teil 11.1 — Chemische Grundlagen

1	2	3	4	5	6	7
e	c	a	d	b	c	a

Lösungen zum Teil 11.2 — Werkstoffe und Werkstoffverarbeitung

1	2	3	4	5	6	7	8	9	10	11	12	13	14	15	16	17
b	e	b	a	b	e	e	e	d	d	c	b	e	b	a	a	a
18	19	20	21	22	23	24	25	26	27	28	29	30	31	32	33	34
b	a	b	a	d	c	d	a	b	a	c	a	c	d	c	c	a
35	36	37	38	39	40	41	42	43	44	45	46	47	48	49	50	51
e	c	a	c	a	b	e	c	c	d	b	a	b	a	d	b	d
52																
a																

Lösungen zum Teil 11.3 — Physikalische Grundlagen

1	2	3	4	5	6	7	8	9	10
d	b	b	c	e	d	c	c	c	b

Lösungen zum Teil 11.4 — Grundlagen der Elektrotechnik

1	2	3	4	5	6
d	d	c	c	e	d

Lösungen zum Teil 11.5 — Fertigungsmittel

1	2	3	4	5	6	7	8	9	10	11	12	13	14	15	16	17
d	c	b	a	d	a	d	c	d	c	e	c	d	a	d	a	d

Lösungen zum Teil 11.6 — Betriebsanlage

1	2	3	4	5
a	c	a	e	b

Lösungen zum Teil 11.7 — Holzverbindungen

1	2	3	4
d	e	b	a

Lösungen zum Teil 11.8 — Möbelbau

1	2	3	4	5	6	7	8
c	c	a	e	a	e	b	c

Lösungen zum Teil 11.9 — Ausbau und Innenausbau

1	2	3	4	5	6	7	8	9	10	11
d	d	a	b	c	c	e	c	e	d	a

Lösungen zum Teil 11.10 — Fachmathematik

1	2	3	4	5	6	7	8	9	10	11	12	13	14	15	16	17
b	c	a	d	e	a	c	d	a	c	b	d	c	b	c	c	d
18	19	20	21	22	23	24	25	26	27	28	29	30	31	32	33	34
a	c	d	a	e	e	c	a	c	c	d	a	c	a	c	a	d
35	36	37	38	39	40	41	42	43	44	45	46	47	48	49	50	51
b	d	a	c	c	a	e	c	e	c	d	b	c	a	d	c	c
52	53	54	55	56	57	58	59	60	61	62	63	64	65	66	67	68
a	e	e	c	b	c	b	e	e	c	d	b	d	e	d	a	b
69	70	71	72	73	74	75	76	77	78	79	80	81	82	83	84	85
a	c	c	d	d	b	d	a	a	d	c	d	a	b	a	d	b
86	87	88	89	90	91	92										
d	e	a	e	a	c	c										

Lösungen zum Teil 11.11 — Fachzeichnen

1	2	3	4	5	6	7	8	9	10	11	12	13	14	15	16	17
b	d	b	b	c	d	c	d	c	d	e	a	b	a	e	a	e
18	19	20	21	22												
c	b	e	a	e												

12.3 Bewertungsrichtlinien

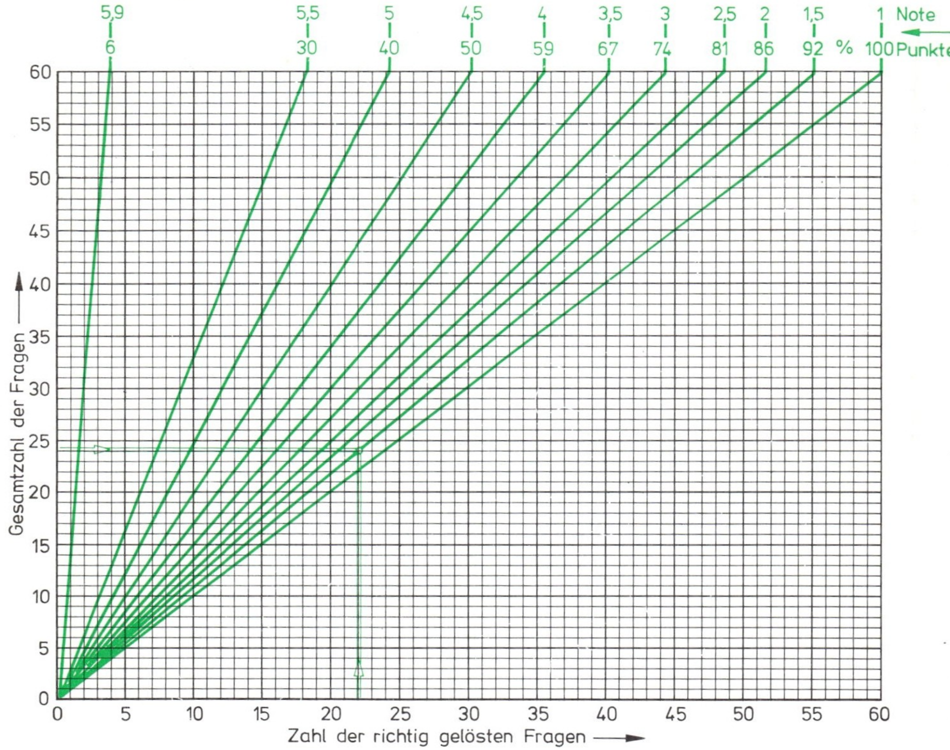

Ablesebeispiel: Gesamtzahl der Fragen: 24 — erreichte Punktzahl: 92
davon richtig gelöst: 22 — erzielte Note: 1,5

Punkte - Noten - Umrechnungsschlüssel[1)]

Punkte	100 bis 92	100	98	97	95	93	92				
Note	sehr gut	1,0	1,1	1,2	1,3	1,4	1,5				
Punkte	91 bis 81	91	90	89	88	86	85	84	83	82	81
Note	gut	1,6	1,7	1,8	1,9	2,0	2,1	2,2	2,3	2,4	2,5
Punkte	80 bis 67	80	78	77	75	74	73	71	70	68	67
Note	befriedigend	2,6	2,7	2,8	2,9	3,0	3,1	3,2	3,3	3,4	3,5
Punkte	66 bis 50	65	64	62	60	59	57	55	53	51	50
Note	ausreichend	3,6	3,7	3,8	3,9	4,0	4,1	4,2	4,3	4,4	4,5
Punkte	49 bis 30	48	46	44	42	40	38	35	33	31	30
Note	mangelhaft	4,6	4,7	4,8	4,9	5,0	5,1	5,2	5,3	5,4	5,5
Punkte	29 bis 0	24	18	12	6	0					
Note	ungenügend	5,6	5,7	5,8	5,9	6					

1) Der obige Umrechnungsschlüssel ist den Richtlinien der vom Bundesausschuß für Berufsbildung festgelegten „Musterprüfungsordnung für die Durchführung von Abschlußprüfungen" entnommen. Grundsätzlich sind die Kammern jedoch in der Gestaltung eines Bewertungsschlüssels frei.